U0959826

权威·前沿·原创

皮书系列为

“十二五”“十三五”国家重点图书出版规划项目

BLUE BOOK

智库成果出版与传播平台

英国蓝皮书

BLUE BOOK OF THE UNITED KINGDOM

英国发展报告（2019~2020）

ANNUAL REPORT ON DEVELOPMENT OF THE UNITED KINGDOM (2019-2020)

北京外国语大学区域与全球治理高等研究院
北京外国语大学英国研究中心
中国欧洲学会英国研究分会
主　编／王展鹏
副主编／徐瑞珂

社会科学文献出版社
SOCIAL SCIENCES ACADEMIC PRESS (CHINA)

图书在版编目(CIP)数据

英国发展报告. 2019－2020 / 王展鹏主编. --北京：社会科学文献出版社，2020. 10
（英国蓝皮书）
ISBN 978－7－5201－7617－0

Ⅰ. ①英… Ⅱ. ①王… Ⅲ. ①经济发展－研究报告－英国－2019－2020 Ⅳ. ①F156. 14

中国版本图书馆 CIP 数据核字（2020）第 226708 号

英国蓝皮书
英国发展报告（2019~2020）

主　　编 / 王展鹏
副 主 编 / 徐瑞珂

出 版 人 / 谢寿光
责任编辑 / 仇　扬

出　　版 / 社会科学文献出版社 · 当代世界出版分社（010）59367004
地址：北京市北三环中路甲 29 号院华龙大厦　邮编：100029
网址：www. ssap. com. cn
发　　行 / 市场营销中心（010）59367081　59367083
印　　装 / 三河市东方印刷有限公司

规　　格 / 开 本：787mm × 1092mm　1/16
印 张：28. 5　字 数：425 千字
版　　次 / 2020 年 10 月第 1 版　2020 年 10 月第 1 次印刷
书　　号 / ISBN 978－7－5201－7617－0
定　　价 / 168. 00 元

本报告是北京外国语大学2020年度“双一流”建设重大标志性科研项目——国别与区域研究发展报告（《英国发展报告（2019~2020）》）成果，研究和出版还得到了教育部区域和国别研究培育基地经费的资助

北京外国语大学区域与全球治理高等研究院
“区域和国别研究蓝皮书系列”

《英国发展报告（2019～2020）》
编　委　会

主编简介

王展鹏　法学博士，北京外国语大学英语学院教授、博士生导师、英语学院副院长、教育部国别与区域研究培育基地英国研究中心负责人、国别与区域研究备案中心爱尔兰研究中心主任；北京外国语大学校学术委员会委员、学位委员会委员；中国欧洲学会理事、英国研究分会副会长、中国爱尔兰研究学术网络协调人；《加拿大爱尔兰研究》《英国研究》等国内外学术刊物编委；社会科学文献出版社皮书研究院高级研究员。近年来，主要从事欧洲一体化研究和英国/爱尔兰问题研究，在《欧洲研究》《武汉大学学报》《教学与研究》《国际论坛》等刊物发表中英文学术论文50多篇；著有《英国发展报告》（主编，社会科学文献出版社，2013、2015、2016、2017、2018、2019）、《解析英国及其国际地位的演变》（主编之一，世界知识出版社，2013）、《中爱关系：跨文化视角》（主编，世界知识出版社，2011）、《跨国民主及其限度：欧盟制宪进程研究》（人民出版社，2010）、《认识爱尔兰：历史遗产与当代经验》（主编之一，外语教学与研究出版社，2009）、《国家权力与世界市场：国际政治经济学》（译著，北京大学出版社，2008）、《爱尔兰人与中国》（合译，人民出版社，2010）、《关贸总协定法律及实务指南》（合译，上海人民出版社，2004）等，主编、参编英语教材及工具书十余部（册）。

摘 要

2019 年 7 月至 2020 年 7 月是约翰逊政府的执政元年。踌躇满志的英国首相约翰逊在 2020 年初宣称将开启英国历史的新篇章，开创英国的“非凡十年”。然而，正是在这一年里，英国经历了前所未有的变局，内外交困。2019 年 12 月的英国大选和 2020 年 1 月的英国脱欧是约翰逊所经历的鲜有的高光时刻。约翰逊在 2019 年下半年所面临的主要挑战是如何应对脱欧的久拖不决，在 2020 年上半年所面临的主要挑战则是如何应对新冠肺炎疫情和脱欧后与欧盟的经贸关系安排。脱欧与新冠肺炎疫情的双重冲击使英国在过去一年里遭受了全方位挑战，也使约翰逊的执政成绩单大打折扣。

在国内政治层面，英国脱欧和新冠肺炎疫情深刻影响了英国的政治走向。约翰逊政府与议会在 2019 年下半年的冲突一度白热化，使英国脱欧再度陷入僵局。保守党在 2019 年 12 月英国大选中的压倒性胜利为脱欧僵局的破局铺平了道路。然而，新冠肺炎疫情的暴发打破了保守党赢得大选、完成法理脱欧后出现的短暂乐观气氛，使约翰逊政府再次面临新的严峻挑战。新冠肺炎疫情的暴发不仅打乱了约翰逊政府与欧盟就未来关系谈判的节奏，而且由于其备受诟病的“抗疫策略”，英国公众对保守党的支持率和信任度明显下跌。截至 2020 年 8 月，约翰逊政府与欧盟的谈判尚未取得突破性进展，2021 年后英国出现经贸领域无协议脱欧的可能性依然存在。这一双重挑战使各政党之间的激烈博弈和保守党内部党争仍可能再度激化。困扰约翰逊政府的另一政治趋势是脱欧与新冠肺炎疫情激发了苏格兰和北爱尔兰地方民族主义的抬头，进一步加剧了英国国家统一面临的挑战。

在外交和安全层面，脱欧、疫情的双重挑战与大国地缘竞争的叠加使约翰逊政府的对外政策表现出更多的急功近利、自相矛盾与投机性，难以找到适合其自身的全球大国角色，“全球英国”愿景也难以实现。后脱欧和后疫情时代的英国愈发难以开展有效的“全球英国”外交，实现其大国抱负。尤其是随着美国挑起的中美战略竞争的加剧，脱欧后的英国外交的“中间路线”面临美国要求其在中美之间选边站队的压力，英美特殊关系成为英国外交转型的包袱，而英国对华政策则更趋僵化，英国国内一些势力把中国视为战略和安全上的竞争对手。中英关系“黄金时代”的发展则因约翰逊政府在新冠肺炎疫情问题、华为问题和香港国安法问题上的做法而面临困难。约翰逊政府在美欧安全战略竞争中向美国倾斜，也迫使欧盟和法德等欧洲大国更加关注欧洲主权和独立性问题，积极建设自主掌控的欧洲共同安全防务体系。

在经济层面，英国经济在脱欧问题未决、疫情冲击剧烈的双重挑战下，承受着巨大压力。尤其是新冠肺炎疫情的暴发使英国经济受到史无前例的冲击，可能出现近三百年来最严重的经济衰退。关乎英国经济中长期发展的三个重要因素分别是后疫情时代的经济复苏计划能否顺利落地、金融市场能否企稳回升以及与欧盟之间的贸易协议能否及时达成。受新冠肺炎疫情影响，约翰逊政府降低了外来企业在英投资的审查门槛，加强了对可能影响公共卫生安全的企业的保护，使得未来中国企业在英国的并购投资面临新障碍。此外，新冠肺炎疫情促使约翰逊政府采取更为积极的选择性产业政策，并致力于提高产业链的韧性。

在社会、文化和教育层面，英国脱欧和新冠肺炎疫情的影响的痕迹处处可见。英国脱欧带来的不确定性使英国在全球范围内的人才竞争力有所减弱，而新冠肺炎疫情的暴发则使约翰逊政府的人才政策更难落实。新冠肺炎疫情对英国社会各行各业的影响也显而易见：它一方面促使英国高校采取新的教育教学方式，线上线下混合式的教学模式或将成为常态；另一方面也给英国高校的科研工作和财政收入带来严重的负面影响。在这一时期，传媒传递的信息发挥了比平时更为突出的作用，这也对传媒业、监管部门的监管工作提出了更高要求。英国电影业受到了新冠肺炎疫情的毁灭性打击，票房收入、观影人次和制片花销相比往年都大幅下滑。

目　录

Ⅰ　总报告

Ⅱ　英国形势分报告

Ⅲ　经济社会篇

Ⅳ　政治外交篇

Ⅴ　中英关系篇

Ⅵ　资料篇

皮书数据库阅读**使用指南**

总 报 告

General Report

B.1

脱欧与新冠肺炎疫情下的英国：挑战、回应与影响

“2019～2020 英国总体形势报告”课题组*

摘 要： 2019 年 7 月以来，英国脱欧僵局在政治上的破局与英欧经贸关系和脱欧中长期影响的不确定性相互交织，是理解当前和未来英国政治、经济、社会走向的重要线索。新冠肺炎疫情的暴发，打破了保守党赢得大选、完成法理脱欧后出现的短暂乐观气氛，带来诸多新的挑战。此外，美国对华政策的变化加剧了后脱欧时代英国面临的国际环境的复杂性。在此背景下，破解英国对欧经贸谈判的僵局仍需解决好维护国家自主性和维持对欧紧密联系之间的矛盾；而应对疫情持续所带

* 本报告由“2019～2020 英国总体形势报告”课题组集体完成。王展鹏负责报告设计和统筹；各部分撰稿人分别依次为王展鹏、李靖堃、刘明礼、曲兵、杨芳。

来的严重经济社会后果需要国家治理体系、宏观经济社会政策、产业政策和国际合作多个层面的政策调整与创新。其结果在很大程度上塑造了英国的政党政治、中央和地方关系、经济社会形态的走向，也会进一步引发关于英国国家治理模式转型的争论。此外，英国外交如何在内外部变局下避免急功近利和投机性，也成为其寻找全球大国角色的努力中的现实问题。

关键词： 英国脱欧　新冠肺炎疫情　政治形势　经济社会形势　对外政策

2019 年 12 月 12 日举行的英国大选因关乎脱欧的大结局而被称为该国“战后最重要的议会选举”。保守党的选举胜利打破了 2016 年公投以来困扰英国朝野三年半之久的脱欧僵局。2020 年 1 月 31 日，英国脱离欧盟，从法理上结束了近半个世纪的欧共体/欧盟成员国资格。尽管英国与欧盟在经贸关系安排等问题上面临艰苦谈判，但踌躇满志的约翰逊政府也提出了广泛的政治、经济、社会改革计划。然而，新冠肺炎疫情使英国政府被迫将应对疫情带来的经济社会挑战置于优先考虑的位置。

英国脱欧与新冠肺炎疫情的双重挑战*

王展鹏**

2019 年下半年以来，英国内政外交和经济社会发展面临脱欧问题和新

* 本报告为国家社科基金课题“英国对华决策新发展及其对中英关系的影响研究”（项目批准号：16BGJ069）的阶段性成果。

** 王展鹏，博士，北京外国语大学英语学院英国研究中心教授，主要研究领域为英国政治与外交、爱尔兰研究、欧洲一体化。

冠肺炎疫情的双重挑战。这些因素与日趋复杂的国际环境相互叠加，给英国的国家治理模式、经济社会政策、对外关系带来多方面的冲击和压力。

（一）脱欧僵局破局、谈判困境与英欧关系的未来

2020 年 1 月 23 日，《欧洲联盟法（退欧协议）》完成了立法程序。保守党在政党利益面前实现了空前团结，利用民众对脱欧久拖不决的厌倦心理和亲欧党派的不团结赢得了大选，在政治上打破了脱欧僵局。

2016 年全民公投被波格丹诺等学者视为英国将迎来一场宪法革命的催化剂，英国以议会主权原则为基础的宪法体制将发生改变，全民公投所代表的人民主权将在英国重大问题决策中发挥关键作用。在此过程中，英国政府和议会、议会内部各政党之间、各政党内部和社会各群体之间围绕是否应执行全民公投结果、以何种方式脱欧展开了激烈争论。特雷莎・梅和约翰逊领导的三届政府在议会仅占微弱多数，甚至处于少数派政府地位，他们始终以完成公投中人民的授权为借口，与议会占多数和政府内部的亲欧派展开斗争，经历脱欧法案多次遭议会否决、试图延长议会休会未果等英国宪政史上罕见的现象。2019 年下半年，脱欧派、留欧派民意僵持不下，英国面临媒体所称的“国家危机”“宪法时刻”。看似山重水复之后，随着大选的结束，脱欧的结局明朗起来。

可以说党派政治博弈是英国脱欧结局的关键，而英国第一大党保守党向民粹主义的妥协在其中发挥了重要作用。2019 年大选前，大多数保守党领导层成员和基层党员都意识到脱欧僵局给该党带来的生存危机：只有接受强硬脱欧的立场，才能从脱欧党手中夺回选民。很多温和、务实的保守党人出于选举考虑无条件地支持约翰逊在脱欧问题上的政策：一方面迎合强硬疑欧派在政治、法律上完全脱离欧盟的立场；另一方面也宣称尽可能维持与欧盟紧密的经济贸易联系，吸引中间选民的支持。反观留欧派各党之间，特别是工党和自由民主党则未能抓住约翰逊政府失去议会多数的机会实现自己的目标。

2019 年大选保守党最终获得议会下院的稳定多数，使新一届政府推行

脱欧政策时不再受到议会的掣肘。在新当选的保守党议员中2016年公投中投票支持脱欧的占55%，远高于上两届议会42%和44%的水平。另外，2019年所有保守党候选人获得党内提名时都宣誓支持约翰逊政府的脱欧立场。2020年1月，在议会下院表决中，脱欧法案获得了保守党议员的一致支持。①

大选获胜后，约翰逊在与欧盟经贸关系谈判中的立场更趋强硬。英国加入欧盟47年来，在政治、经济、社会等领域实现了高度的欧洲化，对欧盟27国进出口占英国贸易总额的一半左右，就谈判的复杂性而言，一年左右时间完成谈判难度很大。英国政府的基本谈判立场是借鉴加拿大模式与欧盟建立全面的自由贸易区，妥善解决北爱尔兰边界问题，也准备与欧盟开展安全等领域的合作，但实现这一目标的前提是英国享有完全的政治、司法主权和贸易政策独立，不惜采取使英欧经贸关系退回WTO框架的硬脱欧安排以彰显脱欧的合法性，回报强硬脱欧派的支持。②

英欧双方截至2020年8月末共进行了7轮谈判，考虑到时间紧迫和新冠肺炎疫情的影响，欧盟多次提议英国可延长过渡期1～2年，都遭到约翰逊政府的拒绝。③ 对于欧盟而言，鉴于英国与欧盟经济贸易联系的规模和紧密程度远超加拿大等国，与英国达成的经贸协定需要确保双方在劳工标准、食品安全、气候变化等领域实现深度的法律协调。这也意味着欧盟有权对英国法律行使事实上的监管权，避免英国单方面从脱欧中获得相对竞争优势，保障公平的竞争环境。欧盟表示英国的立场实际上仍然是希望从脱欧中获取

① "Parliament and Brexit", The UK in a Changing Europe, March 2020, pp. 11 - 13, https://centreonconstitutionalchange. ac. uk/sites/default/files/2020 - 03/Parliament - and - Brexit - report. pdf.

② Prime Minister's Office, "The Future Relationship Between the UK and the EU", 3 February 2020, https://www. gov. uk/government/speeches/the - future - relationship - between - the - uk - and - the - eu.

③ European Commission, "Negotiation Rounds on the Future Partnership Between the European Union and the United Kingdom", https://ec. europa. eu/info/european - union - and - united - kingdom - forging - new - partnership/future - partnership/negotiation - rounds - future - partnership - between - european - union - and - united - kingdom_ en.

好处、拒绝承担义务思维的延续。而英国政府则认为欧盟的诉求与其“夺回主权”的脱欧原则存在难以调和的矛盾，同时担心脱欧后如有关立法仍受制于欧盟，会对与美国、日本等贸易伙伴进行的自贸谈判形成制约。这成为谈判难以取得突破的关键问题。

在具体领域，英欧贸易谈判的一个主要障碍是渔业问题。英国加入欧共体之初，在向其他成员国开放捕鱼水域问题上就有所保留。此次欧盟坚持将英国继续开放水域与英欧自贸区挂钩，而英国则强调维护其海洋国家的独立性，需要有权与欧盟成员国进行双边谈判，确定其准入规则。双方的主要分歧还包括欧洲法院、欧洲人权法院在未来英欧争端解决中的作用。英国倾向于建立新的、对等的争端解决机制，而欧盟主张利用现有司法机制。此外，英国金融服务业在欧盟的市场准入也存在很大不确定性，考虑到该领域对英国的重要性，这也成为欧盟对英国施压的潜在砝码。

从当前的谈判进程看，2021 年后英国出现经贸领域无协议脱欧的情况无法排除。特别是在因新冠肺炎疫情出现经济衰退的背景下，英国政府需要维持经济社会立法的自由度和劳动力市场的灵活性，给维持与欧盟法律协调带来更多困难。为应对脱欧的潜在影响，英国国际贸易部于 2020 年 5 月推出了新的全球关税制度，简化了原来适用的欧盟税制，普遍降低了货物税率，对现税率低于 2% 的货物实行零关税，同时在英国产品面临竞争的农产品、汽车等领域维持了原关税。① 为避免疫情下谈判破裂的政治、经济、社会影响，英欧双方也可能在经贸领域力求达成一些较为空泛、模糊的原则性协议和临时性安排，而将具体问题上的细节安排留待未来 2 ~3 年逐步解决。

（二）新冠肺炎疫情的冲击与英国的抗疫策略引发的争议

2020 年 1 月 30 日，世界卫生组织宣布新冠肺炎疫情为国际公共卫生突发事件；2 月下旬，欧洲疫情在意大利、西班牙暴发。英国政府的应对策略

① The UK Government, “UK Global Tariff Backs UK Businesses and Consumers”, 19 May 2020, https://www.gov.uk/government/news/uk-global-tariff-backs-uk-businesses-and-consumers.

迟疑摇摆，一个月左右时间才出台全面抗疫措施，此时英国疫情已大规模暴发，成为欧美疫情的又一个风暴眼。特别是英国新冠肺炎死亡率高，英国首相约翰逊也一度感染，英国应对疫情的能力和表现受到国内外的广泛质疑。

疫情之初，英国政府希望在疫情防控和社会运行之间找到平衡点，在是否采取全民封锁措施问题上迟疑不定，担心经济代价过大引发经济社会问题和过度限制个人自由导致民众不满。政府首席科学顾问帕特里克·瓦兰斯一度提出“群体免疫”的设想，认为英国疫情大规模暴发难以避免，在压平感染曲线的情况下，如果60%左右的人口感染病毒，可一劳永逸地解决疫情问题。但随着感染人数和死亡人数不断增加，特别是疫情在意大利北部暴发后的严重后果迫使英国政府改变了抗疫策略。帝国理工学院的研究表明，英国如果在3月初采取封锁措施，死亡人数可下降一半。[①]

2020年3月23日后，英国政府在英国全境实施封锁，采取强有力的应对疫情措施，虽取得一定效果，但也暴露了国民医疗服务体系在近十年紧缩政策下预算削减、应急准备不足的问题。为配合严厉的封锁措施，英国财政部迅速启动了被称为二战以来政府对市场最大的干预行动，通过政府向企业员工提供工资保障、增加贷款和缓征税收等财政政策减弱疫情对经济和民生的冲击。但值得反思的是，政府和公共卫生部门在疫情出现到暴发的1~2个月内未能做好物资储备、提升医疗救治能力，在检测能力、追踪密切接触者等问题上存在缺陷。英国医疗体系在疫情之初也出现了资源挤压、呼吸机短缺、重症患者救治不力等问题。英国政府曾承诺4月底前日检测达到10万人次，但在很长时间内仅维持在1万~2万人次，未能有效控制感染源。《柳叶刀》杂志主编理查德·霍顿认为，英国政府对疫情反应迟缓导致了数万人死亡，政府的决策机制应该改革，英国科学顾问制度存在迎合政府意志、缺乏独立性的缺陷，是“一代人以来科学政策上的最大失败”。[②]

---

① “Coronavirus：‘Earlier Lockdown Would Have Halved Death Toll’”, *BBC*, 10 June 2020, https：//www. bbc. com/news/health - 52995064.

② 〔法〕索尼娅·德勒萨勒 - 施托尔珀：《西方“傲慢”致数以万计病人死亡》，《参考消息》2020年6月18日第12版，转引自法国《解放报》网站，2020年6月15日。

英国于 2020 年 5 月 10 日开始逐步恢复经济社会生活。对解除封锁、放松管制、开放经济都采取了渐进、审慎的方式，分阶段恢复员工工作、商店营业，各级学校逐步复学。但随着疫情全球大流行不断持续，一些非必要的行业解封措施多次延期。英国于 9 月初才恢复各类学校的教学活动。但如何应对第二波疫情暴发的风险仍是困扰英国政府的问题。

疫情之初，英国各党派和民众展现了在国家危机面前团结一致的传统，但在英国重启经济的讨论中，党派政治、社会各阶层和各地区之间的矛盾重新浮出水面。总体来看，保守党的支持者更主张放松封锁，尽快恢复经济；而工党支持者则要求采取更严厉的封锁措施。① 各反对党对政府抗疫不力提出强烈批评，要求就拖延抗疫，特别是新冠肺炎的高死亡率进行调查，追究责任。保守党政府虽同意应疫情病亡者家属组织的要求展开独立调查，但坚持调查应在疫情结束后才能启动。② 这一阶段，民众在抗疫问题上对政府的信任度和表现的评价也明显下滑。

围绕新冠肺炎疫情也引发了关于英国国家治理模式的更深层次讨论。首先，在英国中央集权的政府模式下如执政党掌握议会多数，会出现决策权集中在首相和内阁的局面，在危机决策中往往缺乏有效制衡。英国虽建立了科学问题听取专家意见的机制，但批评者认为英国医学顾问在有关疫情的决策中有迎合政府的倾向，导致决策失误。其次，在英国自由主义政治传统中，如何平衡经济效率与人民生命健康、个人自由与公共安全之间的关系历来存有争议。面对突发、充满未知的疫情，这些矛盾显得更加突出。再次，在新冠肺炎全球大流行的背景下，美国采取的孤立主义立场给全球合作抗疫带来了负面影响。英国国内也出现了主张封闭、脱钩、去全球化的呼声。欧盟在疫情初期应对不力和英国脱欧也

① “The Pandemic Is Dividing Britons, Not Uniting Them”, *The Economist*, 23 May 2020, https://www.economist.com/britain/2020/05/23/the-pandemic-is-dividing-britons-not-uniting-them.

② “Coronavirus: PM Promises Future Independent Inquiry”, *BBC*, 15 July 2020, https://www.bbc.com/news/uk-politics-53419544.

加剧了这一矛盾。[①] 最后，疫情虽未结束，但其对经济发展和社会公平的冲击已经显现，少数族裔、社会底层受冲击更大。英国作家安东尼·巴尼特在《走出地狱》一文中对在疫情暴发后英美新自由主义面临的危机进行了反思。他认为这是新自由主义长期将政治权力、金融资本利益置于人民生命安全之上的结果。他认为，疫情导致的经济、金融、社会危机将促使人们摈弃新自由主义的神话，在全球化中更加关注民众的福祉，从而可以带来真正的社会变革。[②]

（三）双重挑战下的英国内政外交走向

2019 年下半年以来，英国内外政策伴随着国内和国际形势的变化出现了明显的起伏波动。约翰逊赢得大选后提出的雄心勃勃的执政计划也因脱欧和新冠肺炎疫情的双重冲击陷入困境，面临更大的不确定性。

第一，政治上，保守党的“全民国家”愿景与政党政治和地区民族主义间的矛盾依然存在，在一些问题上存在激化的风险。

虽然约翰逊在脱欧日演讲中宣称这是依靠人民投票的力量开启的“一个新时代的黎明”，但英国政治的诸多矛盾远未消除。[③] 首先，如前文所述，英欧关系面临的一些关键问题在短期内找到解决办法仍困难重重，保守党虽在议会拥有稳定多数，工党新领导层短期内也无意挑战英国脱欧的既成事实，议会对当前脱欧谈判及其结果的影响力下降，但这并不意味着脱欧产生的政治和社会分裂的终结。一旦脱欧经贸谈判进展不顺利，出现无协议脱欧的结果，会给经济增长带来严重负面影响，工党等反对党和占英国民众一半

---

① Patrick Diamond, “Introducing Aftershock: Society and Politics After the Pandemic”, *Policy Network*, 7 May 2020, https: //policynetwork. org/opinions/blogs/introducing – aftershock – society – and – politics – after – the – pandemic/.

② Anthony Barnett, “Out of the Belly of Hell: COVID – 19 and the Humanisation of Globalisation”, *InDepthNews*, 7 June 2020, https: //www. indepthnews. net/index. php/opinion/3599 – out – of – the – belly – of – hell – covid – 19 – and – the – humanisation – of – globalisation – part – 1 – we – were – all – wrong.

③ Boris Johnson, “Brexit Day Speech”, *The Telegraph*, 31 January 2020, https: //www. telegraph. co. uk/politics/2020/01/31/boris – johnsons – brexit – day – speech – full/.

左右的留欧派仍可能质疑脱欧结果，保守党内部的亲欧派仍会改变立场，导致新的政治博弈和不稳定。

其次，新冠肺炎疫情给英国各党派合作抗疫提供了机会，但英国政府的诸多失误也在一定程度上削弱了保守党的执政地位，随着疫情的缓解和经济社会影响的显现会引发新的党派政治斗争。2020 年 4 月，基尔·斯塔默取代科尔宾出任工党新领导人，标志着工党向更加务实的中左政党的回归。已连续四次大选失利、在野十年的工党急需赢得更广泛选民的支持。保守党此前执政十年，推行紧缩政策，导致全民医疗服务体系投入不足，应对疫情不力，也引发了民众的不满。2019 年大选后，保守党民意支持率大幅领先工党约 20% 的局面逐渐改变，自 2020 年 5 月起保守党的优势明显收窄，在舆观（YouGov）等主流民调中大多维持在 5% ~10% 。[①]

最后，脱欧和新冠肺炎疫情进一步加剧了英国国家统一面临的挑战。英国正式脱欧后，苏格兰议会拒绝撤下欧盟旗帜，坚持组织谋求独立的二次公投，多数民调显示苏格兰支持独立的民众已超过半数。在北爱尔兰，民主统一党和新芬党同意恢复 2017 年以来停摆的分权政府运作，但在 2020 年 2 月爱尔兰大选中新芬党出人意料地成为议会众院第二大党，无疑在爱尔兰共和国加强了国家统一的政治话语，也使北爱尔兰民族主义者受到鼓舞。疫情暴发后，英国中央政府和苏格兰、北爱尔兰等地区政府在共同抗疫方面进行了富有成效的合作。但由于权力下放机制安排，各地区采取的抗疫策略也有很大差别。苏格兰采取了更为严格、审慎的抗疫策略，地区政府首席部长斯特金相比约翰逊在处理疫情问题上获得更多民众支持。[②] 疫情对英国国家统一既有积极作用，也有负面影响。无论是各地区间的抗疫合作，还是应对未来的经济冲击，英国统一的经济社会空间和更强大的英格兰地区都能给苏格

① "Opinion Polling for the Next United Kingdom General Election", *Wikipedia*, https://en.wikipedia.org/wiki/Opinion_polling_for_the_next_United_Kingdom_general_election.

② Akash Paun, "Five Key Questions About Coronavirus and Devolution", *The Constitution Unit*, 31 May 2020, https://constitution-unit.com/2020/05/31/five-key-questions-about-coronavirus-and-devolution/.

兰、北爱尔兰、威尔士等地区更多的支持。但英国政府在处理疫情上的失误也给苏格兰民族党、新芬党等民族主义者提供了口实。他们提出，如果实现完全独立能够更有效应对此类危机；爱尔兰岛南北方在抗疫上的密切合作也拉近了双方的距离。

第二，经济社会政策上，脱欧带来的不确定性与新冠肺炎疫情导致的经济衰退相互叠加，打乱了保守党政府政策转向的节奏，急需新的政策药方。

在经济社会政策方面，约翰逊2019年7月首次出任首相时媒体将其政府称为“撒切尔夫人的第四个任期”，然而，从执政以来的经济社会政策看，约翰逊政府并未出现明显的新自由主义转向，反而接受了工党的一些主张。在大选中，保守党一方面批评工党的增税、国有化政策，另一方面在老龄人口福利、教育、扩大警察队伍等领域提出了雄心勃勃的扩张计划。在2020年新年致辞中，约翰逊特别强调完善国家医疗服务体系，加大教育、交通等公共服务投入，推进北方振兴计划、缩小南北差距，在全球气候环境领域扮演积极角色等政策重点。① 2020年3月，保守党政府公布了本届政府的第一份财政预算，正式宣布结束英国十年来的紧缩政策，大幅增加基础设施、公共服务开支。这些方案经济上的可行性本来就遭受质疑，英国舆论称之为“虚幻的药方”。自2010年奥斯本担任财政大臣时推出紧缩政策以来，英国公共预算开支因人口老龄化等因素占GDP的比重并未真正降低，未来大规模提升的空间有限。②

就脱欧而言，虽然英欧之间的经济关系尚未改变，但经济影响已经出现，经济学家预计按现有加拿大模式脱欧，未来15年英国GDP增速将降低5.4% ~9.5%。③ 伦敦金融中心地位也面临挑战，一旦英欧谈判不顺利，英

---

① Prime Minister's Office, “PM Boris Johnson's New Year's Message”, 31 December 2019, https: //www. gov. uk/government/news/prime – ministers – new – years – message – 31 – december – 2019.

② Simon Wren – Lewis, “An End to Austerity? It's a Nice Line-But One Budget Can't Undo the Damage”, *The Guardian*, 12 March 2020, https: //www. theguardian. com/commentisfree/2020/mar/12/end – austerity – budget – george – osborne – public – spending – cuts – rishi – sunak.

③ Ivan T. Berend, *Against European Integration*: *The European Union and its Discontents* (Oxon: Routledge, 2019), p. 57.

国金融机构可能面临进入欧盟市场的限制。在贸易领域，英国作为世界上开放度最高的经济体之一，对贸易、投资依赖度高，如英欧自贸区安排无法落实，可能导致双边贸易额明显下降，对英国的价值链乃至英国在国际经济中的地位产生巨大冲击。[①] 如疫情长时间得不到控制，对英国经济带来更大的下行压力，需要更多的宏观经济政策措施和产业政策调整应对这一前所未有的复杂局面。

新冠肺炎疫情暴发后，英国经济受到的短期冲击超过大萧条时期：2020年第一季度经济萎缩 2.2%，第二季度 GDP 环比下跌 20.4%，创有记录以来单季最大跌幅，正式陷入经济衰退。[②] 英国央行预计，2020 年英国经济将下降 15%左右，可能成为近三百年来最严重的经济衰退。由于服务业在英国 GDP 中占比大，封锁措施对英国经济的冲击更显著。为应对疫情的经济、社会影响，英国政府放开了预算赤字的限制，实施经济刺激和保护就业等计划，特别是耗资巨大的"带薪休假计划"，国家财政为企业员工支付 80%的工资。截至 2020 年 7 月，英国债务占 GDP 的比重突破 100.5%，达到 1960 ~ 1961 财年以来的最高水平。[③] 在疫情何时终结充满不确定性的情况下，英国面临平衡预算赤字、维持经济增长、保护就业之间的巨大矛盾：放弃财政对"带薪休假计划"的支持将导致严重的就业问题，进而加剧经济衰退。但长期坚持该政策在财政上越来越难以为继，重启因脱欧搁置的地区发展和民生项目，如北方振兴计划、高铁项目，更是难上加难。同时，这一大规模经济救助计划的中长期影响也引发担忧。

第三，对外关系上，这一双重挑战与国际环境的复杂性相互叠加，英国对外政策表现出更多的急功近利、自相矛盾与投机性，找到适合自身的全球大国角色之路仍困难重重。

---

① Swati Dhingra, "Brexit and the Future of Trade", *The Political Quarterly* 1 (2019): 22 - 23.

② ONS, "GDP First Quarterly Estimate, UK: April to June 2020", 12 August 2020, https://www.ons.gov.uk/economy/grossdomesticproductgdp/bulletins/gdpfirstquarterlyestimateuk/apriltojune2020.

③ ONS, "Public Sector Finances, UK: July 2020", 21 August 2020, https://www.ons.gov.uk/economy/governmentpublicsectorandtaxes/publicsectorfinance/bulletins/publicsectorfinances/july2020.

2020年2月，英国政府宣布启动“英国外交、防务、安全与发展政策的综合评估”。英国政府称之为冷战后最大规模的国家对外战略评估，旨在为脱欧后的英国对外政策明确目标和重点，然而，因新冠肺炎疫情的影响，这一评估被迫延期。脱欧并未使英国清晰地找到自身国际角色定位。英欧贸易谈判困难重重、新冠肺炎疫情的巨大冲击以及美国试图挑起“新冷战”带来的地缘政治影响使英国外交面临更大复杂性和不确定性。

首先，脱欧后，英国将作为相对独立的力量参与国际事务，其对外政策的核心问题仍是如何处理好英欧、英美、英中关系等重要战略关系以及如何与这些主要力量实现良性互动。英国加入欧盟47年来，经济与社会生活实现了深度欧洲化，无论脱欧谈判的结果如何，英国脱欧的代价都是与欧盟关系“疏远与壁垒”增加。[①] 英国提出“全球英国”理念对冲其影响，但有效性仍广受质疑。特别是在美国对华挑起新的地缘政治对立的背景下，美国要求盟友在中美之间选边站队，英国内部右翼、民粹主义势力遥相呼应，英美特殊关系成为英国外交转型的包袱。英国在华为5G市场准入问题上迫于美国的压力政策不断反复即是明显的例子。英国最需要避免的结局是脱欧使英国丧失了与欧盟的紧密联系，但因英美关系的不对称性，英国在美国的战略考量中只能充当一个无足轻重的中间人角色，同时又错失与世界其他主要力量建立良性互动关系的时机。[②]

其次，不受欧盟束缚的贸易政策是英国“全球英国”战略的另一个支柱，但英国无论是与欧盟的自贸协定还是与其他贸易伙伴的谈判都面临诸多困难。英国与欧盟成员国间的进出口约占其贸易总额的一半，英国已自动或通过谈判取得的贸易协定主要来自原与欧盟签订贸易协定的国家。[③] 英美贸易协定谈判并未如特朗普所承诺的那样很快取得突破，英国经济对欧洲高度

---

① 《冯德莱恩：脱欧代价是疏远和壁垒》，《参考消息》2020年1月10日第3版。

② 王展鹏、吕大永：《英国“脱欧”与中英关系的未来》，《当代世界》2020年第6期，第53页。

③ Tom Edgington, “Brexit: What Trade Deals Has the UK Done so Far?”, *BBC*, 20 July 2020, https://www.bbc.com/news/uk-47213842.

依赖，而特朗普政府“美国优先”政策使美欧之间的贸易争议同样存在于英美之间，面临艰苦谈判，英美双方基本已放弃在 11 月美国大选前达成协议的努力。英国与澳大利亚、新西兰的谈判虽取得一定进展，但总量有限。中英经贸关系潜力巨大，但由于英国对华政策的两面性，加之美国施压的影响而面临诸多障碍。此外，脱欧的负面影响、贸易战、民粹主义使以 WTO 为核心的国际贸易体制受到削弱，新冠肺炎疫情对全球贸易活动的短期和长期影响逐步显现。这些带来的国际贸易环境的变化都对英国希望建构贸易大国身份的努力形成制约。

最后，英国在全球化和全球治理中的角色也面临脱欧和新冠肺炎疫情的考验。虽然英国在气候变化、国际抗疫合作等问题上表现出积极推动全球治理的意愿，但脱欧和新冠肺炎疫情在多个方面助推了逆全球化的发展：许多脱欧派虽然宣称支持自由贸易和对外开放，但其本质上信奉的西方优先、英国优先扮演了逆全球化泛滥的推手的角色，加大了全球化和全球治理的“信任赤字”。保守党右翼、民粹主义者在抗疫过程中为寻求替罪羊，提出针对中国的“责任论”，“脱钩”是其这一做法的延续。英国议会下院外交事务委员会 2020 年 4 月 6 日发表关于英国外交部在抗疫中作用的报告，指责中国、伊朗、俄罗斯应对英国疫情负责，也起到了推波助澜的作用。英国宣称维护基于国际规则的国际秩序是其全球治理政策的基石，事实上是其维护西方主导的国际秩序的思维定式的体现。

脱欧与新冠肺炎疫情双重压力下的英国政治

李靖堃*

2019 年下半年，脱欧依旧陷于僵局，议会与政府的冲突一度白热化，对英国的政治传统造成威胁。为摆脱僵局，2019 年 12 月，英国提前举行大

---

* 李靖堃，法学博士，中国社会科学院欧洲研究所研究员、欧洲政治研究室主任，主要研究领域为欧盟政治与英国问题。

选，保守党大获全胜，英国的政党政治格局进一步右转，而工党则将进入调整期。同时，英国在历经波折后终于在 2020 年 1 月 31 日正式退出欧盟，进入“后脱欧时代”。但从 2020 年 3 月开始，新冠肺炎疫情的暴发不仅打乱了英国与欧盟谈判的节奏，而且使保守党政府面临着支持率和信任度下降带来的挑战。

（一）脱欧僵局加剧议会与政府争端，威胁英国政治传统

2019 年 7 月，英国前外交大臣鲍里斯·约翰逊当选保守党领袖，并接替辞职的特雷莎·梅任英国首相。作为“强硬脱欧派”的代表人物，约翰逊上任后多次表示，即使最终无法与欧盟达成协议，也一定要在 2019 年 10 月 31 日之前完成脱欧。

但是，由于保守党在议会不占多数，而工党、自由民主党、苏格兰民族党以及保守党的一部分议员反对英国脱欧，特别是“无协议脱欧”，从而导致约翰逊的立场在议会受阻，政府与议会的冲突日益激烈。为摆脱议会的阻止，2019 年 8 月 26 日，在议会结束夏季休会之前，约翰逊按照宪法惯例向女王提议，要求议会从 2019 年 9 月第二周至 10 月 14 日休会五周，随后该提议获得了女王批准。此举招致多方批评，因为约翰逊此举的目的显然是在就“脱欧”这样重大的事项做出最终决定时绕开议会。有人因此指责约翰逊此举无异于“宪法政变”，而其本人则是“独裁者”。[①] 原因在于，这项决定对英国的宪法传统和政治传统造成了严重威胁，特别是涉及议会主权、议会与政府的关系、民主合法性以及国王的职权等对于英国的宪政制度具有根本意义的原则。

首先，议会主权是英国宪政制度的根本原则。根据该原则，议会拥有至高无上且不受任何限制的立法权，没有任何人或机构可以对议会立法的合法

---

① Ben Glaze, "'Tinpot Dictator' Boris Johnson Accused of Staging 'Parliamentary Group' with Brexit Gamble", *Mirror*, 29 August 2019, https：//www. mirror. co. uk/news/politics/tinpot - dictator - boris - johnson - accused - 19025457.

性提出质疑，甚至“唯一的根本法便是议会至上”。[①] 具体到政府与议会的关系，议会的立法权高于行政权，政府的合法性来自议会的支持，首相和内阁只有在得到议会下院信任的情况下才能继续执政。但约翰逊要求议会休会的做法似乎颠覆了上述原则，因为如果议会因为休会而无法对政府动议进行辩论，那么，议会的支持就不再是政府合法性的来源，立法机构也无法对政府实行监督和控制。其次，约翰逊与其前任特雷莎·梅一样声称政府是“按照人民的意愿”推进脱欧，从而将政府的合法性直接建立在民众的支持，即直接民主之上，并不惜与议会产生冲突，这样就产生了“人民的意愿”和“议员的意愿”谁具有最高的合法性这一问题。换言之，“议会民主”与“人民民主”被置于对立面，成为两种相互矛盾的民主理念。[②] 自2016年脱欧公投以来，对这个问题的争论就一直没有停息过，此次议会休会事件使这一矛盾再次凸显。最后，关于英国国王的职权问题。英国自“光荣革命”后确立了君主立宪制，《权利法案》等法律规定了一系列具有根本性的宪法原则，如国王不得干涉议会言论自由、必须定期召开议会等，而且，作为“虚位君主”，国王不能对国家政策进行直接干预。但是，按照宪法惯例，国王又必须接受首相和内阁的建议，这样就产生了另外一个悖论，即无论女王是否批准约翰逊要求议会休会的申请，都将违反英国的宪法惯例：批准休会等于违背了君主不干政的原则，特别是国王不应干涉议会的活动；不批准休会则违反了国王应接受首相和内阁建议的惯例。因此，尽管女王批准议会休会这一行为本身确实是国王的一项特权，并不违反宪法，却暴露了英国宪法与政治制度中长期存在的一个严重弊端，即宪法惯例的不确定性和自相矛盾的地方，并再次引发了关于是否应编纂成文宪法的讨论。

约翰逊的休会举措还导致了法院的介入。针对这项决定，在苏格兰、英

---

① 〔英〕詹宁斯：《法与宪法》，龚祥瑞、侯健译，生活·读书·新知三联书店，1998，第45页。

② James Grant，“Boris Johnson，Brexit and Britain's Constitutional Quagmire”，*The Atlantic*，30 August 2019，https：//www. theatlantic. com/international/archive/2019/08/boris – johnson – brexit – and – britains – constitutional – quagmire/597097/.

格兰和北爱尔兰分别提起了三起诉讼，但这些诉讼的结果并不完全相同。例如，苏格兰最高民事法院的判决认为，约翰逊的休会举措是合法的。法官多尔蒂勋爵（Lord Doherty）认为，该判决无法用法律标准进行衡量，因为这是一项具有高度政策性质和政治意义的事件，应由政治家去解决。但他也指出，议会是决定自身程序的“主人”，决定议会何时开会是议会自身的权力。① 英格兰高等法院也判定议会休会的决定合法，且认为法院无权对“王室特权”进行裁决。② 但苏格兰上诉法院判决议会休会的决定“无效”，不过它并未发布要求议会复会的法院令。③ 最终，英格兰最高法院判决此项措施非法。④ 尽管它承认，根据首相建议决定议会休会是普通法框架下的一项王室特权，但它明确指出，法院有权对政府决策进行司法审查，并且援引“议会主权”原则指出，如果行政机构利用王室特权阻止议会行使其立法权威，则将颠覆英国宪法的这项根本原则。但最高法院并未就国王是否有义务遵从首相的建议给出明确结论，该问题的敏感性由此可见一斑。

议会于最高法院做出判决的第二天，即 2019 年 9 月 25 日复会。此前，议会通过了一项法律，规定如果议会在 2019 年 10 月 19 日之前既不能通过脱欧协议，也不能就无协议脱欧达成一致，则英国政府必须申请将脱欧日期推迟到 2020 年 1 月 31 日。由于复会后的议会否决了约翰逊政府与欧盟达成

① Alasdair Clark, “Boris Johnson's Prorogation of Parliament Is Lawful, Scottish Court Rules”, *The Guardian*, 4 September 2019, https://www.theguardian.com/politics/2019/sep/04/boris-johnsons-prorogation-of-parliament-is-lawful-scottish-court-rules.

② “High Court Rejects Legal Challenges over UK Suspension of Parliament”, *DW*, 6 September 2019, https://www.dw.com/en/high-court-rejects-legal-challenge-over-uk-suspension-of-parliament/a-50322293.

③ Severin Carrell, “Scottish Judges Rule PM's Suspension of Parliament Is Lawful”, *The Guardian*, 11 September 2019, https://www.theguardian.com/politics/2019/sep/11/scottish-judges-rule-boris-johnsons-prorogation-unlawful.

④ Fergal Davis, “Decision of the Supreme Court on the Prorogation of Parliament”, House of Commons Library, 24 September 2019, https://commonslibrary.parliament.uk/parliament-and-elections/parliament/decision-of-the-supreme-court-on-the-prorogation-of-parliament/.

的新协议，约翰逊不得不向欧盟申请延期脱欧。脱欧再次陷入僵局。最终，英国各方同意提前举行大选，以期为脱欧找到出路。

（二）大选巩固保守党地位，英国政党政治进一步右转

2019 年 12 月 12 日，英国举行第 58 次议会选举。这也是 2015 年 5 月以来，英国在将近五年的时间里举行的第三次大选。此次大选的结果并不存在太多悬念，保守党获得了压倒性胜利，它总共获得 650 个议席中的 365 个，即占议席总数的 56.2%，拥有多达 80 个议席的绝对多数，是该党 1987 年以来历次大选中的最好成绩。保守党的得票率为 43.6%，是 1979 年以来单一政党在议会选举中获得的最高得票率。尤其是在英格兰，它赢得了前所未有的支持：它获得了英格兰全部 533 个议席中的 345 个（64.7%），在该地区的得票率为 47.2%，是 1970 年以来的最高得票率。

与保守党的大胜形成鲜明对比的是工党的“惨败”：工党仅获得了 32.2% 的选票、202 个议席，这是它 1935 年大选以来的最差成绩，工党还是所有政党中得票率唯一下降的政党（与 2017 年大选相比）。至此，工党已经在 2010 年以来的四次大选中连续败给保守党，影响力持续下降。对工党而言，此次大选最大的失败在于，英格兰中部和东北部的多个选区“全面失守”。这些地区本是工党几十年来的坚强“堡垒”，有些选区甚至在历史上从未被保守党“染指”，例如曼彻斯特的城镇利（Leigh）、英格兰东北部的奥克兰主教区（Bishop Auckland）和塞奇菲尔德（Sedgefield）选区，保守党在 2019 年大选之前从未赢得过这些选区的议席。这些地区有一个共同特点，它们均为原来的重工业地区，近年来因受到“去工业化”影响，经济日益低迷，民众的收入普遍处于中低水平。换言之，这些地区的选民多为工人和中下层民众，而这部分民众中支持脱欧的比例相对较高。但工党并没有提出有足够吸引力的政策纲领，科尔宾提出的一系列以国有化为代表的激进政策并不能得到这部分民众的认同，反而有损其原有的社会基础。另外，工党在脱欧立场上左右摇摆，也让一部分选民感到失望，因此转而支持保守党。

此次大选之后，英国的政党政治格局再次发生了一些变化，特别是在以

下两个方面：首先，保守党的地位得到巩固，相较之下，工党的影响力和势力范围则进一步收缩，未来将进入较长的调整期，至少短时间内不太可能具备与保守党抗衡的实力。而从保守党内部来看，强硬脱欧派在约翰逊的内阁中占了很大比例。因此，无论是从保守党和工党的力量对比，还是从保守党内部不同派别的力量对比来看，政党政治进一步右转的可能性极大。其次，经过一段时间的“碎片化”和“分散化”发展趋势之后，政党格局再次向传统两党制回归。这一迹象从2017年大选就已经开始出现。在2019年大选中，两大党得票率之和虽有所下降，但仍达到了75.8%（2010年仅为65.1%），在一定程度上扭转了1974年以来第三党对两大党地位的冲击。除苏格兰民族党以外，包括自由民主党在内的其他政党表现均不尽如人意：自由民主党仅获得11个议席，且其领袖乔·斯文森（Jo Swinson）和该党在威尔士的领袖简·多兹（Jane Dodds）均未当选；绿党和英国脱欧党尽管在2019年5月的欧洲议会选举中表现抢眼，但在此次大选中，绿党仅获得1个议席，脱欧党没有获得议席。

当然，无论是保守党还是工党，未来都将面临不小的挑战。

从保守党方面来看，想要长久留住此次大选中“倒戈”的原工党选民绝非易事，取决于它能否真正兑现关于提高民众生活保障水平的承诺，但这在很大程度上取决于脱欧之后英国的经济状况。从目前来看，英国与欧盟的谈判并不顺利，与此同时，新冠肺炎疫情对英国经济也造成了很大压力。例如英格兰银行预测，英国2020年的GDP将下降14%，是300多年以来最严重的经济萎缩。[①] 而且，英格兰东北部等原来的重工业地区首当其冲。在这种情况下，很难保证保守党能够实质性落实提高中下层民众生活水平的社会经济政策，甚至有可能很难做到在制定社会经济政策时认真考虑这部分民众的实际需求，也因此难以保证保守党在下一次选举中仍能获得这部分选民的支持。

工党面临的挑战更加艰巨。工党的脱欧立场虽然是它在选举中落败的重

① Elliot Smith，“Bank of England Projects Worst UK Economic Slump Since 1706”，*CNBC*，7 May 2020，https：//www.cnbc.com/2020/05/07/bank-of-england-holds-interest-rates-but-says-it-is-ready-for-further-stimulus.html.

要原因，但根本原因在于它无法找到正确的发展方向和能够真正吸引选民的政策纲领。科尔宾在大选结束后宣布辞职。2020 年 4 月 4 日，基尔·斯塔默（Keir Starmer）在工党内部选举中获得 56.2% 的选票，成为新一任工党领袖。斯塔默是一名律师，也是工党“影子内阁”的脱欧事务大臣。相较于科尔宾的极端左翼思想，斯塔默的立场相对温和一些，更倾向于中左立场，他的当选也得益于工党中间派成员的支持。但是，斯塔默及其领导的工党未来至少面临如下三个方面的重大挑战。

首先，斯塔默需要领导工党重构意识形态，确立正确的发展方向。在竞选工党领袖的过程中，斯塔默阐释了“道德社会主义”这一理念。① 他指出，“道德社会主义”的核心是解决不平等和不公正问题，并将“经济公正、社会公正和气候公正”作为“道德社会主义”的三项基础原则。除此之外，“道德社会主义”的要点还包括：促进和平与人权；共有所有权（common ownership）；保护移民的权利；加强工人和工会的权利；大幅下放权力、财富与机遇；平等；在议会中有效地反对保守党等。② 但是，我们可以发现，所谓“道德社会主义”不仅含义十分含糊，而且没有太多新意，不太可能形成像当年“第三条道路”一样强大的影响力和吸引力。

其次，斯塔默需要弥合工党在科尔宾时期的裂痕，实现团结。尽管斯塔默的当选表明大多数工党党员不再支持科尔宾所代表的极端意识形态，但仍有一些人忠诚于科尔宾的路线，如在选举中排在第二位的丽贝卡·贝瑞（Rebecca Long-Bailey）就是科尔宾的支持者，其得票率高达 28%，此外还有一些重要的工党成员也反对脱离科尔宾的纲领。如何在工党的中间派与极端左派之间找到平衡并不是件容易的事。

最后，赢得下届大选是工党当前的最主要任务。如果工党下届大选再次失利，很有可能失去更多公众的信任，在英国政治中的地位甚至将进一步被

① Keir Starmer, “Labour Can Win Again If We Make the Moral Case for Socialism”, *The Guardian*, 15 January 2020, https: //www. theguardian. com/commentisfree/2020/jan/15/labour – socialism – values – election – economic – model.

② Keir Starmer, “My Pledges to You”, https: //keirstarmer. com/plans/10 – pledges/.

削弱。但鉴于当前的各种因素，要完成这项任务无异于“翻越一座大山”。[1]特别是在英国当前面临新冠肺炎疫情的情况下，公众并不希望看到政治人物为了党派利益而争斗。这对斯塔默领导的工党无疑是不利的，因为它无法将“反对党”的效应发挥到最大，而是必须要与保守党进行“建设性合作”。当然，危机对工党也可能意味着机遇，但这取决于多种因素，且有过多不确定性。

（三）脱欧和新冠肺炎疫情压力叠加，保守党政府支持率下降

1. 英国退出欧盟，但与欧盟的谈判进展缓慢

2019 年 12 月 19 日，新一届议会开幕。女王在演说中提出，本届政府的优先任务是在 2020 年 1 月 31 日如期脱欧，并在自由贸易协定基础上与欧盟建立新的关系。女王在演说中公布了 30 多项立法动议，其中有 7 项与脱欧事务相关，涉及的领域包括贸易、金融服务、移民、渔业、农业和国际私法等。另外，女王在演说中还提到了保守党政府拟采取的诸多国内改革措施，特别是医疗、教育、刑事司法体系、移民、气候治理等方面。

在议会开幕的当天，保守党政府向议会下院提交了《退出欧洲联盟协议法案》，该法案的目的是实施英国与欧盟签署的脱欧协议，其内容涵盖英国应向欧盟承担的财政义务、欧盟公民在英国的权利、与爱尔兰边界有关的安排以及脱欧过渡期等。该法案特别规定，不会在 2020 年 12 月 31 日之后延长过渡期。该议案于 2020 年 1 月 23 日获得女王批准，成为法律，英国于 2020 年 1 月 31 日格林尼治时间 23：00 正式退出欧盟。

2020 年 3 月 2 日，英国和欧盟正式启动“关于未来关系”的谈判。截至 2020 年 6 月底，双方已经进行了四轮谈判，但进展十分有限，而且前景并不乐观。原因在于，英国与欧盟双方的分歧很难解决，尤其是在渔业、竞争规则、环境与劳工标准以及货物检查等方面。2020 年 3 ~6 月，英欧双方举行了 4 轮谈判；7 ~9 月，英欧双方举行了 5 轮谈判。这意味着英欧双方

① Laura Kuenssberg，“The Task Facing Labour's New Leader”，*BBC*，4 April 2020，https：//www. bbc. com/news/uk - politics - 52169103.

确实在 7 ~9 月加大了谈判力度，尽管谈判并未如预期的那样顺利。[①] 鉴于英国多次强调不会延长脱欧过渡期，如果不能如期达成协议，双方将只能在 2021 年之后按照“世贸组织模式”处理经贸关系，尽管这是双方都不愿意看到的情况，但从当前的谈判情况来看，这种风险的可能性在增加，特别是新冠肺炎疫情给英欧谈判前景增加了新的不确定因素。

2. 应对新冠肺炎疫情不力导致保守党信任度下降

2020 年 3 月中旬以来，新冠肺炎疫情在英国迅速蔓延，但英国政府没有及时采取正确的防控措施，而是错误地提出所谓“群体免疫策略”，致使疫情不断恶化。2020 年 5 月 5 日是个重要节点，当天英国新冠肺炎死亡人数累计达到 29427 人，超过意大利，成为欧洲死亡人数最多的国家。5 月 6 日之后，英国每日新增新冠肺炎患者人数有所减少，但仍保持在较高水平，其间还出现过反弹。截至 2020 年 7 月 2 日，英国新冠肺炎确诊病例总数超过 28 万人，死亡人数超过 4. 4 万人。[②]

随着新冠肺炎疫情日益严重，保守党与约翰逊本人的支持率大幅下滑：英国民众对保守党应对新冠肺炎疫情政策的满意率从 3 月下旬的 70% 下降到 6 月初的 40%，这一比例是所有欧洲国家中最低的；保守党和工党之间的支持率差距也缩小到仅有 5 个百分点（4 月初，保守党的支持率还领先工党 20 个百分点）。[③] 而据路透社的调查[④]，在将政府作为可信任的信息来源

① “Negotiation Rounds on the Future Partnership between the European Union and the United Kingdom”, https: //ec. europa. eu/info/european - union - and - united - kingdom - forging - new - partnership/future - partnership/negotiation - rounds - future - partnership - between - european - union - and - united - kingdom_ en.

② The UK Government, “Coronavirus (COVID - 19) in the UK”, 3 July 2020, https: // coronavirus. data. gov. uk/.

③ 朱联璧：《欧洲观察室：英政府抗疫满意度全欧垫底，保守党做错了什么?》，澎湃新闻，2010 年 6 月 19 日，https: //www. thepaper. cn/newsDetail_ forward_ 7866241。

④ Richard Fletcher, Antonis Kalogeropoulos & Rasmus Kleis Nielsen, “Trust in UK Government and News Media Covid - 19 Information Down, Concerns over Misinformation from Government and Politicians Up”, *Reuters*, 1 June 2020, https: //reutersinstitute. politics. ox. ac. uk/trust - uk - government - and - news - media - covid - 19 - information - down - concerns - over - misinformation.

方面，英国民众的信任率从4月初的67%下降到了5月底的48%；在对政府的信任度方面，持右翼立场的民众信任率下降了10个百分点，持中间立场的民众信任率下降了19个百分点，而持左翼立场的民众信任率下降了24个百分点；在对政府新冠肺炎疫情应对措施的评价方面，认为政府表现良好的比例比4月初下降了21个百分点。由于约翰逊为其首席顾问多米尼克·卡明斯不遵守隔离政策的行为辩护，其本人的支持率甚至曾经降至-1%，这也是疫情暴发以来首相的支持率首次跌至负值。①

英国政府之所以在应对新冠肺炎疫情中做出了错误的政治决策，与保守党本身以及整个英国政治体制中长期存在的一些问题不无关系。首先，从保守党内部来看，根据国家医疗服务体系（NHS）的一份报告，② 早在2020年1月，NHS内部就已经将新冠肺炎疫情定为四级风险（即最高风险级别），但当时英国政府正忙于为脱欧做最后准备，同时，约翰逊也刚刚完成内阁重组，致使政府无力也无暇给予疫情足够的重视。更重要的是，英国政府之所以迟迟未采取严格的隔离措施，并且在疫情尚未得到完全控制的情况下就仓促宣布"解封"，原因在于，保守党内部有一部分人担心采取过于严格的控制措施会妨碍经济发展，而这部分人中的大多数同时也是强硬脱欧派，即约翰逊的坚定支持者，因此，约翰逊在做出决策时必须考虑这部分人的意见，必须在两种意见之间保持平衡。换言之，"政治"因素和党派利益对于保守党政府的新冠肺炎疫情应对策略发挥了重要作用，而没有完全从民众利益和科学视角出发。其次，作为反对党的工党一方面由于在议会中的力量不足以与保守党抗衡，另一方面疫情发生时正处于"群龙无首"状态，因此当时的英国并不存在一个足够强大、团结并且能够监督和制衡政府政策的反对党和议会。再次，首相约翰逊3~4月因感染新冠肺炎住院治疗而无法行使首相职权，虽然

① 《为高参护短，约翰逊支持率跌至负数》，《解放军报》2020年5月28日，https：//www.jfdaily.com/journal/2020-05-28/getArticle.htm? id=293813。

② "Letter to NHS Bodies from Sir Simon Stevens and Amanda Pritchard", NHS England, 17 March 2020, https：//www.england.nhs.uk/coronavirus/wp-content/uploads/sites/52/2020/03/urgent-next-steps-on-nhs-response-to-covid-19-letter-simon-stevens.pdf.

在外交大臣拉布代行其职权的情况下，英国政府的正常运行并未中断，但由于本届政府未设副首相，且宪法惯例也未具体规定在首相无法行使职责的情况下由谁代行职责，以及代行职责者有哪些具体职权，因此，一些特别重要的事项只能等待约翰逊做出最终决定，因而造成某些决策的延误。这也再次引发了对英国宪法惯例的讨论和质疑。最后，英国虽然是单一制国家，但包括卫生在内的大多数事项均被下放给地区政府，英国中央政府做出的决策事实上只适用于英格兰。例如，在约翰逊宣布英格兰从2020年5月13日开始实行分阶段及有条件解封之后，除英格兰以外的其他三个地区明确表示不与英格兰同步。再如，在新冠肺炎确诊病例与死亡病例的统计方面，几个地区的统计数据也不统一。这种情况导致英国无法在应对新冠肺炎疫情这类紧急事件的过程中采取统一策略和协同行动，从而为应对新冠肺炎疫情增添了新的难度。

此外，新冠肺炎疫情也凸显了英国社会中长期存在的种族不平等问题。根据“医疗基金会”（The Health Foundation）的报告，此次新冠肺炎疫情中，在英格兰和威尔士，黑人和其他少数族群的死亡率高于普通白人2～3倍，其中黑人的死亡率更是超过普通白人4倍。[①] 其原因很大程度上是黑人与其他少数族群多从事收入较低的工作、住房条件更差、居住空间狭小且生活方式更不健康，而这种现象反映出来的正是整个社会的不平等差距在扩大这一深层次问题。早在2010年，就有专家报告详细分析了英格兰的医疗不平等问题。[②] 而2020年发表的报告认为，在这10年间，英格兰的医疗不平等状况进一步扩大，特别是东北部贫困人口的健康状况十分恶劣。[③] 英国议会下院

① Tim Elwell-Sutton, Sarah Deeny and Mai Stafford, “Emerging Findings on the Impact of Covid－19 on Black and Minority Ethnic People”, The Health Foundation, 20 May 2020, https：//www.health.org.uk/news－and－comment/charts－and－infographics/emerging－findings－on－the－impact－of－covid－19－on－black－and－min.

② Institute of Health Equity, “Fair Society, Healthy Lives：The Marmot Review”, 2010, http：//www.instituteofhealthequity.org/resources－reports/fair－society－healthy－lives－the－marmot－review/fair－society－healthy－lives－full－report－pdf.pdf.

③ Institute of Health Equity, “Health Equity in England：The Marmot Review 10 Years on”, February 2020, https：//www.health.org.uk/sites/default/files/upload/publications/2020/Health%20Equity%20in%20England_ The%20Marmot%20Review%2010%20Years%20On_ full%20report.pdf.

委员会也就该问题展开过辩论，但并未引起政府的足够重视。无论是脱欧还是新冠肺炎疫情，受影响最严重的都是包括少数族群在内的中下层民众。如果英国经济在今后一段时间内出现衰退，英国政府很可能再次实施紧缩政策，特别是缩减包括福利开支在内的公共支出，这对少数族群无异于雪上加霜。

（四）脱欧与新冠肺炎疫情激发地方民族主义

1. 苏格兰民族党再次寻求独立

在 2019 年 12 月的英国议会选举中，苏格兰民族党获得了苏格兰总共 59 个议席中的 48 个，这一结果仅次于 2015 年的 56 席，这也是它自 2015 年以来第三次超过自由民主党，再次强化了该党在苏格兰的地位。苏格兰民族党在竞选中提出的两项最主要诉求是反对脱欧与独立。大选结束后，苏格兰民族党领袖斯特金致函约翰逊，要求举行第二次独立公投。尽管约翰逊以独立公投“一代人只能有一次”为由拒绝了这一要求，但斯特金明确指出苏格兰不会放弃寻求独立的努力。不过她也表示不会在 2021 年地方议会选举之前发起公投。[①] 总体上可以认为，至少在本届政府任期内，苏格兰举行独立公投的可能性并不大，原因在于，独立公投必须取得英国中央政府的同意，否则不具有法律效力，而约翰逊已经明确拒绝了这种可能性。由于保守党在议会下院拥有高达 80 个议席的绝对多数，因此不必向其他政党寻求妥协，这也决定了约翰逊有足够“底气”用强硬立场对待苏格兰民族党。

然而，苏格兰的独立诉求并没有消退，仍将持续威胁英国的国家稳定。特别是，英国脱欧造成了苏格兰民族党与保守党，乃至苏格兰与英格兰的对立，这种对立非但不会消失，如果英国退出欧盟后出现经济衰退，那么这种对立也许还会加剧，从而推高苏格兰民众的独立诉求。与此同时，保守党政府在新冠肺炎疫情中采取的应对措施也使苏格兰民众产生了质疑。2020 年 5 月底民调机构依普索·莫瑞（Ipsos MORI）的一次民调显示，有 82% 的苏

---

① “Scottish Independence: Nicola Sturgeon Calls for Patience for Indyref 2”, *BBC*, 31 January 2020, https://www.bbc.com/news/uk-scotland-scotland-politics-51311288.

格兰人认为斯特金在应对新冠肺炎疫情中措施得力，78%认为苏格兰政府在疫情中做出了正确决策。相反，只有30%的人对约翰逊的评价是正面的。[①]这也鼓舞了苏格兰民族党寻求在2021年地方选举后再次推动独立的决心。

2. 北爱尔兰民族主义力量趋强

在2019年英国议会选举中，新芬党获得了7个议席，与北爱尔兰第一大党民主统一党仅有1席之差（后者在2017年大选后拥有10个议席）。特别是在首府贝尔法斯特，新芬党和民主统一党“平分秋色”，各赢得2个议席，而此前民主统一党拥有其中的3个议席。特别是新芬党获得了北贝尔法斯特选区的议席，这是1922年以来的第一次。而在爱尔兰共和国2020年的议会选举中，新芬党取得了历史性突破，获得了24.5%的选票、37个议席（比上一届增加15个），特别是它获得的第一偏好票是所有政党中最多的，这也是新芬党1970年以来的最好成绩。英国和爱尔兰的议会选举结果表明，新芬党在这两个国家获得的民众支持均明显增多，这自然给了它寻求统一的动力；而英国脱欧和新冠肺炎疫情又成为新芬党寻求推动统一的契机。新冠肺炎疫情暴发后，英国和爱尔兰采取了不同的应对措施，导致英国疫情比爱尔兰更加严重。新芬党领袖趁机呼吁建立整个爱尔兰岛统一的卫生体系，并希望以此作为推动爱尔兰统一的切入点。[②]

当然，爱尔兰的统一是个极其复杂的问题，绝非短时间内能够实现，特别是爱尔兰的两大政党共和党与民主统一党都承认，它们虽然愿意看到爱尔兰岛的最终统一，但认为时机并未成熟。[③] 但无论如何，脱欧与新

---

① Jamie Maxwell, “Coronovirus May Yet Trouble a Buyout Sturgeon”, *Politico*, 2 June 2020, https://www.politico.eu/article/coronavirus-may-yet-trouble-a-buoyant-nicola-sturgeon-scotland-referendum-snp-independence/.

② Johnathan Gorvett, “Will Ireland and the UK's Divided Responses to COVID-19 Fuel Irish Unification?”, *World Politics Reviews*, 7 May 2020, https://www.worldpoliticsreview.com/articles/28743/will-ireland-and-the-u-k-s-divided-responses-to-covid-19-fuel-irish-unification.

③ “Potential Irish Ruling Partners Would Set up United Ireland Unit”, *Reuters*, 20 April 2020, https://www.reuters.com/article/us-ireland-politics/potential-irish-ruling-partners-would-set-up-united-ireland-unit-idUSKCN21X2OV.

冠肺炎疫情都给北爱尔兰的局势增添了新的不确定因素。尤其是近年来，北爱尔兰的人口构成发生了很大变化，信奉天主教的人口所占比例逐年增加。根据2011年的人口统计数据，信奉新教的北爱尔兰人已经不足半数，为48%（2001年为53%），而信奉天主教的人达到了45%；从年龄结构来看，年龄越小，信奉天主教的人所占比例越高：在劳动年龄人口中，44%的人信奉天主教，只有40%的人信奉新教；只有在60岁以上的人群中，信奉新教的比例才超过了天主教。预计到2021年，信奉天主教的人口将第一次在北爱尔兰成为多数。[①] 尽管信奉天主教并不一定与支持爱尔兰统一画等号，但这毕竟有可能成为影响北爱尔兰未来局势的一个重要因素。

双重压力下的英国经济

刘明礼[*]

2019年下半年至2020年上半年这一年时间里，英国经济的主要特点可以分为两个阶段总结：第一阶段是2020年1月底英国法律上离开欧盟前的一段时间，英国经济的表现保持了2016年脱欧公投后的核心特点，也就是明显受到脱欧问题的影响；第二阶段是2020年2月后，随着新冠肺炎疫情的暴发，英国经济受到史无前例的冲击，虽然脱欧问题还没有解决，但与疫情及其经济后果相比，影响已经不再那么明显。

（一）总体经济形势

在此前的年度报告中我们已观察到，英国经济表现和脱欧有较为密切的关系，公投的结果以及脱欧谈判的不确定性已经改变了英国在发达经济体中

① Gareth Gordon, " 'Catholic Majority Possible' in NI by 2021", *BBC*, 19 April 2018, https://www.bbc.com/news/uk-northern-ireland-43823506.

* 刘明礼，中国现代国际关系研究院欧洲所副所长、博士、研究员，主要研究领域为欧洲经济、欧洲一体化问题。

增长势头领先的局面，随着脱欧进程的发展，脱欧日期临近，不确定性增加，尤其是“无协议脱欧”风险加大，英国经济承受着越来越大的下行压力。2019 年下半年，英国在波动起伏的脱欧进程中，先后经历了更换首相、延迟脱欧期限、提前大选等一系列重大政治事件，经济也在脱欧的各种不确定性中继续缓慢前行。

图 1 显示，2017 年后英国经济一直低于七国集团的平均增速，2019 年全年 GDP 实际增长 1.4%，与 2018 年的 1.3% 基本持平。英国国家统计局的季度数据显示，2019 年第三季度英国 GDP 环比增长 0.5%、同比增长 1.3%，第四季度环比增长 0、同比增长 1.1%。第四季度的零增长引起了经济界的关注。有经济学家认为，政治的不确定性是经济陷入疲态的重要原因。① 英格兰银行也认为，脱欧以及大选带来的不确定性，在第四季度的经济数据上有所体现。②

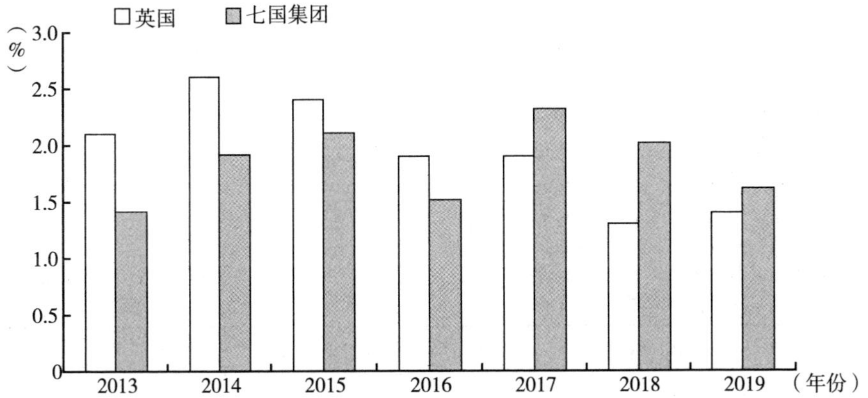

图 1　英国与七国集团 GDP 增速（2013～2019 年）

资料来源：国际货币基金组织。

① “UK Economy Saw Zero Growth at the End of 2019”, *BBC*, 11 February 2020, https://www.bbc.com/news/business-51459257.

② “Agents' Summary of Business Conditions - 2019 Q4”, Bank of England, 19 December 2019, https://www.bankofengland.co.uk/agents-summary/2019/2019-q4.

从产业结构看，英国经济在2019年末出现零增长，主要原因是服务业的增长被制造业的萎缩所抵消。[①] 具体而言，英国的13个制造业产业中，有11个第四季度出现产出下降，平均降幅为1.1%，其中汽车产出下滑1.9%。英国机械制造业雇主联合会（Make UK）首席经济学家谢默斯·内文认为，制造业产出下滑的主要原因是受到了全球贸易战的影响，这降低了消费需求和市场购买力。[②]

服务业占英国GDP的80%以上，是拉动经济的主导力量，2019年第四季度虽然实现增长，但环比增速只有0.1%，显著低于第三季度的0.5%，也是2016年公投以来的最低水平。服务业疲软的原因是零售和批发活动的下降，显示出家庭消费支出意愿不强。表1数据显示，2019年第二季度后，家庭消费增速呈现持续下降趋势。[③] 第四季度公共部门的消费支出增长了1.5%，在一定程度上弥补了私人消费的不足。[④]

表1　2018～2019年英国经济分季度指标（环比）

单位：%

	GDP增速	家庭消费	固定资产投资	人均GDP变化
2018年第一季度	0.1	0.4	-1.2	-0.1
2018年第二季度	0.5	0.6	-0.2	-0.1
2018年第三季度	0.6	0.4	0.3	0.4
2018年第四季度	0.2	0.2	-0.1	0.1
2019年第一季度	0.7	0.1	1.0	0.5
2019年第二季度	-0.2	0.5	-0.5	-0.3
2019年第三季度	0.5	0.2	0.5	0.4
2019年第四季度	0.0	0.0	-1.2	-0.1

资料来源：英国国家统计局。

① ONS, "GDP Quarterly National Accounts, UK: October to December 2019", 31 March 2020, https://www.ons.gov.uk/economy/grossdomesticproductgdp/bulletins/quarterlynationalaccounts/octobertodecember2019.

② "UK Economy Stagnates in Final Quarter of 2019", *Financial Times*, 11 February 2020, https://www.ft.com/content/3b6192c8-4cb1-11ea-95a0-43d18ec715f5.

③ "UK Economy Stagnates in Final Quarter of 2019", *Financial Times*, 11 February 2020, https://www.ft.com/content/3b6192c8-4cb1-11ea-95a0-43d18ec715f5.

④ ONS, "GDP Quarterly National Accounts, UK: October to December 2019", 31 March 2020, https://www.ons.gov.uk/economy/grossdomesticproductgdp/bulletins/quarterlynationalaccounts/octobertodecember2019.

进入2020年后，随着大选结束和国内政治局势趋于稳定，经济信心有所恢复，2020年1月底英国也正式离开欧盟，脱欧相关不确定性有所减少，商界期待经济信心能够有所恢复。但新冠肺炎疫情的暴发始料不及，也对英国经济的走势产生决定性影响。撰写本课题报告时尚无法获得完整的2020年上半年经济数据。从季度数据上看，英国国家统计局也仅发表了第一季度的数据。因此下文关于疫情后英国经济表现的观察，主要用2020年1～5月的月度数据。

表2　疫情后英国主要产业产值变化（环比）

单位：%

	2020年2月	2020年3月	2020年4月	2020年5月	2020年2～5月	2020年3～5月
GDP	0.0	-6.9	-20.3	1.8	-24.5	-19.1
服务业	0.0	-7.5	-18.9	0.9	-24.4	-18.9
制造业	0.9	-5.2	-24.4	8.4	-22.3	-18.0
建筑业	-1.8	-5.4	-40.2	8.2	-38.8	-29.8
农业	0.0	-0.9	-5.4	-6.2	-12.0	-6.3

资料来源：英国国家统计局。

从表2中的数据可以看到，3月疫情暴发后经济立即受到影响，当月GDP即呈现6.9%的衰退，服务业受到的影响最大。4月随着疫情的扩散和防疫措施升级，其对经济的影响也达到了峰值，比3月衰退扩大20.3%，建筑业更是萎缩超过40%。5月后，经济指标出现企稳势头，GDP实现1.8%的环比增长，制造业、服务业、建筑业出现不同程度增长，但农业还在衰退。累计看，到5月，疫情已经导致英国GDP萎缩约五分之一。

通胀方面，2019年下半年至2020年上半年，英国通胀率基本呈持续下降局面，最高值为2019年7月的2.1%，最低值为2020年5月的0.5%，与经济景气情况基本保持一致，通胀走低也显示出社会需求不足（见图2）。与之相适应的是，英国领取薪水的就业人口，从2020年3月的2901万下降

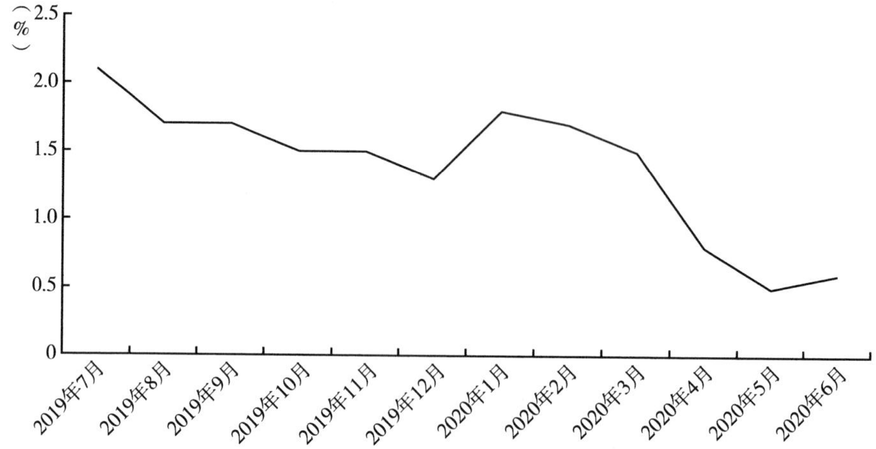

图 2 英国通胀率（2019 年 7 月～2020 年 6 月）

数据来源：英国国家统计局。

至 6 月的 2836 万，也就是说疫情导致约 65 万人无法领取薪水。[①] 另外，英国国家统计局 5 月 19 日公布的数据还显示，4 月申领失业救济金人数高达近 210 万人，较 3 月增加 85.6 万人，达到 1996 年以来最高水平。英国人力资源协会和德科公司 5 月 18 日发布的报告显示，英国企业的招聘意愿已降至调查开展 15 年来最低水平。[②]

（二）主要经济政策

针对本报告时间段的英国经济形势，英国的政策调整主要集中在 2020 年上半年，也就是针对疫情进行的政策调整。

1. 财政政策

英国政府在 2008 年金融危机后实行了近 10 年的大力度财政紧缩政策，

① ONS, "Labour Market Overview, UK: July 2020", 16 July 2020, https://www.ons.gov.uk/employmentandlabourmarket/peopleinwork/employmentandemployeetypes/bulletins/uklabourmarket/july2020.

② 《英国恐陷"失业陷阱" 政府力保就业》，新华网，2020 年 5 月 20 日，http://www.xinhuanet.com/politics/2020－05/20/c_1126009345.htm。

有效降低了财政赤字，但在英国脱欧和经济下行背景下，紧缩政策也引发了一定争议。2018 年后，英国政府开始重新审视紧缩的必要性，2019 年财政政策已经走向宽松的道路。2019 年 9 月 4 日，时任英国财政大臣赛义德·贾维德在议会下院表示，政府将在下一个财政年度增加 138 亿英镑公共支出，使用领域包括教育、医疗、警力和基础设施建设。他认为英国能够在公共服务领域投入更多，“翻过财政紧缩的一页”。[①]

2020 年新冠肺炎疫情暴发后，出于控制疫情和恢复经济的需要，英国财政宽松的力度进一步加大，出台了一系列措施。3 月 11 日，英国财政大臣里希·苏纳克在议会下院公布预算案，宣布政府将提供 50 亿英镑用于支持国民保健体系和其他公共服务，70 亿英镑用于支持英国企业和个人，180 亿英镑用于其他刺激措施。未来 5 年，英国政府将在公路、铁路、通信、教育和医疗等方面投入逾 6000 亿英镑。[②] 苏纳克表示，快速扩散的疫情引发了对全球经济滑入衰退的担忧，并重创金融市场，作为全球第五大经济体，英国正面临疫情带来的“重大影响”。预算责任办公室称，这是自 1992 年以来规模最大的刺激计划，标志着该国实施了 10 年的紧缩政策的结束。英国财政研究所所长保罗·约翰逊表示，苏纳克承诺每年以 2.8% 的速度增加公共服务支出，“这是个惊人的增幅”。[③] 3 月 17 日，政府进一步宣布，经济有困难人士将获得为期三个月的缓交房贷期；向各行业商户提供价值 3300 亿英镑的贷款，用于纾解新冠肺炎疫情带来的亏损。

3 月下旬，英国政府宣布出台“工作保留计划”，向因疫情不能工作的人员支付其工资 80%、最高 2500 英镑的补助。该计划宣布之初的有效期为 3~5 月，此后延长至 10 月底。数据显示，截至 7 月 5 日，英国约 940 万个

---

① 《英国政府欲“翻篇”告别财政紧缩拟增加公共支出》，新华网，2019 年 9 月 6 日，http：//www.xinhuanet.com/world/2019-09/06/c_1210268477.htm。

② 《财经观察：英国出台政策“组合拳”应对疫情影响》，新华网，2020 年 3 月 12 日，http：//www.xinhuanet.com/world/2020-03/12/c_1125704231.htm。

③ 《焦点：约翰逊政府祭出 390 亿美元抗疫刺激计划 终结为期十年的财政紧缩周期》，路透社网站，2020 年 3 月 20 日，https：//www.reuters.com/article/uk-boris-johnson-hea-stimulating-plan-03-idCNKBS20Z06Z。

工作岗位因该计划得以保留。苏纳克称："我们正夜以继日地工作，以前所未有的速度采取前所未有的行动，尽一切努力保护我们的人民和企业。"①

2. 货币政策

金融危机后英国通过宽松的货币政策维持经济稳定，2008 年起将基准利率从 5.25% 一直降到 2016 年的 0.25%。2009 年 3 月，英国央行还出台量化宽松的非传统货币政策来刺激经济。2017 年 11 月，英国央行宣布加息，将基准利率从 0.25% 提高至 0.5%，2018 年 11 月又上调到 0.75%，2019 年全年保持不变。

新冠肺炎疫情暴发后，英格兰银行迅速行动，3 月 11 日宣布将基准利率下调 50 个基点至 0.25%，同时引入为中小企业提供额外激励的定期资助计划（TFSME），鼓励银行向企业贷款，尤其是中小企业，促进流动性进入实体经济。② 英格兰银行认为，由于供给和消费都受到疫情影响，英国经济活动在未来数月可能显著减弱，此次降息旨在提振企业和消费者信心，改善企业和家庭现金流，降低融资成本，拓展融资渠道，防止疫情造成的短期困境产生持久性负面影响。英格兰银行的快速反应得到了经济界的支持。英国商会总干事亚当·马歇尔表示，在这个关键时刻，英国央行采取的措施具有重要意义，可大幅削减企业借贷成本。央行应与金融机构共同努力，确保这些政策措施转化为对企业的切实支持。③

3 月 19 日，距离宣布降息仅 8 天，英格兰银行宣布再次降息，将基准利率降至 0.1%（见表 3），并增持 2000 亿英镑的英国政府和公司债券，至 6450 亿英镑。对于连续的货币政策调整，英格兰银行的解释是，新冠肺炎

① The UK Government, "Coronavirus-Business Support to Launch from Today", 23 March 2020, https://www.gov.uk/government/news/coronavirus-business-support-to-launch-from-today.

② "Term Funding Scheme with Additional Incentives for SMEs (TFSME) -Market Notice", Bank of England, 11 March 2020, https://www.bankofengland.co.uk/markets/market-notices/2020/term-funding-scheme-market-notice-mar-2020.

③《财经观察：英国出台政策"组合拳"应对疫情影响》，新华网，2020 年 3 月 12 日，http://www.xinhuanet.com/world/2020-03/12/c_1125704231.htm。

疫情以及相关的应对措施对经济的冲击范围大、烈度强，过去几天英国和其他主要经济体金融市场都出现了短期流动性资产紧张，英格兰银行的作用就是帮助企业和家庭应对这种经济波动。①

表 3　英格兰银行基准利率变化情况（2008 年 2 月 ~ 2020 年 3 月）

时间	变动情况(基点)	变动后利率(%)
2008 年 2 月	-25	5.25
2008 年 4 月	-25	5.00
2008 年 10 月	-50	4.50
2008 年 11 月	-150	3.00
2008 年 12 月	-100	2.00
2009 年 1 月	-50	1.50
2009 年 2 月	-50	1.00
2009 年 5 月	-50	0.50
2016 年 8 月	-25	0.25
2017 年 11 月	+25	0.50
2018 年 8 月	+25	0.75
2020 年 3 月	-65	0.10

资料来源：英格兰银行。

3. 贸易政策

2019 年英国贸易状况基本保持稳定，甚至有所改善，全年货物和服务贸易总计出口 700 亿英镑，比 2018 年增加 44 亿英镑，进口总计 724 亿英镑，比 2018 年增加 38 亿英镑。可以看出，英国 2019 年进出口总量都有所增长，同时贸易盈余还有所改善，贸易赤字为 24 亿英镑，比 2018 年的 30 亿英镑赤字有所下降。②

① “Our Response to Coronavirus (Covid-19)”, Bank of England, https://www.bankofengland.co.uk/coronavirus.

② ONS, “UK Trade: Goods and Services Publication Tables”, https://www.ons.gov.uk/economy/nationalaccounts/balanceofpayments/datasets/uktradegoodsandservicespublicationtables.

从图 3 的月度数据来看，2019 年下半年英国贸易状况较为稳定，进出口数据均波动不大。但 2020 年疫情暴发后，对贸易的影响在数据中有明显体现，4 月进出口数据均大幅下滑，5 月后有所恢复，这与之前我们分析的疫情发展和其他宏观经济指标变化保持一致。进一步分析可以发现，进入 5 月后，英国出口的恢复要快于进口，侧面显示出外部疫情和经济形势的改善速度可能快于英国国内。

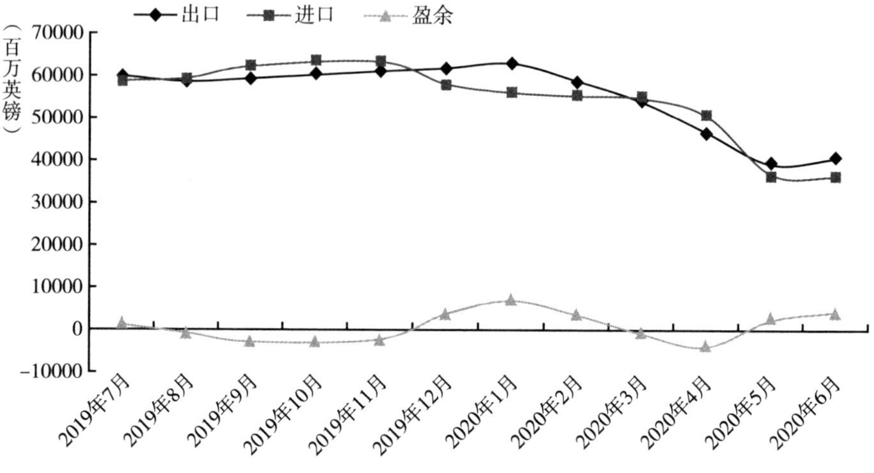

图 3　英国进出口状况（2019 年 7 月 ~ 2020 年 6 月）

资料来源：英国国家统计局。

在脱欧和疫情的双重背景下，英国加紧对外自贸谈判。5 月 5 日，英美代表通过视频会议开始为期两周的首轮谈判，双方各有 100 多名官员参加。英美团队在共同声明中表示，快速达成一项富有雄心的跨大西洋自贸协定，对于两国应对新冠肺炎疫情带来的冲击和保持经济长期稳定至关重要。[①] 6 月 9 日，英国与日本举行视频谈判，双方力争年内完成自贸谈判。6 月 17 日，英国启动了与澳大利亚和新西兰的自贸谈判。同日，英国表示有意加入《全面与进步跨太平洋伙伴关系协定》（CPTPP）。根据英国政府披露的数

① 《英美在疫情危机中开启自贸协定谈判》，《中国青年报》2020 年 5 月 7 日，第 3 版。

据，截至2020年1月，英国已经签署了20个贸易协议，这些协议将在2021年1月英国离开欧盟单一市场后生效。[①]

（三）未来经济前景

总体看，英国经济正在经历百年来最严重衰退，形势十分严峻，复苏前景取决于很多重要因素，存在很大不确定性。

第一是疫情发展的不确定性。疫情是导致英国经济衰退的决定性因素，未来复苏前景也主要取决于疫情发展，不仅是英国本身的疫情，还有全球疫情走势。世界卫生组织2020年7月19日公布的数据显示，全球新冠肺炎累计确诊病例已突破1400万例。英国政府7月18日则暂停发布每日新冠肺炎死亡病例数据，理由是存在“统计学缺陷”。[②] 英国医学科学院（AMS）教授史蒂芬·霍尔盖特表示，英国新冠肺炎疫情大流行将如何演变，存在“高度不确定性”。由于冬季人们在密闭空间相处的时间变长，2020年冬季恐将面临更致命的第二波新冠肺炎疫情，而且“可能会比我们刚经历过的第一波更加严重”。[③] 英格兰银行行长安德鲁·贝利表示，疫情对就业和企业活动的打击恐造成“疤痕效应”，失业率等指标在疫情结束后将迟迟无法恢复。[④]

各机构对英国经济前景的展望不尽相同。经合组织6月10日发布的经济预测认为，在全球不暴发第二波疫情的情况下，英国经济2020年将萎缩11.5%。[⑤] 国际货币基金组织2020年6月下旬发布的《世界经济展望》报

① The UK Government, “Existing UK Trade Agreements with Non-EU Countries”, 29 January 2020, https://www.gov.uk/guidance/uk-trade-agreements-with-non-eu-countries.

② 《全球确诊超1400万　英国暂停发布每日新冠病亡数据》，人民网，2020年7月20日，http://world.people.com.cn/n1/2020/0720/c1002-31789770.html。

③ 《“最坏情况下”英国今冬第二波新冠肺炎疫情或导致12万人死亡——卫生专家》，路透社，2020年7月14日，https://cn.reuters.com/article/uk-health-expert-covid-death-0714-idCNKCS24F07M。

④ 《英国经济面临更大不确定性》，《人民日报》2020年5月8日。

⑤ “OECD Forecasts Deeper Recession in UK than Other Rich Nations”, *Financial Times*, 10 June 2020, https://www.ft.com/content/d936d27f-9e2b-4e6a-91f4-3940d6bf64cb.

告认为，英国经济预计 2020 年萎缩 10.2%。[①] 英国预算责任办公室 7 月的分析认为，英国正面临 300 年来最严峻的经济衰退：最糟糕情况下，英国经济 2020 年将衰退 14.3%，失业率超过 13%；最乐观情况下，经济衰退 10.6%，失业率达到 9.7%。[②]

第二是财政状况恶化将十分棘手。面对疫情冲击，英国推出了力度空前的经济刺激举措，尤其是为无法工作的员工提供的“工作保留计划”极大推高了政府开支。英国国家统计局数据显示，政府 4～6 月举债达 1279 亿英镑，相当于上一财年（2019 年 4～2020 年 3 月）全年举债总额的两倍多。截至 6 月底，英国公共债务存量约为 1.98 万亿英镑，相当于国内生产总值的 99.6%。财政研究所认为，英国政府大规模经济救助措施的财政后果将在今后几年甚至几十年里持续显现。[③]

关于显著加重政府财政负担的“工作保留计划”，英国政府也在考虑适时退出。财政大臣苏纳克表示，无休止延长该计划只会让人产生“错误期望”——以为总能返岗，而且离岗时间越长技能退化越严重，因此该计划在 10 月底实现“灵活、逐步”退出。为使政策平稳过渡，英国政府 7 月 8 日推出工作保留奖励新政，若雇主在 2020 年 11 月初至 2021 年 1 月底让保留岗位的

---

① Tom Belger, “Coronavirus: IMF Warns UK Economy Will Shrink 10.2% This Year”, *Yahoo. Finance*, 24 June 2020, https://uk.finance.yahoo.com/news/imf-coronavirus-economy-growth-global-uk-outlook-report-june-gdp-us-132759279.html?guce_referrer=aHR0cHM6Ly93d3cuZ29vZ2xlLmNvbS5oay8&guce_referrer_sig=AQAAAGMLJUkE3n DOfZCqa7fD2fFL1HASIZMs38RPVaTVDjcOOSc8gtddbN21LmWcC7GugeSNaPd3WAFs_NwvdYv DL2POvDX9LuTUwCz7Qq9mWT73IYZ1txB1f9rGKrWoOQBN5gAgVfEqR0EtEYml0SPC6GWAead HYC0utiZ2V9PbZQFk&_guc_consent_skip=1596005068.

② Oscar Williams-Grut, “OBR: UK Faces Worst Downturn in 300 Years”, *Yahoo. Finance*, 14 July 2020, https://uk.finance.yahoo.com/news/obr-july-coronavirus-covid-19-economic-forecast-model-rishi-sunak-mini-budget-083939264.html?guce_referrer=aHR0cHM6Ly93d3cuZ29vZ2xlLmNvbS5oay8&guce_referrer_sig=AQAAAGMLJUkE3nDOfZCqa7fD2fFL1HASIZMs38RPVaTVDjcOOSc8gtddbN21LmWcC7GugeSNaPd3WAFs_NwvdYvDL2 POvDX9 LuTUwCz7Qq9mWT73IYZ1txB1f9rGKrWoOQBN5gAgVfEqR0EtEYml0SPC6GWAeadHYC0utiZ2V9PbZQFk&_guc_consent_skip=1596006036.

③《疫情导致英国政府单季债务超过上一财年》，新华网，2020 年 7 月 21 日，http://www.xinhuanet.com/fortune/2020-07/21/c_1126267641.htm。

员工复工，且每月支付的工资超过最低标准，可在2021年2月获一次性奖励。①

第三是英国与欧盟谈判前景不明。英国虽然法律上已经于2020年1月底离开欧盟，但双方的经贸关系在2020年底前的过渡期内保持不变，之后将由新的经贸协议取代。但新协议的谈判进展缓慢，加上受到疫情冲击，随着时间的推移以及英国政府的强硬立场，2020年底前无法达成协议的风险在增加。鉴于“无协议脱欧”的风险始终没能排除，结合脱欧公投以来的英国经济表现，脱欧谈判的进展以及结果，仍将是影响经济的重要因素。

此外，英国与其他经济体贸易谈判也有难点。脱欧后的英国将目光转向全球，如前文所述，英国已经签署了20份贸易协议，但其中几乎没有重要经济体。目前虽然与美国、日本、澳大利亚等国的谈判在进行之中，但短期签署协议难度很大。比如与美国的谈判中，美国想全面进入英国的全民医疗体系和农产品市场，还想在双边贸易协议中加入针对第三国的条款，对英国来讲接受难度很大。同时，与欧盟的贸易占据了英国贸易的约一半，这意味着英国的谈判重点仍然会放在欧盟身上，与其他经济体谈判的精力有限。即便与其他经济体达成协议，如不能处理与欧盟的贸易关系，也很难弥补在欧盟市场的损失。

总体看，过去一年，英国经济在脱欧问题未决、疫情冲击剧烈的双重挑战下，承受着巨大压力，这些压力在未来一段时间也难缓解。经济界有代表性的观点认为，英国经济出现“V”形反转的可能性正在消失，可能要“数年而不是数月”才能从疫情的打击中恢复过来。②

多方承压、艰难抉择的英国外交

曲　兵***

2020年本是英国的“脱欧元年”，新冠肺炎疫情来袭时，约翰逊政府被

① 《财经观察：英国新推300亿英镑财政计划保就业》，新华网，2020年7月9日，http://www.xinhuanet.com/world/2020-07/09/c_1126218736.htm。

② 《英国经济或经历300年来最大跌幅》，第一财经，2020年7月15日，https://www.yicai.com/news/100700384.html。

*** 曲兵，博士，中国现代国际关系研究院欧洲所副研究员，主要研究方向为英国政治和外交。

迫一面仓促应对疫情，一面艰难推进对欧、美、日等多场自由贸易谈判。随着中美摩擦加剧，英国开始放弃“中间路线”。承压之下的英国难以“骑墙”，但做出选择的代价也是高昂的。

（一）当英国脱欧遇到新冠病毒

2019年7月24日，鲍里斯·约翰逊接替特雷莎·梅出任首相。他展示出宁可“无协议脱欧”也要带领英国如期脱欧①的决心，倒逼欧盟与之重新谈判。10月中旬，英欧终于达成修改后的“退出协议”（确定“分手”事宜）和“政治宣言”（设定未来关系框架）。约翰逊将这一协议提交英国议会表决，但议会通过立法手段迫使其向欧盟申请延期。欧盟随后同意延期，2020年1月31日成为最后期限。为了减少议会的掣肘，尽快实现脱欧，约翰逊推动提前大选，并在12月的大选中大获全胜。

2020年1月24日，欧盟领导人和约翰逊先后签署“脱欧协议”。同日，英国政府召开第一次关于新冠肺炎疫情的内阁紧急会议。1月31日是英国的“脱欧日”，英国政府忙于营造胜利的气氛。同日，英国官方首次公布了境内的新冠肺炎确诊病例数量。约翰逊首相发表了意气风发的演讲，称英国可以借脱欧释放“这个伟大国家的全部潜力”，实现“令人惊叹的成功”。②他没有想到，新冠病毒会将“新时代曙光”变成二战结束以来的“至暗时刻”。

此后一段时间，英国政府专注于脱欧，疫情应对工作被搁置一边，也没有参加欧盟联合采购防疫装备的项目。英国外交部常务次官西蒙·麦克唐纳后来向下院外交事务委员会表示，拒绝加入欧盟联合采购计划的邀请是一个“政治决定”，因为“我们在1月31日离开了欧盟”。③

---

① 当时设定的脱欧最后期限是2019年10月31日。

② The UK Government, “PM Address to the Nation: 31 January 2020”, 31 January 2020, https://www.gov.uk/government/speeches/pm-address-to-the-nation-31-january-2020.

③ “UK Took ‘Political Decision’ Not to Take Part in EU Procurement Scheme”, *BBC*, 21 April 2020, https://www.bbc.com/news/av/uk-politics-52375857/uk-took-political-decision-not-to-take-part-in-eu-procurement-scheme.

脱欧既包括结束现有的关系，也包括建立新的关系。约翰逊抛弃了特雷莎·梅提出的与欧盟建立“深入且特殊的未来关系”的目标，相反，他优先考虑的是英国的主权和独立，而不是与欧盟的经济一体化和制度性合作。谈判本来关于“未来关系”，但英国缩小了讨论范围，几乎将贸易之外的一切都排除在外。正如有英国媒体形容的：“欧盟愿意提供一顿五道菜的大餐，外加葡萄酒，而英国只想要一个三明治和一杯水。”①

2020 年 3 月 2 日，英欧正式启动未来关系谈判。受疫情影响，第一轮谈判之后就改由视频会议的方式进行。双方立场分歧较大，谈判成果寥寥。英国不愿脱欧后继续受制于欧盟，为谈判设定了三条“红线”：欧洲法院对英国不再具有管辖权，英国不再有义务受欧盟法律的约束，渔业安排要与英国脱欧前有明显的差别。然而，欧盟将英国遵守规则和标准的程度与享受的单一市场准入水平相关联，尤其强调“公平竞争环境”，坚持要英国在从环境法规到国家援助等各个方面向欧盟的标准“看齐”。

英欧关系仍有很大不确定性，截至 2020 年 8 月，双方仍在“公平竞争环境”、渔业和争端解决安排等方面存在严重分歧。唯一确定的是，英国政府决定不延长过渡期，将于 2020 年 12 月 31 日离开欧盟。“不延期”是英国脱欧派一直以来的诉求，得到约翰逊首相的支持。他们的理由是：第一，英国的公务员一直在研究如何应对“无协议脱欧”，并推演全球供应链瘫痪的各种可能性。新冠肺炎疫情已让英国的经济经受了考验，相当于为“无协议脱欧”进行了“压力测试”。“无协议脱欧”的后果也不会比现在更差。第二，英欧之间的棘手问题如果在 2020 年解决不了，那么通过延期也解决不了。英国内阁办公厅大臣戈夫就表示，英国脱欧谈判的经验表明，“每当最后期限推后时，隧道尽头的亮光就被更多的隧道所取代”。② 第三，延期

---

① Graham Bishop, “The View from Brussels of the EU-UK Negotiations: a Total Illusion of ‘Independence’”, The Federal Trust, 10 March 2020, https://fedtrust.co.uk/the-view-from-brussels-of-the-eu-uk-negotiations-a-total-illusion-of-independence/.

② James Crisp, “EU should Seal Brexit Trade Deal Because of Coronavirus, Says Michael Gove”, *The Telegraph*, 27 April 2020, https://www.telegraph.co.uk/politics/2020/04/27/eu-should-seal-brexit-trade-deal-coronavirus-says-michael-gove/.

意味着英国须向欧盟缴纳“会费”，还得继续遵守欧盟的规则和标准。对脱欧派来说，疫情掩盖了脱欧的负面效应，可以将脱欧的巨大损失归咎于疫情。

2020年下半年，英欧谈判将进入“啃硬骨头”阶段。英国坚持不延长过渡期，将欧盟逼到“墙角”，也让自己无路可退。积极的迹象是，达成协议仍是双方的目标。欧盟官员表示正在“努力适应英国的红线”，做出“巧妙的妥协”。问题在于，谈判将在巨大时间压力下进行，这样自我强加的时间表不可避免地限制了协议的宽度和深度。即使双方能在过渡期结束前达成自由贸易协议，那也只可能是一份简版协议。如果达不成协议，英国仍然面临在2021年1月1日“无协议脱欧”的风险。英国方面也在为脱欧做各种准备，先后公布了脱欧后的“英国全球关税制度”、边界管控措施和移民政策等配套措施。

（二）夹在中美之间的英国

脱欧前，英国可以让欧盟出面应对外交上的棘手议题。脱欧“单飞”后，英国没有欧盟的庇护，一切压力需要自己承受。随着中美摩擦加剧，英国陷入“交叉火力”之中。

英国对美国的需求前所未有。美国是英国在欧盟之外的第一大贸易伙伴和投资来源国，在约翰逊政府急于展示“脱欧红利”的背景下，与美国尽快签订自由贸易协议成了约翰逊最急迫的任务。约翰逊担任首相后，英国比较积极地回应了美国在一些国际问题上的诉求。如2019年8月，英国政府宣布加入美国发起的“波斯湾护航行动”。2020年1月，在美国暗杀伊朗将军苏莱曼尼后，外交大臣拉布等人为美国辩解，称“美国有自卫的权力”。英国一些亲美的议员也主张加强与美国的合作。英国议会下院国防委员会主席埃尔伍德（Tobias Ellwood）主张英美牵头制定《大西洋宪章2.0版》①，

① 丘吉尔和罗斯福于1941年签署了《大西洋宪章》。

建立一个促进和捍卫人权、民主和贸易的新国际架构。①

英国对华关系急转直下。中英经济互补性强，合作基础好、潜力大，双边经贸合作给英国带来实实在在的好处。全球金融危机和欧洲债务危机后，英国经济复苏在很大程度上得益于中国的市场和投资。根据英国国家统计局的数据，2019 年，按照单一国别计算，中国是英国的第六大出口市场、第四大进口来源国，英国对华服务贸易顺差也在逐年增加。② 按照这个逻辑和发展趋势，脱欧后的英国应该紧紧抓住中国这个重要贸易伙伴。但英国先后在疫情、香港、华为等问题上挑战中国，中英关系迅速恶化。一个重要原因是疫情暴露了英国对中国的严重依赖，触动了英国人敏感脆弱的心理，英国政府开始重新关注英国经济对中国的风险敞口。英国国内特别是保守党内一直存在疑华、反华的声音，不少议员关注“人权”、香港等议题，反对“单纯追求商业利益”的做法。在脱欧久拖不决的时期，英国政府的注意力都放在脱欧上，这些人掀不起什么风浪，但疫情给了他们大做文章的机会。这些人声称对中国产品和供应链的依赖严重威胁英国的国家安全。他们还上纲上线，声称“英国越与中国合作就越依赖中国，就越受中国控制”。除了打压华为，他们还将目标指向核电、高等教育等领域。

总体看，英国的政策选择在中美之间左右为难。这突出表现在英国的华为政策上。2019 年，美国高层接连发声，要求英国不要使用华为的设备。2020 年 1 月，英国政府决定允许华为有限度地参与英国 5G 网络建设，约翰逊的此种“忤逆”行为遭到特朗普的斥责。美国国务卿、副国务卿、国家安全顾问、参议员、驻英大使等公开喊话、直接施压，称英国允许华为参与 5G 网络建设会影响英美间的情报合作，而英美自贸协议也将“成为问题”。

---

① Deborah Haynes, “Growing Rivalry with China Risks ‘Eventual Conflict’ Warns Defence Committee Chair”, *The Sky News*, 2 June 2020, https://news.sky.com/story/growing-rivalry-with-china-risks-eventual-conflict-warns-defence-committee-chair-11998931.

② House of Commons Library, *Statistics on UK Trade with China-Briefing Paper*, No. 7379, 14 July 2020.

2020 年 5 月，美国禁止使用美国技术和设备的供应商向华为提供芯片，这个“釜底抽薪”的做法使英国政府“基于证据”“从技术上管控华为”的理由难以成立。6 月 30 日，约翰逊首相转变态度，称将保护英国关键基础设施免受“敌对国家供应商”的攻击。[①] 两周后，英国政府做出禁用华为的决定。对此，中国驻英国大使刘晓明警告说：“如果你们把中国当作敌人，就要承担由此产生的后果。”[②]

（三）寻找新出路

一是充实“全球英国”的内涵。脱欧后的英国要在国际上成为一支什么样的力量？扮演什么样的角色？约翰逊早在担任外交大臣时就提出“全球英国”的概念，但批评者斥之为没有实质内容的空洞口号。外交大臣拉布指出，“全球英国”的内涵不限于脱欧和自由贸易，英国想强化自身作为“全球好公民”的角色。作为“向善的力量”，英国要以身作则，在气候变化、人权等领域扮演积极的角色。[③] 英国国内制定了 2050 年实现零排放的法律，格拉斯哥市将主办《联合国气候变化框架公约》第 26 次缔约方大会，以此展示英国在气候变化上的领导力。[④] 2020 年 7 月，英国独自出台新的全球人权制裁机制，制裁沙特、俄罗斯、缅甸的 47 个个人和朝鲜的两家机构。此外，英国在全球疫苗合作上颇为积极。2020 年 6 月 4 日，英国主办全球疫苗峰会，呼吁各国政府和国际组织携手合作，筹集资金支持疫苗研发和接种。英国政府也宣布在未来五年里向“全球疫苗免疫联盟”（GAVI）

---

① Paul Sandle, “UK's Johnson Toughens Huawei Rhetoric: Talks of ‘Hostile State Vendors’”, *Reuters*, 30 June 2020, https://www.reuters.com/article/us-britain-huawei-johnson/uks-johnson-toughens-huawei-rhetoric-talks-of-hostile-state-vendors-idUSKBN2411QT.

② 中华人民共和国驻大不列颠及北爱尔兰联合王国大使馆：《驻英国大使刘晓明就香港维护国家安全法举行中外记者会（实录）》，2020 年 7 月 8 日，http://www.chinese-embassy.org.uk/chn/tpxw/t1795856.htm。

③ The UK Government, “Global Britain Is Leading the World as a Force for Good: Article by Dominic Raab”, 23 September 2019, https://www.gov.uk/government/speeches/global-britain-is-leading-the-world-as-a-force-for-good-article-by-dominic-raab.

④ 受新冠肺炎疫情的影响，此次大会推迟至 2021 年举行。

提供 16.5 亿英镑的资金支持。

二是打造应对中国的“朋友圈”。英国急于挽救受脱欧和疫情冲击的经济，因此需要尽可能结交新朋、维系旧友。但其打造朋友圈的目的还不仅仅出于经济上的考虑，而是有很强的指向性——应对快速发展的中国。英国意识到单个国家无力应对中国，而集体施压的效果要强于单打独斗。在失去欧盟这个力量倍增器后，英国更看重“五眼联盟”、七国集团（G7）等组织在对华关系中的作用。比如，英国谋求在“五眼联盟”和“民主十国”（G7 成员国加澳大利亚、韩国和印度）框架内推进合作，寻找替代华为的技术和开发商，并降低对中国稀土、药品等物资的依赖。2020 年 6 月 30 日，英国在联合国人权理事会上纠集 27 国发表联合声明，对新疆和香港的“人权”状况“表示担忧”。①

三是开展自由贸易外交。拉布担任外交大臣后不久即出访美国、加拿大、泰国和墨西哥，为后脱欧时代的贸易合作布局。用他的话说，“有一个更广阔的世界等着我们去重新发现”。② 2020 年 2 月 3 日，英国首相约翰逊在格林尼治航海博物馆发表演讲，对脱欧后的英国如何走向世界有这样的描述：英国要把茶叶卖到中国、蛋糕卖到法国、电视天线卖到韩国。③ 英国脱欧后要在全球范围内建立新的贸易关系，美其名曰“贸易多元化”，实际是利用脱欧后重新获得的贸易谈判权力，大力拓展欧洲以外的市场，以弥补对欧贸易损失。英国设定的目标是，三年内英国的自贸协议要涵盖其对外贸易额的八成。做法大致分三种：一是通过一对一的双边磋商，“继承”欧盟与其他国家签订的自贸协议。这项工作已经取得一定进展，但这些协议只覆盖

① The UK Governemnt, “National Security Legislation in Hong Kong: Foreign Secretary's Statement in Parliament”, 1 July 2020, https: //www. gov. uk/government/speeches/foreign – secretary – statement – on – national – security – legislation – in – hong – kong.

② The UK Governement, “A Truly Global Future Awaits Us After Brexit: Article by Dominic Raab”, 11 August 2019, https: //www. gov. uk/government/speeches/a – truly – global – future – awaits – us – after – brexit – dominic – raab.

③ The UK Governement, “PM Speech in Greenwich: 3 February 2020”, 3 February 2020, https: //www. gov. uk/government/speeches/pm – speech – in – greenwich – 3 – february – 2020.

英国外贸很小的一部分。二是重新谈判自贸协议，英国的优先目标是欧盟、美国、日本、澳大利亚和新西兰；3月启动与欧盟的谈判，5月启动与美国的谈判，6月启动与日本、澳大利亚和新西兰的谈判。三是加入一些多边自由贸易集团。英国政府表达出加入《全面与进步跨太平洋伙伴关系协定》（CPTPP）的强烈意愿。CPTPP拥有包括日本、澳大利亚、加拿大、墨西哥、新加坡在内的11个成员，是北美自贸区和欧盟单一市场之外的第三大自贸区。

（四）艰难抉择，路在何方

英国本是一个外交上讲求实用主义的国家，但内政因素的牵绊、国际形势的发展让英国少了游刃的空间，各方的压力让英国外交“走了样儿”。

第一，脱欧已经意识形态化。保守党内的硬脱欧派绑架了英国的对欧政策，他们抹黑欧盟，宣扬脱欧的好处。经过2019年大选的“认证”，脱欧更是名正言顺、政治正确。约翰逊在大选前清除了脱欧问题上的异己分子（开除了21名反对“硬脱欧”的保守党议员），也因此失去了党内力量的平衡和理性的声音。约翰逊等人一再强调，英国脱欧的意义就是要摆脱欧盟的束缚、成为主权独立的国家。在脱欧派看来，如果英国脱欧后仍受制于欧盟，脱欧还有什么意义呢？欧盟单一市场对英国很重要，但英国拥有主权更重要，为此付出贸易摩擦增加的经济代价是值得的。在这个基础上就不难理解，约翰逊政府的很多政策，首要考虑是政治而非经济。英国在脱欧谈判中也是“政治挂帅”，死守“红线”，导致谈判僵持不下。对美国的自由贸易协议难以速成，直接收益有限①，但达成协议的政治意义大于协议带来的实际经济收益。

第二，英国外交更加不自信。疫情暴发后，英国对中国十分提防，对正常的商业行为也很警惕，更不要说涉及电信、核电、芯片这些敏感领域的外

① 英国政府2020年初的评估表明，未来15年，英美自贸协定只会让英国的GDP增长0.07%～0.16%。

来投资了。2020 年 4 月，英国想象力技术公司[①]准备召开董事会会议，任命四名中方董事。因该公司有中国国有资本入股，英国议会多位资深议员出面干预，呼吁政府“保护英国战略资产”。议会下院外委会主席图根达特（Tom Tugendhat）说，“将从布鲁塞尔夺回的控制权转交给北京是毫无意义的”。[②] 可以预见，在这样的心理支配下，在中英贸易与投资合作中，英国对“国家安全”的考虑将增大，会施加更多的保护主义措施。

第三，重压之下难以“骑墙”。形势的发展使英国很难继续“骑墙”，不得不做出一些有倾向性的选择。当然，它也必定为自己的选择付出代价。首先是英国在欧美之间如何选择的问题。2020 年初，英国政府想同时推进对欧盟和美国的自由贸易谈判，搞“双轮驱动”，后来发现与欧盟的谈判是既重要又急迫的事情，改为优先筹备对欧谈判。不管与欧盟有多大的分歧，英国不愿失去欧盟这个大市场，这方面的例证是英国官方承认无法在 2020 年内与美国达成自贸协定，由此增加了与欧盟的谈判密度。这表明英国将英欧自贸协议置于英美自贸协议之前。同时，英国做出了另一个选择：为了摆脱欧盟的束缚而与欧盟维系相对疏远的经济关系，外交上也不与欧盟进行制度化的合作。

其次是英国在中美之间的选择。美国是英国主要的安全盟友、最大的经济伙伴，在美国的步步紧逼之下，英国的天平倒向美国。前首相布莱尔谈到华为问题时表示：“我们确实必须做出决定，而我认为最后还是必须站在美国这一边……在触及美国国家安全的各种事情上，我们很难不和美国站在同一阵线。”[③] 但英国似乎没有把路堵死，也为自己留有余地。《日本经济新

---

① 2017 年，有中国国有资本入股的“凯桥资本”（Canyon Bridge）收购了英国芯片企业想象力技术公司。该公司曾为苹果公司供应图像处理器（GPU），在 GPU 领域与高通、安谋（ARM）三分天下。

② Simon Jack, “MPs Summon China-Owned Firm Execs over Security Concerns”, *BBC*, 14 April 2020, https://www.bbc.com/news/business-52275201.

③ Guy Faulconbridge and Axel Threlfall, “Britain Should Side with U. S. Over Huawei, Former PM Blair Says”, *Reuters*, 25 June 2020, https://www.reuters.com/article/us-britain-china-blair/britain-should-side-with-u-s-over-huawei-former-pm-blair-says-idUSKBN23W25M.

闻》认为，英国避免尽快移除华为设备是对经济联系密切的中国显示出一定程度的顾及。英国也在两面下注。据英国《星期日泰晤士报》报道，尽管约翰逊在公开场合以特朗普盟友的面目示人，但私下里，他试图与特朗普拉开距离。一旦拜登胜选，可能会出现一个包括英美在内的多边贸易安排，如扩大版的《全面与进步跨太平洋伙伴关系协定》。与此同时，在涉及中国香港、南海问题和土耳其、利比亚等地缘政治的事务上，英国仍与美国同步。①

第四，英国多方出击，争取各方支持，也成为各方拉拢、施压的对象。于是，我们看到有趣的现象，英国打“美国牌”对付欧盟，美国也在打“英国牌”对付中国。英国想在现有欧日经济伙伴关系协定（EPA）基础上与日本达成自贸协议，为英国服务业获得更多的市场准入。但日本何尝不想利用这个机会为其汽车等行业争取利益。日本前首相安倍晋三指出，日本政府不会向英国简单地复制粘贴欧日贸易协定。②

脱欧后的英国在大国之间游走的空间越来越小，不仅难以撬动大国关系，在极端情况下还不得不选边站。英国领导人面临不同方面的压力，需要维持平衡，因此英国外交会发出混合和矛盾的信息。而政策上的反复，更加暴露其外交投机的一面。

多重阴影下的中英关系

杨　芳*

2019 年下半年以来，英国国内发生了诸多大事。在英国内外环境发生剧烈变化的同时，2020 年初，一场席卷全球的新冠肺炎疫情又给英国经济

① 徐秦：《约翰逊希望特朗普败选？英美关系没有那么坚固》，新京报网，2020 年 7 月 27 日，http：//www. bjnews. com. cn/opinion/2020/07/27/752744. html。

② Ramon Pacheco Pardo，“Asia Shows Britain's Trade Paradox”，The UK in a Changing Europe，2 March 2020，https：//ukandeu. ac. uk/asia - shows - britains - trade - paradox/.

* 杨芳，硕士，中国现代国际关系研究院欧洲所副研究员，主要研究领域为英国与爱尔兰国别问题研究。

发展带来了严重冲击。本年度的中英关系正是在这样的一个大背景下发展演变的。在此期间，脱欧、疫情以及对中英关系日益强势干预的美国三大外部因素，或间接或直接影响了中英关系的发展。而促成英国对华政策改变的直接原因，仍来自英国国内。展望未来一段时期，中英关系或仍将持续受到一些问题的困扰，但这既非双边关系的全部，也难成主流。对于中英双方而言，务实合作仍是更好的现实选择。其中，英国政府能否平衡好内外压力，保持有效的对华接触十分关键。

（一）影响中英关系的重要外部因素

首先是英国脱欧进程演进对中英关系的影响。2016 年以来，脱欧成为影响英国国家发展、内外政策甚至是对外关系变化的最重要因素，中英关系也不例外，本年度依然如此。

在这一年中，英国脱欧经历了高调冲刺到低调回归停滞的两个阶段，在第一个阶段，英国政府全力促成脱欧，无暇他顾，包括对华在内的对外关系总体处于相对平静期。而脱欧导致的英国国内政治格局的改变，也为未来英国政府对华政策演变埋下了伏笔。而在第二个阶段，由于在正式脱欧之后的英欧谈判中受挫，英国政府加速了与其他非欧盟国家，特别是美国、日本、澳大利亚、新西兰等传统盟友的自贸谈判。因此，此阶段的英国外交重心回归到传统的盟友体系，不但发展对华关系的主动性明显下降，而且有意与盟友同步，这从根本上影响了本年度英国对华政策的走向。

2019 年下半年是英国正式脱欧前的冲刺阶段。约翰逊继任首相后，在保守党党内“硬脱欧派”的支持下，一上台就致力于冲破议会阻拦通过“脱欧法案”，落实全民公投的决定。2019 年 10 月 22 日，英国议会表决通过约翰逊政府“脱欧法案”，但否决了他的立法时间表。自此，历经三年的党内、国内激烈斗争之后，英国脱欧的国内立法程序正式启动。但由于约翰逊企图为立法设立期限、速战速决的法案被否决，仍面临在议会被再度修订的风险。为保证英国能够尽早脱欧，约翰逊不惜宣布提前大选，并以绝对优势获胜。这也是保守党内右翼“硬脱欧派”政治上的胜利，他们成功地从党内、国内的脱欧混战中杀出，成为未来英国内外政策的主导者。大选获胜后，凭借保守党在议会内的领先优势，保守党政府迅速在议会通过了相关法案，与欧盟达成《退出欧盟协定》。

英国脱欧困局的演变对中英关系的影响无疑是巨大的，主要体现在两个方面：一方面，脱欧议题导致的英国国内政治环境变化的结果是，议会主权上升和以“硬脱欧派”为代表的保守党右翼政策影响力增大。这对约翰逊政府对华政策产生了直接影响，近年来，英国政府的对华态度明显比议会更加务实、友好，而保守党内也一直存在友华务实派与反华激进派之间的分化。激进派政治影响力上升是英国政府对华政策天平很难走平衡路线的重要原因，直接导致了中英关系中一系列问题的出现。另一方面，为了走出脱欧困局，英国政府在同步积极推进重启脱欧后的贸易关系。2020 年上半年，英国正式启动了与美国、澳大利亚、新西兰以及日本等国的双边自贸谈判，特别是在与欧盟谈判受挫的情况下，英国更对在美、日等传统盟友方面的谈判及早突破寄予厚望，虽然英国一直强调脱欧后仍然重视对华经贸关系，但在英国后脱欧时代贸易谈判这个最重要的问题上，中国并不是其首要的重点谈判对象之一。这事实上也使英国对华战略接触的主动性下降，甚至在对华问题上更倾向于对传统盟友亦步亦趋。

影响中英关系发展的第二个重要方面是新冠肺炎疫情的暴发。自新冠肺炎疫情暴发以来，截至 2020 年 8 月 7 日，英国累计新冠阳性病例 309005 例，累计死亡 46511 例。英国一度成为欧洲疫情最为严重的国家，首相约翰逊本人也染病住院。英国《每日电讯报》曾指出，新冠肺炎疫情对英国的打击将超过对其他任何主要经济体的打击。① 经济缩水之外，最为突出的一个问题是企业裁员和失业率骤增。第二季度失业率上升 5.5 个百分点，全年

① Russell Lynch, “UK Economy Is World’s Biggest Covid - 19 Casualty, OECD Warns”, *The Telegraph*, 10 June 2020, https: //www. telegraph. co. uk/business/2020/06/10/uk - economy - worlds - biggest - covid - 19 - casualty - oecd - warns/.

失业率将上升约 7.5 个百分点。① 到 2020 年底，预计失业人数可能达到 300 多万。这将是自 20 世纪 80 年代撒切尔夫人领导下的英国去工业化以来最糟糕的情况。英国最老牌的经济研究机构——国家经济和社会研究所的报告也很悲观：由于第一、第二季度连续负增长，英国经济已经进入金融危机以来的首次衰退，而且不太可能在 2023 年下半年之前恢复到 2019 年第四季度的经济活动水平。②

由于约翰逊刚刚经历过大选，疫情对英国国内政治的影响似乎不大，民众对约翰逊的满意度仍保持在 48% 的高位，但在 5 月和 8 月的民意调查中，工党领袖斯塔默屡超约翰逊，斯塔默也成为继布莱尔之后，支持率最高的反对党领袖。③ 2019 年还处于二战以来最惨选举战绩低谷的工党，支持率也已经回升至 38%，仅仅落后保守党 6 个百分点。④《泰晤士报》认为，已经有 7%2019 年 12 月投票支持保守党的选民支持斯塔默领导的工党。

可以说，高票当选的约翰逊政府还没有度过蜜月期，就在脱欧和疫情两大压力夹击之下，进入了执政困难期。所以实际而言，从金融危机到脱欧危机，再到疫情危机，英国的政治生态已经发生了根本性的变化，英国著名智库“政策交流”就认为，传统政党都面临着生存危机。⑤ 在任职第一年内，约翰逊政府对均衡地区发展、加大社会保障投入以及完成脱欧等竞选时做出的关键性承诺都进展甚微。英国《金融时报》就专门发文分析了“约翰逊

---

① Bank of England, “Monetary Policy Report”, August 2020, https://www.bankofengland.co.uk/-/media/boe/files/monetary-policy-report/2020/august/monetary-policy-report-august-2020.pdf? la = en&hash = 75D62D3B4C23A8D30D94F9B79FC47249000422FE.

② NIESR, “GDP Picking up After Recession Confirmed”, 12 August 2020, https://www.niesr.ac.uk/publications/august-2020-gdp-tracker.

③ Tim Wyatt, “Keir Starmer Overtakes Boris Johnson as Voters' Choice for PM, Poll Shows”, *Independent*, 7 August 2020, https://www.independent.co.uk/news/uk/politics/keir-starmer-boris-johnson-prime-minister-pm-poll-yougov-a9659026.html.

④ YouGov, “Voting Intention: Con 44%, Lab 38% (25-26 May)”, 27 May 2020, https://yougov.co.uk/topics/politics/articles-reports/2020/05/27/voting-intention-con-44-lab-38-25-26-may.

⑤ Policy Exchange, “New Politics Monitor”, https://policyexchange.org.uk/new-politics-monitor/.

是如何失去控制权的?”（中文版题为《在乱局中迷失的首相》），文中指出：一开始，他似乎认为脱欧将足以展示其政绩，结果，现在他作为首相的政绩要由抗击新冠肺炎疫情的表现决定。而在这件事上，结果却是一片混乱。①危机与乱局之中，约翰逊这位保守党首相比以往更重视党内的团结，更倚重其支持者，即以“硬脱欧派”为代表的保守党右翼。而长期以来，英国政府内部在对华问题上一直存在不同意见，鹰派与温和务实派各自发声，首相则从英国国家利益出发维系平衡。党内力量对比的倾斜与首相的弱势，直接影响了英国政府对华政策的稳定性。

影响中英关系的第三大外部因素是美国。近年来，美国不但高度关注而且一直反对中英两国走近，以往每每中英关系出现重大进展，就会听到来自大洋彼岸批评和反对的声音。从较早之前英国在西方国家中带头加入亚投行，到英国政府对中国企业华为一度保持开放的态度，美国政府的反应都十分强烈。而自 2020 年以来，特朗普政府围绕疫情、香港、南海、华为等一系列议题向中国极限施压，蓄意挑动意识形态对立，制裁华为并试图恶意关闭 Tiktok 在美业务。不仅如此，特朗普政府还积极组建全球反华联盟，美国各界都在积极拉拢英国反华。例如在华为问题上，美国总统特朗普、国务卿蓬佩奥频繁对英国政府施压。美国众议院 42 名和参议院 20 名两党议员分别于 2020 年 1 月和 3 月致信英国议会下院，敦促英国重新审视允许华为参与英 5G 市场建设的决定。他们称“鉴于华为构成的重大安全、隐私和经济威胁，强烈敦促英国重新考虑其最近的决定，采取措施降低华为的风险，同时在此问题上与美国紧密合作”。② 作为美国最为特殊的盟友，英美在军事、情报领域合作广泛，因此，美国更以削弱英美安全合作为名，威胁英国放弃对华合作。在美国的高压政策之下，2020 年中英关系发展的环境空前恶化。

---

① Philip Stephens, “How Boris Johnson Lost Control”, *Financial Times*, 6 August 2020, https://www.ft.com/content/f029ebf7-557c-46cc-81ca-ae94202d5229.

② 《美国 20 名参议员施压，要求英国重新考虑华为》，观察者网，2020 年 3 月 4 日，https://baijiahao.baidu.com/s?id=1660208041737864895&wfr=spider&for=pc。

（二）英国对华政策的重要变化

外部因素的影响固然重要，但英国对华政策的演变最终还是取决于其自身的态度与政策选择。本年度英国政府对一系列重要涉华议题的政策、立场都发生了重要变化。其中最为突出的例子还是华为参与英国5G市场建设的问题。2020年1月28日，约翰逊政府曾同意华为有限度参与英国5G网络建设。① 然而，时隔不到半年，7月14日，约翰逊又主持国家安全委员会会议审议国家网络安全中心就华为安全性所做的新评估报告，并做出了一系列将华为逐步排除在英国5G市场之外的决定。例如，要求电信运营商2027年底之前必须从5G网络中彻底剥离华为设备；2020年12月31日后，禁止电信运营商从华为采购任何新的5G设备。此外，英国政府还建议全光纤宽带网络运营商逐渐停止购买新的华为设备，过渡期不超过两年。②

另外一个典型案例就是对香港英国国民（海外）（BNO）护照政策的改变。BNO是20世纪80年代香港回归之前，英国政府设立的一种特殊身份。英国《1985年香港法》规定，在港“英国属土公民”可自愿登记并申请签发BNO护照。这一政策从1987年7月1日开始实施，一直持续到1997年12月31日。当时的法律还规定，该护照只向1997年7月1日前出生或登记的香港人颁发，终身有效，但不享有在英国的居留权，不能申请福利，可以免签进入英国180日，但不可工作和定居。《中英联合声明》签订期间，中英曾就英国国民（海外）护照问题互换备忘录，英方在备忘录中明确承诺不给予持有BNO护照的香港中国公民在英居留权。但约翰逊上台后，英国政府在这一问题上的立场开始发生改变。先是政府内部立场分化，2019年底，媒体披露内政大臣帕特尔主张改变BNO政策，并与外交大臣拉布产生

① The UK Parliament, “The Foreign Secretary Updates MPs on UK Telecommunications”, 28 January 2020, https: //www. parliament. uk/business/news/2020/january/the - foreign - secretary - updates - mps - on - uk - telecommunications/.

② The UK Government, “Digital, Culture, Media and Sport Secretary's Statement on Telecoms”, 14 July 2020, https: //www. gov. uk/government/speeches/digital - culture - media - and - sport - secretarys - statement - on - telecoms.

分歧。[①] 2020 年 5 月，英国首相约翰逊、外交大臣拉布等相继表态，称将为持有 BNO 护照的香港人提供成为英国公民的路径。7 月 22 日，英国政府发布英国国民（海外）签证政策文件，为 BNO 持有者提供更多居留权利，如可申请长达五年的英国居留权并可工作等，有关措施将于 2021 年 1 月实施。[②]

英国政府在涉华关键议题上政策立场的改变并非偶然，而是英国国内一部分人长期推动的结果，而本年度最重要的一个特点是议会内对华强硬力量的影响增大。与以往不同的是，他们不只形成了批评的声音，而且有效地改变了英国政府的决策。

同样以华为和香港问题为例，一些主张对中国强硬的前政要、议员和“小组”表现十分积极，产生很大的负面影响，是促成约翰逊政府立场转变的主要内因。2020 年 3 月，以保守党前党魁史密斯为首的保守党议员发起反对政府华为决策的修正案，虽然在议会下院投票中没有获得通过，但保守党党内有 50 名议员仍继续要求约翰逊首相改变立场，否则就将会对政府未来推出的电信立法投否决票。主张英国政府改变对华为立场的保守党议员还组成了“华为利益小组”，对约翰逊政府“集体施压”。而英国对 BNO 政策的改变，在很大程度上也是由于来自英国议会的压力。2019 年 11 月，英国议会跨党派“香港小组”成立，其目的就是所谓“在香港促进民主和法治，捍卫人权，分享有关香港的信息，并培育英国与香港人民之间的关系”。2020 年 2 月 25 日，该小组的联合主席、英国自民党议员卡迈克尔发起所谓的“2019～2020 香港法案草案”，要求政府改变

① Gabriel Pogrund and Murray Jones, “Priti Patel at War with Dominic Raab over Hong Kong's Fleeing Victims”, *The Times*, 1 December 2019, https://www.thetimes.co.uk/article/priti-patel-at-war-with-dominic-raab-over-hong-kongs-fleeing-victims-grlx5vcnz.

② The UK Government, “Home Secretary Announces Details of the Hong Kong BN (O) Visa”, 22 July 2020, https://www.gov.uk/government/news/home-secretary-announces-details-of-the-hong-kong-bno-visa.

BNO 政策。[①] 2020 年 8 月，该“小组”出台所谓“调查报告”，要求英国政府制裁香港特区行政长官和警务处处长。[②] 由下院外委会主席图根哈特牵头组织的“中国研究小组”，更是针对几乎所有的涉华议题，从华为、香港到南海问题以及所谓的新疆“人权问题”，不遗余力地通过议会、智库、英国的主流媒体以及推特等社交媒体各个平台发表涉华负面评论。一些资深的议员和前政要，则利用个人对政府、议会的影响力，直接向约翰逊政府施加压力。6 月 1 日，早在多年前就曾被爆料受人资助渲染“中国威胁论”的前外交大臣里夫金德还同另外 6 名前外交大臣联名致函约翰逊首相，对香港特区维护国家安全立法指手画脚。[③] 对此，中国驻英大使馆发言人称：“这是对香港事务和中国内政的粗暴干涉，我们对此表示强烈不满和坚决反对。”[④]

（三）有关发展趋势的几点观察

在百年未有之国际大变局之下，中英关系正面临着空前的内外压力与挑战，但值得注意的是，即使是在如此之多的困扰之下，特别是在新冠肺炎疫情暴发的初期，中英关系仍保持着良好的互动，双边贸易等务实合作也取得了积极的进展。这些情况表明，即使是在这个格外困难的年份，不断被热议、热炒的“问题”也并不是中英关系的全部。这很可能正是一种发展趋势，即未来一段时期，中英关系仍存在多种问题高调爆发、务实合作低调推进并行的可能。

---

① The UK Parliament，“Hong Kong Bill 2019 – 21”，https：//services. parliament. uk/Bills/2019 – 21/hongkong. html.

② 中华人民共和国驻大不列颠及北爱尔兰联合王国大使馆：《中国驻英国使馆发言人就英国议会跨党派香港小组发表所谓涉港调查报告答记者问》，2020 年 8 月 6 日，http：//www. chinese – embassy. org. uk/chn/sgryr/t1804318. htm。

③ 《英报：日本收买英国智库制造渲染“中国威胁论”》，新华社，2017 年 1 月 30 日，http：//www. xinhuanet. com/2017 – 01/30/c_ 1120394281. htm。

④ 中华人民共和国驻大不列颠及北爱尔兰联合王国大使馆：《中国驻英国使馆发言人针对 7 名英国前外交大臣联名致信英首相约翰逊事答记者问》，2020 年 6 月 2 日，http：//www. chinese – embassy. org. uk/chn/sgryr/t1785065. htm。

首先，中英务实合作的趋势很难改变。新冠肺炎疫情暴发初期，2020年2月和3月，中国国家主席习近平和英国首相约翰逊两度通话。双方一致认为，更广泛的持续性国际合作，尤其是在二十国集团框架下深化合作十分必要。[①] 双方表示将以《生物多样性公约》第十五次缔约方大会和《联合国气候变化框架公约》第二十六次缔约方大会为契机，推动国际社会加强卫生防疫合作。约翰逊还曾表示期待同习近平主席保持密切交往，疫情过后早日访华，共同推动英中关系发展。[②] 从3月到7月，虽然是在疫情期间，中英两国每个月都会通过电话或视频会议的形式，举行部长级直接对话与磋商，涉及抗疫合作以及外交、生态、商务等各个领域。而英国议会的研究报告显示，2019年中国是英国第六大出口市场和第四大进口来源地，分别占英国货物和服务业出口和进口的4%和7%。2019年英国对华货物和服务业出口额为307亿英镑，同比增加73亿英镑；进口额为490亿英镑，均创历史新高。[③] 而英中贸易协会（CBBC）近期的一项调查则发现，中国与英国在贸易、旅游和高等教育方面的合作为英国带来了约15万个就业岗位。英国与中国开放的贸易关系给英国人的生计带来了切实的好处。英中贸易协会首席执行官马修·劳斯就表示，中英贸易已成为支撑英国就业的一个主要因素。英国商界支持与中国建立一种现代而成熟的关系，英国需要可持续的、长期的方针。英国脱欧后想要打造独立贸易角色，在这个过程中，能兼顾人民利益的共识原则将成为英国发展的基石。[④] 7月28日，外交大臣拉布同中国国务委员兼外长王毅通电话，英中双方一致同意两国拥有广阔的合作前景，从不断增加的双边贸易到应对气候变化，都是双方开展富有成效、建设

① The UK Government, "PM Call with President Xi: 23 March 2020", 23 March 2020, https://www.gov.uk/government/news/pm-call-with-president-xi-23-march-2020.

② 中华人民共和国驻大不列颠及北爱尔兰联合王国大使馆：《习近平同英国首相约翰逊通电话》，2020年3月23日，http://www.chinese-embassy.org.uk/chn/zygx/t1760047.htm。

③ House of Commons Library, "Statistics on UK Trade with China", 14 July 2020, https://commonslibrary.parliament.uk/research-briefings/cbp-7379/.

④ Carolyn Fairbairn, "The UK Cannot Afford to Self-isolate from China", *Financial Times*, 21 July 2020, https://www.ft.com/content/11e46189-2bf7-423c-8fb8-7c1fcb79462f.

性合作的重点领域。① 应当说，从实际出发，合作仍将会是中英关系的主流。

其次，“问题人群”的影响力仍然值得重视。这里的“问题人群”指的是关注于中英关系中的各种问题，并有意扩大并将所有的涉华议题牵涉其中的人。他们对于相关问题的提出，既非简单地源于对问题本身的不了解而产生的偏见，也无意于建设性地推动中英关系的发展，而只是要否定中英关系的历史与未来。未来一段时期，他们仍会持续推动和炒作各种议题，一味要求英国政府对华强硬。就人数而言，他们并不占多数，也不能代表英国国内对华声音的全部。以“华为利益小组”为例，他们是一个 50 人左右的保守党议员组织，显然不能代表 365 名保守党议员的全部，甚至连微弱多数都不到。但在英国政府的对华为决策中，他们俨然成为一个不能忽视的存在。而英国脱欧的历史经验告诉我们，英国的政治与政策不是没有因为一部分人的利益和狂热而改变的可能，他们十分擅长炮制问题、裹挟民意，甚至利用执政党内部的脆弱性来实现自己的政治目的。正是因为得不到保守党内一个约 60 人的“欧洲研究小组”的支持，前首相梅的脱欧方案才多次被议会否决而流产，并最终导致了梅首相的下台，英国也由此脱欧。英国媒体就曾分析称，“中国研究小组”成立的初衷，就是要用搞“脱欧”的那一套办法，促使英国“远离中国”。②

最后，英国政府的战略选择仍是关键。在一个被种种前所未有的挑战所定义的动荡之年，该如何与中国打交道成了英国最困惑的问题之一，但英国国内目前对华政策的调整与激辩是后脱欧时代英国外交政策总体调整的重要

① The UK Government, “Foreign Secretary's Call with Chinese Foreign Minister”, 28 July 2020, https://www.gov.uk/government/news/foreign-secretary-call-with-chinese-foreign-minister-28-july-2020.

② Sebastian Payne, “Senior Tories Launch ERG-style Group to Shape Policy on China”, *Financial Times*, 25 April 2020, https://www.ft.com/content/b354c58b-06fc-4848-a823-584bcc0c3869.

组成部分，而不是单单针对中国。[①] 2020 年 2 月，约翰逊首相曾启动全政府范围内的政策评估，从外交政策、防务、安全和国际开发视角重新检视英国的优先方向和目标，规模为冷战结束以来最大。这一综合评估的主体部分计划 2020 年晚些时候结束，或受疫情影响有所推迟，但评估所做政策建议料将执行数年。[②] 因此，英国国内围绕如何调整对华政策的辩论很可能会更加激烈。

在这场辩论中，已经出现了“与中国脱钩”“与西方结盟”“保持对华的有效接触”以及反对“自我隔绝于中国”等不同观点，代表了英国各界对华的不同认知。如英国皇家三军研究所报告的观点就主张对华“互惠型接触”，中英双边关系并不必须是对抗的。中国在一些当今时代最重大问题上仍然是英国重要的伙伴。它也主张英国对华战略必须在英国核心利益问题上保持强硬，但是要准备在其他问题上进行有效的合作。[③] 英国工业联合会总干事费尔贝恩则认为，未来的英国就业与繁荣，虽然不是英国这个国家的唯一目标，但仍是一个重要目标，在新冠肺炎疫情大流行之后尤其如此。为了英国未来的就业和繁荣，英国需要一个深思熟虑的对华经济战略，而不是自我隔绝于中国。[④] 高度关注中英关系发展的英国智库“外交政策小组”则认为，虽然目前鹰派在竭力争取这场辩论的控制权，但还未能制定出与中国这个日益强大的全球角色打交道的现实路线图。[⑤]

---

① Carolyn Fairbairn, “The UK Cannot Afford to Self-isolate from China”, *Financial Times*, 21 July 2020, https: //www. ft. com/content/11e46189 - 2bf7 - 423c - 8fb8 - 7c1fcb79462f.

② 《找准“脱欧”后定位　英国拟作全面政策评估》，新华社，2020 年 2 月 27 日，http: //www. xinhuanet. com/world/2020 - 02/27/c_ 1210491155. htm。

③ Andrew Cainey and Veerle Nouwens, “Assessing the UK-China Commercial Relationship”, *RUSI Newsbrief*, 12 June 2020, https: //rusi. org/publication/rusi - newsbrief/uk - china - commercial - relationship.

④ Carolyn Fairbairn, “The UK Cannot Afford to Self-isolate from China”, *Financial Times*, 21 July 2020, https: //www. ft. com/content/11e46189 - 2bf7 - 423c - 8fb8 - 7c1fcb79462f.

⑤ Sophia Gaston, “Cool Heads must Prevail in Resetting UK-China Relations”, British Foreign Policy Group, 4 August 2020, https: //bfpg. co. uk/2020/08/resetting - uk - china - relations/.

英国形势分报告

Reports on UK Trends

B.2 英国政党政治形势

夏　添*

摘　要： 2019～2020年度，英国政党政治出现诸多重大转折。鲍里斯·约翰逊成功推动了提前大选，保守党在大选中顺利获得多数，为突破脱欧谈判僵局，为英国脱欧进入实质性阶段打下了基础。突如其来的新冠肺炎疫情给保守党政府带来了新的挑战，面对疫情危机，保守党应对不力招致多方批评。工党在大选中再次失利，杰瑞米·科尔宾宣布辞职，新任党魁基尔·斯塔默既要汲取大选失利的经验和教训，也要探索工党未来的政策路线、身份定位、意识形态和选举策略。在脱欧和新冠肺炎疫情的双重影响下，分离主义与民粹主义在英国各地区进一步加强，社会经济、内政外交层面的风险与不

* 夏添，博士，上海对外经贸大学国际商务外语学院讲师，研究方向为英国政治。

确定性增加，英国各个政党都面临着复杂且持久的考验和挑战。

关键词： 保守党政府　工党　苏格兰民族党　自由民主党　政党政治

保守党政府成为2019年底大选的最大赢家，为突破长期悬而不决的脱欧问题创造了有利条件。然而大选带来的喜悦并未持续太长时间，突如其来的新冠肺炎疫情不仅使英国的医疗卫生体系面临严峻挑战，也对英国社会和经济造成了巨大冲击。

一　保守党政府及其面临的挑战

2019年下半年以来，鲍里斯·约翰逊领导的保守党政府主要面临两大挑战：第一，如何突破脱欧谈判僵局，推动英国脱欧进入实质性阶段；第二，如何应对突发的新冠肺炎疫情及其造成的一系列社会经济问题。总体而言，保守党政府在该年度的表现不尽如人意，应对新冠肺炎疫情不力，尤其是在疫情出现初期所采取的消极措施和被动立场加剧了危机的复杂性和严重性。

鲍里斯·约翰逊接替特雷莎·梅出任英国首相标志着强硬脱欧派在保守党内部已占据上风：在脱欧公投中，保守党支持留欧的下院议员人数接近60%；但到约翰逊上台之际，接受无协议脱欧的保守党议员已接近90%，保守党选民支持无协议脱欧的比例也超过了60%。[①] 作为硬脱欧的代表人物，约翰逊上台伊始便重申了他在脱欧问题上的强硬立场。在就职演讲中，约翰逊称："那些看衰英国的人将会输得一败涂地，我们将恢复民众对英国民主的信任，我们将履行议会对人民的反复承诺，并在10月31日脱离欧

① "More than Half of Tories Prefer 'No-Deal' Brexit-Poll", *Sky News*, 4 January 2019, https://news.sky.com/story/more-than-half-of-tories-prefer-no-deal-brexit-poll-11598348.

盟。在这一问题上没有‘如果’或者‘但是’。我们将达成一项新的协议，一项更好的协议，将英国脱欧的机会最大化，同时允许我们在自由贸易和相互支持的基础上，与欧洲其他国家建立一种崭新的、令人振奋的伙伴关系。”①

特雷莎·梅的脱欧协议连续三次被否决的一大主要原因在于，保守党不仅未在议会中得到多数支持，党内在脱欧问题上也存在分歧。议会内部立场碎片化，无法形成建设性共识，各个阵营拒绝妥协，相互否决对方的脱欧方案，这成为梅政府时期脱欧僵局的典型特征。约翰逊显然意识到了这一问题，因而首先采取的一大争议性措施是利用英国的宪法惯例，由首相提议经女王批准，迫使议会在10月31日前临时休会5周，以减少议会内部反对党和少数亲欧保守党议员对其主导脱欧进程的干扰。此举在议会内部引发了轩然大波，反对派指责政府在事关英国未来的重大历史关头剥夺议会的发言权和监督权，是一场“宪法政变”。② 留欧派就政府的决定提出司法诉讼，最高法院11名大法官一致裁决首相关闭议会的行为不合法，关闭议会的决定当即失效。③ 2016年脱欧公投结束以来，议会主权原则作为英国宪法的基础屡屡受到挑战，在上述事件中，议会主权因政治精英援用宪法的边缘政策险些被架空，司法权在英国政治中较为罕见地在行政权与立法权之间发挥了制衡作用。在某种程度上，公投结果代表的直接民意与后续脱欧进程中碎片化的政治精英博弈逐渐绑架了议会，议会主权本身并不承载议会的具体意志，而是成为内部各党派相互否定的合法图章。

在这一背景下，重新大选几乎已成为打破脱欧僵局的唯一方案。随着支持率上升，约翰逊在2019年9月曾先后两次寻求提前大选，但科尔宾因考虑到选情方面的不利因素拒绝支持约翰逊的动议。10月底，欧盟领导人同

---

① Boris Johnson, “First Speech as PM in Full”, *BBC*, 24 July 2019, https://www.bbc.com/news/uk-politics-49102495.

② Ben Glaze, “‘Tinpot Dictator’ Boris Johnson Accused of Staging ‘Parliamentary Coup’ with Brexit Gamble”, *Mirror*, 29 August 2019, https://www.mirror.co.uk/news/politics/tinpot-dictator-boris-johnson-accused-19025457.

③ “Supreme Court: Suspending Parliament Was Unlawful, Judges Rule”, *BBC*, 24 September 2019, https://www.bbc.com/news/uk-politics-49810261.

意将英国的脱欧截止日期从原定的2019年10月31日延后至2020年1月31日。尽管工党依然劣势明显，但为避免对其“怯战”的批评与质疑，科尔宾最终同意支持提前大选。[①] 在2019年12月的大选中，保守党作为脱欧派的主要代表获得了365个席位，也是保守党自撒切尔时代以来获得席位最多的一次大选。主张二次公投的工党、主张留欧的苏格兰民族党和自由民主党分散了选票，脱欧党及其他持相似立场的政党则采取了消极被动的选战策略，在原保守党议员的选区未派候选人参选（有助于支持脱欧的选民最大限度地流向保守党）。英国大选的简单多数制进一步放大了票数差距带来的议席差距。如果以公投的计票逻辑来看待本次大选，工党、自由民主党与苏格兰民族党的得票率之和为47.7%，保守党的得票率为43.3%，但保守党最终获得的席位数要比上述三党的席位数之和多出103席。[②] 因此，尽管保守党大获全胜，但是本次大选结果并不必然代表有更多英国民众支持硬脱欧立场，也无法代表在此前的脱欧公投中明显分裂的民意有弥合的趋势，而是基于大选的选举政治逻辑所展开的新一轮博弈。

约翰逊的个人权威在大选结束后上升，作为一次目的明确的选举，大选结果强化了约翰逊脱欧方案的合法性，保守党占据绝对多数的议会和名义上的民众授权使突破僵局成为可能。2020年1月，约翰逊政府主导的脱欧法案相继获得英国议会和欧洲理事会的通过，英国于1月31日正式脱离欧盟。[③] 值得一提的是，约翰逊主导脱欧方案，在很大程度上是对梅方案的继承与延续。北爱尔兰边界问题曾是梅方案中最主要的争议点，而在约翰逊的方案中，这一问题并未得到实质解决。英国脱欧后，北爱尔兰在技术层面上依然是英国关税区的一部分，但将与欧盟的监管框架保持一致运作，以避免爱尔兰岛内出现硬边界。这意味着，在北爱尔兰和英国之间通过的货物必须

---

① Laura Kuenssberg, “Corbyn’s Backing Means Election Is On”, *BBC*, 29 October 2019, https: //www. bbc. com/news/uk – politics – 50221556.

② Parliament of the United Kingdom, “General Election 2019: Full Results and Analysis”, 28 January 2020, http: //researchbriefings. files. parliament. uk/documents/CBP – 8749/CBP – 8749. pdf.

③ Parliament of the United Kingdom, *European Union (Withdrawal Agreement) Act 2020*, January 2020.

以爱尔兰海为界接受海关检查，从而在联合王国的两个组成部分之间形成明显的区别。此安排暂时平息了北爱尔兰民族主义者的担忧，但遭到了统一派的抗议，一些准军事组织暗示可能会重新使用暴力。[①]《复活节协议》曾规定，北爱尔兰事务大臣有义务就民意做出判断，如果举行公投可能产生爱尔兰统一的结果，则应举行公投。[②] 在脱欧公投之前，北爱尔兰与爱尔兰共和国的统一问题并不迫切，然而现状改变引发的立场分歧与差异化身份认同使得该历史遗留问题重新浮出水面。

比较约翰逊和梅就该问题取得的结果不难看出，缺乏议会多数以及保守党内部的阵营分化是特雷莎·梅屡屡失败的主要原因。约翰逊的阶段性胜利意味着，以公投为代表的大众民主决策模式引发的僵局，依然回到了从传统的代议制民主模式中寻求解决方案。这也是在公投结束 3 年多后英国脱欧取得的最大实质性进展。根据英国与欧盟达成的协议，脱欧过渡期将持续至 2020 年底。在过渡期内，英国仍需遵守欧盟规则、缴纳欧盟预算费用，英欧之间依然需要进行包括贸易协定在内的诸多谈判。

脱欧进程尚未尘埃落定，新冠肺炎疫情蔓延在英国引发的全面性危机接踵而至。2 月，新冠病毒在英国已出现本土传播；3 月，新冠肺炎疫情在英国迅速蔓延，感染人数和死亡人数不断上升；5 月 5 日，英国因感染新冠病毒而死亡的累计人数超过意大利，成为欧洲死亡人数最多的国家。截至 2020 年 7 月 22 日，英国新冠肺炎确诊病例接近 30 万，死亡人数超过 45000 人。[③] 无论是从每百万人口中因感染新冠病毒的死亡人数，还是从确诊病例中的死亡人数来看，英国的死亡率都高居欧洲首位。[④] 英国出现上述局面，

---

① Jason Blazakis and Colin P. Clarke, "Brexit Could Spark a Return to Violence in Northern Ireland", *Foreign Policy*, 22 January 2020, https://foreignpolicy.com/2020/01/22/northern-ireland-paramilitary-violence-brexit/.

② The UK Government, *The Belfast Agreement*, April 1998, pp. 3-5.

③ The UK Government, "Coronavirus (COVID-19) in the UK", 22 July 2020, https://coronavirus.data.gov.uk/.

④ "Trust Me, I'm a Prime Minister", *The Economist*, 20 June 2020, p. 46, https://blendle.com/i/the-economist/trust-me-im-a-prime-minister/bnl-economist-20200619-3eb2129bfda.

保守党政府抗击疫情不力难辞其咎。

2020 年 2 月下旬欧洲大陆疫情暴发后，保守党政府未能在疫情扩散初期迅速采取积极的防疫措施。英国对身处欧洲大陆的本国民众敞开大门，且未实施严格的入境检疫措施。之后的基因组分析表明，英国从西班牙和意大利输入了大量病例。政府智库“紧急情况科学咨询小组”（SAGE）的专家 3 月初表示，“目前没有证据表明取消大型活动会对限制疫情扩散有效”。① 在 3 月 11 日举行的欧冠淘汰赛中，利物浦主场迎战马德里竞技，超过 3000 名来自西班牙的球迷观看了比赛。直到 3 月中旬，保守党政府的防控措施才有所加强。约翰逊于 3 月 12 日宣布出现疑似感染症状的民众需居家隔离一个星期，而当时不少欧洲大陆国家已开始实施封城措施并要求全民居家隔离。由于保守党政府的拖延，英国民众改变行为模式的速度也比法国、德国、意大利等欧陆国家要更为迟缓。3 月底英国正式宣布实施封闭与隔离措施时，疫情规模已经发展到每 3～4 天就会扩大一倍的地步。相关研究指出，如果英国提早半个月在全国范围内实施封闭措施，死亡人数至少可以减半。

对病毒传染途径的追踪能力落后也是一大问题，2 月中旬，英国公共卫生部门每周只追踪 5 例新发病例，到 3 月病毒迅速传播之际，公共卫生部门仍然只有数百名工作人员负责追踪传染途径，而与德国、丹麦等在该方面表现出色的欧洲国家相比，英国的病毒追踪能力极为有限。此外，英国的检测能力也不足。疫情扩散初期缺乏检测使科学家难以了解病毒传播的真实情况，众多专家持续呼吁英国政府加强检测能力，但收效甚微。4 月以前，英国的检测工作由公共卫生部门全权负责，英国民众接受检测的比例始终落后于德国、法国和意大利等国。至 4 月中旬，英国的日均检测能力仍然只有德国的三分之一，德国则动员了大量私立医疗机构和大学实验室参与病毒检测。② 英国早期检测不足，一方面是由于检测试剂短缺，另一方面则是担心

① The UK Government, “Addendum to the 12th SAGE Meeting on Covid－19”, 3 March 2020.

② Heather Stewart, “UK Must Learn from German Response to Covid－19, Says Whitty”, *The Guardian*, 7 April 2020, https://www.theguardian.com/world/2020/apr/07/uk－must－learn－from－german－response－to－covid－19－says－whitty.

医疗资源被挤兑，使原本就不堪重负的国家医疗服务体系（NHS）彻底崩溃，因此畏首畏尾。保守党政府直到 4 月初才开始效仿德国采取的措施，让大学实验室和私营医疗机构参与检测，但检测滞后已经造成了严重后果。

与美国等发达国家类似，英国各地的养老院成为遭受疫情冲击的重灾区。根据政府规定，出现症状的护工被要求居家隔离，劳动力短缺使不少护工在不同的养老院之间流动工作。此外，由于医院需要腾出床位，养老院接受了大量从医院转移出来的住院病人。但是，很多被转移至养老院的病人并未进行检测，这些都为病毒在养老院迅速传播提供了条件。英国国家统计局的数据显示，截至 5 月 1 日，仅英格兰和威尔士的养老院中就有 8312 人因感染新冠病毒死亡，占当时英国国内新冠肺炎死亡病例总数的四分之一；在苏格兰，有 1438 人死于养老院，占地区死亡病例的 45%。①

加强宣传让民众佩戴口罩原本是简单而且必要的措施，口罩成本较低并且确实能遏制病毒传播。专家证实，即使是自制的口罩也能在一定程度上遏制病毒传播，而且早期推广佩戴口罩的中国、韩国、日本等东亚国家有效地遏制了病毒传播，其经验也证明了佩戴口罩的作用。然而，保守党政府在该问题上的表现极为迟钝，甚至起了反面作用。4 月中旬，伦敦市市长萨迪克·汗曾要求政府通过行政命令强制民众在公众场合佩戴口罩，但政府并未就该问题明确表态。SAGE 等政府专家团体甚至声称，认为佩戴口罩可以遏制疫情的证据“不够充分”，只建议在较为拥挤的公共场合佩戴口罩。② 直至 6 月初，英国政府才宣布民众应该在公共场合或乘坐公共交通工具时戴上口罩。此时该措施在欧洲大部分地区已经成为强制规定，而英国民众仍在适应这一行为模式。

保守党政府消极被动的抗疫表现主要出于这几个方面的原因：首先，以

① Alison Holt and Ben Butcher, “Coronavirus Deaths: How Big Is the Epidemic in Care Homes?”, *BBC*, 15 May 2020, https://www.bbc.com/news/health-52284281.

② “Trust Me, I'm a Prime Minister”, *The Economist*, 20 June 2020, p. 46, https://blendle.com/i/the-economist/trust-me-im-a-prime-minister/bnl-economist-20200619-3eb2129bfda.

约翰逊为首的保守党政府高层低估了新冠病毒的传染性和疫情的严重程度。2019 年底的大选巩固了约翰逊的权力，由于短期内不存在选举压力使保守党政府在危机应对方面较为松懈。对病毒的轻视使英国浪费了疫情暴发之前的窗口期，不仅未能部署有利的防疫措施，加强宣传使民众配合防疫措施保护自身安全，也未能利用这段时间准备好检测试剂、口罩、防护服等必要的医疗资源。2020 年 3 月初，约翰逊不无得意地宣称自己在探访医院时仍坚持与每一个病人握手，其中包括感染了新冠病毒的患者。[①] 3 月底，约翰逊与卫生大臣马特·汉考克均确诊感染新冠病毒。此前已有高级卫生官员纳丁·多里斯确诊，约翰逊甚至一度由于病情恶化被送入重症监护室。5 月下旬，约翰逊的首席顾问卡明斯被媒体曝光违反“居家令”，在疫情高峰期举家驾车出行前往杜伦，并且出现在当地知名旅游景点，在英国引起众怒。[②]

其次，以鲍里斯·约翰逊为首的保守党政府依然将新自由主义奉为圭臬，认为政府的行政干预需要控制在有限的范围内，应考虑相关政策的经济效益与价值取向，强调个人主义、自力更生。在新自由主义主导的政治文化的影响下，保守党政府倾向认为封城与隔离措施侵犯了民众自由，违背了自身传统的执政理念，因此一再拖延采取上述措施，错过了关键时期。政府的科学顾问在疫情初期曾提出“群体免疫”方案，这一消极的抗疫方案试图在最大限度上规避政府的责任，迅速激起国内外大量争议和批评。保守党政府的上述立场混淆了政府的权利与义务，在新冠肺炎疫情这一重大公共卫生灾难面前，仅仅依靠民众个体自救并不现实，政府作为关键领导者不可或缺：医疗资源的动员与分配，相关信息的扩散与宣传，动用行政权出台措施追踪并阻断病毒传播，都需要政府扮演更为积极、负责的角色。

最后，保守党政府将稳定经济发展视为最关键的执政目标，认为“过

---

① “Coronavirus Deaths: How Big Is the Epidemic in Care Homes?”, *BBC*, 15 May 2020, https://www.bbc.com/news/health-52284281.

② Vikram Dodd, “Dominic Cummings Potentially Broke Lockdown Rules, Say Durham Police”, *The Guardian*, 28 May 2020, https://www.theguardian.com/politics/2020/may/28/dominic-cummings-potentially-broke-lockdown-rules-say-durham-police.

激”的防疫措施会损害英国经济的发展。服务业在英国产业结构中占压倒性比重，限制人员流动在短期内必将明显冲击经济。2010 年执政以来，宏观层面的经济形势历来是保守党关注的首要议题。约翰逊无疑希望在过渡期内稳定经济发展态势，以验证自己一直在兜售的观点——脱欧将为英国经济带来诸多利好，并为之后与欧盟的谈判增加筹码。然而，保守党政府误判了抗击疫情与发展经济的关系，虽然防疫在一定时期内会以牺牲经济发展为代价，但二者之间并非真正意义上的二元对立。只有国内疫情得到切实有效的控制，建立起完善的防控应对机制，才能为经济稳定发展创造安全可靠的环境。根据 OECD 发布的预测数据，2020 年英国 GDP 增长率可能下滑至 -14%，处于欧洲最低水平，而德国为 -8.8%；应对疫情较为积极主动的东亚国家的经济发展前景普遍更为乐观，比如韩国的预期增长率为 -2.5%。[①]

鲍里斯·约翰逊担任首相以来，替换了一半左右的内阁成员，通过大选清除了 20 余名曾投票反对保守党的党内议员。在 2020 年 2 月的内阁改组中，前财政大臣萨义德·贾维德宣布辞职，其职务由财政部原首席秘书里希·苏纳克接任。贾维德曾多次与约翰逊的高级顾问多米尼克·卡明斯在限制开支等问题上发生冲突，约翰逊要求贾维德解雇其所有顾问，此举被认为是约翰逊为控制财政部而采取的举措。贾维德对媒体表示，他是因拒绝撤换所有政治顾问以换取继续留任而被迫辞职。[②]《经济学人》的评论称，约翰逊的权威基于威慑、恐惧和领袖魅力上，但只有在与能力相匹配的情况下，恐惧和魅力才能发挥作用。[③] 此前被约翰逊解职的大臣们对内阁的执政能力也颇为不满，那些曾经害怕约翰逊和卡明斯的后座议员现在更担心引起选民的愤怒。在此情况下，因举行大选而暂时搁置争议的保守党内部再次出现分

---

① OECD, "2020 Projected Change in GDP", June 2020, https://www.oecd.org/economic-outlook/.

② Rowena Mason, Heather Stewart and Peter Walker, "Sajid Javid Resigns as Chancellor in Boris Johnson Reshuffle", *The Guardian*, 13 February 2020, https://www.theguardian.com/politics/2020/feb/13/sajid-javid-resigns-as-chancellor-amid-boris-johnson-reshuffle.

③ "Losing His Grip", *The Economist*, 20 June 2020, p. 48.

歧。疫情防控措施升级后，一些议员开始抱怨一些具体规定过于严厉。约翰逊意识到当前的政党管理存在问题，因而尝试与后座议员、大臣级助理举行更多会议加强沟通。在卡明斯的一系列负面新闻曝光后，约翰逊给予了唐宁街的“市政厅”派更多权力。该派由埃迪·里斯特领导，主要成员为约翰逊在担任伦敦市市长期间的同事。“市政厅”派比卡明斯更为温和，在加强与后座议员的沟通、疏导党内因多重危机而出现的紧张情绪等方面发挥了一定的积极作用。

保守党政府抗疫不力使其支持度持续下跌，YouGov 在 2020 年 5 月底进行的民调显示，民众对保守党的支持率为 44%，工党为 38%；相比之下，1 月底的数据显示，民众对保守党的支持率为 49%，工党仅为 29%。[①] 6 月初，《观察家报》的一项民调指出，只有不到三分之一的民众对政府应对新冠肺炎疫情的方式表示肯定。当被问及谁是最合适的首相人选时，约翰逊仍处于首位，但领先优势仅剩 1 个百分点。[②] 虽然保守党在近期没有选举压力，但政府和约翰逊本人的权威已经出现松动，保守党在 2019 年底大选中获胜的主要原因之一是民众授权其解决陷入僵局的脱欧问题，政府对疫情的拙劣应对则令人质疑其滥用了民众的信任。约翰逊内阁一些官员的表现也引起了民众的批评与不满。教育大臣加文·威廉姆森在学生的返校方案上摇摆不定，地方政府大臣罗伯特·詹瑞克则卷入了政治献金丑闻，首席顾问多米尼克·卡明斯被广泛认为擅长操弄竞选，但实际缺乏治理国家的能力。

越来越多的人担心，让约翰逊上台是为了解决英国脱欧问题，然而当下的英国却面临着完全不同的复杂问题。申领失业救济的数据显示，截至 5 月底英国的失业人口接近 300 万，自 3 月以来连续两次大幅上涨，已增加了 1

---

① YouGov, “Voting Intention (25 - 26 May)”, 26 May 2020, https://yougov.co.uk/topics/politics/articles - reports/2020/05/26/voting - intention - con - 44 - lab - 38 - 25 - 26 - may.

② Michael Savage, “Poll: UK Government Losing Public Approval Over Handling of Virus”, *The Guardian*, 14 June 2020, https://www.theguardian.com/politics/2020/jun/14/poll - uk - government - losing - public - approval - over - handling - of - virus.

倍多。[①] 英国国家统计局表示，失业人口大量增加是因为申请福利救济的条件有所放宽，但 4 月和 5 月仍有大量工作岗位流失，职位空缺大幅减少，工资也在缩水。迄今为止，覆盖 910 万个就业岗位的工资补贴暂时掩盖了英国劳动力市场的真实状况。保守党政府面临的挑战是要在 10 月工资补贴结束时，防止领取失业救济的人数达到 400 万。脱欧前景更增加了经济面临的风险，英国无法获得欧盟总金额高达 7500 亿欧元纾困计划的援助，经济下行也将削弱英国与欧盟后续贸易谈判的筹码，亲欧的保守党议员和被卡明斯排挤的老脱欧派议员都可能阻挠政府后续采取的措施。面对这些危机，保守党政府的外交、经济政策进一步倒向美国，在新成立的中国研究机构的压力下，保守党内部的疑中势力抬头。约翰逊放弃了对华为的支持，宣布到 2021 年英国移动运营商将被禁止购买华为 5G 设备，而且必须在 2027 年之前将华为的所有 5G 设备从电信网络中剔除。除此之外，对中国香港问题的执意干涉和傲慢立场，也给未来的中英关系带来了很大的不确定性。2019 年的大选胜利给保守党带来的“蜜月期”转瞬即逝，由于国内外形势迅速变化，约翰逊可能在一些重大问题上再次改变立场，这些都预示着保守党政府将在持续的危机中蹒跚前行。

二　工党

工党在 2019 年 12 月大选中仅获得 202 个席位，与 2017 年大选相比减少了 60 个席位，和保守党相差 163 个席位，是 1935 年大选以来的最差表现。迄今为止，工党已经连续 4 次在大选中落败，在野时间超过 10 年。工党议员克里斯·布莱恩特在选举结束后表示：“现在真正令人担忧的是，如果工党无法像 1992 年大选结束后那样进行深刻的自我反省，我们会在更长

---

① Larry Eliot，“UK Unemployment Outlook Is Grim-It's Going to Be Tough”，*The Guardian*，16 June 2020，https：//www. theguardian. com/business/2020/jun/16/uk - unemployment - furlough - scheme.

的时间内迷失方向、停滞不前。”① 这一观点体现了工党内部普遍存在的焦虑和担忧，也反映出科尔宾担任党魁时期，工党的探索与转型并不成功。工党在2019年底大选中惨败主要有以下几个原因。

首先，作为党魁，科尔宾不受民众欢迎在很大程度上影响了民众对工党的支持。2015年工党党魁选举方式改革后，科尔宾曾连续两次当选，并且为工党吸纳了众多新成员。然而从全国范围看，工党远远无法仅靠科尔宾的支持者赢得大选。2015年任党魁以来，科尔宾的极左政策立场始终伴随着争议，在与约翰·麦克唐纳等人的磨合下，科尔宾放弃了此前的一些极左主张转而推行更为温和务实的路线，但因未能获得实际执政机会而影响有限。在2017年大选中，保守党出人意料地丢失了多数席位，科尔宾将此举定调为他的初步胜利，却未能反思工党支持率上升的真正原因，也未能及时分析工党选民联盟持续存在的弱点。2017～2019年，科尔宾对选民的吸引力持续下降，根据益普索·莫里于2019年开展的民调，科尔宾是1977年开展这项调查以来民众净满意度最低的反对党领导人。76%的受访者表示对科尔宾作为反对党领袖的工作方式不满意，相比7月上升了7个百分点，净满意度得分为-60，与之前相比下降了10分。② 科尔宾在脱欧问题上立场模糊、行动迟缓，对党内反犹主义处理失当和长期无法团结党内成员，都加剧了民众对他的怀疑与反感。根据预测，如果科尔宾的支持率保持在峰值水平，工党2019年大选的选票份额将会高出6个百分点。③

其次，工党在英国脱欧谈判进程中表现得过于被动保守，未能承担起主要反对党的相应责任，也错失了在该议题上赢得民众支持的机会。在较长的

① “General Election 2019: ‘Worst Night for Labour Since 1935’”, *BBC*, 13 December 2019, https://www.bbc.com/news/av/election-2019-50768605/general-election-2019-worst-night-for-labour-since-1935.

② Ipsos Mori, “Jeremy Corbyn Has Lowest Leadership Satisfaction Rating for Any Opposition Leader Since 1977”, 20 September 2019, https://www.ipsos.com/ipsos-mori/en-uk/jeremy-corbyn-has-lowest-leadership-satisfaction-rating-any-opposition-leader-1977.

③ Heather Stewart, “Labour: Dysfunctional ‘Toxic Culture’ Led to Defeat, Major Report Finds”, *The Guardian*, 19 June 2020, https://www.theguardian.com/politics/2020/jun/18/dysfunctional-toxic-culture-led-to-labour-defeat-major-report-finds.

一段时间内，工党刻意模糊在欧洲问题上的立场，很少就脱欧的具体安排表态。这一方面是因为工党乐于看到保守党政府在脱欧谈判中犯错而激发民众不满，另一方面也是因为工党内部缺乏统一立场和具体方案。工党从狭隘的政党利益角度看待脱欧，科尔宾在表示尊重公投结果的同时，不愿意对英国脱欧表现出过多的热情。事实证明，这一情况持续越久就越有可能给选民带来挫败感和幻灭感。约翰逊上台后保守党愈发倒向硬脱欧，科尔宾提出与欧盟重新展开谈判，再就新的协议举行二次公投。该方案意味着更长时间的拖延和更大的不确定性，对留欧派和脱欧派都缺乏吸引力。工党在大选后进行的一项调查显示，57%的工党成员认为承诺就脱欧协议举行第二次公投极为不受欢迎，该方案让脱欧和留欧的选民都产生了反感情绪。① 与2017年大选相比，工党失去了190万名留欧选民和180万名脱欧选民的支持。

再次，工党竞选纲领提出的施政方案过于慷慨，被广泛质疑实际可行性。工党在竞选纲领中提出：将医疗预算增加4.3%，削减国民保健服务中的私人支出；将最低工资标准从8.21英镑提高到10英镑；停止上调国家养老金领取年龄，将其保持在66岁，重新评估一些工作压力大的群体的退休年龄；引入国民保健服务，在英格兰提供“以社区为基础，以人为本”的相关支持，包括个人保健免费；进一步削减碳排放，使英国在2030年进入净零碳能源体系；将关键行业国有化，包括六大能源公司、国家电网、自来水、邮政、铁路和英国电信的宽带业务；建立新的福利制度，使其标准更加明确化；废除私立学校的慈善机构地位，免除大学学费；25岁以下免费乘坐公交车；给予欧盟成员国公民留在英国的权利；以及启动住宅快速修建计划（每年建设10万套经济适用房）。② 这些政策单独来看，大部分是受欢迎的，但作为一揽子政策被普遍认为不现实，选民不相信在现有经济状况下工党能实施这些政策。如何落实这些政策，工党显然无法提供令人信服的答

---

① Labour Party, “General Election Review”, June 2019, https://www.labourtogether.uk/review.

② Labour Party, “It’s Time for Real Change: the Labour Party Manifesto 2019”, 21 November 2019, https://labour.org.uk/wp-content/uploads/2019/11/Real-Change-Labour-Manifesto-2019.pdf.

案。一些工党候选人在竞选过程中甚至刻意回避竞选纲领的具体内容，避免对选民做出过多的承诺，或激起选民对于具体政策的疑问。动量组织（Momentum）的领导人乔恩·兰斯曼认为："这份宣言太过详细冗长。这是一个长达10年的计划，不是一届政府能够完成的。"①

最后，工党的选举策略考虑不够周到，存在明显的疏忽和漏洞，也暴露了工党对本党现阶段的选民规模和结构缺乏清醒认识。重选党内候选人花费了大量时间，导致竞选准备工作延迟。工党在制定竞选目标、分配竞选资源方面也出现了失误：尽管大选前的诸多民调结果表明工党的选情不乐观，大量不稳定的席位需要重点关注和防守，但工党仍希望拿下多数席位，而不是专注于捍卫已有席位。工党内部的研究报告称，原本属于工党的27个席位最终以微弱差距输给了保守党，其中21个席位未被列入需要重点捍卫的选区名单上。保守党以不到700票的优势赢得了这些选区，包括伯里北、伯里南、博尔顿东北和布莱斯谷。② 此外，工党也在逐渐失去脱欧倾向更明显的选民，即年龄更大、受教育程度更低、社会立场更保守的选民。总体而言，中小型城镇和农村地区支持工党的选民在减少，科尔宾吸引的新支持者主要集中在大城市，如伦敦、曼彻斯特和伯明翰等，主要包括学生群体、被剥夺感强的群体、黑人、亚裔以及其他少数族裔等。虽然2019年的新登记选民人数高于2017年，且三分之二选民的年龄在35岁以下，但总体投票率略有下降，较高的投票率主要出现在城市。③ 这在一定程度上意味着，新选民给工党带来的好处主要体现在工党原本就有很大概率获胜的地方。

大选失利后，科尔宾正式宣布辞职，工党于2020年初启动了新党魁选举。新党魁候选人必须是议员，并且至少需要获得10%的工党议员和工党

① Dan Bloom, "Jeremy Corbyn Ally Jon Lansman Suggests Leader Won't 'Overstay His Welcome'", *Mirror*, 13 December 2019, https://www.mirror.co.uk/news/politics/jeremy-corbyn-ally-jon-lansman-21086731.

② Labour Party, "General Election Review", June 2019, https://www.labourtogether.uk/review.

③ Peter Walker, "Key Points from Review of 2019 Labour Election Defeat", *The Guardian*, 18 June 2020, https://www.theguardian.com/politics/2020/jun/18/key-points-from-review-of-2019-labour-election-defeat.

欧洲议会议员的提名方可参选。工党成员、附属工会成员、社会主义团体（如费边社）成员都有投票权。与之前党魁选举不同的是，只有在1月20日前加入工党或工党附属组织成员才有资格投票，非正式党员的注册选民需在规定时间内支付25英镑才能获得投票权，投票时间为2月24日至4月2日。共有三名候选人参与党魁竞争，包括前影子脱欧大臣基尔·斯塔默、前影子商务大臣丽贝卡·朗－贝丽和能源大臣丽莎·南迪。最终，基尔·斯塔默以56%的得票率击败了另外两位候选人，当选工党新党魁。

作为前影子脱欧大臣，基尔·斯塔默因多次在议会辩论中清晰阐明反对保守党政府脱欧方案的理由而获得关注。斯塔默在公投中曾支持留欧，也一度支持与欧盟重新谈判后再举行二次公投，被视为亲欧派的代表。在竞选过程中，斯塔默得到了工会的大力支持，这是其最终获选的主要原因之一。一些传统的工人阶级选区近年来倒向了保守党，工党认为工会的支持有助于其在下一次大选中获得工人阶级选区的选票。在影子内阁任职期间，斯塔默和科尔宾的矛盾并不突出。在党魁选举期间，斯塔默尽量避免批评科尔宾以吸引其支持者，并承诺坚守工党在2019年竞选宣言中的立场和措施，如明确反对紧缩政策。[①] 在三位党魁候选人中，斯塔默被视为折中人选，既可以团结支持工党的极左力量，也可以吸引更多的温和选民。他有选择地支持科尔宾时期受欢迎的左倾政策，并能更广泛地推销这些政策。斯塔默以压倒性优势当选，表明工党在意识形态层面的极左化探索暂时告一段落，即便是工党的基础选民也倾向于回归实用主义路线，避免工党的影响力进一步衰退，使其摆脱长期在野的命运。

斯塔默上台后曾任命丽贝卡·朗－贝丽担任影子教育大臣，而朗－贝丽被广泛认为是科尔宾意识形态的继任者。6月底，从美国兴起的反种族主义、支持黑人平权运动蔓延至英国，朗－贝丽在互联网上转发了一篇采访。采访内容称美国警察杀死乔治·弗洛伊德的技术来自以色列情报机构摩萨

① Stuart Biggs, "Starmer Names Top Team and Warns Against U. K. Austerity Re-Run", *Bloomberg*, 5 April 2020, https://www.bloomberg.com/news/articles/2020-04-05/starmer-warns-against-u-k-austerity-re-run-once-outbreak-fades.

德，对此以色列当局予以否认。[1] 斯塔默以散布反犹太阴谋论为由解雇了朗-贝丽，科尔宾时期党内日益抬头的反犹主义在一定程度上被整肃，影子内阁中的科尔宾主义者也被悉数剔除。斯塔默迅速打破了科尔宾主义者对工党的控制，其支持者也已在工党的全国执行委员会中赢得多数席位。

任命克莱尔·安斯利为首席幕僚是斯塔默上任后的另一重要人事安排，这也表明斯塔默已注意到工党的选民结构正在发生变化。安斯利认为，一个新的工人阶级已在传统的工人阶级之外成长起来，当前英国的服务业比重超过80%，工党赖以崛起的传统的工人阶级日渐式微。然而，很多服务业的从业者和当年的传统工人的社会地位和生活处境是相似的，而且服务人员的工资相对较低，如清洁、餐饮、社会护理和零售业的从业者。与传统的工人阶级相比，上述从业者在更加分散的环境中劳作，受到个人合同的约束，从种族层面看也更为多样化。上述因素使他们难以与城市中的进步主义者保持一致，也给工党团结该群体带来了更大的困难和挑战。安斯利将这些人称为英国的新工人阶级，并提出了与新工人阶级产生共鸣的四个关键价值观：家庭、公平、努力工作和尊严。她提出，工党的首要任务是出台维护新工人阶级利益的政策，比如针对临时工的法定病假，对工作安全性低的企业减免税收等。[2] 对工党而言，要重新夺回这些选票绝非易事。新工人阶级缺乏传统工人阶级的集体认同感，而且在某些地区，该群体的利益诉求和价值取向可能与年轻的城市居民相冲突，后者是工党当前依赖的选民群体。

益普索·莫里6月中旬进行的民调结果显示，51%的受访民众与77%的工党选民对斯塔默作为工党领袖表示满意。斯塔默的总体“净满意度得分”为31分，与托尼·布莱尔作为反对党领袖时期的最高得分相当。[3] 但

---

① Peter Walker, Heather Stewart and Severin Carrell, "Rebecca Long-Bailey Sacking Reignites Labour Turmoil Over Antisemitism", *The Guardian*, 25 June 2020, https://www.theguardian.com/politics/2020/jun/25/keir-starmer-sacks-rebecca-long-bailey-from-shadow-cabinet.

② "Battle for the Working Class", *The Economist*, 13 June 2020, p. 42.

③ Ipsos Mori, "Starmer Achieves Best Satisfaction Ratings for a Leader of the Opposition Since Blair", 12 June 2020, https://www.ipsos.com/ipsos-mori/en-uk/starmer-achieves-best-satisfaction-ratings-leader-opposition-blair.

大选结束仅半年，斯塔默上台也只有两个月，该民调数据的参考价值有限。恢复一个陷入意识形态迷茫期、连续输掉四次选举的政党是一项艰巨的任务，鉴于工党在2019年大选中的表现是自1935年以来最差的，不少人相信该党将触底反弹。然而，情况不容乐观：工党发布的研究报告称，传统上支持工党的英格兰北部选区被保守党拿下，不仅是科尔宾的原因，地区文化和人口结构变化也使工党对该地区的控制不再稳固。报告指出，这一趋势也会对2024年大选产生影响，包括罗瑟勒姆、哈特尔普尔和哈利法克斯等选区在内的58个席位正在逐渐倒向保守党。在下一次大选中，工党需要在现有席位的基础上再赢得123席才能在议会占据多数。① 这无疑是个极为艰巨的挑战，有以下几个方面值得重点关注。

首先，工党必须制定切实可行的经济方案。科尔宾时期的诸多设想并不现实，2019年的竞选宣言因承诺过于慷慨而遭到大量批评。对于长期在野的工党而言，仅仅反对紧缩政策对重建政党竞争力是不够的。工党需要拿出比保守党更具吸引力且切实可行的政策和经济方案，在宏观的社会经济发展与多元化的选民群体诉求之间取得平衡。彼得·曼德尔森认为，工党需要彻底跳出当前的思维框架，制定一个培育生命科学、人工智能和杰出企业家的新议程，通过发展高新产业解决当前经济发展模式造成的一系列问题。②

其次，工党需要考虑如何填补丢失苏格兰地区选票造成的差距。苏格兰曾是工党的传统票仓，在很长一段时间内，工党在该地区的议席都稳定在40席以上。2010年工党在苏格兰拿下41个席位，此后苏格兰民族党迅速崛起，2019年底大选结束后，工党在苏格兰仅剩1个席位。工党如果无法在苏格兰复苏，将很难弥补当前与保守党的议席数量差距。近年来，苏格兰民族党与保守党围绕独立问题展开的争论成为焦点议题，工党在该问题上的角色愈发边缘化。要夺回苏格兰地区的选票，工党必须考虑在苏格兰独立问题上应采取怎样的策略和立场。支持第二次独立公投，为工党提供了与苏格兰

---

① Labour Party, "General Election Review", June 2019, https://www.labourtogether.uk/review.

② "Keir Starmer Needs to Change the Labour Party", *The Economist*, 27 June 2020, p. 41.

民族党联合的可能性，但有可能会让担心分裂的英国选民感到恐慌，而苏格兰独立会对英国的选举地图产生什么影响更难以预测。反对苏格兰独立可能会赢回支持保守党的老年选民，但会损失支持独立的年轻选民的选票。

最后，工党需要解决自身的身份定位和意识形态路线问题。作为工人阶级、中低收入群体和福利国家代表的工党，在布莱尔时期改变了原本的执政理念，淡化了意识形态色彩，成为中间偏左、奉行渐进式改良主义的政党，在诸多政策领域继承了撒切尔主义的遗产。这一实用主义的路线在当时获得了成功，戈登·布朗延续了布莱尔的路线，但该路线对选民的吸引力持续减弱。此后工党逐渐偏离了布莱尔主义的中间道路，但始终未能找到可以取代"第三条道路"的方向定位。科尔宾下台标志着工党的意识形态极左化进程告一段落，至少从目前看，试图复归工党传统身份定位的尝试并不成功。斯塔默相比科尔宾更温和、更务实的立场令人联想起布莱尔时代的工党，然而当前英国面临的内外部挑战和布莱尔时期大相径庭。支持极左派激进政治主张的社会基础不会随着科尔宾下台而立刻消失，如何重塑意识形态、确定未来的方向定位，是工党无法回避的问题。

三　其他政党

苏格兰民族党在 2019 年大选中拿下了苏格兰 59 个席位中的 48 席，与之前相比增加了 13 席，依然是苏格兰当之无愧的第一大党。在该地区另外的 11 个席位中，保守党获得 6 席，自由民主党获得 4 席，工党仅获 1 席。争取独立依然是苏格兰民族党的核心议题，党魁尼古拉·斯特金在大选结束后宣称，"苏格兰已经释放了一个非常明确的信息——我们不想要一个由鲍里斯·约翰逊领导的政府，我们不想离开欧盟……鲍里斯·约翰逊有权让英格兰退出欧盟，但他必须承认，我有权让苏格兰选择另一种未来"。①

① Sarah Smith and Philp Sim, "Scotland Election Results 2019: SNP Wins Election Landslide in Scotland", *BBC*, 13 December 2019, https://www.bbc.com/news/election-2019-50766014.

新冠肺炎引发的危机为斯特金推动苏格兰独立带来了新的机会，截至 2020 年 7 月底，苏格兰确诊病例超过 18000 人，死亡人数突破 2400 人，一些养老院成为疫情重灾区。① 苏格兰受疫情影响虽然同样严重，但与保守党政府前期的懈怠、被动相比，苏格兰民族党领导的地区政府应对新冠肺炎疫情显然更加积极主动。在卫生部部长和首席医务官的陪同下，尼古拉·斯特金坚持每天亲自通报疫情，具体内容包括苏格兰的疫情数据、政府得到的专家建议和这些建议可能对民众生活产生哪些具体影响，以及向公众阐明解除封闭、隔离的条件和步骤。每日的通报在语气、措辞、信息传递方式和透明度方面都有变化，苏格兰政府表示希望与公众进行成熟的对话以共同应对疫情。此外，政府设立了专门的电子邮件反馈渠道以解决医疗防护装备供应不足的问题，自 4 月开始从中国采购了大量的医疗物资。② 面对经济长期停摆造成的影响，斯特金的内阁并未出现明显分歧，普遍认为抗击疫情、拯救生命是其首要任务，因而赢得了民众的支持与信任。5 月底的一项民调结果显示，苏格兰民众对斯特金和苏格兰政府应对疫情危机的评价远高于鲍里斯·约翰逊和英国中央政府。78% 的苏格兰人认为，苏格兰政府到目前为止对危机处理得很好，只有 34% 的人认为英国政府处理得很好。82% 的受访者认可斯特金应对危机的能力，相比之下，只有 30% 的受访者认可约翰逊应对危机的能力，超过半数的苏格兰人认为约翰逊和英国政府对疫情的处理非常糟糕。③

对保守党政府的不满，助长了苏格兰民族党要求举行第二次独立公投的呼声和民众的分离主义倾向。5 月以来，数个民调机构的数据显示支持独立的苏格兰民众已经超过半数，《星期日泰晤士报》7 月初的民调结果显示，

---

① The Scottish Government, "Coronavirus (COVID - 19): Daily Data for Scotland", 31 July 2020, https: //www. gov. scot/publications/coronavirus - covid - 19 - daily - data - for - scotland/.

② "Coronavirus: 11 Million Face Masks Arrive in Scotland", *BBC*, 24 April 2020, https: //www. bbc. com/news/uk - scotland - 52420950.

③ Ipsos Mori, "Four in Five Scots Say Nicola Sturgeon Has Handled the Coronavirus Outbreak Well", 26 May 2020, https: //www. ipsos. com/ipsos - mori/en - uk/four - five - scots - say - nicola - sturgeon - has - handled - coronavirus - outbreak - well.

54%的民众支持苏格兰独立。① 工党与保守党在苏格兰日渐边缘化，限制了英国中央政府遏制地区分离主义的能力，疫情危机更加剧了约翰逊政府与苏格兰地区的张力。原则上，进行第二次独立公投仍需获得威斯敏斯特议会的同意，从特雷莎·梅到鲍里斯·约翰逊，英国政府的首脑一再拒绝将是否举行第二次独立公投纳入议程。约翰逊援引萨蒙德在2014年的宣传语表示，独立公投是"一代人只有一次的机会"，不能毫无限制地一再重启。② 这一回应显然不足以打消苏格兰民族党独立的念头。但苏格兰民族党需要注意的是，苏格兰在社会经济层面对英国其他地区的依赖度远高于对欧盟的依赖度，未经英国议会允许启动独立公投原则上属于违宪，也很可能断绝苏格兰加入欧盟的可能性，因而民族党在独立问题上需保持谨慎。走出疫情，尽快恢复苏格兰的社会经济秩序是苏格兰政府当前的首要任务。疫情和脱欧引发的危机与困境不会因为独立而迅速解决，苏格兰民族党需要将当下的重点放在教育、医疗、恢复生产和公共服务上，这样才能向苏格兰民众证明自身的综合治理能力。

脱欧公投以来，自由民主党始终旗帜鲜明地主张留欧，希望最大限度地吸纳留欧派选民的支持，尽快扭转该党一蹶不振的公众形象，避免进一步衰退。在2019年的欧洲议会选举中，自由民主党在全国范围获得了20%的选票，超过了工党和保守党，与之前相比增加了15个席位。YouGov在2019年5月底的调查数据显示，自由民主党在国内的支持率超过了保守党和工党，位居第一，这是该党自2010年以来的最佳表现。③ 自由民主党将这一结果视为阶段性的胜利，并加大了宣传力度，呼吁举行第二次公投以彻底逆

① Scott Macnab, "Scottish Independence: New Poll Shows Clear Majority for Yes Vote", *The Scotsman*, 5 July 2020, https://www.scotsman.com/news/politics/scottish-independence-new-poll-shows-clear-majority-yes-vote-2904350.

② Philip Sim, "What Does 'Once in a Generation' Mean?", *BBC*, 16 January 2020, https://www.bbc.com/news/uk-scotland-scotland-politics-51120175.

③ YouGov, "Lib Dems Lead the Polls as They Start to Become 'The Party of the 48%'", 30 May 2019, https://yougov.co.uk/topics/politics/articles-reports/2019/05/30/lib-dems-lead-polls-they-start-become-party-48.

转脱欧进程。2019 年 7 月上任的新党魁乔·斯文森表示，“将尽一切努力阻止英国脱欧”。[①] 斯文森将此前脱离工党加入“独立小组”的议员楚卡·乌穆纳拉入了自由民主党阵营，并通过拉拢工党、保守党内的坚定留欧派，使自由民主党在议会中的席位扩大至 21 席。

斯文森认为，自由民主党已从各个层面显示出复苏的迹象，约翰逊执意推行硬脱欧方案将使支持留欧的民众与保守党彻底划清界限，工党在科尔宾的领导下立场被动且模糊，对亲欧派而言缺乏吸引力。因此，她积极支持提前大选，认为自由民主党将在选举中获得大量亲欧选民的支持，大幅增加其议席数。自由民主党高层领导都曾警告不要支持约翰逊提前大选的提议，温斯·凯博、蒂姆·法伦等前任党魁认为提前大选可能为约翰逊带来机会，需慎重决策。[②] 然而，斯文森认为，民调结果显示提前大选对自由民主党极为有利。她声称大选可能带来“翻天覆地的变化”和“全新的、不同的政治局面”。斯文森不无自信地表示：“我从没想过我会站在这里说我是首相候选人，但是当我看到鲍里斯·约翰逊和杰里米·科尔宾时，我绝对相信我能比他们做得更好”。[③] 发表这一言论之际，斯文森出任党魁仅 4 个月左右，知名度和公众认可度有限，自由民主党与昔日第三大政党的影响力也存在明显差距。出于选情考虑，其他反对党当时都不支持提前大选，但斯文森的积极表态对科尔宾造成了极大压力。因为担心亲欧的工党选民倒向自由民主党和“怯战”态度可能影响其公众形象，科尔宾最终同意支持提前大选。

斯文森的盲目乐观导致决策失误，自由民主党在 2019 年底的大选中付出了沉重的代价，仅获得 11 个席位，此前从工党、保守党倒戈而来的楚

① Peter Walker, “Jo Swinson Elected New Lib Dem Leader”, *The Guardian*, 22 July 2019, https://www.theguardian.com/politics/2019/jul/22/jo-swinson-elected-new-lib-dem-leader.

② Michael Savage, “Key Lib Dems Warned Party Not to Back December Election”, *The Guardian*, 14 December 2019, https://www.theguardian.com/politics/2019/dec/14/lib-dems-warned-not-to-back-december-election-vince-cable-tim-farron.

③ Vicki Young, “General Election 2019: Vote Could Deliver ‘Seismic Change’ -Swinson”, *BBC*, 5 November 2019, https://www.bbc.com/news/election-2019-50297164.

卡·乌穆纳、卢西安娜·伯格、萨姆·吉玛等人纷纷败选，自由民主党在斯文森本人所在的东敦巴顿选区也输给了苏格兰民族党，与选举前的21席相比丢失了10个席位。选举结束次日，斯文森宣布辞去党魁职务。原定于2020年5月举行的新任党魁选举由于疫情被推迟到8月，新党魁上任前由副党魁艾德·戴维和党主席马克·派克共同担任代理领导人。

在脱欧问题上，自由民主党显然比苏格兰民族党、绿党等其他亲欧政党走得更远。该党此前一直呼吁举行第二次脱欧公投，斯文森在党内的秋季会议上进一步表态称，如果他们在大选中赢得多数席位，将立即撤销政府启动《里斯本条约》第50条的决定，使英国继续留在欧盟。① 一些党内人士称此举无异于“玩火”，他们担心在没有征求公众意见的情况下取消脱欧会被视为不民主的行为，可能会疏远成千上万的潜在选民。事实证明上述担忧是合理的，公投之后持久的谈判与拉锯使绝大部分民众已经接受脱欧这一既定事实，即便是亲欧的选民也不相信自由民主党能够逆转脱欧进程。斯文森担任自由民主党领袖仅仅几个月的时间，绝大部分民众并不了解她的履历和执政能力。在此情况下，斯文森将自己作为选举宣传重点去争取首相职位给公众留下了机会主义的负面印象。此外，误读民调数据也是斯文森决策失误的一大原因。在英国的简单多数制下，选民的支持率并不会成比例地反映在席位数上，曾希望推动选举制度改革的自由民主党本应最清楚这一事实。随着选举宣传活动展开，斯文森和自由民主党的支持率一路走低，虽然最后在大选中仍获得了11.6%的选票，相比2017年增加了4个百分点，但席位数反而减少了1个。导致此结果的主要原因是，自由民主党在许多选区成为工党的竞争对手，分散了选票，反而使保守党受益。保守党的得票率为43.6%，仅比2017年大选高出1.2个百分点，数十名保守党议员以不到50%的得票率当选。其中肯辛顿、基里斯和钦福德等选区的大多数席位如果没有自由民

① Kate Proctor, “Lib Dems in Renewed Push for Second Brexit Referendum Vote”, *The Guardian*, 15 October 2019, https://www.theguardian.com/politics/2019/oct/15/lib-dems-in-renewed-push-for-second-brexit-referendum-vote.

主党分散选票，更有可能被工党获得。①

20 世纪 80 年代以来，自由民主党在意识形态和施政理念上中间偏左的定位吸引了对保守党和工党不满的选民，在很长一段时间内都是英国的第三大党。斯文森将留在欧盟作为其竞选的主要亮点，忽视了自由民主党选民在其他方面的诉求。对自由民主党而言，在尚未彻底恢复昔日影响力、厘清社会经济政策和意识形态定位的情况下，试图仅仅依靠脱欧议题上台执政显然不现实。尼克·克莱格辞职后，自由民主党频繁更换领袖，党内领导层始终未能提出系统、完整、切实可行的施政纲领，继任领导人的理念和政策都较为笼统、碎片化且缺乏辨识度，不少政见主张都可见于其他政党的施政纲领中。如何恢复昔日第三大党的影响力，对自由民主党而言仍是一个艰巨的挑战。

① Simon Jenkins, "The Lib Dems Helped the Tories to Victory Again. Now They Should Disband", *The Guardian*, 16 December 2019, https: //www. theguardian. com/commentisfree/2019/dec/16/lib – dems – tories – split – vote – labour.

B.3
英国经济形势

杨成玉*

摘　要： 受新冠肺炎疫情冲击，英国经济十年来首次进入衰退周期，供需两侧均受到阻碍。投资进一步向欧盟转移，贸易严重依赖外资企业，且对外贸易结构过于依赖中美欧市场。劳动力市场疲软，临时性失业飙升。疫情不仅冲击比重较大的服务业，导致金融市场低迷，也对制造业造成不小的打击。虽然英国政府通过直接补贴、政府担保贷款等财政政策和降息、扩大资产购买等货币政策向市场提供流动性，纾困企业和雇员，以稳定就业、预防经济衰退，但实施力度较为有限，且造成财政赤字和公共债务持续激增，系统性风险明显上升。“后疫情时代”经济复苏计划能否顺利落地，金融市场能否企稳回升以稳定投资者信心，与欧盟之间的贸易协议能否达成，都是决定英国经济长期发展的重要变量。

关键词： 英国经济形势　新冠肺炎疫情　经济复苏　英国脱欧

一　英国经济整体形势

整体上看，2019年下半年英国经济表现平稳，但从2020年开始受新冠

---

* 杨成玉，经济学博士，中国社会科学院欧洲研究所助理研究员，主要研究领域为欧洲经济。

肺炎疫情和脱欧谈判不利的双重冲击，英国经济开始进入衰退周期，表现在消费萎缩、投资转移、外贸和产业低迷、劳动力市场疲软等方面。

（一）经济十年来首次进入衰退周期

根据欧盟统计局数据库，2020 年第一季度英国 GDP 为 6389 亿欧元，同比下降 1.7%。① 同期德国、法国 GDP 分别为 8545 亿欧元和 5838 亿欧元，分别同比下降 2.3% 和 5%。与此同时，欧元区经济衰退 3.1%。整体上看，受新冠肺炎疫情冲击，2020 年第一季度欧洲经济普遍下滑。但英国经济降幅低于欧元区平均水平，经济表现优于德国和法国的同期水平。

横向比较后，再回到英国经济本身看其演进趋势。英国国家统计局数据显示，从 2019 年第三季度至 2020 年第一季度，英国 GDP 依次为 5239.17 亿英镑、5239.18 亿英镑以及 5124.58 亿英镑，同比增长依次为 1.3%、1.1% 以及 -1.7%。② 从经验上看，自 2010 年第一季度英国经济走出“负增长”以来，季度经济增速同比增长率一直处于 1.1% ~2.8% 区间。伴随近年来脱欧进程的不确定因素，英国经济增速呈现逐渐下降的趋势，并于 2019 年第四季度降至 2010 年经济复苏以来的最低季度增长水平（同比增长 1.1%）。

英国也是欧洲疫情形势最为严重的国家之一，经济受波及严重，造成在 2020 年第一季度出现十年来首次衰退，但 1.7% 的季度增长率降幅与国际金融危机时的 5.8%（2009 年第一季度）不可同日而语。公共卫生限制和社会隔离措施导致英国经济产出大幅下降，其中服务业、制造业和建筑业受打击最大，对经济增长形成严重拖累。③ 2020 年第一季度英国服务产出下降了创纪录的 2.3%，家庭消费相应下降了 2.9%，高出此前预测值 1.2 个百分

① 数据为经季度调整后的数据，数据来源：Eurostat，https：//ec. europa. eu/eurostat/data/database。

② 数据为经季度调整后的季度数据。数据来源：ONS，“Gross Domestic Product（GDP）”，https：//www. ons. gov. uk/economy/grossdomesticproductgdp#publications。

③ ONS，“GDP Quarterly National Accounts”，30 June 2020，https：//www. ons. gov. uk/economy/grossdomesticproductgdp/bulletins/quarterlynationalaccounts/januarytomarch2020.

点，这也是自1979年第三季度以来家庭消费的最大降幅。同期，家庭储蓄率从2019年第四季度的6.6%增至8.6%，反映出疫情中英国家庭支出有所减少、消费趋于保守。

（二）消费出现萎缩，但整体优于欧元区水平

消费是英国经济增长的主要内生动力。根据欧盟统计局数据库，如表1所示，2018年以来英国消费均保持平稳增长，从2018年第一季度至2019年第四季度，英国最终消费支出增速保持在1.1%～1.8%区间，与同期欧元区水平基本一致。在政府消费支出方面，从2019年起英国加大了政府消费支出力度，2019年四个季度依次实现2.4%、4.3%、3.9%和3.1%的高速增长，大幅领先于欧元区以及德国、法国同期水平。但在居民消费支出方面，2019年英国相关指标全面偏弱，在第三季度和第四季度仅实现0.8%和0.6%的同比增速，大大落后于同期的德国（2%和1.3%）和法国（1.8%和1.7%）。

表1　2018年第一季度至2020年第一季度英国、欧元区、德国及法国消费增长率

单位：%

国别	最终消费支出				政府消费支出				居民消费支出			
	英国	欧元区	德国	法国	英国	欧元区	德国	法国	英国	欧元区	德国	法国
2018年第一季度	1.1	1.6	1.6	1.3	0.1	1.3	1.5	1.1	1.4	1.7	1.7	1.3
2018年第二季度	1.3	1.5	1.6	0.8	0.0	1.4	1.9	1.0	1.7	1.6	1.5	0.8
2018年第三季度	1.4	1.0	1.0	0.5	0.3	0.8	1.2	0.6	1.7	1.1	0.9	0.4
2018年第四季度	1.5	1.1	0.9	0.9	1.4	1.1	1.1	1.0	1.5	1.1	0.8	0.8
2019年第一季度	1.5	1.3	1.8	1.1	2.4	1.5	2.2	1.3	1.3	1.2	1.7	1.0
2019年第二季度	1.8	1.3	1.7	1.6	4.3	1.5	1.8	1.5	1.1	1.3	1.7	1.6

续表

国别	最终消费支出				政府消费支出				居民消费支出			
	英国	欧元区	德国	法国	英国	欧元区	德国	法国	英国	欧元区	德国	法国
2019 年第三季度	1.5	1.7	2.4	1.8	3.9	2.2	3.6	2.0	0.8	1.6	2.0	1.8
2019 年第四季度	1.2	1.4	1.8	1.7	3.1	1.9	3.1	1.9	0.6	1.3	1.3	1.7
2020 年第一季度	-2.3	-2.6	-1.4	-3.3	-1.6	1.0	2.2	-0.4	-2.5	-3.9	-2.8	-4.5

注：数据经季度调整。
资料来源：欧盟统计局数据库，https：//ec. europa. eu/eurostat/data/database。

受新冠肺炎疫情冲击，英国消费市场遭受重创，出现萎缩。2020 年第一季度英国最终消费支出同比衰退 2.3%，其中政府消费支出和居民消费支出分别下降 1.6% 和 2.5%。从横向对比看，英国消费市场受损程度略小于欧元区平均水平（-2.3% 相对于 -2.6%），但不及德国的 -1.4%。政府消费所受冲击最为直接，1.6% 的衰退水平还是大幅领先于欧元区水平，但在居民消费领域表现相对较好，英国 2.5% 的衰退速度比欧元区以及德国、法国相对要好得多。

（三）投资出现转移迹象，驱动力不足

资本形成总额也被称为国内投资总额，由新增固定资产支出加上库存的净变动值构成，反映宏观经济中投资的情况。根据欧盟统计局数据库，如表 2 所示，从 2018 年第二季度至 2019 年第二季度，英国资本形成总额保持温和增长，其中也出现了 2019 年第一季度 23.9% 同比增速的超高增长。但从 2019 年第三季度开始，英国投资出现大幅衰退，依次为 -2.7%、-15.1% 以及 -19.0%。与欧元区、德国和法国同期表现对比不难发现，英国投资明显处于落后地位，间接反映出脱欧对英国投资造成转移效应、一系列投资向欧元区转移的不利处境。

表2　2018年第一季度至2020年第一季度英国、欧元区、德国及法国资本形成总额增长率

单位：%

国别	英国	欧元区	德国	法国
2018年第一季度	-0.1	3.6	3.4	2.1
2018年第二季度	2.0	-2.2	2.7	5.8
2018年第三季度	0.5	5.2	7.4	2.7
2018年第四季度	3.4	4.6	6.2	1.6
2019年第一季度	23.9	3.2	3.8	3.1
2019年第二季度	0.6	7.6	2.7	1.9
2019年第三季度	-2.7	-0.1	-5.9	3.4
2019年第四季度	-15.1	3.0	-4.5	1.1
2020年第一季度	-19.0	1.0	-1.3	-8.4

注：数据经季度调整。

资料来源：欧盟统计局数据库，https：//ec. europa. eu/eurostat/data/database。

进一步根据英国国家统计局分行业和资产分类的固定资本形成看，英国投资中起到正向贡献的细分类别为商业投资（0.8%）和知识产权产品（4.1%），负向贡献的细分类别依次为公共投资（-10.1%）、交通运输设备（-6.5%）、通信设备（-4.8%）以及建筑工程（-4.0%）。[①] 不难发现，在英国投资中，公共投资和基础设施方向投资整体面临萎缩，英国目前投资主要依靠传统商业优势基础，在知识产权方向发力。2019年英国商业投资规模为2003亿英镑，其中制造业为311亿英镑，建筑、服务业、公共事业等非制造业规模为1692亿英镑，在非制造业领域私人投资规模为1640亿英镑，占比达96.9%，处于绝对支配地位。[②] 综上反映出英国投资主要以非制造业领域的私人投资为主，在脱欧进程不确定性增加和新冠肺炎疫情背景下，投资者表现出很强的避险情绪，投资意愿不

① ONS，“Gross Fixed Capital Formation by Sector and Type of Asset”，https：//www. ons. gov. uk/economy/grossdomesticproductgdp/datasets/grossfixedcapitalformationbysectorandasset.

② ONS，“Business Investment by Industry and Asset”，30 June 2020，https：//www. ons. gov. uk/economy/grossdomesticproductgdp/datasets/businessinvestmentbyindustryandasset.

足，造成英国近半年来资本形成总额持续萎缩，衰退幅度大于欧洲大陆平均水平。

长期以来，金融业一直是英国的优势产业，在拉动社会经济增长、吸纳高端就业岗位方面地位重要，贡献作用不容忽视。自从 2016 年脱欧公投后，英国金融机构外迁、国际金融中心外流的“声音”不绝于耳。目前有多个欧盟城市，包括巴黎、法兰克福、都柏林及阿姆斯特丹在内，都在完善金融基础设施，希望更多的英国金融机构入驻，亟欲吸引英国脱欧后想要留在欧洲单一市场的伦敦金融业者。值得注意的是英国金融机构净投资的变化情况。金融业相对投资的变化将在一定程度上反映未来英国经济的走势。根据对英国金融机构净投资的监测，从 2018 年第一季度开始，英国金融机构净投资额均为负值，2019 年继续呈现持续下跌走势。在脱欧背景下，金融机构持续缩小在英国的投资，“用脚投票”，脱欧的不确定性也在削弱金融机构在英投资动机，投资持续流失进一步削弱英国金融国际竞争力。

（四）疫情重创对外贸易，结构性问题突出

从事国际贸易情况是衡量一国经济是否活跃的指标之一，一方面，出口体现该国产品的国际吸引力，侧面反映其产业的国际竞争力水平；另一方面，进口规模可以衡量该国消费市场吸纳能力，侧面反映其经济形势。根据欧盟统计局数据库前后一致统计，如表 3 所示，2019 年第三季度和第四季度英国货物贸易对外出口总值分别实现同比增长 3.5% 和 17.2%，虽面临“硬脱欧”风险、出口商订单增多的情况，但也客观表明英国出口产品依然保持着一定的国际吸引力。这一特点也体现在服务贸易出口方面，2019 年第三季度和第四季度，英国服务贸易出口实现 6.6% 和 2.5% 的季度同比增长，延续了 2018 年第四季度以来的上升势头，在旅游业和专利方面有着不俗的表现。特别是英国在服务贸易进口方面持续强势，2019 年下半年同比增长 14% 以上。相较而言，英国在货物贸易进口方面动力不足，2019 年第三、第四季度进口总值同比下降 1.8% 和 6.3%。

表 3 2018 年第一季度至 2020 年第一季度英国货物和服务贸易增长率

单位：%

时间	货物贸易		服务贸易	
	出口	进口	出口	进口
2018 年第一季度	2.9	0.3	1.6	7.1
2018 年第二季度	-1.6	-0.9	1.0	4.1
2018 年第三季度	0.4	-0.7	1.4	4.1
2018 年第四季度	-2.3	1.6	7.1	12.2
2019 年第一季度	2.2	18.0	5.4	5.4
2019 年第二季度	-2.8	-1.4	5.8	8.9
2019 年第三季度	3.5	-1.8	6.6	14.2
2019 年第四季度	17.2	-6.3	2.5	14.0
2020 年第一季度	-8.3	-22.1	-4.8	-4.9

注：数据经季度调整。

资料来源：欧盟统计局数据库，https：//ec. europa. eu/eurostat/data/database。

从 2020 年第一季度数据表现看，英国对外贸易遭受重创，货物贸易出口、进口总值同比下滑 8.3% 和 22.1%；服务贸易所受冲击较小，出口总值和进口总值分别下滑 4.8% 和 4.9%。值得注意的是，外资企业在英国服务贸易中的地位较为突出。根据英国国家统计局统计，英国外资企业对英国服务贸易的贡献最大，2018 年外资企业的服务出口额为 963 亿英镑，而本土企业的服务出口额为 698 亿英镑；外资企业服务进口额为 499 亿英镑，而本土企业服务进口额为 335 亿英镑。①

英国主要贸易伙伴依然是欧盟、美国和中国，三者占据英国七成以上的贸易份额。英国的前三大出口产品市场分别为美国、德国和法国，分别占英国出口份额的 15.70%、9.90% 和 6.70%；英国的前三大进口来源地分别为德国、美国和中国，分别占英国进口份额的 12.37%、9.69% 和 9.46%（见表

① ONS,"UK Services Trade by Business Characteristics", 10 March 2020, https：//www. ons. gov. uk/businessindustryandtrade/internationaltrade/bulletins/ukservicestradebybusinesscharacteristics/2016to2018.

4）。英国前十大出口贸易伙伴中，除美国、中国、瑞士外，其他全部为欧盟成员国；前十大进口贸易伙伴除了美国、中国、瑞士和挪威外全部为欧盟成员国。

表 4 英国进出口前十大贸易伙伴市场份额一览

单位：%

出口方面		进口方面	
国别	份额	国别	份额
美国	15.70	德国	12.37
德国	9.90	美国	9.69
法国	6.70	中国	9.46
荷兰	6.49	荷兰	7.79
中国	6.44	法国	5.61
爱尔兰	5.93	比利时	4.65
比利时	3.52	意大利	3.79
瑞士	3.34	瑞士	3.42
西班牙	2.92	西班牙	3.06
意大利	2.71	挪威	2.86

资料来源：作者根据联合国贸易数据库（UN Comtrade Database）数据自制。

（五）劳动力市场整体疲软

截至 2020 年第一季度，英国劳动力市场整体运行平稳。2020 年第一季度的劳动力市场和劳动力调查统计（LFS）数据显示，英国就业率平稳，但男性就业人数出现大幅减少。2020 年第一季度，英国就业率为 69.8%，虽比上年同期高出 0.5 个百分点，但与上一季度环比下降 0.4 个百分点；失业率为 4.5%，比上年同期低 0.1 个百分点，但比 2019 年第四季度高出了 0.2 个百分点。

新冠肺炎疫情从第二季度开始对英国劳动力市场形成显著严重冲击。首先，临时性失业人数飙升。临时性失业人数从 3 月底至 4 月增加了 600 万人，2020 年 5 月的就业先行指标显示，与 2020 年 3 月相比，英国的长期就业人数减少了 60 万人。其次，社会总工作时间大幅减少。截至 2020 年 4 月，英国每周工作总小时数为 9.599 亿小时，比上年同期减少了

8.9%，削减了创纪录的9420万个工时。再次，员工平均薪资增长放缓。英国员工平均薪资增长在2020年4月显著放缓，出现2018年1月以来的首次下降，其中旅游行业受损最为严重，特别是酒店业和餐饮服务业。最后，职位空缺数量减少。与欧洲大陆国家不同，英国低收入劳动力市场长期处于缺少劳动力状态，但疫情造成中高收入岗位削减，大量劳动转而转移至急缺雇员的空缺职位。2020年3月，英国职位空缺数已降至47.6万个，环比减少了34.2万个，降幅接近60%。与此同时，英国5月的职位空缺数量已降至历史新低。截至2020年5月，申请失业救济的人数还在持续增长，已达到280万人。

（六）主要产业低迷

在建筑业方面，根据英国国家统计局发布的《新冠肺炎疫情商业影响调查》（Business Impact of Coronavirus Survey，BICS），截至2020年4月，新冠肺炎疫情造成英国建筑产出的大幅下降，2020年第一季度建筑业产出环比下降了创纪录的18.2%。[①] 2020年4月，建筑业产值环比下降40.1%，创下2010年1月以来的最大月度跌幅。[②] 其中，新增工作岗位减少了41.2%，维修保养工作量下降了38.1%，均创下历史新高。

在互联网方面，根据最新数据，2018年英国非金融领域企业的电子商务销售额为6880亿英镑，高于2017年的5820亿英镑，以18%的同比增速增长，这是自2014年可比记录以来的最大年度增长。自2014年以来，电子商务总销售额的增长主要来自在线销售，增量为1380亿英镑，其次是电子数据销量增长，增量为370亿英镑。2018年拥有10名以上员工的企业营业额的20.5%来自电子商务，高于2017年的18.6%。与此同时，网络安全仍

---

① ONS, "Business Impact of COVID – 19 Survey (BICS) Results", https://www.ons.gov.uk/economy/economicoutputandproductivity/output/datasets/businessimpactofcovid19surveybicsresults.

② ONS, "Construction Output in Great Britain: April 2020", 12 June 2020, https://www.ons.gov.uk/businessindustryandtrade/constructionindustry/bulletins/constructionoutputingreatbritain/april2020.

是英国关注的重点领域，2018 年拥有 1000 名以上员工的企业中有 18.5% 发生了信息和通信技术（ICT）安全事件。

在制造业方面，2019 年英国制造业产值为 3966 亿英镑，比 2018 年的 4014 亿英镑下降了 1.2%。交通运输制造业领域的销售额跌幅最大，2019 年下降了 35 亿英镑，至 532 亿英镑。但乘用汽车在英国企业生产的所有产品中销售额最高，2019 年实现 215 亿英镑的销售额。2019 年全英汽车产量为 130 万辆，远低于德国的 460 万辆，接近法国的 220 万辆，超过 80% 的汽车供应出口，其中对欧出口占三分之二。但疫情造成各车厂大量裁员，仅在 6 月，宾利裁员 6000 人，阿迪顿马丁裁员 500 人，而路虎从 2019 年初至今已陆续裁员 5500 人，全英汽车产量预计将从 2017 年高峰时的 170 万辆跌至 2020 年预计的 90 万辆左右，16 万个就业岗位中有近六分之一受到威胁。作为英国最大的制造部门，食品加工业销售额减少了 9 亿英镑，其中肉制品和糕点销售下滑，威士忌产品销售额增幅较大，增长了 4 亿英镑，达到 41 亿英镑。

在零售业方面，2020 年 3～5 月，英国零售额下降了创纪录的 12.8%，除食品商店以外，所有商店的零售额均出现了大幅度下滑。2020 年 5 月部分社会销售量出现一定规模的反弹，相比 4 月增长了 12.0%，但与 2 月相比还是下降了 13.1%。非食品（五金、建材、家用电器等）商店实现 42% 的强劲增长，燃料销售量也出现大幅增长，特别是在线消费比例飙升至历史最高纪录 33.4%，相比 2020 年 4 月又提升 2.6 个百分点。

二 英国经济发展的影响因素及形势分析

未来影响英国经济发展的因素复杂，从短期看，英国宏观财政政策、货币政策以及“后疫情时代”经济复苏成效值得关注；从中期看，经济政策、金融市场稳定以及防止系统性风险是英国经济保持健康发展的前提条件；而从长期看，未来脱欧形式和英欧贸易谈判将直接决定未来英国的对外关系，将对其产业国际竞争力、贸易政策产生深远影响。综合分析各种因素将进一步明确英国经济形势及未来前景。

（一）扩张性的财政政策

鉴于新冠肺炎疫情对英国经济造成巨大冲击，英国政府除采取传统政策响应措施外，还实施了一系列特殊措施。其中动用财政预算以直接补贴形式对困难企业和雇员纾困，虽效果显著，却造成了财政赤字和政府债务的上升。

在供给侧受到巨大冲击情况下，英国政府将维系雇佣关系作为对冲疫情影响的核心目标，一方面为企业提供充足的流动性支持，另一方面对因疫情被迫"休假"的所有雇员提供工资补贴，旨在防止企业裁员，避免雇员申领失业福利或社会福利，从而降低了社会福利方面的支出压力。英国政府对所有员工提供支持，给予其80%工资的补贴，每月最高2500英镑，初始设定期限为3个月（可视情延长）。①

早在3月疫情暴发之初，英国便明确了动用财政支持手段帮助英国企业和雇员渡过难关。3月17日，英国财政大臣里希·苏纳克宣布了一项财政支持方案，英国政府为企业提供3300亿英镑的政府担保贷款。其中，英国央行为大型企业提供低成本、更易获得的商业票据，确保其资金流动充足；为中小型企业提供总额500万英镑的政府担保贷款，且前6个月免息；免除零售业、餐饮业、娱乐业等受疫情影响严重企业12个月的营业税；为70万家小微企业各提供10000英镑现金支持。此外，对于受到疫情影响而陷入困境的个人，抵押贷款机构将提供至少3个月的"抵押贷款免息期"，贷款人可推迟偿还贷款。英国财政部在预算案中相应追加300亿英镑的经济刺激方案。

英国财政部公布的数据显示，截至2020年7月，英国政府已为受新冠肺炎疫情影响的企业提供了450亿英镑的贷款支持，已花费超过270亿英镑支持就业。由国家支持的对小企业的贷款额升至309.3亿英镑；对中型和大型公司的贷款额分别增加到114.9亿英镑和25.8亿英镑。与此同时，英国

---

① IMF, "Fiscal Affairs", https://www.imf.org/~/media/Files/Publications/covid19-special-notes/Chinese/ch-special-series-on-covid-19-expenditure-policies-in-support-of-firms-and-households.ashx?la=en.

政府已经为应对新冠肺炎疫情提供了160亿英镑的直接财政支持，数额是最初预算的3倍。

大规模财政支出造成英国财政赤字创下历史新高，公共债务不断攀升。4月，英国财政赤字达621亿英镑，创下历史新高。截至2020年5月，公共债务占GDP的100.9%，这是自1963年3月以来首次超过100%。债务总规模为19501亿英镑，比2019年5月增加了1732亿英镑，同比增长20.5个百分点，创下1993年3月以来最大增速。[①] 根据国际货币基金组织2020年6月发布的《世界经济展望最新预测：前所未有的危机，不确定的复苏》，2020年英国财政赤字占GDP比重将高达12.7%，对应政府债务为101.6%，相比2019年的85.4%提高了16.2个百分点。2021年英国财政赤字有望降至6.7%，政府债务降至100.5%。[②]

（二）宽松的货币政策

欧债危机后，英国央行英格兰银行长期维持宽松的货币政策，主要通过利率调节和量化宽松政策两种方式，以实现通胀率达到2%、维持经济增长和稳定就业的目标。

为应对疫情对经济的冲击，英格兰银行在利率调节方面的响应最为迅速。2020年3月11日，英格兰银行紧急宣布将基准利率从0.75%下调50个基点至0.25%；维持对非金融投资级公司债券100亿英镑、国债4350亿英镑的购买规模；引入新的定期融资计划（TFSME），通过央行储备为中小企业提供超过1000亿英镑资金支持；将逆周期资本缓冲率削减至银行对贷款需求方风险敞口的0%，并持续至少12个月，为企业提供高达1900亿英镑的银行贷款。3月19日，英格兰银行召开特别会议，宣布进一步降息15个基点至0.1%，并增加2000亿英镑英国政府债券和非金融投资级公司债券的持有量，扩大

---

① ONS, "Public Sector Finances, UK: May 2020", 19 June 2020, https://www.ons.gov.uk/economy/governmentpublicsectorandtaxes/publicsectorfinance/bulletins/publicsectorfinances/may2020.

② 国际货币基金组织：《世界经济展望最新预测：前所未有的危机，不确定的复苏》，2020年6月24日，https://www.imf.org/zh/Publications/WEO/Issues/2020/06/24/WEOUpdateJune2020。

TFSME 计划。[1] 不到 10 天时间内，英格兰银行两次降息至 0.1%，并扩大资产购买规模，旨在放松资本管制，以提升放贷能力、支持经济、稳定就业。

2020 年 6 月 17 日英格兰银行货币政策委员会（MPC）最新货币政策显示，当前的主要挑战是应对新冠肺炎疫情造成的严重经济与金融中断，MPC 一致投票维持银行利率为 0.1%，以达到 2% 的通胀目标，并要求英格兰银行将债券购买计划提高至 7450 亿英镑。[2] 然而，伴随疫情影响，全球石油价格暴跌、国内经济活动急剧下降以及闲置产能增加加大了通货膨胀的下行压力，5 月 CPI 通胀率进一步下降至 0.5%，明显低于目标值。CPI 通胀率远低于 2% 的目标，预计在未来几个季度其将进一步下降，这在很大程度上反映了需求的疲软。在货币政策会议上，MPC 认为有必要进一步放松货币政策以实现其法定 2% 的目标，计划将购买英国政府债券的目标存量再增加 1000 亿英镑[3]，以实现中期通胀目标，预计该方案将在 2020 年底左右完成，资产购买总额将达到 7450 亿英镑。

（三）“后疫情时代”经济复苏计划

为帮助英国摆脱经济衰退，英国首相鲍里斯·约翰逊于 2020 年 6 月 30 日公布了经济复苏计划，主要措施有：一是新增 50 亿英镑改建房屋和基础设施；二是新增 15 亿英镑用于维护医疗系统，促进医院建设和提高急救能力；三是为公路交通的 29 个项目投入 1 亿英镑，提高公路质量，为曼彻斯特铁路追加 1000 万英镑投资；四是从 2020 ~ 2021 财年开始，10 年内追加 10 亿英镑资金用于 50 个学校重建项目；五是动用 10 亿英镑预算专注于市

① Elliot Smith, “Bank of England Projects Worst UK Economic Slump Since 1706”, *CNBC*, 7 May 2020, https://www.cnbc.com/2020/05/07/bank-of-england-holds-interest-rates-but-says-it-is-ready-for-further-stimulus.html.

② The Bank of England’s Monetary Policy Committee, “Monetary Policy Summary and Minutes of the Monetary Policy Committee Meeting Ending on 17 June 2020”, 18 June 2020, https://www.bankofengland.co.uk/-/media/boe/files/monetary-policy-summary-and-minutes/2020/june-2020.pdf.

③ Szu Ping Chan, “Bank Pumps £ 100bn into UK Economy to Aid Recovery”, *BBC*, 18 June 2020, https://www.bbc.com/news/uk-53093127.

镇工程建设；六是到2025年，每年承诺种植超过75000英亩的树木，并承诺提供4000万英镑，以促进地区环保项目并创造3000个工作岗位。[①] 与此同时，约翰逊表示政府无意采取紧缩措施来减少日益增长的债务。

在具体行业方面，疫情对英国旅游业、餐饮业和酒店业造成严重影响，这些行业维持着大量的就业岗位，因此英国政府还将对这些行业减税降费，以保护就业。[②] 为鼓励人们外出用餐，英国推出“外出就餐折扣计划”（Eat Out to Help Out Discount Scheme），2020年8月前的每周一至周三，在全英国的咖啡馆、餐馆和酒吧用餐的顾客可以享受50%的折扣，政府再向商家提供财政补贴；为支持旅游业和酒店业，英国政府将相关行业增值税税率从20%下调至5%，平均每年为每个家庭节省约160英镑，惠及超过15万家企业的240万名员工。为支持居民房屋改造，政府将住宅印花税（SDLT）零税率范围从12.5万英镑提高到50万英镑，该政策将实施到2021年3月31日，以支持房屋建筑和房地产相关行业复苏。

2020年7月8日，英国财政大臣苏纳克提出了一项“就业计划”[③]，以刺激英国经济复苏，计划主要分为“维持就业”和“创造绿色就业”两部分。就“维持就业”而言，一是政府向企业雇主提供一次性奖金，奖励雇主在2021年1月31日前保留住的工作岗位，奖金按每个岗位1000英镑计算；二是投资16亿英镑用于扩大就业支持计划，为年轻人提供培训和学徒课程，使他们能更好地寻找工作。就“创造绿色就业”而言，英国政府将通过推进88亿英镑的基础设施建设来创造数万个就业岗位，包括30亿英镑的绿色投资计划，新增约14万个绿色工作岗位；20亿英镑的绿色房屋补助计划，创造数千个就业岗位；10亿英镑的公共建筑绿化建设和58亿英镑的绿色建筑项目，力争在2050年实现“碳中和”目标。

---

① The Rt Hon Boris Johnson MP, “PM Economy Speech: 30 June 2020”, 30 June 2020, https://www.gov.uk/government/speeches/pm-economy-speech-30-june-2020.

② 2020年4月，80%的酒店停止了经营，140万酒店服务人员被迫休假，在英国所有行业中比例最高。

③ The Rt Hon Rishi Sunak MP, “Chancellor's Plan for Jobs to Help the UK's Recovery”, 8 July 2020, https://www.gov.uk/government/news/rishis-plan-for-jobs-will-help-britain-bounce-back.

（四）脆弱的金融市场

保持金融市场繁荣稳定，既是英国央行的主要职责，也是实现英国经济平稳增长的前提条件。因伦敦金融中心的特殊地位，英国金融业在国际金融市场中极富影响力；同时世界经济也会冲击英国金融市场，形成双向影响。

在汇率方面，受脱欧进程不确定性和新冠肺炎疫情不利因素影响，英镑汇率持续走弱。英镑兑美元汇率从2019年7月1日的1.3207下降至2020年6月30日的1.2393，贬值幅度达6.16%；在股票市场方面，英国富时100指数（FTSE）截至2020年6月30日为6122.95点，相比2019年6月30日的7586.78点大幅下降，其间从2019年12月的7542.44点直线下跌至2020年3月的5671.96点，跌幅一度达到7.4%。从2020年3月开始，英国股市开始“触底反弹”，但截至2020年7月还是处于低位。

随着无协议脱欧风险的加剧，英镑下跌的可能性进一步加剧，英镑贬值可能从支撑经济转变为拖累经济，主要产生以下几方面影响：一是影响投资者信心，当前英镑汇率已跌至两年来新低，无协议脱欧将进一步释放悲观情绪，投资者信心受挫、悲观情绪蔓延；二是抬高英国企业成本，英国在国际贸易中长期处于贸易逆差状态，特别是在与欧盟贸易中逆差值更大，英镑贬值无疑将抬高进口商成本，短期损失利润、通胀率增长，长期可能面临产业链外迁的风险；三是对英国金融市场不利，作为国际主要储备货币之一，货币的稳定和保值是投资者选择持有英镑的前提条件，连连跌势或使英镑“失宠”，无英镑支撑的英国金融业也将失去其地位。

在预防金融风险方面，2020年6月26日，英格兰银行发布季度报告①指

① Daniel Chapman, Hugh Miller, Katia Pascarella and Lynnette Withfield, “‘Don’t Put All Your Eggs in One Baske’: Protecting Banks from the Failure of Individual Counterparties, Quarterly Bulletin 2020 Q2”, 26 June 2020, https://www.bankofengland.co.uk/quarterly-bulletin/2020/2020-q2/dont-put-all-your-eggs-in-one-basket-protecting-banks-from-the-failure-of-individual-counterparties.

出，英国银行业面临风险敞口较大，在国际金融环境恶化下过度暴露风险敞口将给银行业安全性和稳健性带来风险。一方面，英国金融服务管理局（FSA）从其监管的所有银行接收有关大量敞口数据，英格兰银行分析特定银行的风险，并洞悉金融系统中的潜在漏洞；另一方面，英格兰银行建立大额风险敞口框架，减少跨境集团内实体敞口以及对其他银行的敞口，以限制银行在对手方突然倒闭时可能面临的最大损失。

（四）悲观的脱欧前景

虽然目前英国政策聚焦于应对新冠肺炎疫情，但脱欧前景一直是决策者的考虑因素之一，其结果将直接影响英国经济的长期发展趋势。[①] 就脱欧进程而言，眼下最大的问题是处理与欧盟之间的贸易安排。英国政府已明确表示，希望在过渡期于2020年12月31日结束之前与欧盟谈判达成一项深远的自由贸易协定。在疫情期间英国与欧盟之间的贸易谈判被中断。伴随截止日期将至，一方面，英国政府已明确表态不会延长脱欧过渡期，年底将彻底脱离欧洲单一市场和关税同盟；另一方面，欧盟对英国态度趋于强硬，对英温和的德国总理默克尔表态称英国必须承受与欧盟关系减弱的后果。双方在涉及劳工、环保等标准的“公平竞争”、金融业“等效监管”等议题方面仍陷僵局，随着时间的推移“硬脱欧”的风险不断积聚。从2021年开始，英国出口商在与欧盟进行贸易时或将面临越来越高的非关税壁垒。从长远来看，与英国留在欧盟相比，英国GDP可能将减少3%～4%。

伴随脱欧过渡期限步步逼近，特别是2021年1月1日生效的欧盟关税更是让本已因疫情受到打击的产业难以承受。英国汽车工业协会主席称，在“硬脱欧”背景下，英国工业根本承受不起任何一次危机。目前英国疫情未靖，所有车厂都处于关闭状态，车企希望政府出台短期消费刺激计划，包括降税和购车补贴措施，但真正的“救命稻草”是与欧盟达成自由贸易协定。

① Cyrille Lenoël and Garry Young, “Prospects for the UK Economy”, May 2020, https://www.niesr.ac.uk/sites/default/files/publications/Prospects%20for%20the%20UK%20economy%20May%202020.pdf.

英国汽车工业协会预测，如无法达成协定，英国汽车工业衰落将无法避免，预计到2025年汽车年产量将跌至1953年的水平（约85万辆）；如达成协定，则有望回升至150万辆水平。

三 英国经济前景展望

受新冠肺炎疫情冲击，英国经济十年来首次进入衰退期，供需两侧均受到阻碍。投资进一步向欧盟转移，贸易严重依赖外资企业，且对外贸易结构过于依赖中美欧市场。劳动力市场疲软，临时性失业飙升。疫情不仅冲击占比重较大的服务业，导致金融市场低迷，也对制造业造成不小的打击。虽然英国政府通过直接补贴、政府担保贷款等财政政策和降息、扩大资产购买等货币政策向市场提供流动性，纾困企业和雇员，以稳定就业、预防经济衰退，但实施力度较为有限，且造成财政赤字和公共债务持续激增，系统性风险明显上升。“后疫情时代”经济复苏计划能否顺利落地，金融市场能否企稳回升以稳定投资者信心，与欧盟之间的贸易协议能否达成，都是决定英国经济长期发展的重要变量。

在新冠肺炎疫情方面，当前英国疫情形势依然严峻，全力恢复生产还需时日，政府面临艰难的选择。通过扩大预算直接补贴企业和雇员的方式不具有可持续性。一旦财政支持“断供”，大量中小企业将面临破产危机，引发破产潮和失业潮；如继续动用财政预算支持经济，在其公共债务占GDP比重已超过100%的情况下，未来支持空间极为有限。即使在理想环境下，经济恢复至疫情前水平也需要数年时间。2020年6月，安永项目俱乐部首席经济学家马克·格雷戈里（Mark Gregory）在4月预测2020年英国经济下降6.8%的基础上，进一步预计英国经济前景下降至8%，其中2020年第二季度从同比下滑13%降至创纪录的15%。预计2021年英国经济同比增长5.6%，高于此前预测的4.5%。然而，英国经济将直到2023年才能恢复到2019年第四季度的规模。

在产业方面，一切迹象都表明，自20世纪80年代撒切尔主政时期开创的辉煌时代将落幕。当时英国主动开放市场，允许外资厂商在英设厂从而向外国企业打开了通向欧洲的大门，英国充满弹性的劳动力成本、进取而富有建设性的工会政策以及英语的优势地位共同造就了那个时代。由于对外贸易结构过于单一，英国产业严重依赖于中美欧市场，难以建立"全球贸易"雏形。当前，"硬脱欧"风险导致外资出现迁移迹象，英国经济比重较高的金融业、零售业、旅游业等服务业难以有效恢复，制造业面临产能锐减、失业危机，在短期内恢复经济活力将非常困难。

2019 年 11 月，普华永道在其发布的《英国经济展望》中指出，英国经济长期挑战是其相对于其他发达经济体而言生产力水平的长期不足。最新数据表明，英国的人均产出比德国、法国和瑞典落后 10% ~15%，比美国落后 30% 以上。[①] 国际比较证据表明，英国相对较低的投资和研发支出水平以及生产率和技能相对较低的企业和工人的"尾巴"较长，是造成生产率下降的主要原因。因此，英国的问题在于需要出台针对性政策对各领域进行更多投资，专注于提高工人技能和升级基础设施。但长期以来，英国吸收外资流量和存量持续下降，政府支出也呈下降趋势，新冠肺炎疫情又引发消费萎缩，英欧贸易关系的不确定性或将进一步抑制市场投资动力，阻碍英国经济的根本问题难以在短时间内有效解决。[②]

英国政府在疫情期间向企业投入了约占 GDP 16% 的担保贷款，产生大额负债，加之扩张性财政支出以及经济衰退预期，导致 2020 ~ 2021 年公共债务预期增加至 103.4%，略高于 2009 年金融危机最严重时期的水平。[③] 在财政赤字上升的情况下，增加税收或将被视为平衡赤字的"捷径"，但此举又与纾困困难行业及企业相悖，潜在"硬脱欧"更会进一步增加企业未来

① PWC, "UK Economic Outlook", November 2019, https://www.pwc.co.uk/services/economics/insights/uk-economic-outlook.html.

② HM Treasury, "Forecasts for the UK Economy: A Comparison of Independent Forecasts", June 2020, https://assets.publishing.service.gov.uk/government/uploads/system/uploads/attachment_data/file/892791/Forecomp_June_2020.pdf.

③ European Commission, "European Economic Forecast", May 2020, https://ec.europa.eu/info/sites/info/files/economy-finance/ip125_en.pdf.

成本，抑制国际竞争力。整体而言，英国经济受制于内外一系列困境，短期看难以有所起色，即使在疫情结束后，包括公共债务负担在内的经济影响也将持续更长时间。① 长期看，英国经济形势如何还是取决于未来经济复苏情况、核心产业竞争力以及对外关系的走向，但依然存在较大不确定性。

① KPMG, "Hard Times: UK Economic Outlook", June 2020, https: //assets. kpmg/content/dam/kpmg/uk/pdf/2020/06/uk - economic - outlook - june. pdf.

B.4
英国外交形势

徐瑞珂*

摘　要： 自约翰逊上台以来，践行“全球英国”理念一直是英国外交政策的重中之重。但是约翰逊政府希冀实现“全球英国”蓝图的雄心遭遇冰冷的现实。国内脱欧进程的拖延与国际环境的恶化使约翰逊政府无法在外交上大有作为，无法获得促进其“全球外交”蓝图实现的有效国际支持：未来英欧关系依然不明朗；英美关系遭受重压；英国与英联邦关系难以得到实质性提升；中英关系则陷入低潮。约翰逊政府在实现“全球英国”蓝图上依然长路漫漫，国际社会目前并未热心支持其“全球英国”外交理念。所谓的“全球英国”蓝图很可能最终被证明只是一厢情愿的臆想。

关键词： “全球英国”　英国脱欧　英美关系　中英关系　自由贸易协定

2019年7月24日，鲍里斯·约翰逊正式当选英国首相，英国外交由此进入约翰逊时代。约翰逊向来怀有丘吉尔情结，在上台后继续践行“全球英国”外交理念，意欲让脱欧后的英国重振大国雄风。但是，同

* 徐瑞珂，博士，北京外国语大学英语学院英国研究中心副教授，主要研究领域为英美特殊关系、英国外交、中国的中东政策。

特雷莎·梅一样，满怀壮志的约翰逊依然在国内和国际层面面临严峻的现实：在国内层面，脱欧进程波折不断，致使脱欧再次延期三个月；在国际层面，不断深化的中美战略竞争与突如其来的新冠肺炎疫情全球蔓延两大因素叠加，使得英国面临的国际环境更为恶劣。硬脱欧派在2016年所畅想的有利于实现“全球英国”蓝图的国际环境已经不复存在。① 因而，过去一年来约翰逊政府在外交上难有大的作为，“全球英国”依然徒有虚名。

一 约翰逊政府与“全球英国”外交理念

在当选首相之前，约翰逊便是“全球英国”外交理念的热情拥护者。在梅政府担任外交大臣期间，约翰逊把“全球英国”作为后脱欧时代英国外交追求的根本目标。② 在当选首相后的首次公开演讲中，约翰逊自信满满地表示他的新政府将会致力于打造一个充满进取心、外向且名副其实的全球英国。③ 自约翰逊执政以来，英国在外交上一直未放弃追求“全球英国”梦想。2020年2月3日，英国外交大臣多米尼克·拉布在下议院正式提出了约翰逊政府的“全球英国”蓝图，认为“全球英国”有三大支柱：第一，英国依然是欧洲国家的最佳盟友和合作伙伴；第二，英国继续是自由贸易的捍卫者；第三，英国是世界上的良善之国。④ 不难看出，拉布所谓的“全球英国”蓝图并无新意，更多的是口号式辞令，

① Tony Barber, “Brexit Britain Tilts to the US, not to China”, *Financial Times*, 19 May 2020, https: //www. ft. com/content/67219e1b – 95db – 4578 – 82f1 – fbbfc5a1310d.

② The UK Government, “Beyond Brexit: a Global Britain”, 2 December 2016, https: //www. gov. uk/government/speeches/beyond – brexit – a – global – britain.

③ “Boris Johnson: First Speech as PM in Full”, *BBC*, 24 July 2020, https: //www. bbc. com/news/uk – politics – 49102495.

④ House of Commons Hansard, “Global Britain”, Volume 671, 3 February 2020, https: //hansard. parliament. uk/Commons/2020 – 02 – 03/debates/20020390000001/GlobalBritain#contribution – B8C83E6B – 5A00 – 4815 – 9C8B – 3544E45B8BF8.

依然缺少可行性计划。这其实体现出约翰逊政府的窘境：在过去一年来，践行“全球英国”的外交成绩单依然乏善可陈，脱欧后的英国在实现“全球英国”蓝图上依然举步维艰，前景不容乐观。

2019年7月至2020年6月，英国“全球英国”外交不断遭遇困境。第一，英国脱欧大戏在一波三折中落下帷幕，但英欧关系在未来能够保持多大程度上的亲密性依然难以明朗，英欧关于未来双边关系的谈判困难重重[①]；第二，随着中美战略竞争加剧，约翰逊政府在平衡与两大国关系时更为捉襟见肘，英国与中美两国的摩擦不断，英美关系的特殊性进一步削弱，而中英“黄金时代”的底色更加黯淡无光[②]；第三，失去欧盟身份的英国不但难以成为自由贸易的有力捍卫者，而且更加难以成为自由贸易的获利者，新冠肺炎疫情的全球性蔓延所引发的新一轮全球贸易保护主义则使英国更加难以推进自由贸易[③]；第四，英国并未成为以规则为基础的国际秩序的坚定维护者。约翰逊政府并未在联合国设定的期限内把查戈斯群岛归还毛里求斯，恰恰其是违背国际规则的最新例证，表明英国对国际规则采取的是机会主义态度，而并非诚心遵循。[④] 有英国学者甚至称英国在查戈斯群岛问题上扮演了

---

① Hussein Kassim, “It's not Clear How Close the Relationship Between the UK and the EU Will be Post-Brexit”, The UK in a Changing Europe, 5 February 2020, https://ukandeu.ac.uk/its-not-clear-how-close-the-relationship-between-the-uk-and-the-eu-will-be-post-brexit/.

② Vasilis Trigkas, “China or America? Boris Johnson's Brexit Britain Seeks a New Strategy as Sino-US Rivalry Deepens”, *South China Morning Post*, 14 August 2019, https://www.scmp.com/comment/opinion/article/3022617/china-or-america-boris-johnsons-brexit-britain-seeks-new-strategy; John Ryan, “Brexit to China? If Forced, London Will Choose Washington over Beijing”, *LSE Blogs*, 22 April 2020, https://blogs.lse.ac.uk/brexit/2020/04/22/brexit-to-china-if-forced-london-will-choose-washington-over-beijing/.

③ James Politi, “Multinationals Fear Rise in Protectionism Because of Pandemic”, *Financial Times*, 10 May 2020, https://www.ft.com/content/cbc25999-de4f-4d95-9f05-a32ea2d39964; Sam Lowe, “Priorities for ‘Global Britain’”, *Centre for European Reform*, 27 January 2020, https://www.cer.eu/publications/archive/bulletin-article/2020/priorities-global-britain.

④ “Chagos Islands Dispute: UK Misses Deadline to Return Control”, *BBC*, 22 November 2019, https://www.bbc.com/news/uk-50511847.

一个名副其实的“流氓国家”的角色。[①]

2020年6月16日，约翰逊在下议院发表了关于如何实施“全球英国”外交的一个声明，体现了其外交政策的现实主义取向。[②] 为了使英国的海外援助项目更多地服务于英国外交利益，促进“全球英国”外交的实施，约翰逊宣布将英国外交部和国际发展部合并为一个名为“外交、联邦与发展办公室”的新部门。[③] 但是，约翰逊的这种做法在英国国内遭到了强烈质疑，认为这将损害英国在人道主义援助上的软实力，会有碍于“全球英国”蓝图的实现。[④] 尤其是布莱尔、布朗和卡梅伦三位前首相均公开表示约翰逊的合并计划将会削弱英国在国际援助上的亮眼表现，这会有损于英国的国际地位。[⑤]

---

① Rachael Kennedy, “UK Labelled ‘Rogue State’ After Missing UN Deadline to Hand Chagos Islands back to Mauritius”, *Euronews*, 22 November 2019, https://www.euronews.com/2019/11/22/uk-labelled-rogue-state-after-missing-un-deadline-to-hand-chagos-islands-back-to-mauritius.

② The UK Government, “Prime Minister's Statement to the House of Commons: 16 June 2020”, 16 June 2020, https://www.gov.uk/government/speeches/prime-ministers-statement-to-the-house-of-commons-16-june-2020.

③ The UK Government, “Prime Minister Announces Merger of Department for International Development and Foreign Office”, 16 June 2020, https://www.gov.uk/government/news/prime-minister-announces-merger-of-department-for-international-development-and-foreign-office.

④ Lizzy Buchan, “Anger as Boris Johnson Announces Plan to Merge International Aid Department into Foreign Office”, *Independent*, 17 June 2020, https://www.independent.co.uk/news/uk/politics/boris-johnson-global-britain-commons-international-aid-foreign-office-response-a9568551.html; Deborah Haynes, “Foreign Office and International Development Merger Will Curb ‘Giant Cashpoint’ of UK Aid, PM Pledges”, *Sky News*, 16 June 2020, https://news.sky.com/story/boris-johnson-to-merge-foreign-office-and-international-development-offices-into-new-department-12007870; Patrick Geddis, “Will Ditching DFID Leave a Hole in Boris Johnson's Foreign Policy Doctrine?”, *Telegraph*, 17 June 2020, https://www.telegraph.co.uk/politics/2020/06/17/will-ditching-dfid-leave-hole-boris-johnsons-foreign-policy/; Arkebe Oqubay, “Boris Johnson's New-Model Colonial Policy”, *Project Syndicate*, 18 June 2020, https://www.project-syndicate.org/commentary/boris-johnson-dfid-foreign-office-merger-bad-for-africa-and-uk-by-arkebe-oqubay-2020-06.

⑤ Heather Stewart and Patrick Wintour, “Three Ex-PMs Attack Plan to Merge DFID with Foreign Office”, *The Guardian*, 16 June 2020, https://www.theguardian.com/politics/2020/jun/16/foreign-office-and-department-for-international-development-to-merge.

约翰逊宣布合并计划的时机也被广泛认为不合时宜，不利于英国应对新冠肺炎疫情。[①]

脱欧确实使英国外交更加富有独立性，这也是约翰逊孜孜以求的目标。在他看来，脱离欧盟桎梏从而更为独立自主的英国将会在国际舞台上更加积极有为，并恢复英国大国荣光。但是，一个拥有外交独立自主权但实力衰退的英国却可能在国际舞台上陷入更为孤立的境地。[②] 英国要想实现“全球英国”蓝图，除了自己的雄心和实力，还离不开国际支持。但是，从目前来看，英国在实现“全球英国”蓝图上恰恰缺乏充足且有力的国际支持。[③] 本文余下部分将从英欧关系、英美关系、英国与英联邦国家关系以及中英关系四个层面分析过去一年来约翰逊政府的“全球英国”外交在多大程度上得到了国际支持。

二　英国脱欧与英欧关系未来的不确定性

如要实现“全球英国”蓝图，约翰逊政府必须首先完成脱欧，并尽早

---

① Tim Durrant, “The Prime Minister Failed to Answer the Most Important Questions About Merging the FCO and DFID”, Institute for Government, 16 June 2020, https://www.instituteforgovernment.org.uk/blog/prime-minister-failed-answer-most-important-questions-about-merging-fco-and-dfid; “Starmer on Foreign Office and Aid Department Merger”, *BBC*, 16 June 2020, https://www.bbc.com/news/av/uk-politics-53065269/starmer-on-foreign-office-and-aid-department-merger; Liz Ford, “‘Political Vandalism’: DFID and Foreign Office Merger Met with Anger by UK Charities”, *The Guardian*, 16 June 2020, https://www.theguardian.com/global-development/2020/jun/16/political-vandalism-dfid-and-foreign-office-merger-met-with-anger-by-uk-charities; John Crace, “Johnson's Global Britain Fantasies Offer Little Distraction from School Meals Own Goal”, *The Guardian*, 16 June 2020, https://www.theguardian.com/politics/commentisfree/2020/jun/16/johnsons-global-britain-fantasies-offer-little-distraction-from-school-meals-own-goal.

② Jeremy Shapiro, “Britain Voted for Independence, But It Has Achieved Isolation”, European Council on Foreign Relations, 20 January 2020, https://www.ecfr.eu/article/commentary_britain_voted_for_independence_but_it_has_achieved_isolation.

③ Kai Oppermann, Ryan Beasley, and Juliet Kaarbo, “British Foreign Policy After Brexit: Losing Europe and Finding a Role”, *International Relations* 34 (2), 2020: 133-156.

按照其意愿确定脱欧后的英国与欧盟的未来关系。否则，约翰逊政府的“全球英国”蓝图便难以真正实施。可惜的是，约翰逊政府在完成这两项任务方面并不顺利。首先，尽管约翰逊上台后强势推进脱欧事宜，但他并未在2019年10月31日实现其脱欧夙愿，脱欧被迫延迟了三个月。其次，英国与欧盟对未来双边关系有不同的规划，双方在谈判中矛盾重重，欧盟态度强势，并不会完全按照约翰逊政府的设想确定未来英欧关系。对英国与欧盟而言，在2020年底过渡期结束之前就未来双边关系达成协议依然是个巨大的挑战。如果英欧无法按时确定未来双边关系，那么英国与其他国家的贸易谈判也将处于不确定之中。即便约翰逊政府与欧盟在过渡期结束前达成协议，未来英欧关系的安排很有可能并不契合英国的如意算盘，英国对欧盟的经贸关系也难以实现约翰逊政府所期许的经济利益最大化。

过去一年，英国脱欧事宜依然是影响英欧关系的最重要因素。作为硬脱欧派的代表人物，约翰逊上台后的头等大事便是让英国早日脱欧。但让约翰逊始料未及的是，受保守党内部党争的困扰，英国脱欧进程举步维艰。在约翰逊当选首相后，英欧关系一度陷入僵局，主要原因在于欧盟起初不同意与约翰逊政府就脱欧协议进行新的谈判，尤其是在爱尔兰边境保障条款上不愿再做让步。① 2019年8月和9月，英国与欧盟依然无法在脱欧问题上达成一致，欧盟拒绝从英国脱欧协议中去除爱尔兰边境保障条款，使英国无协议脱欧风险加剧。② 约翰逊强推无协议脱欧计划的做法在国内也遇到巨大阻力。英国最高法院2019年9月24日判定约翰逊实施议会休会5周的举措不合法，因而下议院复会有了合法依据。③ 2019年9月3日至11月6日，下议

① Andrew Woodcock, “Boris Johnson Sets Red Line for Brexit Negotiations Despite EU Ruling out Changes to Deal”, *Independent*, 25 July 2019, https://www.independent.co.uk/news/uk/politics/boris-johnson-brexit-deal-negotiations-ireland-backstop-border-eu-a9020706.html.

② David Phinnemore and Lisa Whitten, “The Backstop: Shifting Goalposts, Shifting Red Lines”, The UK in a Changing Europe, 24 September 2019, https://ukandeu.ac.uk/the-backstop-shifting-goalposts-shifting-red-lines/.

③ “Supreme Court: Suspending Parliament Was Unlawful, Judges Rule”, *BBC*, 24 September 2019, https://www.bbc.com/news/uk-politics-49810261.

院针对脱欧计划进行了7次投票，约翰逊政府在其中的5次投票中失利。其间，共有79位保守党议员至少一次投票反对约翰逊政府的脱欧政策，最终使英国脱欧不得不一再延迟。

约翰逊政府于2019年10月2日向欧盟提交了新的脱欧草案，于10月17日与欧盟达成了新的脱欧协议，并在当天的欧盟峰会上得到了其他27个欧盟成员国领导人的认可。① 欧盟做出让步，满足了约翰逊取消爱尔兰边境保障条款的要求。根据这一新的脱欧协议，此前的爱尔兰边境保障条款被去除，包括北爱尔兰在内的整个英国将脱离关税同盟，避免了英国长期滞留关税同盟和单一市场的可能性和来自欧盟的制约。但是，由于保守党不仅失去了在下议院的多数优势，而且失去了北爱尔兰民主统一党的支持，约翰逊未能如期推进他的脱欧计划。2019年10月22日，英国下议院以329票对299票支持了脱欧协议的基本原则，但是以322票对308票的结果否决了约翰逊提出3天完成立法程序的动议，约翰逊在10月31日完成脱欧的希望破灭。② 于是，欧盟在10月28日同意将英国脱欧日期延至2020年1月31日。③ 约翰逊也决定解散议会，举行大选，放手一搏。12月12日，保守党在大选中取得历史性胜利，为此后英国顺利脱欧铺平了道路。由于大选后保守党在下议院拥有80席多数优势，约翰逊此前与欧盟达成的脱欧协议在下议院一路顺利闯关，终于使英国在2020年1月31日正式脱离欧盟，随后进入为期11个月的过渡期。

从2020年3月2日开始，英国与欧盟正式开始就未来关系进行谈判。

---

① Holly Ellyatt, "UK and EU Strike New Brexit Deal in Last-Ditch Talks", *CNBC*, 17 October 2019, https://www.cnbc.com/2019/10/17/uk-and-eu-agree-on-new-brexit-deal-boris-johnson-says.html.

② Frances Perraudin, Ben Quinn and Kevin Rawlinson, "Brexit lLegislation 'Paused' After MPs Reject Boris Johnson's Timetable-as It Happened", *The Guardian*, 22 October 2019, https://www.theguardian.com/politics/blog/live/2019/oct/22/brexit-boris-johnson-deal-leave-eu-live-news.

③ Silvia Amaro, "EU Agrees to Give the UK a Brexit Extension Until January 31", *CNBC*, 28 October 2019, https://www.cnbc.com/2019/10/28/the-eu-discusses-three-month-brexit-extension.html.

截至6月5日，谈判已进行四轮。由于双方各自坚持强硬立场，不愿向对方让步，致使谈判进展缓慢，双方在公平竞争、渔业、治理权和执法合作等关键问题上仍存在巨大分歧。① 尤其是在公平竞争问题上，英欧双方相持不下。约翰逊政府希望仿照加拿大模式与欧盟达成贸易协定，保留英国在规则制定上的自主权。欧盟则希望约翰逊政府接受欧盟有关国家补助、社会和劳工权利、环境监管和气候治理等方面的规则来换取零关税贸易协议。约翰逊政府认为此举有损英国主权，不愿意妥协，致使谈判陷入僵局。② 此外，英欧就确保未来双边关系执行到位的争端解决机制也存在较大分歧：欧盟希望建立一个涵盖英欧关系所有领域的统一的争端解决机制，并且强调该争端解决机制具有法律约束力，约翰逊政府则反对建立大一统的争端解决机制，并且担心欧洲法院在争端解决机制中的监督作用侵蚀英国的独立治权。③ 约翰逊政府已经确定不会延长过渡期。为了争取在过渡期结束之前就未来关系达成协议，约翰逊政府与欧盟一致同意双方谈判团队在7月加快谈判进程。④ 至于双方能否在未来几个月的谈判中取得突破性进展，使英国避免无协议脱欧风险，仍需拭目以待。只有英国和欧盟从原先公开的谈判立场中逐渐向对方让步、相互妥协，并找到双方可接受的替代性方案，才能在过渡期结束前就未来关系达成协议。⑤

① Alasdair Sandford and Joanna Gill, "Post-Brexit Deadlock: Four Areas Threatening to Scupper EU-UK Deal on Trade and Future Ties", *Euronews*, 6 June 2020, https://www.euronews.com/2020/06/05/watch-live-eu-s-brexit-chief-michel-barnier-gives-update-on-uk-negotiations.

② Alasdair Sandford, "Post-Brexit Guide: Where are We Now-and How Did We Get Here", *Euronews*, 12 June 2020, https://www.euronews.com/2020/06/11/brexit-draft-deal-first-of-many-hurdles-to-a-smooth-exit.

③ Daniel Boffey and Lisa O'Carroll, "Dispute Mechanism Is Key Sticking Point in Brexit Talks, Says Von der Leyen", *The Guardian*, 17 June 2020, https://www.theguardian.com/politics/2020/jun/17/brexit-germany-urges-eu-to-plan-for-possible-no-deal-20.

④ European Council, "EU-UK Statement Following the High Level Meeting on 15 June 2020", 15 June 2020, https://www.consilium.europa.eu/en/press/press-releases/2020/06/15/eu-uk-statement-following-the-high-level-meeting-on-15-june-2020/.

⑤ Sam Lowe, "EU-UK Negotiations: No Need to Panic (Yet)", Centre for European Reform, 12 June 2020, https://www.cer.eu/insights/eu-uk-negotiations-no-need-panic-yet.

不过一年来，脱欧问题并未影响英国与欧盟及其成员国在全球治理以及地区安全事务上的密切合作关系。尤其是在伊朗核问题上，英国与欧盟及其成员国依然有着共同立场，双方协调一致，采取共同行动，致力于挽救伊朗核协议。在特朗普政府 2020 年 1 月 3 日下令刺杀伊朗将军苏莱曼尼之后，美伊对抗升级，伊朗采取举措减少对伊核协议的支持，而特朗普则公开要求英国、法国、德国、俄罗斯和中国退出伊核协议，协议再次命悬一线。1 月 12 日，约翰逊与马克龙、默克尔发表联合声明，呼吁美伊减少对抗，并重申对伊核协议的支持。① 为了促使伊朗继续遵守核协议，英法德三国在 1 月 14 日启动了伊核协议中的争端解决机制。② 5 月 30 日，英法德三国发表联合声明，对特朗普政府决定终止对伊朗民用核项目的制裁豁免决定提出了批评，认为此举不利于国际社会确保伊朗所有核活动用于民用目的。③ 在气候治理上，虽然英欧双方就是否将遵守《巴黎气候协定》写入未来双边关系协议争执不下④，但英国与欧盟依然继续推进《巴黎气候协定》的落实，支持召开第 26 届联合国气候大会。受新冠肺炎疫情影响，原定于 2020 年 11 月在英国格拉斯哥召开的联合国气候大会被迫推迟至 2021 年 11 月 1 ~ 12 日，英国将是此次大会的主办方，意大利则是合作方。⑤

---

① Emma Anderson, "France, Germany, UK Urge Iran to Fully Comply with Nuclear Deal", *Politico*, 12 January 2020, https://www.politico.eu/article/france-germany-uk-urge-iran-to-fully-comply-with-nuclear-deal/.

② Patrick Wintour, "European States Trigger Dispute Mechanism in Iran Nuclear Deal", *The Guardian*, 14 January 2020, https://www.theguardian.com/world/2020/jan/14/european-states-trigger-dispute-mechanism-iran-nuclear-deal.

③ The Associated Press, "Europeans Criticize US Move to Revoke Iran Sanction Waivers", *ABC News*, 30 May 2020, https://abcnews.go.com/International/wireStory/europeans-criticize-us-move-revoke-iran-sanction-waivers-70967474.

④ Gabriela Baczynska, Kate Abnett, "Bust-up Over Climate Weighs on EU-UK Talks, Risks Trade Rifts", *Reuters*, 25 May 2020, https://www.reuters.com/article/us-britain-eu-climate/bust-up-over-climate-weighs-on-eu-uk-talks-risks-trade-rifts-idUSKBN2311A2.

⑤ "COP 26: New Date Agreed for UN Climate Summit in Glasgow", *BBC*, 28 May 2020, https://www.bbc.com/news/uk-scotland-52839057.

三 英美特殊关系继续在重压下前行

强化英美特殊关系是实现“全球英国”蓝图的关键一环。但是，如其前任一样，约翰逊政府在加强英美特殊关系上依然困难重重。虽然约翰逊与特朗普私人关系融洽，但二者依然存在诸多外交政策分歧，尤其是在伊核问题和华为5G问题上，双方一度分歧严重。此外，受脱欧进程延迟以及新冠肺炎疫情的负面影响，英美双边自贸协定谈判不得不被推迟，加之双方在一些关键问题上依然相持不下，英美双边自由贸易协定的达成必将要遭遇一番波折。如果约翰逊无法在英美自贸协定事宜上取得政治胜利，那么他所追求的“全球英国”蓝图势必更受奚落。

相比特雷莎·梅，约翰逊与特朗普的关系更融洽一些。与对待梅的态度截然不同，特朗普一向对约翰逊格外优待，总是不吝溢美之词。出生于美国纽约并曾持有美国国籍的约翰逊被特朗普公开称为“英版特朗普”，足见特朗普对约翰逊的青睐。早在约翰逊角逐保守党领袖之际，特朗普便公开宣称约翰逊是最合适的首相人选，并在约翰逊竞选成功后第一时间发推文祝贺，称约翰逊将会是伟大的英国首相。[①] 在约翰逊带领保守党在2019年大选中赢得历史性胜利后，特朗普又发推文称约翰逊的胜利是一次伟大的胜利。[②]

约翰逊与特朗普之所以惺惺相惜，主要在于如下两点：第一，二者个性相似，均以率真敢言、放荡不羁而著称，可谓西方政坛上的异类；第二，二者政治理念契合，在内政上均秉持右翼民粹主义。英国媒体《卫报》曾把

---

① Rachel Frazin, “Trump Congratulates Boris Johnson: ‘He Will Be Great’ Prime Minister’”, *The Hill*, 23 July 2019, https: //thehill. com/homenews/administration/454260 – trump – congratulates – boris – johnson – on – election – to – be – prime – minister.

② Rozina Sabur, “Donald Trump Hails Boris Johnson’s ‘Great Win’: How the World Reacted to Tories’ Landslide Victory”, *The Telegraph*, 13 December 2019, https: //www. telegraph. co. uk/politics/2019/12/13/donald – trump – hails – boris – johnsons – great – win – touts – massive – new/.

约翰逊称为“特朗普式的激进右翼民粹主义者”。[①] 特朗普认为2016年的美国大选是“超大号的英国脱欧”（Brexitplus，plus，plus）[②]，并一直力挺以约翰逊为代表的硬脱欧派，对与脱欧后的英国达成双边自由贸易协定充满期待。约翰逊之所以能够赢得2019年大选，一个主要原因是他借鉴了特朗普的胜选经验，即诉诸民粹主义，把脱欧之争描述为“人民对决议会”，煽动人民与议会抗争，以争取民众对保守党的支持。[③]

尽管约翰逊与特朗普形成了良好的私人关系，英美两国在伊朗核问题上依然存在明显的政策分歧。这对试图维护英美特殊关系的约翰逊而言是个莫大的挑战。在伊核协议问题上，英美两国依然存在根本性分歧。特朗普政府对伊朗一直采用极限施压政策，并要求包括英国在内的其他P5＋1成员国（包括英国、法国、德国、中国和俄罗斯）退出伊核协议。[④] 为应对特朗普的压力，约翰逊施展“平衡木”外交，不完全追随特朗普政府的对伊政策，但也不完全忤逆特朗普政府，避免英美在伊核问题上的矛盾升级为严重外交危机。他虽然继续与法德领导人协调一致，组成维护伊核协议的统一战线，但同时又对所谓的“特朗普方案”持开放态度，认为如果伊核协议无效，那么“特朗普方案”是个可替代的选择。[⑤]

在华为5G问题上，英美关系曾因不可调和的分歧陷入短暂危机。特朗

---

① Tim Bale, “The Real Boris Johnson: One-nation Tory or Raging Populist?”, *The Guardian*, 14 December 2019, https://www.theguardian.com/politics/2019/dec/14/boris-johnson-one-nation-tory-or-raging-populist.

② Nic Robertson, “Trump Predicted ‘Brexit Plus Plus Plus,’ And He Was Right”, *CNN*, 9 November 2016, http://edition.cnn.com/2016/11/09/politics/donald-trump-farage-us-election-brexit/index.html.

③ Andrew Grice, “Boris Johnson’s Triumph of Populism Comes Straight from the Trump Playbook”, *Independent*, 13 December 2019, https://www.independent.co.uk/voices/boris-johnson-general-election-december-2019-a9244811.html.

④ Aaron Blake, “Transcript of Trump’s Iran Speech, Annotated”, *The Washington Post*, 8 January 2020, https://www.washingtonpost.com/politics/2020/01/08/transcript-trumps-iran-speech/.

⑤ Alexandra Ma, “Boris Johnson Wants to Strike a New ‘Trump Deal’ to Replace the Iran Nuclear Agreement, Which Took 9 Years to Complete”, *Business Insider*, 14 January 2020, https://www.businessinsider.com/iran-nuclear-deal-boris-johnson-trump-deal-2020-1.

普政府以限制情报分享为要挟，阻止约翰逊政府在2020年1月28日允许华为有限度地参与英国5G建设，令两国关系一度紧张，但并未酿成不可控的危机。目前特朗普政府的口头威胁并未落实到行动上，英美情报分享并未受到限制。这主要是出于两个原因：第一，限制与英国的情报分享最终将有损美国利益。英美早已形成情报共同体，难分彼此，美国限制与英国的情报分享无疑是“自残”行为，得不偿失。[①] 特朗普这一不切实际的威胁将很可能遭到美国情报部门的反对，难以真正落实。第二，约翰逊政府虽然允许华为参与英国5G建设，却把华为列为“高风险供应商”，不允许华为参与网络核心设备的建设，在一定程度上迎合了特朗普政府对华为5G安全风险的顾虑。[②]

但是，自从2020年5月开始，约翰逊政府对待华为的态度开始出现明显转变。根据2020年5月23日的《每日邮电报》报道并经政府官员证实，约翰逊政府正在拟定计划，打算在3年之内将华为设备逐步清出英国市场。[③] 2020年7月14日，约翰逊政府正式决定从2020年12月31日起停止购买新的华为设备，并且英国5G网中的现有华为设备必须要在2027年前拆除。[④] 约翰逊政府之所以在华为5G问题上改弦易辙，主要是特朗普政府长期施压的结果。一方面，特朗普政府自2020年5月以来加大了对华为的制裁力度。5月15日，美国商务部进一步收紧了对华为的出口管制措施，

---

① David Bond and Jim Pickard, “US Intelligence Threats to Britain ‘Not Realistic’, Say Spies”, *Financial Times*, 31 May 2019, https://www.ft.com/content/8cdc7aee-83aa-11e9-b592-5fe435b57a3b.

② Heather Stewart and Dan Sabbagh, “UK Huawei Decision Appears to Avert Row with US”, *The Guardian*, 28 January 2020, https://www.theguardian.com/technology/2020/jan/28/boris-johnson-gives-green-light-for-huawei-5g-infrastructure-role.

③ Camilla Tominey, “Boris Johnson to Reduce Huawei's Role in Britain's 5G Network in the Wake of Coronavirus Outbreak”, *The Telegraph*, 23 May 2020, https://www.telegraph.co.uk/politics/2020/05/22/boris-johnson-reduce-huaweis-role-britains-5g-network-wake-coronavirus/.

④ The UK Government, “Digital, Culture, Media and Sport Secretary's Statement on Telecoms”, 14 July 2020, https://www.gov.uk/government/speeches/digital-culture-media-and-sport-secretarys-statement-on-telecoms.

要求使用美国设备和技术的外国半导体公司必须获美国政府许可才能向华为供货。[①] 特朗普政府的这一决策对英国决定放弃华为5G起了推波助澜的作用。[②] 另一方面，特朗普政府联合保守党对华强硬派议员对约翰逊政府进行游说和施压。自约翰逊政府在2020年1月28日对华为5G首次做出正式决定以来，约翰逊政府便一直面临着特朗普政府和保守党对华强硬派议员的双重压力。在2020年3月10日的下议院投票中，38名保守党议员违背约翰逊政府立场，投票支持关于华为5G的修正案，要求约翰逊政府在2022年12月31日之前完全禁止华为参与英国5G网络建设。虽然这一修正案在下议院以24票之差被挫败，但是主张对华强硬的保守党议员变得越来越强势。[③] 此外，新冠肺炎疫情的暴发和香港国安法的通过加剧了英国对中国的不信任感，约翰逊甚至在2020年7月2日公开称华为是“潜在敌对国家的供应商”。[④] 这最终使约翰逊政府对待华为5G问题上的政策实现逆转。

英美两国在双边自由贸易协定的谈判上进展缓慢。在2019年8月的G7峰会上，约翰逊与特朗普达成共识，同意成立特殊关系经济工作小组推进谈判，以尽快达成英美自由贸易协定。[⑤] 2019年9月，约翰逊在参加联合国大会期间与特朗普再次会面，双方同意在2020年7月之前达成协定。然而，由于新冠肺炎疫情暴发，原定于2020年3月23日开始的英美自由贸易协定

---

① Ana Swanson, “U. S. Delivers Another Blow to Huawei With New Tech Restrictions”, *The New York Times*, 15 May 2020, https://www.nytimes.com/2020/05/15/business/economy/commerce-department-huawei.html.

② The UK Government, “Digital, Culture, Media and Sport Secretary’s Statement on Telecoms”, 14 July 2020, https://www.gov.uk/government/speeches/digital-culture-media-and-sport-secretarys-statement-on-telecoms.

③ “Huawei: Government Wins Vote After Backbench Rebellion”, *BBC*, 10 March 2020, https://www.bbc.com/news/uk-politics-51806704.

④ “UK PM Johnson Says on Huawei: We Must Proceed Carefully”, *Reuters*, 2 July 2020, https://www.reuters.com/article/britain-huawei/uk-pm-johnson-says-on-huawei-we-must-proceed-carefully-idUSS8N2DF0AU.

⑤ Andrew Woodcock, “G7 Summit: Trump Expects to Strike ‘Very Big Trade Deal’ with UK After It Is Freed from ‘Anchor’ of EU”, *Independent*, 25 August 2019, https://www.independent.co.uk/news/uk/politics/g7-trump-uk-us-trade-deal-boris-johnson-working-group-a9078101.html.

谈判不得不推迟。[1] 2020年5月5～15日，英美贸易谈判代表就未来的自由贸易协定进行了首轮正式谈判，28个谈判小组针对不同议题展开磋商。谈判原本计划在华盛顿面对面进行，但鉴于新冠肺炎疫情影响，双方不得不通过视频进行。[2] 由于英美在农产品、药品价格和数字税等问题上依然存在严重分歧，双边谈判并不会是一片坦途。此外，英国也不会轻易同意美国提出的"排他"条款，毕竟该条款将对英国主权造成伤害。"排他"条款主要针对中国，要求英国在未经美国同意的情况下，不得与其他国家达成贸易协定。[3] 有学者认为，谈判前景不容乐观，很难让英美两国在双边自由贸易上实现双赢。[4]

可见，过去一年来，英美关系虽然依然特殊，但仍遭遇来自特朗普政府的强大压力，英国国内目前对英美特殊关系的未来更为悲观。英国国防大臣本·华莱士在2020年1月12日接受《星期日泰晤士报》采访时公开表示，鉴于特朗普孤立主义风格的外交和安全政策，英国应该继续提高自身防务实力，减少对美国的过度依赖。[5] 在英国，减少英国在外交和军事上对美国的过度依赖越来越成为一种共识。英国知名智库学者马尔科姆·查尔默在2020年2月的一份报告中列出了未来英国外交和安全政策的六大重点，其中之一便是提高英国在没有美国参与情形下的军事行动能力。他认为鉴于当

① Ben Riley-Smith, "UK-US Trade Talks Postponed Indefinitely as Coronavirus Crisis Puts Quick Deal In Doubt", *The Telegraph*, 9 April 2020, https: //www. telegraph. co. uk/news/2020/04/09/uk – us – trade – talks – postponed – indefinitely – covid – 19 – crisis – puts/.

② The UK Government, "Negotiations on the UK's Future Trading Relationship with the US: Update", 18 May 2020, https: //www. gov. uk/government/news/negotiations – on – the – uks – future – trading – relationship – with – the – us – update.

③ Patrick Wintour, "US Message to Britain in Bilateral Trade Talks: It's Us-or China", *The Guardian*, 12 May 2020, https: //www. theguardian. com/politics/2020/may/12/us – message – to – britain – in – bilateral – trade – talks – its – us – or – china.

④ Tom Fowdy, "A UK-U. S. Trade Deal Is a Lose-Lose Scenario", *CGTN*, 6 June 2020, https: //news. cgtn. com/news/2020 – 06 – 06/A – UK – U – S – trade – deal – is – a – lose – lose – scenario – R5UeB08nVS/index. html.

⑤ Tim Shipman, "Ben Wallace Interview: We Can't Rely on US", *The Times*, 12 January 2020, https: //www. thetimes. co. uk/article/ben – wallace – interview – we – cant – rely – on – us – pmwcgv398.

前美国对维护集体安全承诺的弱化，英国应改变向美国一边倒的防务战略，一方面提高英国军事力量的独立行动能力，另一方面强化与除美国以外的盟友的军事合作。① 当前不少英国资深外交官和学者认为，如果特朗普的第二任期在2020年11月的美国大选后成为现实，那么英美特殊关系有可能会终结。②

四 英国与英联邦国家关系难以实质性提高

加强与英联邦国家关系是以约翰逊为代表的硬脱欧派打造“全球英国”的重要支撑。硬脱欧派希望把拥有53个成员国的英联邦打造为以英国为领导的更为紧密的经济和政治共同体，从而有利于英国在世界舞台上发挥大国影响力。约翰逊在上台后也致力于加强与英联邦国家的关系。但是，过去一年来，约翰逊并未真正提升英国与英联邦国家关系的紧密程度，英国一时很难借助英联邦国家实现其“全球英国”蓝图。

综合考虑经济价值和地缘战略价值，印太地区的英联邦国家对英国最为重要，北美的加拿大次之，非洲和加勒比海地区的英联邦国家处于最边缘地位。在印太地区的英联邦国家中，约翰逊政府最为重视发展与澳大利亚、新西兰、印度、马来西亚和新加坡的关系。为了促进“全球英国”外交理念在印太地区的落实，英国外交大臣拉布2020年2月初先后访问了澳大利亚、日本、新加坡和马来西亚，其中日本为唯一的非英联邦国家。③ 约翰逊政府虽然致力于提升与日本的经贸与安全合作关系，但它更为重视澳大利亚、新

① Malcolm Chalmers, “Taking Control Rediscovering the Centrality of National Interest in UK Foreign and Security Policy”, *RUSI Whitehall Report* 1 - 20, February 2020, pp. 8 - 9.

② Patrick Wintour, “UK Diplomats Fear End of Special Relationship If Trump Re-elected”, *The Guardian*, 8 June 2020, https://www.theguardian.com/politics/2020/jun/08/uk - diplomats - fear - end - of - special - relationship - if - trump - re - elected.

③ The UK Government, “Bold New Beginning for Global Britain as Foreign Secretary Kicks off Asia-Pacific Tour”, 5 February 2020, https://www.gov.uk/government/news/bold - new - beginning - for - global - britain.

加坡、马来西亚和印度，毕竟英国在这些英联邦国家中拥有更多的传统优势。

约翰逊政府把与澳大利亚和新西兰达成双边自由贸易协定列为2020年工作的重点之一，期望2020年底可以促成此事。相比与欧盟、美国和日本的自贸协定谈判，英国与澳大利亚和新西兰的自贸协定谈判相对容易一些，约翰逊政府因此对两国寄予厚望。[①] 受新冠肺炎疫情影响，英国与澳新两国的自贸协定谈判被迫延迟了两个月。英国约翰逊政府自2020年6月17日起正式启动与澳大利亚和新西兰的贸易谈判。[②] 约翰逊政府本来希望将人员自由流动也纳入与澳大利亚的自贸协定谈判中，但由于担心人才流失英国，澳大利亚在2020年1月拒绝了这一提议。[③] 这意味着澳大利亚并不愿意与脱欧后的英国形成更紧密的经济联盟。目前，新西兰和加拿大尚未表态是否支持与英国之间的人员自由流动，但有了澳大利亚的先例，估计两国也不会热情支持这一提议。

英国近些年来寻求全面提升与印度在经贸和安全事务上的合作关系，但合作成效依然不尽如人意。梅政府把印度列为自由贸易谈判序列的第三级国家，并未打算优先与印度进行自贸协定谈判。英国下议院外交事务委员会在2019年6月发布了一份关于英印关系的报告，认为英国政府为发展与印度关系还需要进一步采取有效举措，英印合作潜力有待开发。[④] 约翰逊政府在上台后更为重视印度，希望尽快与印度达成双边自贸协定。在2019年8月的G7峰会上，约翰逊与印度总理莫迪举行了双边会谈，双方对尽快达成一

---

① Kate MacNamara, "The UK and NZ Still Need Each Other but in New ways", *Stuff*, 4 June 2020, https://www.stuff.co.nz/business/opinion-analysis/300026826/the-uk-and-nz-still-need-each-other-but-in-new-ways.

② "UK Opens Formal Trade Talks with Australia, New Zealand", https://www.thedailystar.net/business/news/uk-opens-formal-trade-talks-australia-new-zealand-1916381.

③ Lisa O'Carroll, "Brexit: Australian Trade Minister 'Can't Imagine' Visa-Free Travel Deal with UK", *The Guardian*, 8 January 2020, https://www.theguardian.com/politics/2020/jan/07/brexit-australian-trade-minister-cant-imagine-visa-free-travel-deal-with-uk.

④ House of Commons Foreign Affairs Committee, "Building Bridges: Reawakening UK-India Ties", 24 June 2019, https://publications.parliament.uk/pa/cm201719/cmselect/cmfaff/1465/146502.htm.

项庞大的自贸协定持乐观态度。① 为了促进英印自贸协定谈判，约翰逊政府放宽了对印度人的签证政策限制，截至2019年底英国给印度留学生签发的签证增长了63%。② 尽管如此，迄今约翰逊政府尚未公布与印度开启贸易谈判的具体时间表。鉴于印度以往在自贸协定谈判上的低效率和慢速度，英印双边自由贸易协定恐怕近些年内难以落地。③ 英印防务合作过去一年来也没有亮眼的表现。约翰逊政府并未重启与印度的部长级防务合作对话，上一次英印部长级战略对话已是2017年4月的事，此后再未举行。④ 对于印度而言，英国在印度洋地区的战略价值还比不上法国，印度更看重与法国的战略合作关系。⑤ 2019年9月，印法两国在巴黎举行了第二届部长级防务对话，强化了战略合作关系。⑥

约翰逊政府期望脱欧后英国与加拿大深化合作关系。但是，两国在后脱欧时代提升合作关系的空间有限。英加两国本来在2019年初便可以达成协议，以便“加拿大-欧盟综合经济与贸易协定”（CETA）的绝大多数条款

① Press Trust of India, “‘Big’ Free Trade Agreement Coming Soon with India, Says Boris Johnson”, *Business Standard*, 4 December 2019, https://www.business-standard.com/article/pti-stories/big-india-uk-fta-among-discussions-with-modi-says-boris-johnson-119090301409_1.html.

② Kim Sengupta, “What a Boris Johnson Government Means for Foreign Policy and Defence”, *Independent*, 13 December 2019, https://www.independent.co.uk/news/uk/politics/boris-johnson-general-election-result-government-foreign-policy-defence-a9246116.html.

③ James Cleverly and Tim Hewish, “Reconnecting with the Commonwealth: the UK's Free Trade Opportunities”, Report of Free Enterprise Group, December 2016, pp. 24-25, https://www.tralac.org/images/docs/11055/reconnecting-with-the-commonwealth-the-uks-free-trade-opportunities-feg-policy-paper-december-2016.pdf.

④ Aaditya Dave, “Integrated Review: The UK's Approach to India”, *RUSI*, 5 May 2020, https://rusi.org/commentary/integrated-review-uks-approach-india.

⑤ Edoardo Campanella and Marta Dassù, *Anglo Nostalgia: The Politics of Emotion in a Fractured West* (London: Hurst & Company, 2019), p. 125.

⑥ “India, France to Deepen Defence Ties; Agree to Combat Terrorism”, *The Economic Times*, 9 October 2019, https://economictimes.indiatimes.com/news/defence/india-france-to-deepen-defence-ties-agree-to-combat-terrorism/articleshow/71505856.cms? from=mdr.

继续适用于脱欧后英国与加拿大的经贸关系。① 由于英国脱欧一再延期，英国错失良机，未能及时与加拿大达成贸易协议。未来英国与加拿大的自贸协定很有可能仿照2017年加拿大与欧盟签署的CETA，如此一来英加贸易关系并未比脱欧前有实质性提高。② 目前英国与加拿大的经贸关系仍然在CETA框架下展开。如果英国不能在2020年底与欧盟达成新的贸易协定，那么英加经贸关系从2021年初将面临新的不确定性。目前加拿大特鲁多政府并不急于与约翰逊政府达成自贸协定，而是等待英欧就未来关系谈判尘埃落定之后再着手与英国谈判。③

五　中英关系陷入低潮

在约翰逊的“全球英国”蓝图里，作为世界第二大经济体的中国也占据着一个特殊位置。约翰逊希望脱欧后的英国深化与中国的经贸关系，借中国快速发展的顺风车促进英国经济实力的提升。但是，自约翰逊上台以来，中英关系非但没有明显改善，反而日渐恶化。约翰逊政府不但在政治和安全层面开始对中国采取强硬政策，而且在经济层面开始着手减少英国在关键医疗物资和战略物资上对中国的依赖，使中英经贸关系较以往更为疏离。④ 如果脱欧后的英国无法进一步深化与中国的经贸关系，那么约翰逊意欲让英国成为全球自由贸易的“超人”的设想恐怕会沦为笑谈。

① Janyce McGregor, “Canadian Businesses Need More than Optimism from Boris Johnson”, *CBC*, 24 July 2019, https://www.cbc.ca/news/politics/canada-uk-trade-boris-wednesday-1.5221984.

② Eugene Beaulieu, “Canada-U.K. Free Trade: A Post-Brexit Opportunity”, *The Conversation*, 6 February 2020, https://theconversation.com/canada-u-k-free-trade-a-post-brexit-opportunity-130970.

③ Leo Ryan, “Canada Applying Stiff-Upper-Lip in Post-Brexit Transition Twilight Zone”, *AJOT*, 10 February 2020, https://ajot.com/premium/ajot-canada-applying-stiff-upper-lip-in-post-brexit-transition-twilight-zone.

④ Oliver Wright and Lucy Fisher, “Boris Johnson Wants Self-Sufficiency to End Reliance on Chinese Imports”, *The Times*, 22 May 2020, https://www.thetimes.co.uk/article/boris-johnson-wants-self-sufficiency-to-end-reliance-on-chinese-imports-bmlxnl8jl.

过去一年的中英关系大体可分为两个阶段，以新冠肺炎疫情的全球性蔓延为转折点。在疫情暴发前（2019 年 7 月至 2020 年 3 月），中英关系平稳发展，并未出现大的波折。约翰逊在当选首相前夕，曾公开宣称他的“亲华”立场，热情支持“一带一路”倡议，并表示在他的领导下，英国将为中国投资提供欧洲最为开放的市场。[①] 不难看出，追求经济利益是约翰逊对华政策的首要目标。但是，自约翰逊上台以来，英国对华政策越来越受到中美战略竞争态势的掣肘，约翰逊政府越来越难以平衡与美国和中国的关系。在后疫情时代，约翰逊政府的对华政策越来越强硬。尽管它力图避免在对华政策上完全倒向美国，但是约翰逊政府对华政策呈现日趋强硬之势，尤其是在安全和政治议题上，其政策越来越靠近美国立场。中英关系的“黄金时代”有可能面临终结。[②] 约翰逊政府在华为 5G 问题上的政策反转便是最好的例证。

虽然以约翰逊为首的对华务实派依然占据主导地位，但对华强硬派的影响力不断增强。新冠肺炎疫情的全球性暴发加剧了英国对中国的不信任，英国国内质疑中国的声音越来越多。[③] 2020 年 4 月 5 日，英国保守派智库亨利 · 杰克逊协会发布报告，建议约翰逊政府向中国索取价值 3510 亿英镑的新冠肺炎疫情赔偿。[④] 4 月 6 日，英国下议院外交事务委员会发布报告，指

① Zhenhua Lu, “‘Pro-China’ Boris Johnson ‘Enthusiastic’ About Belt and Road Plan”, *South China Morning Post*, 24 July 2019, https://www.scmp.com/news/china/diplomacy/article/3019884/pro-china-boris-johnson-enthusiastic-about-belt-and-road-plan.

② Lionel Barber, “UK and China's ‘Golden Era’ Comes to Abrupt End”, *Nikkei Asian Review*, 26 May 2020, https://asia.nikkei.com/Opinion/UK-and-China-s-golden-era-comes-to-abrupt-end.

③ Tim Summers, “Sharpening the China Debate Amid Covid-19”, in John Seaman (ed.) “Covid-19 and Europe-China Relations”, *European Think-tank Network on China Special Report*, 29 April 2020, p. 75.

④ Matthew Henderson, Dr Alan Mendoza, Dr Andrew Foxall, James Rogers, and Sam Armstrong, “Coronavirus Compensation? Assessing China's Potential Culpability and Avenues of Legal Response”, *Henry Jackson Society*, 5 April 2020, https://www.gov.uk/government/speeches/pm-speech-in-greenwich-3-february-2020.

责中国掩盖新冠肺炎疫情真相，并误导疫情舆论。[①] 4 月 16 日，英国外交大臣多米尼克·拉布在记者招待会上公开宣称新冠肺炎疫情过后的中英关系不可能一如往常，预示着英国对华政策整体上开始转向强硬立场。这为保守党对华强硬派的壮大提供了有力支持。2020 年 4 月 24 日，以英国议会外交事务委员会主席汤姆·图根哈特为首的 9 名保守党议员成立了中国研究小组（CRG），成为对华强硬派的首个制度化机制。[②] 同欧洲研究小组（ERG）倡导强硬疑欧政策类似，中国研究小组致力于通过公共讲座和政策研究推进强硬反华立场，在反对华为参与英国 5G 网络建设、批评中国应对新冠肺炎疫情的举措、抨击中国"一带一路"倡议和香港国安法等方面扮演着急先锋的角色。[③] 面临特朗普政府与以中国研究小组为代表的对华强硬派的双重压力，约翰逊政府不得不在华为 5G 问题上做出更大妥协。2020 年 5 月 23 日，英国官员证实，约翰逊政府目前正在制定一项限制华为的方案，计划在 2023 年完全禁止华为参与英国 5G 网络建设。[④]

除了新冠肺炎疫情，促使约翰逊政府对华政策趋于强硬的另一因素是香港国安法的出台。2020 年 5 月 28 日，中国全国人民代表大会高票通过了香港国安法，引起约翰逊政府的强烈反对。一方面，英国高官（尤其是约翰逊和拉布）接连发声，宣称香港国安法危及香港的自治权，英国对香港负

---

① House of Commons Foreign Affairs Committee, "Viral Immunity—The FCO's Role in Building a Coalition Against COVID - 19", *First Report of Session* 2019 - 21, 6 April 2020, https://committees.parliament.uk/publications/563/documents/2314/default/.

② Sebastian Payne, "Senior Tories Launch ERG-Style Group to Shape Policy on China", *Financial Times*, 25 April 2020, https://www.ft.com/content/b354c58b - 06fc - 4848 - a823 - 584bcc0c3869#.

③ John Ross, "Why the US Is Intensifying Its Attack on the UK over Huawei", *Global Times*, 28 May 2020, https://www.globaltimes.cn/content/1189828.shtml; Tom Tugendhat, "Tom Tugendhat: China. The Five Actions that the Government Must Take to Defend Our Interests", *Conservative Home*, 5 June 2020, https://www.conservativehome.com/platform/2020/06/china - 2 - tom - tugendhat - the - five - actions - that - the - government - must - take - to - defend - our - interests.html.

④ Jim Pickard and Nic Fildes, "UK Draws up 3-Year Plan to Remove Huawei from 5G Networks", *Financial Times*, 23 May 2020, https://www.ft.com/content/1c226144 - a3a9 - 4533 - ab14 - 88d65142ba05.

有“责任”，并计划为拥有英国国民（海外）（BNO）身份的香港人取得英国公民身份敞开大门。[①] 另一方面，英国拉拢盟友，组织国际联盟，妄图在香港问题上对中国施压。5 月 28 日，英国联合美国、澳大利亚和加拿大发表联合声明，谴责香港国安法。5 月 30 日，英美试图要求联合国安理会召开正式网络会议公开讨论香港国安法，被中国拒绝。[②] 6 月 1 日，英国七位前外相联合致信，敦促约翰逊政府带头成立国际联络小组，在香港问题上采取共同行动。[③] 中国政府认为英国这一系列举措实乃干涉中国内政之举，予以强烈反击。中英在香港国安法问题上的正面交锋使两国关系跌入谷底，中英“黄金时代”面临最严峻考验。英国《金融时报》6 月 10 日发表社论，呼吁约翰逊政府在处理对华关系时，把中国置于战略竞争对手的框架之下，对中国采取现实主义的接触政策（realistic engagement）。[④]

结　语

2019 年 7 月至 2020 年 6 月，约翰逊政府在外交上继续致力于实现“全球英国”愿景。但是其“全球英国”外交并未取得实质性进展。英国脱欧进程拖延、中美战略竞争加剧与新冠肺炎疫情叠加的恶劣国际环境，使约翰逊政府在实现“全球英国”蓝图上更难获得有效的国际支持。对于脱欧后的英国而言，能否实现其“全球英国”蓝图，在很大程度上取决于它能否

① Boris Johnson, “Boris Johnson on the Hong Kong Crisis: We Will Meet Our Obligations, Not Walk Away”, *The Times*, 3 June 2020, https://www.thetimes.co.uk/edition/news/hong-kong-crisis-we-will-meet-our-obligations-not-walk-away-zv7f70n29.

② Robert Delaney, “China Says It Blocked US, UK Move for Formal Discussion of Hong Kong National Security Law at UN”, *South China Morning Post*, 29 May 2020, https://www.scmp.com/news/world/united-states-canada/article/3086776/us-britain-plan-raise-hong-kong-national-security.

③ Patrick Wintour, “Seven Former Foreign Secretaries Urge UK to Take Lead on Hong Kong”, *The Guardian*, 1 June 2020, https://www.theguardian.com/world/2020/jun/01/seven-former-foreign-secretaries-urge-uk-to-take-lead-on-hong-kong.

④ “Britain's Ties with China are Set for a Sea Change”, *Financial Times*, 10 June 2020, https://www.ft.com/content/a979670c-ab31-11ea-a766-7c300513fe47.

争取到美国、欧盟、英联邦国家以及中国的国际支持。

但是，过去一年来，约翰逊政府在争取这些国际力量的支持方面鲜有作为：英美关系依然特殊，但矛盾重重，两国关系并未更加紧密。特朗普如若赢得2020年总统大选，可能加速英美特殊关系的消亡。英国虽然经过艰难的挣扎正式脱离欧盟，但它能否如愿在过渡期结束前与欧盟就未来关系达成协议，依然充满不确定性。如果未来英欧自贸协定仿照加拿大模式，那么英欧经贸关系将会更为疏远。英国与英联邦国家的关系并未得到实质性提升，澳大利亚、新西兰和加拿大并不愿与脱欧后的英国结成更紧密的经济共同体，而崛起的印度并不看重英国在印太地区的战略价值。由于特朗普政府与英国国内对华强硬派的联合施压，约翰逊政府的对华政策日趋强硬，不但计划在未来三年内把华为排挤出英国5G市场，而且在香港国安法问题上妄图组建反华统一战线向中国施压，肆意干涉中国内政，使中英关系急剧恶化。可见，约翰逊政府在实现“全球英国”蓝图上依然长路漫漫，国际社会目前并不热心支持“全球英国”外交理念。因而，约翰逊可能最终无法让脱欧后的英国成为一个更具全球性和开创性的大国①，反而让英国与大国梦渐行渐远。

① Lucia Binding, “Boris Johnson Says Britain Will Become ‘Global, Trail-Blazing Country’ After Brexit”, *Sky News*, https://news.sky.com/story/boris-johnson-says-britain-will-become-global-trail-blazing-country-after-brexit-11918062.

经济社会篇

Economy and Society

B.5

英国应对新冠肺炎疫情的策略及社会影响

宋云峰*

摘　要： 2020年3月以来，由于新冠肺炎疫情在全球蔓延，英国也不可避免地受到冲击和影响。尽管英国政府先后采取了各种应对措施，疫情还是在英国迅速失控，而且在发达国家中尤其严重，死亡率高居榜首。究其原因，除了特殊环境和条件外，英国政府应对疫情的措施存在许多欠缺甚至错误，教训多于经验，例如：担心经济受到影响，执着于个人自由与全民免疫，迟迟未采取封城和自由活动限制令，以及卫生部门和政府机构协调和检测能力不足等。疫情暴发和失控使英国社会的方方面面都受到严重冲击，对政治环境、医疗系统、工作就业、教育和社会平等诸方面产生了不同程度的影响，

* 宋云峰，英国华威大学硕士，北京外国语大学英语学院英国研究中心副教授，研究领域包括英国社会和英国电影。

而且这种影响很可能长期存在下去，成为一种新趋势。

关键词： 新冠肺炎疫情　英国政府　政策措施　社会影响

2020年3月以来，新冠肺炎疫情在英国暴发并迅速传播开来。英国政府不得不采取了包括封城在内的措施来控制疫情发展，但结果并不理想，英国甚至成为欧美发达国家中新冠肺炎死亡率最高的国家。疫情失控给英国社会的方方面面带来了不同程度的影响和冲击。分析英国政府应对疫情的措施、探讨疫情给英国社会造成的影响，有利于汲取英国的经验教训，更好地了解英国社会未来的发展趋势。

一　英国政府应对疫情的策略

自2020年3月以来，由于疫情在全球蔓延，英国不可避免地受到冲击和影响。尽管政府先后采取了各种应对措施，但英国的疫情在发达国家中尤为严重，死亡率高居榜首。分析其原因，除特殊环境和条件（疫情首先在伦敦暴发，而伦敦是国际交往中心，人员往来数量巨大，不易控制）外，英国政府应对疫情的措施存在许多欠缺甚至错误，教训多于经验。

由于长期奉行自由主义，过度强调个人权利和自由，新冠病毒开始在欧洲和英国蔓延时，鲍里斯·约翰逊政府未高度重视，偏信政府科学顾问关于全民免疫的观点，同时顾虑疫情对经济的影响，以及担心已经捉襟见肘的国家医疗服务体系（NHS）无法应对与日俱增的新冠肺炎患者，所以对封城和个人流动的限制令发布较晚。迄今为止，主张解除禁令、恢复自由流动的建议和主张一直不绝于耳，并以英国每年公路交通造成的重伤（25000人）和流感造成的死亡（17000人）为例，证明不能因此禁用汽车以及禁止人员接触，因为自由流动是社会和个人不可或缺的需要。[①] 负责协调英国卫生系统、应对公共卫生突发事件的英国卫生部直属机构——英格兰公共健康委员会（Public Health England）掌控对易感人群的检测，其他机构后来才被允许介入。即便如此，英国的检测量远低于德国和法国。由于有保护个人隐私（包括健康状况）的传统，英国也未能及时开发和利用手机 App 等电子手段来追踪病毒携带者。还有，对佩戴口罩问题争论不休，致使多数人在社交场合不戴口罩，加速了病毒传播。

首先，英国政府迟迟未发布公众集会限制令。欧洲大陆国家 3 月初就开始采取封城或限制自由流动措施，意大利早在 3 月 9 日就发布了限制令，丹麦是 11 日，西班牙是 14 日，法国是 17 日。反观远离欧陆、偏安一隅的英国，由于秉持自由主义观念，大规模聚集活动仍照常进行。3 月 7 日，伦敦举办了英格兰—威尔士英式橄榄球赛，约翰逊首相和 81000 名观众一起到现场观看；3 月 11 日，利物浦足球队迎战西班牙马德里竞技足球俱乐部队，52000 名球迷观战，其中包括来自疫情严重的西班牙的 3000 名球迷；接着，多达 252000 名赌马爱好者参加了为期 4 天的切尔腾汉姆障碍赛马节。

这些公众活动加速了新冠病毒的传播，使形势愈发严峻，所以英国政府才不得不于 3 月 23 日颁布社交活动限制令。证据显示，其他客观因素也加剧了新冠病毒在英国的传播，例如：病毒首先在国际交往中心、人员往来密集的首都伦敦暴发，不易控制。但是，政府错失良机和措施不当是新冠病毒在英国大暴发并造成较高死亡率的主要原因。

英国政府较晚采取限制人员流动措施，是受到英国政府科学顾问最初对病毒传播错误见解的影响。他们认为，像流感一样，政府不应对新冠病毒在人群中的自然传播过多干预，以便产生全体免疫，并有利于集中有限资源和能力保护弱势群体，使国家医疗服务体系不至于崩溃。伦敦帝国理工学院流

---

① Sarah Knapton, "How Much of a Threat Is Low Level of Coronavirus in Community Compared to Danger of Accidents, Bad Health or Crime?", *The Telegraph*, 13 May 2020, https://www.telegraph.co.uk/news/2020/05/13/analysis-danger-coronavirus-compares-risks-everyday-life/?li_source=LI&li_medium=liftigniter-rhr.

行病学家尼尔·佛格森（Neil Ferguson）估算，如果英国政府早一周采取限制流动措施，迄今因新冠病毒感染死亡的约 5 万人中至少有一半会得到挽救。这是第二次世界大战结束以来英国死亡人数最多的事件。[1] 回过头来看，英国政府对待这些科学顾问的意见和建议不够慎重，其中的一些意见也是可疑的，例如：人们会对保持社交距离感到厌烦，早限制意味着早放开等。然而，即使有证据表明英国的疫情正日趋严重，但政府仍迟迟未采取封城或限制社交的措施。

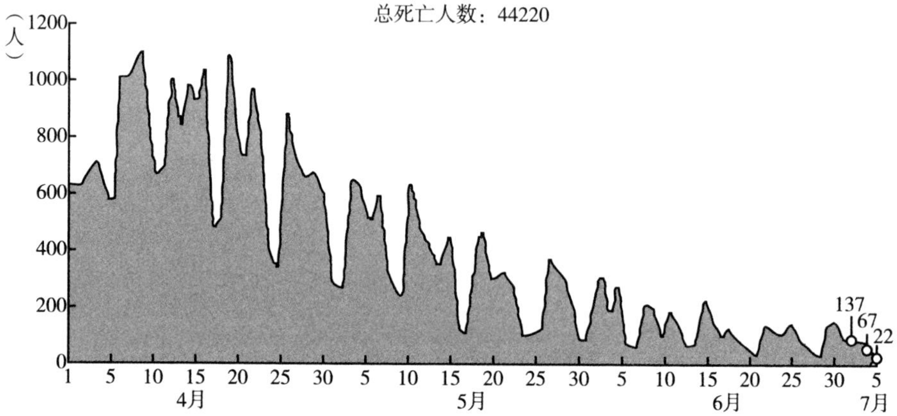

图 1　英国新冠肺炎每日死亡人数（2020 年 4 月 1 日至 7 月 5 日）

注：纵轴为死亡人数，横轴为具体日期。

资料来源：Lizzie Parry, "COLLATERAL DAMAGE Coronavirus Crisis Could Cause 35k Extra Cancer Deaths in a Year, Docs Tell Sun's Deborah James", *The Sun*, 6 July 2020, https://www.thesun.co.uk/news/12039414/coronavirus-pandemic-35000-excess-cancer-deaths-deborah-james-bbc-panorama/。

在确保医护人员防护设备（防护服及医用口罩等）供应、提倡人们佩戴口罩以及增加检测能力方面，政府有关机构没有尽到责任。在室内和人群聚集地佩戴口罩应该是简单的常识，许多科学家也呼吁人们佩戴口罩，因为实验和实践都证明，即使是自己制作的口罩也能在一定程度上阻止病毒传播，而亚洲国家的实践也证明其行之有效。但直到 4 月 21 日，伦敦市市长萨迪

① "Not Britain's Finest Hour", *The Economist*, 20 June 2020, p. 11.

克·汗才要求伦敦居民佩戴口罩。即使如此，英国政府的科学顾问对佩戴口罩仍持模棱两可的态度，认为其防止病毒传播的证据很弱，仅建议民众在人员密集的公共空间佩戴。在这一点上，英国和美国如出一辙。① 尽管受到英国科学家和世界卫生组织的督促，到4月中旬，英国新冠病毒的日检测能力仅为12000例，而意大利和德国同期则分别达到44000例和51000例。② 由于大多数检测只能在英格兰公共健康委员会管辖的医院进行（其他国家则允许社会机构参与）且试剂有限，养老院的检测受到忽视，造成感染和死亡率超高（包括工作人员）。负责生产防护用品的国有公司产能提升缓慢，防护服、呼吸机等医疗设备缺乏致使医院和养老院的医护人员感染率较高。另外，在其他国家行之有效的“接触者追踪”系统在英国仍然无法使用，因为尚未开发出应用软件（据说迟至2020年冬季才能应用），致使无法有效遏制疫情蔓延。

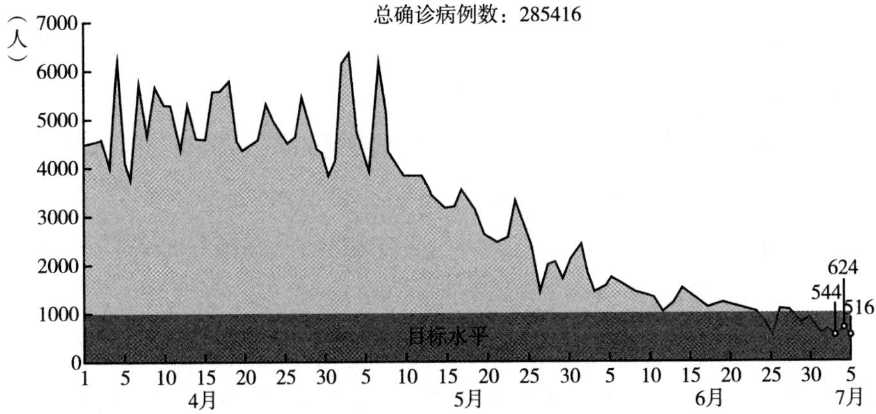

图2　英国新冠肺炎每日确诊病例数（2020年4月1日至7月5日）

注：纵轴为确诊病例数，横轴为具体日期。

资料来源：Lizzie Parry，“COLLATERAL DAMAGE Coronavirus Crisis Could Cause 35k Extra Cancer Deaths in a Year, Docs Tell Sun's Deborah James”，*The Sun*，6 July 2020，https://www.thesun.co.uk/news/12039414/coronavirus-pandemic-35000-excess-cancer-deaths-deborah-james-bbc-panorama/。

① “Trust me, I'm a Prime Minister”, *The Economist*, 20 June 2020, pp. 22-23.

② “Not Britain's Finest Hour”, *The Economist*, 20 June 2020, p. 11.

这些政策和措施缺陷致使英国成为西方发达国家中新冠肺炎死亡率最高的国家（约 50000 人死亡），并使政府解除限制令、使生活和工作恢复正常的计划变得困难。例如，中小学只有 5 个年龄组（而且实际回校人数比较少）被允许回校复课，而更多家长选择让子女待在家里。疫情控制不利也带来了严重的经济后果，只有一小部分企业复工，劳动密集型和餐饮、旅游、娱乐等行业受到的打击尤为严重。

政府的不当措施还削弱了公众对约翰逊政府的信任，使其支持率下降。疫情暴发之初的 3 月，英国自脱欧以来首次出现公众团结一致的局面，公众对英国政府也充满信心，满意度超过 70%。但是到了 6 月，英国公众对政府应对疫情表现的满意度大幅下降，根据 YouGov 对 22 个国家进行的调查，英国在国民对政府应对疫情满意度排名中排在倒数第二（仅比墨西哥略好），滑落到 40% 以下。约翰逊首相本人感染新冠肺炎及其首席顾问卡明斯违反政府禁令私自旅行，也令英国公众对政府的虚伪和双重标准感到不满。

总之，尽管约翰逊政府在英国脱欧问题上做到了果断有力，应对新冠肺炎疫情却显得力不从心，尤其缺乏对细节的重视和较强的组织能力。造成这种局面还有一个原因，即约翰逊党同伐异，政府内阁排除了观点不同的人才，只保留了意见一致的人。目前，在何时解除和如何解除限制禁令的问题上，英国社会分裂成两派（与脱欧问题一样）：以保守党支持者为主的右派，主张尽快完全解除禁令以恢复经济和社会秩序；以工党支持者为主的左派，反对解除禁令并使之成为常态。① 约翰逊政府左右为难，只能在两者之间妥协、折中，有限放宽禁令（例如规定 2 米社交距离，列出较为安全的国外旅游目的地清单），以便使经济和社会秩序逐渐恢复正常。

二　疫情对英国社会的影响

蔓延全球的新冠肺炎疫情对所有国家都造成了不同程度的影响，大多数

① "The Pandemic Goes Partisan", *The Economist*, 23 May 2020, p. 22.

影响具有很大的共性，例如对餐饮、娱乐、旅游业的冲击以及互联网应用在工作和生活中剧增；有些影响在英国表现得尤甚，主要体现在政府权力再度扩张、阶级分野加剧、工作方式改变、公共健康体系的捉襟见肘以及对学校教育的冲击方面。

（一）疫情使政府权力进一步扩张

在全球范围内，面对新冠病毒的蔓延，多数疫情严重的国家都断然采取了封城、隔离或限制人员流动的措施，投入上亿美元来维持就业和民生。许多国家的政府将欧美崇尚的保护个人隐私——包括个人健康状况和电子轨迹信息抛置一旁，利用手机 App 追踪新冠病毒感染者的活动轨迹和接触人群。这是自第二次世界大战以来国家权力最猛烈的一次扩张。英国、法国和其他一些国家的信用扩张（政府举债）达到了 GDP 的 15%，远远超过 2008 年世界金融危机时政府的信用扩张。[①]

为实现约翰逊政府提出的缩小英国落后地区与发达地区差距的计划，财政大臣苏纳克在 3 月 11 日的预算报告中宣布，未来 5 年将在基础设施上投入 6400 亿英镑资金，占 GDP 比例是 20 世纪 70 年代以来最高的，公共财政支出将超过 GDP 的 40%，接近 10 年前金融危机时期的水平。[②] 3 月 17 日，苏纳克又宣布了一项广泛的经济干预计划，建议国家为公司和企业提供 3300 亿英镑的银行贷款，相当于 GDP 的 15%，以及为休闲娱乐业和小微企业提供 200 亿英镑的拨款和减税额，辅以 120 亿英镑的援助资金。[③] 交通大臣沙普斯表示，可能会对航空公司和铁路公司实行国有化。英国汽车厂商（80 年前在二战期间曾被政府征用生产喷火式战斗机）应政府要求转产呼吸机，房地产租赁市场的房东也不允许在疫情期间随便赶走租客。

很多国家的中央银行狂印钞票来购买资产，以解经济快速下滑的燃眉之急。对于信奉有限政府和开放市场的人来说，新冠肺炎疫情是个无法解决的

① "Everything's Under Control", *The Economist*, 28 March 2020, p. 10.

② "Leviathan Rising", *The Economist*, 21March 2020, p. 50.

③ "Leviathan Rising", *The Economist*, 21March 2020, p. 51.

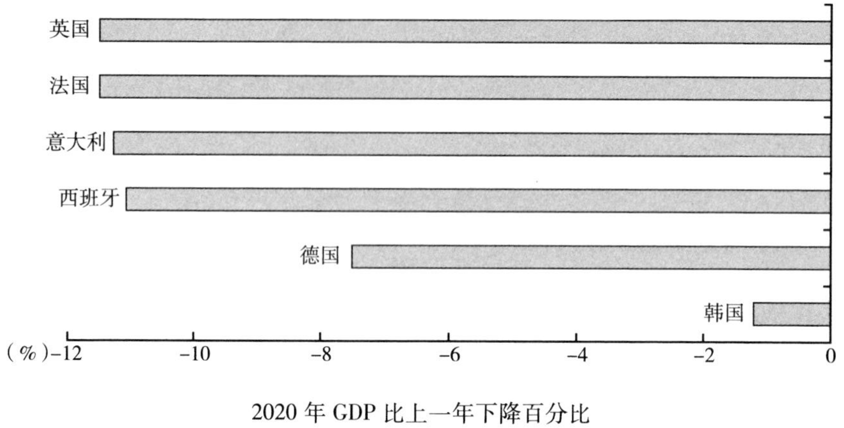

图 3　部分 OECD 国家 2020 年经济形势预测

资料来源：*The Economist*, 20 June 2020, p. 22。

问题。各个国家在政府层面必须采取果断措施才能应对。然而，历史的经验表明，每次大危机都给政府以扩张权力的机会，且危机过后政府是不会轻易放弃已经得到的权力的。这次危机赋予西方政府的权力主要包括：干预经济（包括政府对企业的支持、对因疫情不能上班员工工资的支付），因追踪疫情发展而对个人隐私信息进行的追踪和控制。

英国的情况也从反面说明了这一点。当政府试图尽量减少对经济和社会生活干预时，疫情的迅速蔓延使其被民众指责为“做得太少”和“行动过迟”。相反，法国国民议会 3 月通过一项新法律，赋予政府控制国民流动、调控物价以及征用物资的权力，而法国总统马克龙在疫情期间采取的果断措施使其支持率飙升。随着疫情进一步发展，法国政府还可能进一步扩大监控民众并使用其私人数据的权力，例如利用手机 App 监控易感人群的活动轨迹、利用手机通信大数据建立预测病毒传播模型等。

这场危机会使政府的权力处于长期扩张的状态，包括对经济的更多干预和相应的增税措施。英国的福利制度、所得税制度和重点经济领域国有化都是冲突和危机造成的结果。这些变化有些是有利的，例如，对公共卫生体系进行改革并增加投入，有利于应对下一次流行病的暴发；调整和修补产业链，有利于经济的健康发展。但也有人担心，政府对经济的长期过度干预会导致公共债务急剧攀升，造成经济发展停滞和缺乏活力。更多的人担心，政府滥用权力会造成腐败以及对自由构成威胁。为达到控制疫情的目的实行无处不在的监控、侵入性的数据收集和整理会使政府对公民健康状况及电子设备记录的使用常态化，侵犯公民的个人隐私和自由。

（二）疫情加剧社会分化

疫情暴发初期，英国全国上下曾经一度团结应对，但疫情造成的后果使英国社会在地区、就业和年龄方面进一步分化。尽管新冠病毒肆虐对每个人都是平等的，连查尔斯王子和约翰逊首相都没能幸免，但疫情的后果是歧视性的。疫情之前，约翰逊首相曾信誓旦旦，要消除英国地区间的发展差异和不平衡，帮助发展滞后的地区和贫困社区。但疫情暴发后，可以清楚地看到，在承受封城、隔离和经济活动锐减的负担方面，年轻人和老年人、北部地区和南部地区、富裕人群和贫困人群的应对能力存在显著差异。

首先是地区差异。英国的一些地区（例如雷丁和布莱顿）是专业人员聚集区，他们能够承受封城造成的压力，转而在家里办公；而在产业工人聚集地区（例如米德尔斯堡和赫尔），封城令对民众的工作和生活造成了很大影响。白领工作者在英格兰东南部人口中占较高比例，可以通过居家办公的方式应对疫情，例如英国约三分之一的记者在伦敦工作。有趣的是，疫情造成的区域差异与脱欧公投的结果非常相似，即可以居家办公的伦敦和东南发达地区的人口在公投中大都选择留在欧盟，而北部经济滞后地区的人口大都赞成脱欧。

第二个差异是经济方面的，即工作灵活性高的工人通常是高收入者。据决议基金会（The Resolution Foundation）估计，英国最高收入的雇员有一半可以居家工作，而收入人群阶梯最后40%的雇员中只有10%可以居家办公。根据一项对教师进行的调查，27%的英国私立学校教师在学校关闭的第一天就通过视频与学生交流，而这一比例在公立学校教师中只有2%。饮食服务、零售业的雇员承受着实体店关门的严重冲击，他们本来就在最低收入者行列，也不可能依靠储蓄生活，因为英国超过一半的最低收入家庭没有任何储蓄。政府将尽最大努力解决经济收入差异问题，例如为那些因疫情不能上班的雇员支付80%的工资，为企业和公司提供减免税额与软贷款。而生活窘迫的家庭不得不向政府申请福利和救济，限制令发布前后，国民提交的福利救济申请在9天内就达到了447000份，以至于政府不得不增加数千名工作人员来审核申请。①

最后一个差异关乎年龄。老年人比中青年人更容易感染新冠病毒，而且更有可能独居。英国800万独居者中大约有一半在65岁以上，社交活动限制令将加重其中一些老人的孤独感和生活不便。许多老年人试图利用互联网来减少孤独，但十分费劲和困难。一项调查数据显示，44%的退休人员上网能力较强，而这一比例在大学生中高达95%。② 政府采取限制人员流动措施后，一些老年人不得不费力学习在网上购物以求生存。

（三）疫情改变了工作条件和方式

疫情在英国暴发后，政府只禁止酒吧、餐馆和不重要的零售商营业，但没有明令禁止去办公楼工作，只是鼓励员工在条件许可下尽量居家办公。目前，居家工作似乎成了常态。因此，除了需要团队合作的机构和企业外，估计大多数人在限制令解除后都不愿回办公室工作。许多雇主表示，疫情将导致工作方式出现明显变化，并对办公环境提出更高的要求。

根据英国国家统计局的调查，2019年12月，英国每20名员工中就有1名居家工作。随着宽带网络的普及，居家办公者的人数逐步增加。据业内人士估算，疫情使这一趋势的出现提前了5年。疫情不但证明居家工作可行，而且证明效果更好。例如，没有必要让员工每天花费1个多小时去办公室收发和处理电子邮件（在家里也可以做到，而且更方便、更舒适），然后再花费1个多小时回家。往返办公室的时间成本和精力成本都很高。办公室的作用主要在于处理需要团队协作的事情，而个人能够完成的工作最好在家进行。

---

① "Covid – 19 and Inequality: The Great Divider", *The Economist*, 28 March 2020, p. 51.

② "Covid – 19 and Inequality: The Great Divider", *The Economist*, 28 March 2020, p. 52.

当然，这样的工作方式对管理者而言是个新挑战，而且，由于难以对居家工作的员工进行监管，信任变得更加重要。对于年轻雇员来说，居家办公的不利因素比较多，因为他们更需要有经验的人当面指导，也更需要与同事交流。此外，年轻员工的居住条件和环境往往不如老员工，居家办公并不方便和舒适。但是，未来办公方式的决定权掌握在老资格员工手中，而他们更偏好在自己宽敞明亮的大房子里办公。面对面交流减少，还可以避免人际关系方面的问题、减少正面冲突。办公楼空间缩小和居家工作员工增加，还可以使企业聘用更多人才——不必解决住房和通勤问题。聚集在一起工作（企业）或办公（办公楼）是现代化的显著特点，塑造了现代生活的方方面面。如果疫情改变了办公楼对现代社会的主导作用，其后果和意义将是深远的。

（四）疫情对教学产生了严重影响

在政府颁布封城令之前，英国的小学生每天在校时间约为 9 个小时，而中小学停课之后，教师只在网上布置一些“简单”的作业，一般两个小时之内就能完成。学校停课两个月之后的情况表明，多数中小学生作业过少，更谈不上具有挑战性。

5 月 11 日，英国政府要求英格兰中小学部分年级在 6 月开始复课，但遭到教师工会的反对。实际上，英国全面复课是从 9 月开始的。与此同时，政府在停课期间也未对中小学发布指导性教学意见，致使中小学生一直被放任自流，学校则各自为政，自行解决网上教学问题。而在法国，政府指定了统一的线上教学门户网站，供教师和学生使用。英国政府缺乏统一指导，造成英国中小学采取了五花八门的教学方式，有些学校使用 Microsoft Teams，有些学校使用电子邮件，还有些学校甚至采取函授的形式。一家教育调查公司（Teacher Tapp）的数据显示，在正常学习日只有 6% 的中学教师和 3% 的小学教师使用网络软件 App（例如 Zoom）与学生进行互动式教学。①

---

① “Schools: Pencils Down”, *The Economist*, 16 May 2020, p. 20.

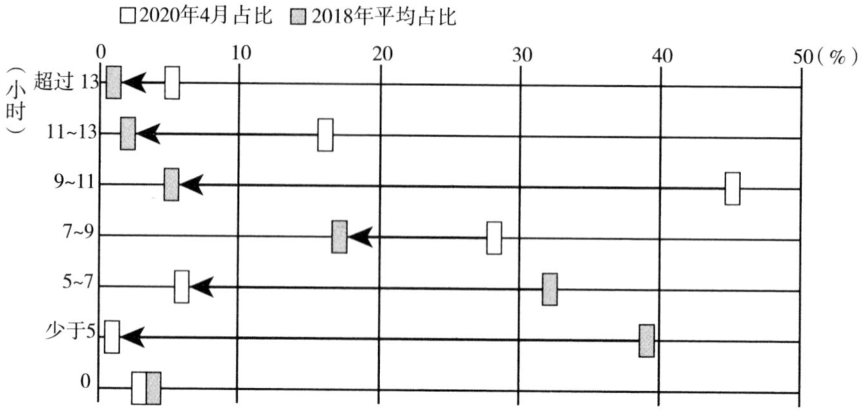

图4 英国教师每日工作时间

资料来源：*The Economist*, 16 May 2020, p. 20。

许多中小学校长反对教师采取直播授课方式，理由是像 Zoom 这样的门户网站可能存在安全隐患（参与者有可能窥视他人卧室，危及儿童的安全）。他们也不主张按教学大纲推进教学，理由是中小学生无法有效居家学习，不太可能吸收新的概念和知识，而功课落后的学生更处于不利地位，所以应将精力用于巩固已学过的知识。因此，英国的中小学生大多在家无所事事。一家教育慈善机构（Sutton Trust）对学生家长的调查发现，50%的中学生和64%的小学生每天做作业的时间不超过3个小时。① 这对中小学生是有害的。研究表明，儿童（尤其是贫困家庭的儿童）在暑假期间学习时间减少、成绩下降，学习困难的儿童情况可能更糟。

在网络教学方面，公立学校与私立学校之间存在明显差异。据 Teacher Tapp 的调查数据，私立学校教师利用 Zoom 或类似软件进行教学，其中中学教师的比例为74%，小学教师的比例为58%。而且，私立学校教师的教学热情很高，网络直播教学还延伸到其他领域，例如音乐、舞蹈和武术等。

疫情对高等教育的冲击也不容忽视。封城和禁止国际旅行意味着英国高校招收海外学生的数量会锐减。一名英国本土学生如果在牛津大学那样的一

① “Schools: Pencils Down”, *The Economist*, 16 May 2020, p. 21.

流大学学习文史专业，一年的学费约为9250英镑；而攻读相同专业的一名中国学生，一年的学费高达27285英镑（几乎是本土学生的3倍）。据不完全统计，2019年度外国留学生为英国48家高等院校（包括伦敦政治经济学院和桑德兰大学）带来了至少五分之一的收入。[①] 面对疫情，英国的大学可能不得不将一些课程搬到网上。即使在疫情暴发之前，英国的一些大学已举步维艰，名气和规模不大的大学财政赤字很普遍，而英国一些名校的现状也令人担忧。

有鉴于此，英国大学联盟（Universities UK）向政府发出呼吁和请求，要求政府为英国的高校提供20亿英镑的救助资金。这笔资金以何种形式提供以及如何在高校中分配，将对英国未来几年的高等教育产生重大影响。疫情暴发前，英国财政大臣苏纳克在3月11日所做的财政预算报告承诺：在2024年之前加倍英国的研发投入，使之达到220亿英镑。[②] 与此同时，英国政府的一份研究报告却表明，高等教育行业已经扩张得过于庞大。约翰逊的首席顾问卡明斯此前就曾质疑英国“三流高校”的价值。著名高等教育专家、英国政府顾问沃尔夫（Alison Wolf）认为：英国高校的扩张“既浪费纳税人的钱，又不利于人才培养”。

英国新任大学与科学国务大臣多纳兰（Michelle Donelan）宣布，她将着手解决大学课程“质量低”的问题，将目光瞄准那些处于人才培养低端的院校。根据财政研究所（Institute for Fiscal Studies）的调查，这些院校毕业的学生约占英国高校毕业生总数的五分之一，如果不读大学，他们的收入会更高。[③] 现在英国政府并不急于拨款给请求救助的高校，而是要求高校暂停录取学生，以免高校为争夺生源互挖墙脚。尽管受到疫情影响，高校的风险与其他行业相比并不急迫，至少到下一学年开始（9月底10月初）都会相对平稳。

英国大学联盟向政府提出的救助计划包括：增加研究资金（有利于排

---

① “Universities: Time to Think Small”, *The Economist*, 2 May 2020, p. 17.

② “Universities: Time to Think Small”, *The Economist*, 2 May 2020, p. 17.

③ “Universities: Time to Think Small”, *The Economist*, 2 May 2020, p. 18.

名靠前的大学弥补海外生源的损失），限制院校招生规模（以免排名靠后大学的生源被吸走）。该计划还包括一笔“转型资金”，帮助一些院校与其他院校合并。救助计划将在政府计划缩减高等教育的形势下为高校提供一定程度的保护。

4 月 29 日，教育大臣威廉姆森在议会接受质询时表示，他的首要任务是加强科研和确保大学在地方经济中的作用。他在讲话中透露出加强对经济落后地区支持力度的意味。看来，在这次调整中真正面临危险的是那些富裕地区前景不好的院校。

（五）疫情暴露了卫生部门的缺陷

新冠肺炎疫情暴露了英格兰公共健康委员会公共健康管理和应对疫情能力的缺陷。英格兰公共健康委员会成立于 2013 年 4 月 1 日，汇聚了来自 70 多家机构的公共卫生专家，是英国卫生和社会保健部的直属机构，其职责是“为中央政府、地方政府、国家医疗服务体系、议会、企业和公众提供基于实证的科学和专业的建议与支持”，“目前雇用了 5500 名专职人员，大多为科学家、研究员和公共卫生专业人员”。该委员会“通过提倡健康的生活方式、为政府提供建议、支持地方政府和国家医疗服务体系等行动来提升公共健康水平，减少各阶层在健康方面的差异”；“保护国民免受公共健康威胁”，“应对公共卫生突发事件”以及“研究、收集和分析数据，以提高国民对公共卫生问题的了解并寻求这些问题的解决方案”。[①] 但此次疫情表明，该委员会未能尽到上述责任。

3 月 25 日英国刚刚封城时，英格兰公共健康委员会负责人皮考克（Sharon Peacock）在接受议会质询时承认，该机构每天只能做 7000 人次的新冠病毒测试。英国议会卫生委员会主席克拉克（Greg Clark）质问，为何该委员会仅允许国家医疗服务体系下属的实验室做测试，而不让私营部门的

---

① The UK Government，“Public Health England：About Us”，https：//www. gov. uk/government/organisations/public - health - england/about.

实验室参与。该委员会的负责人竟一时无语。她承诺提交一份书面答复，但后来不了了之。由于对新冠病毒的测试能力不足，英国政府不得不放弃通过测试进行病情追踪的策略（在其他国家行之有效）。对此策略失误，英格兰健康委员会难辞其咎。7 周后，英国对病毒的测试能力提高到每日 60000 人次，也是因为政府“生命科学办公室”（Office for Life Sciences）允许大学和私营大型实验室参与测试才得以实现，但为时已晚。[①]

此外，在协调国家医疗服务体系、中央政府和地方政府三方协作应对疫情方面，该委员会也未能尽职。该机构不但未做好疾病预防和宣传工作，而且也没有协调好各级政府之间的关系。2019 年，该委员会将 29 亿英镑的政府年度拨款下发地方政府，但对资金使用情况不闻不问，只负责提供咨询建议。因而，疫情暴发后，英国中央政府和地方政府很难协调一致地应对疫情。

该委员会未能与地方政府建立良好关系，也增加了应对全国性突发事件的困难。英国政府 3 月放弃控制新冠病毒传播时，该委员会只有 290 名工作人员负责追踪病毒接触者的工作。[②] 当时，该委员会完全可以利用地方政府在疾病防控和追踪方面的经验来为抗击新冠肺炎疫情服务。

英格兰公共健康委员会在其他方面的表现也不尽如人意。例如，国家医疗服务体系的工作人员抱怨，该委员会对医疗机构防护服使用的指导朝令夕改，未能及时通知和提醒医疗机构，且指导意见偏离了世卫组织的建议。总之，该委员会在应对新冠肺炎疫情上表现很差，暴露出其管理方式和能力的致命缺陷。

尽管国家医疗服务体系下属医院对新冠肺炎疫情应对及时，对患者进行了集中救治，但危机过后仍有一些亟待改革和处理的问题，例如，在条件允许的城市分别设立传染病医院和普通医院；不具备条件的，也需在医院建立单独的隔离病房，以应对大规模传染病再度暴发；在感染者日益减少和稳定

① “Public Health England: Carry on Covid”, *The Economist*, 16 May 2020, p. 20.

② “Public Health England: Carry on Covid”, *The Economist*, 16 May 2020, p. 20.

的情况下，各医院要尽快恢复正常门诊、手术和住院等常规服务，以解决众多等待诊治的普通患者的问题。

然而，恢复正常门诊比集中救治新冠肺炎患者更为困难，因为普通病患担心去医院就诊会感染新冠病毒，大多采用网上问诊的方式解决问题。这种方式对一些小病行之有效，但对慢性病患者和重症患者无效，因为他们迫切需要入院治疗。5 月 16 日，卫生和社会保障大臣汉考克在推特上发布了一个短视频，恳求普通疾病患者根据需要去医院诊治："让我们帮助你们非常重要。如果你得了病而且全科医生建议你去医院诊治，请务必去医院解决问题。"尽管前往医院看急诊的病人开始增加，但人数仍少于疫情暴发前。①

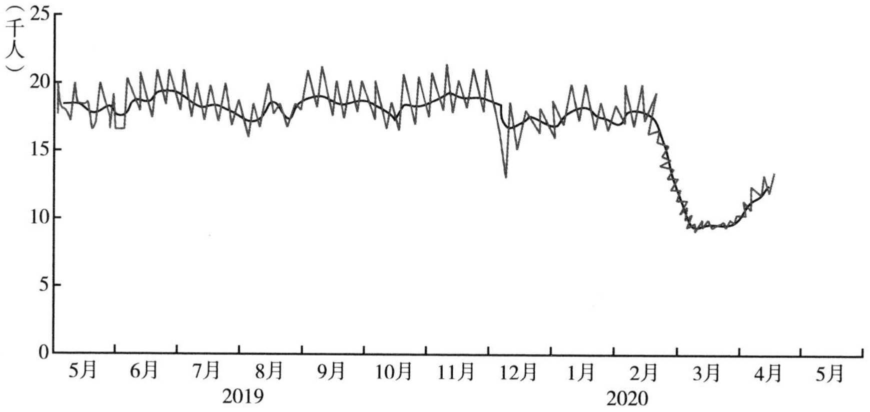

图 5　英格兰医院急诊病人数据变化（2019 年 5 月至 2020 年 5 月）

资料来源：*The Economist*, 23 May 2020, p. 22。

疫情暴发之前，公立医院应对就诊病人就已经捉襟见肘。2 月的调查数据显示，急诊病人在 4 小时之内得到诊治的比例只有 85%，而国家医疗服务体系设立的目标是 95%。② 恢复正常门诊意味着数以百万计的积压病患会给医院带来巨大压力，许多病人因疫情期间得不到治疗而病情恶化，需要更加复杂和精心的治疗护理。另外，在医院很容易被传染新冠病毒，消毒和防

① "Now for the Recovery", *The Economist*, 23 May 2020, p. 20.
② "Now for the Recovery", *The Economist*, 23 May 2020, p. 22.

护工作也对医院提出了额外的要求，加重了医院的负担。总之，国家医疗服务体系恢复常态服务是一个漫长而艰巨的任务。

疫情对英国社会的其他方面也产生了不同程度的影响，例如餐饮业、娱乐业、旅游业、心理健康和家庭关系（包括家庭暴力增加）、婚恋和业余爱好等（网络化、虚拟化）。这些影响和变化大多具有全球普遍性，英国并不是例外。

综上所述，疫情在英国暴发时，约翰逊政府因意识形态局限和偏听偏信而延误了采取果断措施的时机，政府卫生部门措施不当、效率不高、能力有限，无法有效控制疫情蔓延，导致英国在西方国家中死亡率很高和出现广泛的经济、社会影响。这些影响主要体现在政治趋势、社会分化、就业变化、教育缩减以及医疗卫生体系缺陷等几个方面。英国政府要想从根本上解决这些问题，任重而道远。

B.6

约翰逊政府产业政策

张　蓓*

摘　要： 在国际和国内因素的作用下，产业政策在英国复兴已是大势所归，约翰逊政府在吸收前任政府的经验基础上，根据其政治优先，制定了以基础设施、技能和创新为三要素的产业政策。然而，脱欧和新冠肺炎疫情均冲击了英国经济和产业，也将对产业政策的演变和发展产生重要影响。

关键词： 产业政策　基础设施　脱欧　新冠肺炎疫情

近年来，产业政策在英国的复兴已成整体趋势。2019 年 7 月约翰逊接替特雷莎·梅成为英国新首相，并在同年 12 月赢得全国大选组成多数政府，欲推进“构建更公平、更繁荣的后脱欧英国”。在这一背景下，约翰逊政府的产业政策呈现出初步特点。

一　约翰逊政府产业政策的背景和塑造因素

约翰逊政府产业政策的形成依托于特殊的国际国内背景，也有显著的塑造因素。总的来看，有以下几点。

（一）产业政策在国际和国内的复兴

近年来，在“逆全球化”的背景中，出于在国际竞争力格局及新产业

* 张蓓，博士，中国国际问题研究院欧洲研究所助理研究员，研究方向为英国政治与外交。

革命中被边缘化的担忧的刺激，产业政策在发达国家正经历复兴，欧洲表现得最为明显。欧洲各国政府都在进行对国内经济干预的重新思考。在德国态度改变的推动下，欧盟近年来在产业政策中动作较大，正通过“看得见的手”推动产业政策重大转向。从2019年2月德国出台《2030年国家工业战略》到2020年3月欧盟正式出台《产业战略》，欧洲密集出台一系列新工业政策，酝酿采取改革竞争法、加大创新投资力度、加大保护本土技术和限制技术外流等全面措施，反映出产业政策在欧盟政策议程重要性的上升。

而英国也符合欧洲的整体趋势。近十年来，产业政策在英国出现了很大变化，从20世纪70年代失败的“历史遗迹”中走出来，逐渐去除污名化。英国与欧洲国家对于未来国际竞争力有相似担忧，而金融危机后英国“生产力危机”和发展不平衡问题又直指英国经济模式的可持续性，英国脱欧更说明发展问题对社会和政治凝聚力的重要作用。因此，特雷莎·梅在任内将产业政策作为旗舰政策，公布了《产业战略》的政府白皮书，重组新政府部门——商业、能源和产业战略部负责实施。梅政府将产业政策作为改善英国生产力下降、地区不平等，提升英国国际竞争力，实现结构性变化的必要工具。作为保守党政府，梅政府大张旗鼓推动产业战略，客观上也提升了产业政策在保守党政治中的接受度。

（二）梅政府《产业战略》的缺陷和贡献

梅政府《产业战略》提出“五大基础”、“四大挑战”和“行业计划”，声势浩大，但缺憾明显。根据独立的评价和监督机构“产业战略委员会”2020年2月发布的首份年度报告，梅政府2017年的产业战略共做出142项政策承诺，政府划拨450亿英镑相关经费，约占GDP的2%。但是绝大部分资金仅投入科研和交通等有限项目，其余绝大部分项目投入有限甚至毫无投入，因此“不太可能对经济长期趋势产生作用”。政府各部门也未因实施产业战略而进行有效的政策协调。因此委员会建议精简产业战略、突出重点、集中力量投入，并在政府部门间加强协调，长期投入。[①] 梅政府《产业战略》声势浩大、实效有限，贪多求全、不够聚焦的明显缺陷将给予新政府提醒。

尽管如此，梅政府在产业政策内容和范围上的创新和突破，对于启发下一任政府有积极贡献。首先，梅政府《产业战略》做出了结合水平和垂直产业政策的尝试。一般来讲，撒切尔后的保守党人重视提升营商环境的水平产业政策，而对针对特定产业和企业的垂直产业政策较为警惕。但梅政府的产业战略选定了几大重要产业作为支持对象，推进“行业协议”，具备垂直产业政策的特征。其次，强调了“地区”因素，明确政府对经济的干预不能局限在高价值经济活动、高端制造与对研发和创新的支持，也应重视高端产业之外的地区、产业和工人；同时强调适应地区发展的产业政策不能只依靠中央政府，而要实现本地化。最后，强调综合施策，对人、基础设施、创新科研等多重因素给予重视。这些创新和突破均在约翰逊政府形成中的产业政策上有所体现。

（三）约翰逊政府的政治优先

约翰逊政府自身的鲜明特点也是塑造其产业政策的关键因素。首先，脱欧仍是约翰逊产业政策的强大塑造因素。一方面，约翰逊政府带领英国正式脱欧，需显示脱欧红利，实现“释放英国潜力”的承诺。而实际上多项预测都指出脱欧对英国经济破坏力较大，2018 年英国政府内部流出的分析称，加拿大式的贸易协定与欧盟将在 15 年内使英国的经济增速下降 5%。产业政策是英国政府工具箱中的重要一部分，可以应对脱欧带来的经济冲击，挖掘经济机遇。另一方面，脱欧也要求英国产业政策做出相应调整。英国离开单一市场会加大制造业产业链跨境成本，特别是航空、汽车、化学和医药等英国的支柱产业，政府必须予以安排。脱欧也为英国政府加大了移民、经济治理等一系列政策的自由度。

大选后的政治重组使本届政府有“特殊使命”。在 2019 年 12 月的大选

---

① Industrial Strategy Council, “Industrial Strategy Council Annual Report 2020”, 19 February 2020, https://industrialstrategycouncil.org/industrial-strategy-council-annual-report-2020.

中，保守党赢得压倒性胜利，其新获得的58个议席中有55个从工党获得，这些议席集中在英格兰北部和中西部地区的工党传统选区。这些地区是在全球化和紧缩政策冲击下结构性问题最明显的地区，集中体现了英国发展的不平衡。保守党赢得这些席位的主要原因是脱欧政策，而约翰逊在演讲中坦言这部分选票“只是借给”保守党。新政府若欲稳固这一新地区的支持，需要以实际政策回报——财政倾斜和产业政策引导。

（四）约翰逊政府的意识形态和人员特点

约翰逊政府的人员和意识形态也是塑造其产业政策的重要因素。首先，本届政府人员仍是新右翼扎堆，新自由主义仍是隐性的主导意识形态。正如卡梅伦在其自传中坦言的一样，如今的保守党人士大多仍是“撒切尔的孩子”，这在约翰逊2月组成的新内阁中体现得尤为明显。2012年出版、标志着英国新右翼崛起的小册子《挣脱锁链的不列颠》（*Britannia Unchained*）五位作者中的四位——多米尼克·拉布、普丽蒂·帕特尔、夸西·夸腾和丽兹·特拉斯均为约翰逊政府高级官员。其中夸西·夸腾更成为约翰逊政府商业、能源和产业战略部负责商业、能源和绿色增长的国务大臣。前国际贸易大臣福克斯更是在新政府上台后呼吁直接放弃产业战略，“政府撤回才能让自由市场更有效运转”①，这反映了新自由主义意识形态仍然强大。在高级阁员长期对产业战略概念抵触的情况下，可以预见到约翰逊政府会在特雷莎·梅产业战略基础上回调。

然而，本届政府又是以“一国保守主义”为门面、由一位灵活首相掌权的政府。约翰逊本人被前财相黑斯廷誉为“英国当代最灵活的政治家”，深知小政府和激进的去监管不受选民欢迎。② 选举中，约翰逊一再宣称自己

---

① Gordon Rayner, “Former Trade Minister Asks: ‘Do We Really Need an Industrial Strategy?’”, *The Telegraph*, 13 January 2020, https://www.telegraph.co.uk/politics/2020/01/13/former-trade-minister-asks-do-really-need-industrial-strategy/.

② George Ryan, “Heseltine: Boris Johnson Is the Most Flexible Politician of Modern Times”, *Belfast Telegraph*, 27 November 2019, https://www.belfasttelegraph.co.uk/news/uk/heseltine-boris-johnson-is-the-most-flexible-politician-of-modern-times-38732542.html.

的意识形态是“一国保守主义”。而根据《经济学人》分析，约翰逊的“一国保守主义”意味着左翼经济政策和右翼文化政策的结合，与卡梅伦的做法正好相反。在一次内阁会议上，约翰逊形容自己“基本上是一个脱欧派的赫塞尔廷（Brexity Hezza）”，而赫塞尔廷正是20世纪80年代运用了开拓性的产业政策，结合国家和私人投资，做出了振兴英国破败地区的努力。①

总的来说，国际国内的背景决定了产业政策在英国的复兴趋势没有改变，约翰逊政府将根据其特定的国内政治优先，在吸收前任的成败经验上发展有自身特色的产业政策。

二　约翰逊政府产业政策的初步特点

约翰逊2019年7月接任特雷莎·梅成为英国首相后，较长一段时间受困于议会僵局和脱欧博弈，未能有效推进国内政治议程，12月大选取得压倒性胜利后，其关于产业的政策主张和计划逐步清晰，但2020年3月以来抗击新冠肺炎疫情成为政府主要任务，相关计划又有所延误。但总的来看，约翰逊政府的产业政策展现出以下特点。

（一）以基础设施、技能、创新为产业政策三要素

2019年12月大选后约翰逊首相在首次演讲中提出了“变革国家——更好基础设施、更好教育、更好科技”的目标。② 同月女王在国会开幕致辞中也提到“政府将把基础设施和世界领先科学研究和技能投资视为优先，以提高生产力，改善全国各社区的生活条件”。③ 几个月以来，约翰逊政府积

① “Boris Johnson Is Reinventing One-nation Conservatism”, *The Economist*, 2 January 2020, https: //www. economist. com/britain/2020/01/02/boris - johnson - is - reinventing - one - nation - conservatism.

② “Boris Johnson's Victory Speech in Full”, *BBC*, 13 December 2019, https: //www. bbc. com/news/election - 2019 - 50777071.

③ The UK Government, “Queen's Speech December 2019”, 19 December 2019, https: //www. gov. uk/government/speeches/queens - speech - december - 2019.

极布局，其产业政策的三要素——基础设施、人才技能和科研创新已较为清晰。政府将这三要素视为提升生产力、解决地区发展不平衡问题的有效路径。

基础设施被视为打破发展瓶颈、促进地方经济产业发展、改善地区发展不平衡的核心。2020 年 2 月，约翰逊首相力排众议，推进建设高速铁路 2 号线。3 月的政府预算宣布 5 年内增加 1000 亿英镑投资基础设施，并宣布将在英国落后地区建立 10 个在正常关税和税务区外的自由港。[①] 政府还计划发布《国家基础设施战略》（发布时间因疫情而推迟）对此做出总体规划，提出交通、地区增长、减排、电子基础设施的目标。为此政府也打破了一些规则束缚，如财政部修改评估大型投资项目的“绿皮书”，改变了对北部地区不利的规则。[②] 除公路、铁路等基建项目之外，数字基础设施也是约翰逊政府提升基础设施的重点。约翰逊首相此前就做出过“2025 年之前英国全面实现全光纤宽带”的承诺，5G 建设也是新政府重点。为实现这一目标，3 月的政府预算做出了新的投资承诺，确认了投资 50 亿英镑用于帮助偏远地区接入千兆宽带，同时将花费 5.1 亿英镑将 4G 移动覆盖范围扩大到英国 95% 的地区。[③] 作为立法保障，政府正推进《电子通信基础设施法案》，加速宽带网络建设。

科研和创新是约翰逊政府产业政策的另一大要素。面对英国创新能力的成就与潜在问题，政府主要有两个方向。第一个是继续加大对科研的投资。在 2019 年 12 月大选的竞选纲领中，政府重申了 2027 年之前科研投入占 GDP 的 2.4% 的承诺。在 3 月的政府预算中，政府做出承诺，在本届议会结束前将公共研发支出提高到 220 亿英镑，这将使公共研发支出占 GDP 的 0.8%，超过

---

① “Budget 2020: Chancellor Will Promise ‘Record’ Infrastructure Spend”, *BBC*, 10 March 2020, https://www.bbc.com/news/uk-politics-51823021.

② Faisal Islam, “Can the Treasury Computer Say ‘Yes’ to Northern Spending?”, *BBC*, 7 January 2020, https://www.bbc.com/news/business-51012590.

③ The UK Government, “Budget Speech 2020”, 11 March 2020, https://www.gov.uk/government/speeches/budget-speech-2020.

美国、中国、日本和法国。[①] 此外，政府也承诺将改善科学管理体系，维持英国作为世界科学超级大国的地位。第二个是推动科研创新，以拉平地区差距。英国在一些领域拥有世界顶尖的创新能力，但创新的扩散能力和应用能力存在缺陷。[②] 如何使科研创新造福各地区发展，改善英国生产力，是政府工作的难点。在这一方面，政府也有一些计划。2020 年 7 月，英国政府正式发布《英国研究与发展路线图》，确保科学研发服务本地经济。此外，政府也在研究如何更好利用英国创新发展网络中重要的弹射中心（Catapults），以加强当地的研发能力，提高生产力。

针对英国存在明显的人才和技能缺口，约翰逊政府试图从移民政策和教育政策两方面着手。政府利用脱欧后移民政策的自由度，以新的“全球人才签证”取代之前的 Tier - 1 签证，以快速通道吸引科学人才，首次准许英国研究和创新署（UKRI）担保申请人，加大申请灵活性，并保证为科学家和研究者定居提供快速通道。同时，政府也加大了自上届政府开始的技能培训力度。未来一年政府将对 16 ~ 19 岁的公民的教育投入 4 亿英镑，是 2010 年以来对这一阶段教育最大的一笔注资。政府还承诺要在本届议会期间，成立 30 亿英镑的“国家技能基金”[③]，在英格兰地区兴建 20 所职业技术学校，建立继续教育学院、大学和雇主之间的合作，为数字、建筑、先进制造和工程等关键产业输送人才。

（二）约翰逊政府对前任政府产业政策的继承和改变

约翰逊政府产业政策的继承性显而易见。首先，基础设施、人才技能和科研创新这三要素均为前任政府所强调。前几任政府均强调英国的

---

① Erik Stokstad, “UK Cues Up Big Funding Increases for R&D”, 11 March 2020, https://www.sciencemag.org/news/2020/03/uk - cues - big - funding - increases - rd.

② Michael Kitson, “Innovotion Policy and Place: A Critical Assessment”, July 2019, https://michaelkitson.files.wordpress.com/2019/07/innovation - policy - and - place - final - draft - preprint - version.pdf.

③ The UK Government, “Queen’s Speech December 2019”, 19 December 2019, https://www.gov.uk/government/speeches/queens - speech - december - 2019.

基础设施缺口，梅政府《产业战略》的五大基础之一即为基础设施，其任命的英国基础设施委员会发布的报告为新政府基础设施战略提供了基础，技能培训和科研创新同样是上一届政府的重点。约翰逊政府承诺投资的几大机制均为前几届政府创造，职业技术培训和 T 级资格认证均为梅政府引入。

约翰逊政府产业政策的地方性也吸收了梅政府的经验和教训。梅政府在《产业战略》中提出“产业战略本土化”，鼓励各地区根据自身发展需求发展产业战略，但整体进展不大，制定的 2020 年英格兰各地区发布本地产业战略的目标没有实现，如何整合各地区产业战略也无清晰设计。约翰逊政府同样强调产业政策应服务地区发展，打出“拉平地区发展差距”口号，但倾向于更务实的方式，如基础设施投资向不发达地区倾斜，以及计划给予各社区更多预算控制权等。

约翰逊政府产业政策的改变也同样显著。

首先，收缩和聚焦明显。相比前任政府“五大基础”、“四大挑战”、“行业协议”和“地区战略”，新政府收缩明显，主要聚焦三个核心要素——基础设施、人才技能和科研创新，同时以拉平地区发展差距为主线。

其次，政府有意淡化战略色彩。相比前一届政府对于产业战略的大张旗鼓，新政府明显调低了战略的调门。虽未取消上一届政府的产业战略部门架构，该部门网站上“发展并实现一个全面的产业战略”仍被列为该部门和大臣的职责，但在无论是约翰逊还是大臣夏尔玛本人的演讲和官方表态中均未再提及产业战略甚至产业政策，显示“产业政策”一词在本届政府内部仍存争议。

最后，约翰逊政府产业政策更接近水平的产业政策而非垂直的产业政策，因而更符合新自由主义的保守党传统。特雷莎·梅政府《产业战略》中有明显垂直产业政策特征，提出要扶植电池、无人驾驶等下一代技术产业。但到目前为止，约翰逊政府对圈出特定产业更为谨慎，强调应创造有利于企业成长发展的环境，而非“选择赢家”、创造国家领先企业。保守党智库政策交流产业政策项目负责人杰弗里·欧文就认为上届政府选定的产业有问题，以电池行业为例，英国已落后东亚20年时间，“国家无法选定未来产业，还是要创造适合产业生长的环境”。[①]

（三）应对产业政策的传统难题

英国历届政府产业政策的另一重要层面就是应对传统难题，主要是传统产业救助和维持开放与保护的平衡。在这一层面，约翰逊政府的一些动作也值得关注。

从目前看，在对传统产业的救助上，约翰逊政府仍然基于全面考量。一方面，政府仍强调应遵循市场逻辑，不能资助错误的商业模式。但是近年来政府对传统制造业之于英国地区发展的系统性意义有更清醒的认识。传统产业是地区创新和增长的关键来源，一些企业的破产往往给整个社区的经济社会都造成严重后果。因此，约翰逊政府在传统产业救助上展现了较强意愿。2019年5月英国钢铁陷入破产困境，正在竞选保守党党魁一职的约翰逊就再三表示将尽力拯救英国钢铁，此后在为英钢提供支援和接洽卖家上发挥了重要作用，最终促成2020年3月河北敬业完成对英国钢铁公司（British Steel）的收购。英国钢铁工会秘书长罗伊·瑞克哈斯（Roy Rickhuss）表示英国钢铁公司最终能够找到新买家，是因为政府认识到钢铁产业对工业基础的重要性，是积极的产业战略在行动。

此外，约翰逊政府也将投资保护问题向前推进一步。2018年中特雷莎·梅政府就勾勒了对于投资的国家安全审查的改革方案，但未能实施。约翰逊政府上台后，在美国私人资本集团Advent通过子公司AI Convoy Bidco收购英国国防企业Cobham、中资背景的Gardner航空收购精密制造厂商Impcorss、中国基金Aerostar收购Mettis航空等几起并购案上都采取了积极

---

① Geoffrey Owen, “Britain’s National Champions Can Thrive Without Protection”, *Financial Times*, 17 March 2017, https://www.ft.com/content/6b07db66-0a44-11e7-ac5a-903b21361b43.

干预的手段，并明确将推动《国家安全和投资法案》，加强政府调查和干预收购商业交易，以保护国家安全。[①]

三　脱欧和疫情对产业政策的可能影响

从上述分析可以看出，约翰逊政府产业政策立足于前任政府产业政策的基础，体现了本届政府的施政优先，已具备一些初步特征，如以基础设施、人才技能和科研创新为主要着力点，强调拉平地区发展差距；更侧重水平产业政策来营造良好商业环境，而非“选择赢家”。但是，考虑到约翰逊政府上任时间尚短，其产业政策仍在演进之中，而脱欧和疫情将成为两大重要的影响因素。

（一）脱欧因素

脱欧对英国经济和产业的不确定性并未因为英国正式脱欧、“硬脱欧”模式已定而消除。英格兰银行、诺丁汉大学和斯坦福大学的联合研究显示，脱欧公投三年多以来，脱欧使英国企业的不确定性不断上升，成本、出口和销售均受影响，加重英国制造业在投资、技能和创新上的负担。[②] 脱欧对生产力高、国际化程度高的英国顶尖企业负面影响更大，如深度融入欧盟供应链中的汽车行业、制药医疗等行业均面临供应链受阻、原材料价格上涨等问题。

同时，脱欧也为产业政策创造更大空间。“硬脱欧”让英国有更广阔空

① Caroline Thomas, Glenn Hall and Mark Daniels, “UK National Security Reforms Move Out of the Shadows: National Security and Investment Bill Proposed in Queen’s Speech”, January 2020, https://www.nortonrosefulbright.com/en/knowledge/publications/031e065d/uk - national - security - reforms - move - out - of - the - shadows.

② Vassilis Fouskas, “Brexit Demands a Coherent New Industrial Policy”, 16 April 2019, https://www.financialdirector.co.uk/2019/04/16/brexit - demands - a - coherent - new - industrial - policy/.

间引入选择性的产业政策，将“公共利益”重新引入竞争政策中。[①] 约翰逊政府在大选前的宣传中，表达了脱欧后加大政府干预的意愿，暗示脱欧将成为英国急剧改变产业政策的机遇。2019 年 11 月，约翰逊曾宣布将“使英国政府在脱欧后更快更简单地干预受困产业”[②]，此外还宣称将“彻底改变”政府采购规则以支持英国企业。这番表态被英国驻欧盟前任大使伊凡·罗杰斯解读为特朗普“买美国货”政策的翻版。

约翰逊政府当前的一些产业相关政策反映了脱欧的现实需求，如政府加大对科研的支持一定程度上是对脱欧后失去欧盟研发资助而做的补偿和回应。然而，脱欧因素对英国产业政策的影响仍在发酵中，英国产业政策如何随着脱欧演变而演变仍值得观察。

第一，英国产业政策能否为脱欧冲击提供必要保护。从目前看，约翰逊的产业政策无论是力度还是规模，均尚未达到与脱欧冲击匹配的程度。如针对高度依赖准时交货的产业，英国尚未开始培养本国零部件供应商，以减少该行业对进口的严重依赖。此外，英国政府积极构建贸易上的“全球英国”，试图将英国贸易从欧洲转移到美国和远东，需要与拥有不同消费市场和比较优势模式的国家建立新的经济关系，这也要求政府或准公共机构引导企业抓住机遇、适应新的贸易格局。

第二，英国产业政策能在多大程度上利用脱欧“自由度”仍存在不确定之处。欧盟将“监管一致”作为达成协定的重要条件，竞争政策以及国家援助规则仍是英欧第二阶段谈判的重点和难点。英国若希望与欧盟保持密切的贸易关系，则必须实施与欧盟相当的国家援助制度，并保证有效且有力的独立执行程序。[③] 此外也有专家指出，英国与欧盟达成的《北爱尔兰备忘录》的第十条和第十二条已经制造了欧盟国家援助规则继续适用于英国的

---

① Nicholas Crafts, “Industrial Policy in the Context of Brexit”, *Fiscal Studies* 39 (4), 2018: 685 - 706.

② Sebastian Payne and Chris Giles, “Boris Johnson Backs Looser State Aid Rules After Brexit”, 20 November 2019, https: //www. ft. com/content/e46f977e - 12b5 - 11ea - a7e6 - 62bf4f9e548a.

③ Erika Szyszczak, “When State Aid Gets Political”, 9 June 2020, https: //blogs. sussex. ac. uk/uktpo/2020/06/09/when - state - aid - gets - political/.

效果，英国的回旋余地很小。[①] 因此英国的“自由度”可能没有想象中的大。[②] 在政府采购问题上也是如此，英国政府强调了将改变当前的采购规则，但是鉴于英国对WTO框架下的《政府采购协议》的承诺，政府能获得的自由度也较为有限。

（二）疫情因素

2020年初开始的新冠肺炎疫情对国际格局、国际贸易、产业链供应链和各国经济产业运行已造成巨大冲击，也将成为约翰逊政府产业政策演进的一个重大变量。

在此次疫情中，英国的经济和各产业均受严重冲击。据经合组织预测，综合考虑英国疫情较为严重、封城措施引入较晚、服务业为主导的经济易受疫情影响等因素，如果能避免疫情的第二波冲击，英国经济将在2020年收缩11.5%，若第二波无法避免，收缩程度将达到14%。[③] 疫情对制造业的冲击尤为严重，根据《金融时报》报道，英国制造业2020年收缩10%，英国航空、汽车制造的产出，外贸和国内订单降至金融危机时期水平。[④] 疫情以来，政府收到航空公司、钢铁、货运、能源等诸多产业求助。[⑤] 捷豹路虎公司正在向政府寻求10亿英镑的救助。英国财政部向各类企业提供了四种贷

---

① George Peretz, “Is There any Scope for Agreement Between the EU and UK on Subsidies?”, *UKSALA*, 14 April 2020, https: //uksala. org/is – there – any – scope – for – agreement – between – the – eu – and – uk – on – subsidies/.

② David Bailey, “State Aid After Brexit”, *UKSALA*, 12 December 2019, https: //ukandeu. ac. uk/state – aid – after – brexit/.

③ Chris Giles, “OECD Forecasts Deeper Recession in UK than Other Rich Nations”, *Financial Times*, 10 June 2020, https: //www. ft. com/content/d936d27f – 9e2b – 4e6a – 91f4 – 3940d6bf64cb.

④ Alan Tovey, “Airbus Asks Government to Consider ‘Airline Scrappage Scheme’”, *The Telegraph*, 7 June 2020, https: //www. telegraph. co. uk/business/2020/06/07/airbus – asks – government – consider – airline – scrappage – scheme/.

⑤ Jim Pickard and Michael Pooler, “UK Treasury Resists Clamour for Industry Bailouts over Coronavirus”, *The Financial Times*, 1 April 2020, https: //www. ft. com/content/fe21eaff – d91d – 4306 – 960e – da567dc84334.

款，但是大型制造商仍然难获得必要援助。[1] 为此，财政大臣苏纳克已授权一项代号为“桦树计划”（Project Birch）的救助方案以拯救“有战略性意义的公司”，但具体细节尚未披露。有分析指出，正如金融危机后英国政府大量购买银行股份一样，疫后英国财政部将成为诸多企业的重要投资者。[2]

此外，疫情以来一些与产业相关的问题也引起了极大关注和讨论。

首先，疫情中英国和其他欧洲国家一样，关键医疗用品严重依赖进口，供应链脆弱问题凸显。英国在一系列关键物品供应上都依赖中国，止痛片、抗生素和抗病毒药物原料的50%依赖中国，此外还有重要工业化学品、金属和电子器件等。[3] 针对以上情况，英国政府已有所反应。据《泰晤士报》报道，2020年5月约翰逊首相已部署代号为“防御计划”（Project Defend）的战略，由外交大臣拉布牵头，识别关键的供应链脆弱点，以实现包括药品和个人防护用品在内的关键物品进口多元化。报道同时指出政府或采取一些政策支持关键生产能力“回流”英国。

其次，疫情冲击下，欧洲各国均利用经济刺激和复苏计划，引领未来经济发展模式，甚至不少在英国看来是以拯救经济之名，行产业政策之实。疫情刺激欧洲加大产业政策力度，对英国造成了心理冲击和客观竞争。《每日电讯报》的一篇评论称，疫情使各国政府都通过复苏来调整经济结构，甚至是“掠夺性”的产业战略，特别列举了德国政府用90亿欧元救助汉莎并获得20%的股权、支持汽车巨头电气化转型以及欧盟7500亿欧元复苏基金

---

① Michael Pooler and Daniel Thomas, “UK Manufacturers Call for Business Rates Break to Aid Recovery”, *The Financial Times*, 15 June 2020, https://www.ft.com/content/5814cccc-6e36-4706-907b-85410b941b73.

② Telegraph Reporters, “Jaguar Land Rover in Rescue Talks After Sales Collapse”, *The Telegraph*, 24 May 2020, https://www.telegraph.co.uk/business/2020/05/24/jaguar-land-rover-rescue-talks-sales-collapse/.

③ Telegraph Reporters, “Boris Johnson Wants Britain to Be Less Reliant on Chinese Supplies in Wake of Coronavirus”, *The Telegraph*, 22 May 2020, https://www.telegraph.co.uk/news/2020/05/22/boris-johnson-wants-britain-less-reliant-chinese-supplies-wake/.

对产业的直接救助。[①]

英国经济和产业受冲击的现实以及疫情中政府对产业的思考均会影响未来英国产业政策的演变和发展。疫情让价值60亿英镑的基础设施项目暂停，财政部本应在3月发布的《国家基础设施战略》也暂缓发布。[②] 鉴于疫情造成的巨大经济冲击，英国政府有更大的紧迫感，以产业政策结合财政和货币手段引领经济复苏和重建。未来有以下几点值得关注。

第一，疫情使英国决策者受到更大压力，采取积极的选择性产业政策，但对企业的必要救助是否会发展为选择性的产业政策，这点并不清晰。对于一些破产会对经济及社会造成不成比例伤害的战略意义企业，政府不得不出手拯救。同时，英国各邻国纷纷以产业政策扶植本国企业[③]，将在汽车、航空等产业与英国构成巨大竞争，政府也不能无动于衷。

然而，救助特定产业的目标、标准和退出机制仍未明确。“桦树计划”是否会发展为20世纪70年代的“国家资产委员会”，将救助企业的应急政策变为直接的产业政策尚未可知。航空航天、国防制造、化学和药品无疑十分关键。对地方经济和就业有支撑作用的传统制造业是否也需救助，以什么标准救助产业，政府如何保证没有在“资助失败的商业模式”，目前这些问题的答案并不清晰。[④]

第二，“提高产业链韧性”的政策是否可行，如何避免这一政策的负面效应尚不明确。目前，英国政府尚未提出提高产业链韧性的具体目标，分析

① Michael Pooler and Daniel Thomas, “UK Manufacturers Call for Business Rates Break to Aid Recovery”, *The Financial Times*, 15 June 2020, https://www.ft.com/content/5814cccc-6e36-4706-907b-85410b941b73.

② Gill Plimmer and Jim Pickard, “Pandemic Puts Hold on £6bn Infrastructure Projects”, *The Financial Times*, 11 June 2020, https://www.ft.com/content/7b3a4c0f-ac9e-4968-9c52-b2ea0f03946b.

③ Massimo Motta, Martin Peitz, “EU State Aid Policies in the Time of Covid-19”, *VoxEU*, 18 April 2020, https://voxeu.org/article/eu-state-aid-policies-time-covid-19.

④ Matthew Lynn, “Selective Retaliation Is Needed to Keep European Predators at Bay”, *The Telegraph* 6 June 2020, https://www.telegraph.co.uk/business/2020/06/06/selective-retaliation-needed-keep-european-predators-bay/.

人士认为可能包括一定程度的产业链回流和构建平行产业链。但是实现这些目标并不简单。单以药品为例，根据世卫组织标准，有460多种药物被列为一国医疗体系运转的必备药物，英国政府将选择哪些药品应“本地化生产”？而让企业改变其数十年经营的全球性生产基地和合作供应链关系，将给企业带来极大成本，英国政府需设计出极大的激励机制才能让“命令”落地。①

此外，不少媒体都将英国政府提高产业链韧性的政策与外交大臣拉布4月“疫后和中国关系不会一样”的表态联系起来，认为这是某种形式的“去全球化”，甚至是与特定国家“脱钩”。《经济学人》2020年5月题为“全球化已死”的封面文章就指出，以提高产业链韧性而主张制造业回流加速是全球化衰退的重要表象。② 然而，如英国制造商的组织“英国制造”（Make UK）声明所言，英国企业极度依赖全球贸易体系，也需要优先进入关键出口市场。③ 英国决策者如何能在提高产业链韧性的同时，避免加剧全球贸易体系的持久负面影响，这也考验决策者的治理能力和政治智慧。

结　语

产业政策在英国的复兴来源于英国对地区发展不平衡、技能赤字、生产力谜团等经济深层次问题的反思。从约翰逊政府执政以来的政策动向看，本届政府力图实现提升推动深度变革而必需的政策持续性、规模性和协调性，

① Sam Roscoe, “Building Supply Chain Resilience: a Reflection on ‘Project Defend’ and the Reshoring of Manufacturing”, *UKTPO*, 28 May 2020, https://blogs.sussex.ac.uk/uktpo/2020/05/28/building-supply-chain-resilience-a-reflection-on-project-defend-and-the-reshoring-of-manufacturing/.

② “Has Covid-19 Killed Globalisation?”, *The Economist*, 14 May 2020, https://www.economist.com/leaders/2020/05/14/has-covid-19-killed-globalisation.

③ “Project Defend: New Approach to National Security Aims to Diversify Supply and ‘Reshore’ Manufacture”, The Institute of Export and International Trade, 22 May 2020, https://www.export.org.uk/news/509100/Project-Defend-New-approach-to-national-security-aims-to-diversify-supply-and-reshore-manufacture.htm.

也在避免重走 20 世纪 70 年代的老路，坚持有别于欧陆、较为有限的产业政策。

由于约翰逊政府执政时间尚短，诸多政策仍然停留在设计和承诺阶段，其实效有待观察。归根到底，产业政策服务英国企业和经济，因此也将随着国际形势和英国国内经济形势的改变而演进，脱欧、疫情注定将留下深刻印记。总的来说，约翰逊政府产业政策的进一步走向和成效值得持续关注。

B.7
英格兰北部地区城市群的治理新发展

穆 婕*

摘 要： 在英国脱欧和全球新冠病毒疫情的大背景下，英格兰北部地区城市群的重要性日益凸显。英格兰北部城市群近年来的新发展首先体现在政府结构上，如大曼彻斯特城市地区由直选市长管理，提高了治理水平，加快了权力下放的步伐；此外，英格兰北部城市群增加了对公共服务的投入；最后，城市转型带动产业转型，新兴企业在该城市群的聚集效应初显，“聚集企业，升级产业”的模式标志着北部城市治理发展进入了新阶段。首相鲍里斯·约翰逊在后疫情时期继续推动“北部振兴计划”，使北部城市群在英国脱欧后成为全国经济增长的新亮点。在新冠肺炎疫情全球蔓延的背景下，本文通过观察英格兰北部地区城市群的抗疫策略和纾困政策，发现其城市治理能力遭遇重大挑战。今后，在英国纾困政策的指导下不断寻找复工复产与抗疫的平衡点，结合自身城市特色和情况，在保障公共医疗资源的供给的同时推进产业转型，保障经济发展，进一步权力下放是英格兰北部地区城市群治理能力提升的新方向。

关键词： 英格兰北部地区城市群 北部振兴计划 产业升级 抗疫政策

---

* 穆婕，北京邮电大学讲师，北京外国语大学英语学院英国研究中心博士生，主要研究方向为英国公共政策。

英格兰北部地区城市群是指曼彻斯特、利兹、利物浦和谢菲尔德等城市组成的联合群，地理位置在大伦敦地区以北。这些城市均毗邻煤铁等产区，在18世纪工业革命浪潮中崛起为英国首屈一指的工业城市。但从20世纪70年代开始，随着英国经济向服务业转型，北部地区城市的加工业和贸易业逐渐倒闭和外迁，就业岗位锐减引发人口外迁，城市陷入衰退，经济社会发展整体落后于大伦敦地区，成为英国的“铁锈带”。

在英格兰北部地区城市群经济发展长期落后的背景下，通过城市转型推动地方经济转型升级这一治理目标是英国近几届政府的施政要点。“北部振兴计划”力求将北方诸城结成一个整体，发挥城市集群效用。这一雄心勃勃的计划代表了英国政府对重振老工业区经济的高度重视，也为英格兰北部地区城市治理提供了新动力。

一　英格兰北部地区城市群发展的新变化

《英国城市生产力报告》显示，2015年英国62个城市中有50个落后于全国平均水平，其中包括曼彻斯特、利物浦等英格兰北部大城市。在高于全国平均水平的12个地区中，有8个位于英格兰大东南地区，英格兰大东南地区的生产率比其他地区高出44%，如果其他地区能够达到东南地区的水平，英国的整体经济将提升近2030亿英镑。[①] 这表明英格兰北部地区城市群经济与大伦敦地区存在明显差距，可以为英国经济发展提供充足的空间。英国政府的对策是通过促进北方地区城市群治理，提升这一地区城市的整体竞争力，从而带动北方地区城市群的经济发展。

① Centre for Cities, “The Role of Place in the UK’s Productivity Problem”, November 2017, p. 2, https://www.centreforcities.org/wp-content/uploads/2017/11/17-11-15-The-role-of-place-in-the-UKs-productivity-problem.pdf.

（一）政府结构的变化

脱欧正在重新塑造英国的政治治理方式，其中一个比较突出的形式就是在更多英格兰北部城市引入直选市长，并让市长在城市治理中发挥更大的作用。现阶段，英国政府正以权力下放的方式改变着这一地区城市治理的结构，提供机会让地方发展，增强社会和经济包容性。①

直选市长是英格兰权力下放的一种形式，在英格兰北部城市地区实行直选市长有可能重新平衡经济，同时减少社会分化和民众对英国中央政府的不信任。② 直选市长已迅速成为政府支持地方经济发展的制度安排。例如，直选市长可以与中央政府共同确定英国脱欧后可能将哪些收回的权力下放到地方政府。英国脱欧后重新在全球经济中定位时，直选市长的决策可能更符合城市发展实际，且有能力照顾地方民众的利益。英国脱欧后，城市治理水平的提升将是促进国家繁荣和政治稳定的重要一步。③

曼彻斯特是北部地区城市群中第一个由直选市长管理的城市。直选市长并未牺牲大曼彻斯特市镇的优先权或者地方特性。地方议会在解决居民日常生活问题方面仍发挥主导作用。大曼彻斯特同意选举地区市长是为了换取更多权力以及控制地方预算，市长可以对地方民众和中央政府负责。④ 市长指导大曼彻斯特联合地方行政当局（Greater Manchester's Combined Authority）的工作，在经济、交通、警务和消防领域发挥领导作用。市长可以在一些领

---

① GMCA, "Our People Our Place: The Greater Manchester Strategy", October 2017, p. 7, https://www.greatermanchester-ca.gov.uk/media/1084/greater_manchester_summary___full_version.pdf.

② Max Lemprière and Vivien Lowndes, "Where Next for England's City Regions? How Will the New Government and Brexit Impact Devolution and Combined Authorities?", INLOGOV Blog, 10 March 2020, https://inlogov.com/2020/03/10/where-next-for-englands-city-regions-how-will-the-new-government-and-brexit-impact-devolution-and-combined-authorities/.

③ Sarah Ayres and Andrew Beer, "After Brexit, the Case for More Powerful Local Government in England Will Become Stronger than Ever", CityMetric, 14 November 2018, https://www.citymetric.com/fabric/after-brexit-case-more-powerful-local-government-england-will-become-stronger-ever-4344.

④ GMCA, "The Mayor", https://www.greatermanchester-ca.gov.uk/the-mayor/.

域独立决策，在另外一些领域则需要与大曼彻斯特地方政府成员协商，有时需要获得一致支持，有时需要获得多数支持。①

直选市长的治理能力主要通过两个途径实现。首先是通过与大曼彻斯特其他领导人谈判和妥协实现的。市长与商界、工会、雇主和雇员等有效沟通，达成目标。第二个途径是将合作的方式应用到与中央政府的工作和协调之中。联合地方行政当局主要依靠中央政府提供资金，而中央政府在提供资金时倾向于附加条件。所以地区政府总是说：不要附加条件，地区政府需要灵活支配资金，中央政府应该放松管控。② 大曼彻斯特联合地方当局和大曼彻斯特市长共同负责宪法中规定的整个城市地区的核心决策和一系列职能。③

2017 年 5 月后直选市长的治理能力和召集能力逐渐显现，有效促进了大曼彻斯特的城市发展。2018 年，大曼彻斯特制定了 2009 年以来的第三个战略“我们的人民，我们的地区”（Our People，Our Place），它围绕公共服务和经济增长，注重确保大曼彻斯特人民因为经济发展及其带来的机遇而受益。该战略在实现经济增长的同时，关注教育和技能、健康、福利、环境和就业等方面。④

（二）公共服务的态势

公共服务是城市管理的重要内容，英格兰北部地区近年来加大了对公共服务的投入，在提升居民的幸福感和安全感、城市舒适度和便利度方面做了很多尝试和努力，成效显著，但与伦敦地区相比仍存在一定差距。

---

① GMCA, “The Mayor”, https://www.greatermanchester-ca.gov.uk/the-mayor/.

② Margot Gagliani and John Wrathmell, “Greater Manchester: a Devolved City Region that Is Still Evolving”, Centre for Public Impact, 10 April 2019, https://www.centreforpublicimpact.org/greater-manchester-devolved-city-region-still-evolving/.

③ GMCA, “Greater Manchester Local Growth Assurance Framework”, January 2019, p. 12.

④ GMCA, “The Greater Manchester Strategy”, https://www.greatermanchester-ca.gov.uk/ourpeopleourplace.

从表 1 可见，整个英国 2018 ~2019 年度可辨识公共服务支出扣除物价影响因素，人均 9584 英镑，整个英格兰地区可辨识公共服务支出为人均 9296 英镑。伦敦地区为人均 10425 英镑。东北部地区公共服务支出为人均 10183 英镑，较上一年度增长 265 英镑。西北部地区人均公共服务支出为 9865 英镑①，约克郡 - 亨伯地区的人均公共服务支出为 9123 英镑，略低于英国人均水平和英格兰地区人均水平。从 2017 ~2018 年度到 2018 ~2019 年度增长幅度上来看，英格兰北部地区的平均增幅为 0.85%，增幅最大的是东北部地区，增幅为 2.6%，最小增幅为西北部地区的 -0.83%。而英格兰大东南地区的平均增幅为 1.2%，最大增幅地区为东部地区，增幅为 2.7%，东南部地区增幅为 2%，西南部地区增幅为 1.2%。

表 1　英国可辨识公共服务人均实际支出（扣除物价影响因素）

单位：英镑

地区＼年度	2014 ~2015 年度结算数字	2015 ~2016 年度结算数字	2016 ~2017 年度结算数字	2017 ~2018 年度结算数字	2018 ~2019 年度结算数字
东北部	10150	10242	10047	9918	10183
西北部	9939	9990	9793	9948	9865
约克郡 - 亨伯	9342	9386	9180	9070	9123
中东部	8817	8758	8582	8518	8601
中西部	9414	9251	9175	9075	9242
东部	8595	8646	8411	8506	8736
伦敦	10588	10726	10464	10490	10425
东南部	8359	8428	8437	8430	8601
西南部	8929	8897	8810	8799	8910
英格兰	9333	9363	9210	9209	9296
苏格兰	10990	11091	10996	11020	11247
威尔士	10590	10596	10452	10567	10656
北爱尔兰	11816	11577	11402	11319	11590
英国	9601	9627	9478	9482	9584

资料来源：HM Treasury，“The Country and Regional Analysis”，November 2019，p. 8，https://assets. publishing. service. gov. uk/government/uploads/system/uploads/attachment_ data/file/847025/CRA_ 2019_ -_ main_ text. pdf。

① 西北部地区 2017 ~2018 年度公共服务支出增长的部分原因是地方议会修建了默西河河口大桥（Mersey Gateway Bridge）。

从功能来看，城市公共服务支出一般包含 10 个方面，即一般公共服务支出，国防支出，公共秩序和安全支出，经济建设服务支出，环境保护支出，房屋与社区服务设施支出，医疗健康，娱乐文化、宗教支出，教育支出和社会保障支出。从表 2 可见，英格兰北部地区排在前五位的一般公共服务支出为社会保障支出、教育支出、医疗健康支出、经济建设服务支出与公共秩序和安全支出。从区域看，北部地区的社会保障支出高于伦敦地区，而教育支出和医疗健康支出则略低于伦敦地区，差距最大的是经济建设服务支出：东北部地区为人均 840 英镑，西北部地区为人均 724 英镑，约克郡 - 亨伯地区人均仅为 624 英镑，低于英国整体平均水平的 877 英镑，远低于伦敦地区人均支出的 1280 英镑。

为进一步缩小与伦敦地区的差距，英格兰北部城市群对城市公共服务的投入正在不断加大，制订了城市发展和基础设施建设的详尽计划。利兹地方议会 2019 ~ 2021 年的公共服务计划，确立了 5 个方面的城市发展核心内容，包括：第一为经济发展方面——支持商业发展和投资，为市民提供技能培训，解决贫困问题；第二为医疗健康方面——减少医疗方面的不平等，支持健康的生活方式，为市民提供更多的就医选择；第三为基础设施方面——改善交通设施，改善空气污染状况，增加市政基础设施弹性，应对气候变化带来的洪水等自然灾害；第四为居住和社区方面——保护市民安全，降低犯罪率，建设和谐社区；第五为教育方面——建设青少年友好型城市，减少教育不平等，关注青少年身心健康。①

（三）英格兰北部城市转型带动产业转型

在北方振兴计划的带动下，以曼彻斯特为代表的英格兰北部城市正在发挥集群作用，通过互联互通逐步推进企业聚集，试图首先在经济规模上向伦敦看齐。根据“数据城市”（The Data City）最新发布的调查结果，2019

① Leeds City Council，“Best Council Plan 2019/20 - 2020/21 Tackling Poverty and Reducing Inequalities”，https：//www. leeds. gov. uk/docs/Best% 2520council% 2520plan% 2520 - % 2520in% 2520full. pdf + &cd = 1&hl = zh - CN&ct = clnk.

表 2　按地区和功能统计的英国可辨识公共服务人均实际支出

单位：英镑

2018～2019年度	1. 一般公共服务支出	1）其中国内一般公共服务支出	2）其中国际服务支出	2. 国防支出	3. 公共秩序和安全	4. 经济建设服务支出	1）其中企业和经济发展支出	2）其中科学与技术支出	3）其中就业政策支出	4）其中农业、林业、渔业支出	5）其中交通支出	5. 环境保护支出	6. 房屋与社区服务设施支出	7. 医疗健康支出	8. 娱乐文化、宗教支出	9. 教育支出	10. 社会保障支出	公共服务总支出
东北部	95	94	2	1	489	840	120	81	66	87	486	113	159	2445	95	1333	4612	10183
西北部	81	79	2	1	451	724	130	81	49	52	412	362	103	2460	101	1239	4343	9865
约克郡-亨伯	71	69	2	0	441	624	117	88	55	89	276	115	164	2203	99	1325	4082	9123
中东部地区	76	74	2	1	399	618	126	89	44	91	268	106	108	2022	86	1245	3941	8601
中西部地区	98	96	2	1	405	763	110	82	50	54	467	99	123	2244	87	1325	4098	9242
东部地区	107	105	2	1	373	830	137	94	27	78	493	150	129	2031	83	1266	3767	8736
伦敦	77	75	2	1	693	1280	222	101	42	11	903	124	272	2773	126	1473	3606	10425
东南部地区	117	115	2	1	359	861	261	95	25	59	422	119	133	2021	86	1226	3678	8601
西南部地区	92	90	2	1	360	708	156	99	20	125	308	156	102	2109	87	1165	4131	8910
英格兰	91	89	2	1	448	836	165	91	40	66	474	155	149	2269	96	1292	3959	9296
苏格兰	235	233	2	1	521	1269	287	128	49	164	642	231	409	2396	187	1558	4439	11247
威尔士	171	169	2	1	453	892	205	84	42	166	395	198	260	2402	165	1365	4749	10656
北爱尔兰	209	208	2	1	662	959	212	48	53	291	354	135	411	2436	281	1476	5020	11590
英国	110	108	2	1	460	877	178	93	41	85	481	163	182	2291	112	1323	4066	9584

资料来源：HM Treasury，“The Country and Regional Analysis”，November 2019，p. 8，https：//assets. publishing. service. gov. uk/government/uploads/system/uploads/attachment_ data/file/847025/CRA_ 2019_ －_ main_ text. pdf.

年，曼彻斯特已成为英国第二大科技城市，排名仅次于伦敦。[①] 此外，曼彻斯特在科技行业的细分领域排名中也位居第二，仅次于伦敦，远超过第三的雷丁和第四的布里斯托。[②] 在创造科技工作岗位方面，曼彻斯特也以 164043 个岗位雄踞第二，岗位数几乎是排名第三的利兹的 2 倍。[③]

曼彻斯特之所以能在北部城市治理转型中独领风骚，依靠的正是企业的聚集力量。2007 年，英国著名房地产企业佩尔集团（The Peel Group）打造了如今引领英国传媒创意产业的媒体城（Media City UK）。媒体城在重建之初就通过良好的产业政策，吸引了英国广播公司（BBC）部分原驻伦敦部门迁入。[④] 目前，英国广播公司在曼彻斯特当地创造了至少 1.5 万个工作岗位，而且还联合开发商佩尔集团宣布了 10 亿英镑的追加投资，争取将媒体城规模在 10 年内再翻一番。[⑤]

在英国广播公司迁入的示范效应下，媒体城的聚集效应不断放大。英国独立电视台 ITV 迁入，新媒体创业企业也进驻英国广播公司大楼旁边的 The Landing 孵化器，提供传媒外包服务。继媒体企业的聚集效应初显后，以美国电商巨头亚马逊公司为首的一批高科技高产值公司的入驻，带来了明显的科技和创意产业集群效应。

二　英格兰北部地区城市群发展的新动力

英国南北经济发展不平衡问题由来已久，为了缩小英格兰南北地区经济发展水平差异，卡梅隆政府于 2014 年首次提出了北部振兴计划。该计划在

---

① The Data City, *The UK Digital Technology Consensus 2019*, p. 4.

② The Data City, *The UK Digital Technology Consensus 2019*, p. 10.

③ The Data City, *The UK Digital Technology Consensus 2019*, p. 15.

④ Mark Sweney, "BBC to Move More Staff and Services Out of London", *The Guardian*, 19 September 2019, https: //www. theguardian. com/media/2019/sep/19/bbc – to – move – more – staff – and – services – out – of – london.

⑤ Ian Hughes, "Media City UK Video Marks 10 Years Since Dock's Transformation", *Business Cloud*, 26 June 2017, https: //www. businesscloud. co. uk/news/mediacityuk – video – marks – 10 – years – since – docks – transformation.

行政方面，以权力下放和体制改革为主要手段；在经济方面，以加强基础设施建设为推进方式。该计划的策略是因城施策，最终达到培育城市优势产业的目的。在卡梅隆政府之后，特雷莎·梅政府时期该计划一度停滞。2018年，英格兰南部城市的生产率比北部和中部地区的生产率高43%。如果北部和中部地区城市与南部城市的生产率“持平”，英国的经济规模将增加9%，即1830亿英镑。[①] 鲍里斯·约翰逊在2019年大选获胜后，再度明确了北部振兴计划，为北部地区城市群的发展注入了新动力。约翰逊提出，应加强北部地区的基础设施建设，预计支出将高达800亿英镑。根据约翰逊的设想，除了继续支持北部大城市的发展外，北部振兴还应当惠及周边城镇。

2020年3月，英国财政大臣瑞斯·苏纳克在公布2020年度财政预算的演讲中强调了缩小南北差距的重要性。[②] 他宣布了一大笔资金和措施，专门用于整个北部振兴计划的基础设施建设和开发项目。增加英格兰北方地区的预算旨在改善当地的交通、激发城市活力、提升地方市场竞争力。

英国2020年的新预算将结束财政紧缩政策。英国政府长期以来一直实行紧缩的财政政策，一方面努力实现经常性财政收支平衡，另一方面控制政府总体债务负担，将政府每年净资本支出控制在国民经济总产出的2%。由于实行紧缩的财政政策，在基础设施建设项目上，一些耗资大、周期长、平均回报率低的项目一直难以获得通过，特别是英格兰北部相对落后地区的项目。在原有的政府投资模式下，基础设施建设主要集中在伦敦及大东南部等经济相对发达的地区。在新的预算方案中，政府将加大对经济落后地区的转移性投资，注重投资的长期经济效益，特别是促进地区发展的平衡和协调作用。

值得一提的是，在2020年3月公布的预算中，交通设施建设的资金显著增加。该预算宣布自现在起至2025年，预计将花费6000亿英镑进行基础

① Centres for Cities, “Cities Outlook 2020”, https://www.centreforcities.org/wp-content/uploads/2020/01/Cities-Outlook-2020.pdf.

② HM Treasury, “Budget Speech 2020”, 11 March 2020, https://www.gov.uk/government/speeches/budget-speech-2020.

设施建设①，包括铁路、公路和房屋等。这些预算的大部分资金将用于铁路建设，以改进交通的连通性，特别是在北部和中部地区。此外，42 亿英镑的预算将用于在北部地区建设伦敦式便利的公共交通系统。英国财政大臣瑞斯·苏纳克宣布将继续推进利兹—曼彻斯特段的高速铁路二期工程项目（HS2 项目）。该项目于 2012 年 1 月获政府批准，是英国北部振兴计划的重要组成部分。该项目原计划分为两期，一期工程为伦敦至伯明翰，二期工程为伯明翰至曼彻斯特和利兹，通车后将大大提高伦敦与英格兰北部之间的客流量，能有效促进高铁沿线地区的经济发展，增加投资，激活城市市场和引进人才。预计 HS2 项目投入运营后，沿线地区的 GDP 占比将从 2.1% 增至 4.2%。② 一些城市地区也将获得额外资金，包括预计投入 4000 万英镑在普雷斯顿—布莱克普铁路途经普雷斯顿城市地区的 Cottam Parkway 新建车站。此外，英国财政部还承诺为大曼彻斯特和利物浦地区提供为期 5 年的交通基础设施方案。这将在 2022 ~ 2023 年进行，并将为一系列公共交通、道路和自行车道改善提供资金。③ 此外，一项价值 18 亿英镑的西约克郡权力下放初步协议正在酝酿之中。④ 该协议包括为期 5 年的综合运输方案，以开发现代的大众交通运输系统。这是对投资于公共交通、步行和骑自行车的 3.17 亿英镑转型城市基金的补充。

另外，2020 年的新预算将在高需求地区建设更多房屋。在预算中，财政大臣瑞斯·苏纳克进一步承诺“建造英国”（Get Britain Building）。住房基础设施基金（Housing Infrastructure Fund）预计启用 11 亿英镑资金帮助在 9 个需求旺盛的地区建造 7 万套房屋。通过该基金，1.91 亿英镑将帮助曼彻

① HM Treasury, "Policy Paper Budget 2020", 12 March 2020, www.gov.uk/government/publications/budget-2020-documents/budget-2020.

② Richard Westcott, "HS2 to Boost UK Economy 'by £15bn a Year' Says Report", *BBC*, 11 September 2013, https://webcache.googleusercontent.com/search?q=cache:ZJ607Fk1oJ8J:https://www.bbc.co.uk/news/business-24040674+&cd=2&hl=zh-CN&ct=clnk.

③ HM Treasury, "Policy Paper Budget 2020", 12 March 2020, www.gov.uk/government/publications/budget-2020-documents/budget-2020.

④ HM Treasury, "Policy Paper West Yorkshire Devolution Deal", 13 March 2020, https://www.gov.uk/government/publications/west-yorkshire-devolution-deal.

斯特和南兰开斯特建设多达14742套房屋。西约克郡权力下放初步协议将为整个地区的住房开发提供320万英镑资金，以增加当地住房存量并满足不断增长的需求。①

三　英格兰北部地区城市群的抗疫对策

2020年初，新冠肺炎疫情在全球暴发，这使本就因脱欧震荡而低迷的英国经济雪上加霜。国际货币基金组织4月发布的《世界经济展望报告》预计新冠肺炎疫情将导致2020年英国经济萎缩6.5%。② 目前北部城市群的治理重点已转移到化解疫情的负面影响上，试图通过一系列公共措施来应对公共卫生危机和社会经济危机的双重考验。

（一）公共卫生危机及解决方案

英国国民保健署署长西蒙·史蒂文斯称，“新冠肺炎疫情给英国医疗服务体系带来了有史以来的最大挑战”。③ 自新冠肺炎疫情于3月在英国暴发，不断增加的感染人数严重挤兑了国家医疗服务体系（NHS）的医疗资源，最主要的表现是医护人员与个人防护用品短缺，这一欠缺在北部城市群的抗疫过程中也暴露无遗。

进入5月，英国各城市每日新增确诊数的前三名全部为来自大曼彻斯特地区的城市，同在北部城市群的利物浦每日新增维持在25人左右，虽然好于曼城，但疫情也不容忽视。“被遗忘的社区”为病毒感染重灾区。当地医院、养老院、社区中心等部门急缺口罩、防护服等医疗防护物资，导致疫情

① HM Treasury, "Policy Paper West Yorkshire Devolution Deal", 13 March 2020, https://www.gov.uk/government/publications/west-yorkshire-devolution-deal.

② 国际货币基金组织：《世界经济展望报告》，2020年4月，https://www.imf.org/zh/Publications/WEO/Issues/2020/04/14/weo-april-2020。

③ Laura Donnelly, "Coronavirus 'Arguably the Greatest Challenge' to Have Faced NHS, Says Health Service Chief", *The Telegraph*, 17 March 2020, https://www.telegraph.co.uk/news/2020/03/17/coronavirus-arguably-greatest-challenge-have-faced-nhs-says/.

失去控制。

为了控制疫情，英国北方城市采取了一些措施：利兹市政府在官网上开辟了专栏，每日更新疫情最新信息，同时发布相关指南和市政服务项目说明，以便市民了解相关信息。纽卡斯尔、罗奇代尔、利兹、布伦特、纽汉姆和斯劳将建立步入式新型冠状病毒测试中心，方便没有汽车的市民进行病毒测试。① 同时，各地修建了方舱南丁格尔医院。为了应对疫情升级，曼彻斯特的方舱医院已收治了较多病患，在稳定疫情、救治患者方面发挥了重要作用。约克郡可以做到掌握每一例新增确诊病例的位置，并且判断出当日新增病例最多的地方，以方便进行流行病学调查，控制疫情的进一步发展。②

北方城市群除积极采取上述措施防控疫情外，还对在疫情中暴露的医务人员和医疗资源短缺的问题进行了反思。根据英国国家医疗服务体系 2019 年度报告，英格兰地区缺少护士 39520 人，医生缺少 9183 人。③ 由于财政紧缩政策，英国政府在疫情开始之前对公共医疗资金的投入已明显不足。根据国王基金会（King's Fund）的数据，虽然国家医疗服务体系的医疗资金总额在 2019 年已达历史峰值，但过去十年间的年增速在考虑到通货膨胀的影响后仅有 1.4%，在保守党—自由民主党联合政府治下的年增速只有 1% 上下。④ 这一全国范围内的结构性问题显然影响了北方城市群的抗疫效果。

此外，北部城市地区的直选市长认为，此次抗疫应采取“更多针对本地的”应对措施，敦促放松对病毒测试和个人防护设备等领域的控制。根

① Catherine Wylie, “Leeds Chosen to Get Its Own Coronavirus Walk-In Test Centre”, 25 June 2020, https://www.leeds-live.co.uk/news/leeds-news/leeds-chosen-coronavirus-walk-test-18486842.

② Phoebe Fuller, “Every New Case of Coronavirus Confirmed in Yorkshire and Listed by Location”, 24 April 2020, https://www.leeds-live.co.uk/news/yorkshire-news/new-coronavirus-case-yorkshire-location-18147067.

③ King's Fund, “Performance of the NHS Provider Sector for the Year Ended 31 March 2019”, p.6, https://improvement.nhs.uk/documents/5404/Performance_of_the_NHS_provider_sector_for_the_quarter_4_1819.pdf.

④ King's Fund, “The NHS Budget and How it has Changed”, 19 March 2020, https://www.kingsfund.org.uk/projects/nhs-in-a-nutshell/nhs-budget.

据英国公共卫生部的最新数据，约克郡和英格兰东北部的感染率是伦敦的2倍。大曼彻斯特市长安迪·伯纳姆和其他8个城市地区的直选市长认为，他们代表英格兰的近1200万名居民，占人口的五分之一，因此大城市地区的市长应该与伦敦市长萨迪克·汗在政府会议上有同样的发言权。着眼于全国的决策正在当地制造问题。因此，在病毒检测、个人防护设备和志愿者等问题上，应采取“更多针对本地的”应对措施。

中央政府曾承诺向大曼彻斯特地区运送500000件防护用品，最终只运送了48000件，而其他地区也报告了类似的问题。大曼彻斯特市长安迪·伯纳姆成立了个人防护设备工作队，已向医院和疗养院订购了1900万件基本工具包，采购效率惊人。他说，如果该地区没有自己采购设备，那么个人防护用品的短缺将是一个“更大的问题”。利物浦城市地区的直选市长史蒂夫·罗瑟兰也对政府的“优先降额”制度感到沮丧，并且呼吁自行采购医疗防护设备。史蒂夫·罗瑟兰认为：“一个国家系统试图包揽所有事情，却没有像我们所有人所希望的那样奏效，并且政府‘能够并且应该’使地方政府更多地与个人防护用品供应商合作，协调病毒检测地点并推广追踪程序。市长、议会和当地的国家医疗服务体系比白厅更了解当地局势，也更了解当地社区的需求。”①

（二）社会经济危机及解决方案

由于北方城市群在疫情期间都采取了封闭措施，地方经济遭受了严峻考验，城市居民的工作和生活受到了很大影响。首当其冲的是低收入人群，因疫情而面临失业、没有收入的危机。这些城市都通过提供公共服务来解决疫情期间的民生问题。

以谢菲尔德市为例，地方议会为零售业、餐饮业、服务业和娱乐业商家提供10000～25000英镑的救济金，并减免商户房租、帮助中小企业获得

① Josh Halliday, “Covid – 19 Strategy too Nationally Driven, Warn UK's Regional Mayors”, 18 May 2020, https: //www. theguardian. com/world/2020/may/18/covid – 19 – strategy – too – nationally – driven – warn – uks – regional – mayors&newwindow = 1&hl = zh – CN&strip = 1&vwsrc = 0.

2000～50000英镑的贷款（贷款年限为6年，前12个月免息）。此外，还减免3月20日至6月30日的增值税。[①] 此项政策为北方城市群疫情后的经济重启提供了保障，也为未来的经济复苏保留了希望。议会还承诺帮助有困难的市民进行日常采购、获得药品，并提供心理健康热线服务。市民如出现食物短缺，可申请应急食物包裹。政府还为接触过确诊或疑似病例的基层工作者提供应急看护孩子服务等。[②]

北部各城市从实际出发，为疫情结束后的复产复工制定了一系列政策，在保证复工的同时防止疫情反弹。以大曼彻斯特为例，在餐饮行业，鼓励商户使用开放户外露台摆放餐桌。对于没有户外座位区的餐厅，允许其使用附近的广场和街道。这些措施为在适当时间重新开放室内营业提供了一种过渡。交通方面，地方政府计划对一些街道进行改造，即重点建设自行车道等相关基础设施，以供骑自行车的人和步行者长期使用。这将为城市的行人提供更多空间，使保持社交距离更容易实现。[③]

在国家政策框架下，北部各城市都在不断探索适合当地的具体措施。疫情之后，如何使人们重返工作岗位，如何恢复经济活力，同时又能保证疫情不出现反弹，将继续考验地方政府的施政能力和城市治理能力。

四 英格兰北部地区城市治理前景

英格兰北部城市群的治理在英国脱欧和疫情背景下显得尤为重要。欧盟曾经是英国的最大贸易伙伴，失去欧盟统一市场的支撑，英国将面临经济发展乏力的问题。因而，英国国内经济急需增长点。近年来，英格兰北部地区城市正在通过改进治理争取在未来为英国经济发展提供支撑。在政府结构方

---

① Sheffield City Council，“Coronavirus-Support for Business”，https：//www. sheffield. gov. uk/home/your－city－council/coronavirus－support－for－people.

② Sheffield City Council，“Coronavirus-Support for Business”，https：//www. sheffield. gov. uk/home/your－city－council/coronavirus－support－for－people.

③ “Relax Rules to Reopen City”，*North West Place*，20 May 2020，https：//www. placenorthwest. co. uk/news/comment－relax－rules－to－reopen－city/.

面，以大曼彻斯特为代表的北部城市以权力下放的形式任命了直选市长，以便进行内部沟通协调以及向中央政府争取资源。在公共支出方面，北方城市群近年来不断增加基础设施建设、教育、房屋保障等方面的预算，为今后的经济发展、吸引优秀人才奠定了坚实基础。

北部振兴计划再次进入约翰逊政府的视野，北部地区城市群的治理有望成为促进英国国内区域经济发展、缩小地区发展差距的重要途径，同时为北部地区城市群的发展提供了新的动力。

但在后疫情时代，随着疫情防控艰巨性和长期性的显现，英格兰北部城市面临着在复工复产和控制疫情之间寻求平衡的问题。此外，北部城市还需结合自身特色和情况，在保障公共医疗资源供给的同时，推进产业转型、提高居民就业水平、保障经济发展。这些都将使城市治理能力面临艰巨的考验。

B.8

不确定时代的英国高等教育

胡　婉*

摘　要： 英国的高等教育机构凭借其高质量的教学科研声誉以及在世界大学排名中的优异表现，一直是众多留学生的优先选择。经过多年体系化的发展与运营，英国在跨国教育等国际化领域始终位居前列。但在2019～2020年，脱欧和新冠肺炎疫情带来的不确定性对英国高等教育行业造成的冲击不可避免，直接影响其经济效益、教学运行、科研进展和生源。对此，从政府到高校均出台相关政策措施，力保大学稳渡疫情。

关键词： 脱欧　新冠肺炎疫情　高等教育行业

2019～2020年，英国面临脱欧和新冠肺炎疫情全球蔓延的双重挑战，高等教育领域受到较大冲击。本文将着重梳理英国大学在教学与专业发展、科学研究和国际学生招生等领域面临的挑战，并分析政府、高校和行业组织等各方采取的长短期措施。

一　疫情催生新的教育教学方式：线上线下混合式教学

在新冠肺炎疫情全球暴发以前，英国各所大学采用以线下面授为主的教

* 胡婉，博士，西交利物浦大学副教授，主要研究领域为高等教育政策、翻译教育。

学模式，在确保高质量教学的同时，为学生营造丰富多元的校园生活。然而，疫情的暴发成为全世界高校教育教学改革的分水岭，在线教育和线上线下混合教学模式由幕后走向台前。后疫情时代，线上线下混合式的教学模式或将成为常态。

（一）疫情冲击下的线上教学：影响与挑战

受疫情影响，英国各所大学自2020年3月开始，陆续转向线上教学并提供更为灵活的考核安排。教职员工也将继续为学生提供支持。这一巨大变化为学校、教师、学生带来不同程度的影响和挑战。

第一，线上教学技术门槛高。各所大学须在短时间内投入资金、人力与技术保障，开发与扩容在线直播录播平台，兼顾不同平台、设备和无线网络在速度和稳定性上的差异，并承受高并发登录线程的压力。

第二，网络教学效果尚不明朗。“以学生为中心”的互动式教学模式是英国大学的核心教育理念，高质量的学生体验则是英国提升其教育国际竞争力的核心。特殊时期，教师如何适应学生的学习需求，设计有针对性的课堂内容和讲授方式，并继续保持高水平的师生互动，是需要考虑的重要议题。此外，在线学习对学生自主学习的要求更高，学生的学习效果和学习路径都将重新定义。尽管从学习路径的角度，在线形式授课给学生提供更多的选择，包括课程录播与点播、课程回放、倍速放映等功能，但困难在于教职员工参与度有限，学生缺少与不同国籍学生的互动交流，课外扩展的支持不足。“云课堂”是否能保证疫情之前的教学效果和学习体验感，尚待挖掘。

第三，线上教学的质量保障机制尚未完善。英国教育的重要优势之一是其严谨的教育质量保障体系。英国第三方评估机构高等教育质量保障署（Quality Assurance Agency for Higher Education，QAA）不定期对各所院校的教育教学质量展开评估。2015年推行的“教学卓越框架”（Teaching Excellence Framework，TEF）为英国高校重视与改进教学质量提供重要参考。2017年颁布的《高等教育科研法》（Higher Education and Research Act）则从法案高度关注高校教学质量。① 这些完备的质量保障体系为保持英国教育的优质声誉奠定了基础。然而，面对疫情所带来的在线教育新态势，各高校如何保持质量仍然在商讨中。

第四，在线教学对于理工科和商学院的部分专业冲击较大。对于需要做实验、取数据或展开田野调查和实地调研的学科，教学效果受影响较大，实验数据无法通过虚拟平台获取，调研活动无法开展。此外，商学院的某些专业亦受到疫情的冲击。商学院的一个传统吸引力在于，学生可以在校园内发展人际网络，而新冠肺炎疫情打破了这一点。② 对诸多修读 MBA 或 EMBA 课程的同学而言，传授知识的价值只在学位课程中占到一小部分。他们付出的高昂学费大部分是为了学位背后的附加产品，如教学环节中的走访企业、面谈采访企业家、公司真实案例分析等，或是通过商学院建立人际网络，搭建职业发展平台。对于国际学生而言，商学院的体验更是帮助其获得更开阔多元人生选择的敲门砖。而疫情暴发让这些活动被迫延期、取消或小规模转为线上进行，学生的参与感和收获感都会大打折扣。

另一个存在的实际问题则是，学生是否愿意在网络授课的情况下，支付全日制课程的费用。据了解，截至 2020 年 4 月，已有 33 万的学生提出申请，要求退还学费。③ 以 MBA 课程为例，近年来，MBA 课程的费用不断上涨。许多学员接受高昂成本的原因在于他们普遍认为 MBA 文凭对工资的提升和职业发展有帮助。然而，新冠肺炎疫情带来的经济衰退动摇了学生的信念。同时，也有学生认为，用 YouTube 视频和 Zoom 会议替代课堂教学和一对一辅导，限制了他们的学习体验。④

---

① 陈慧荣：《“后脱欧时代”英国跨国教育发展趋势研究——基于〈国际教育战略：全球潜力，全球增长〉的分析》，《比较教育研究》2020 年第 5 期，第 3～11 页。

② Jonathan Moules, “How Remotely Study Is Changing Business School Life?”, *Financial Times*, 25 March 2020.

③ “COVID－19 and Impacts on the Higher Education Sector”, https：//www2. deloitte. com/uk/en/pages/public－sector/articles/covid－19－and－impacts－on－the－higher－education－sector. html#.

④ Jonathan Moules, “MBA Students Demand Tuition Fee Refunds over Campus Closures”, *Financial Times*, 13 April 2020.

（二）线上教学解决方案

面对技术、教学质量、专业运行等多方面的挑战，英国各高校、评估机构以及非高校教育平台 Future Learn 纷纷出台相应的措施。各高校在疫情期间多措并举，创新在线教学内容与形式。在质量保障层面，自 2020 年 3 月以来，高等教育质量保障署发布多项保持教育教学质量和标准的指导意见，通过一系列专题指导和支持资源，为大学各部门提供解决方案。这些指导意见的核心原则是确保数字环境下的教学质量和学习体验。比方说，为技术专家、IT 员工、课程设计人员和教师规划和协调在线学习方法，并通过强有力的项目管理及时提供数字资源。在学习体验方面，管理和回应学生的期望至关重要。“以学生为中心”的学习理念依然是在线教育的核心，鼓励教师和学生共同创作学习材料，将学生放在自己学习的核心位置。① 英国非高校教育平台 Future Learn，在其开放在线平台上更新应对新冠病毒的短期课程；与各所大学合作，加速推出各学科的网络课程；同时专为教师提供如何做好线上教学的指导课，满足各类人群对教与学的需要。

行业组织“英国大学联盟”发布的一项最新调查报告显示，尽管疫情仍存在反扑的可能性，多数英国高校仍然为 2020 年秋季开学后的线下授课做好了充分准备。在新冠肺炎疫情的影响下，该机构组织了关于英国高校受疫情影响下教学规划的调查。在参与调查的 92 所英国高校中，有 89 所高校表示计划在 2020 年秋季开学时为学生提供线下教学。同时，有 87% 的受访高校表示，会为学生持续提供学习生活支持。这些支持包括心理健康支持、就业辅导、学习技能提升以及运动健身等。有 87 所受访高校会以线上和线下相结合的方式，为学生提供实用的支持和帮助。② 这意味着在 2020 ~ 2021

---

① The Quality Assurance Agency for Higher Education, “Enhancing Quality in Digital Learning Environments”, 3 July 2020, https://www.qaa.ac.uk/news-events/news/enhancing-quality-in-digital-learning-environments#.

② Universities UK, “More Universities Will Teach In-Person This Autumn”, 17 June 2020, https://www.universitiesuk.ac.uk/news/Pages/Most-universities-will-teach-in-person-this-autumn.aspx.

新学年，各校将以安全为前提，侧重开发混合型的教学方式，课程内容中一部分会使用创新式的在线教学，另一部分采用传统的面授方式。

综上所述，将课堂从线下转至线上，只是高等教育领域面对疫情挑战的应急之举。从中长期来看，大学需要思考如何融合线上线下教育，创造优于过去的新态势。比如，授课可以在线上更便捷地完成，留下更多时间来跟学生在线下进行互动。此外，在线教育不会取代面对面的教学，但会对其起到补充作用。① 在线资源与大学实体校园的深度融合或将成为未来大学的新形态。

二　科学研究：不确定时代的“危”与“机”

面对脱欧和新冠肺炎疫情带来的复杂性和不确定性，高等教育行业在学术交流活动、研究经费拨付、研究项目进展等方面均受到不同程度的影响。但与此同时，政府也出台相关政策并给予经费支持，加大对科学研究和全球引才的投入，以应对目前所面临的挑战。

（一）脱欧影响学术交流与合作

根据脱欧协议相关内容，截至 2020 年 12 月 31 日，大学的教研人员仍将能够参与现有的欧盟项目，聘用来自欧盟的学术人才压力较小。然而，如果 2021 年 1 月过渡期结束后出台新的方案，英国大学将面临学术交流与合作层面的多重挑战。

首先，脱欧影响教研人员的学术流动。数据显示，尽管在英国工作的欧盟学者人数在 2017 ~ 2018 年增长了 4% ，但这仍是十年来最低的增长水平。事实上，越来越多的欧盟学者选择离开英国大学。与同期相比，海外学者加盟英国大学的增长速度有所放缓。除非这些趋势得到扭转，否则离开英国大

① Simon Kuper, “How the Pandemic Is Sending Universities Back to School”, *Financial Times*, 14 May 2020.

学的欧盟学者人数将远超新聘用人员数。如果政府不采取行动为欧盟的学者提供确定性和保障性措施，英国很可能会失去许多有才华的欧盟教师、研究人员、技术人员和创新人士，而他们对于高等教育行业的成功运转至关重要。①

其次，英国和欧盟未来的合作研究前景不明朗。在过去的数年，英国高校的研究经费有很大一部分来自欧盟的资金支持，其中包括有影响力的“地平线计划”（Horizon Europe）、欧盟研究委员会资助计划（European Research Council）以及欧盟玛丽·居里学者计划（Marie Sklodowska-Curie Action）等。今后，英国的研究人员是否能够继续参与欧盟的核心研究项目仍存在变数。如果确定无法参与上述计划，英国政府是否能够弥补资金缺口，并制定替代性的方案继续支持英国重要的研究项目，亦是学术组织和研究人员表示担忧的问题。此外，脱欧在某种程度上打破了英欧学者常态化的学术交流平衡。有事例表明，英国圣安德鲁斯大学的海洋生态学家决定将自己的名字从一项欧盟项目的申请书中划掉。他们的团队认为，如果一位英国教授被列为首席研究员，他们有可能无法赢得竞争激烈的欧盟资助。②

（二）疫情冲击下科研经费与项目运转的双重挑战

2020 年新冠肺炎疫情的暴发给英国的科研工作带来前所未有的挑战。第一，疫情带来的远程工作模式影响研究资助资金的拨付和发放。同时，封校和实验室关停等举措导致在进行中的科研项目延期、暂停、改变甚至取消。第二，资金来源的可行性也引发了人们的关切。具体而言，新冠肺炎疫情致使全球经济诸多领域陷入前所未有的停滞局面，让全球各行各业都面临

① The Russell Group, “Brexit and EU Academics”, 8 August 2019, https://www.russellgroup.ac.uk/news/brexit-and-eu-academics/.

② Carolyn Beeler, “How Brexit Might Impact Scientific Research in the U.K.”, *The Week*, 26 January 2020, https://theweek.com/articles/890671/how-brexit-might-impact-scientific-research-uk.

危机。英国有较多行业依赖政府的“纾困资金”，公共财政相互竞争的压力日益增加。许多高校所依赖的欧盟或英国政府支持的科研经费很可能无法按照新冠肺炎疫情前的水平提供。[①] 第三，由于受到封城、企业合作伙伴的财务重组、慈善资助者的压力以及全球经济重新调整的影响，英国各高校从研究活动中所获得的经费均在不同程度收紧（特别是文科专业），研究岗位的招聘以及研究人员申请科研项目难度持续加大。

（三）对策：政府出资扶持高校科研

为了巩固英国世界领先的研究与科学强国地位，帮助大学更好地应对脱欧和新冠肺炎疫情带来的双重挑战，政府于2020年3月11日提出“全球科学超级大国”计划，宣布将国家研发资金预算翻倍，达到180亿英镑，以期在科研领域经费实现最快速度和最大规模的增长。这笔经费资助将有助于减轻大学因脱欧和新冠肺炎疫情所带来的资金缺口困难和负面影响。政府加大对科技的投入，旨在巩固英国在科学研究领域国际领导者的角色。[②]

在此基础上，英国政府于2020年6月宣布推出一整套研究支持方案，具体内容包括：第一，保护因受到新冠肺炎疫情影响的突破性科研项目。第二，2020年秋天将启动另一项新的研究拨款，弥补英国大学国际学生人数下降而造成的收入损失，比例最高可达损失的80%。第三，政府将提供2.8亿英镑的资金，帮助大学继续开展尖端性工作，包括抗生素耐药性研究和冠状病毒对社会的影响。[③] 这一举措受到多家机构和高等院校的欢迎。他们认为，这体现出政府在应对疫情造成的金融风暴的同时，意识到保护和支持研

① “COVID－19 and Impacts on The Higher Education Sector”, https：//www2. deloitte. com/uk/en/pages/public－sector/articles/covid－19－and－impacts－on－the－higher－education－sector. html#.

② The Russell Group, “Russell Group Response to the 2020 Budget”, 11 March 2020, https：//www. russellgroup. ac. uk/news/russell－group－response－to－the－2020－budget/.

③ The UK Government, “Government to Protect UK Research Jobs with Major Support Package”, 27 June 2020, https：//www. gov. uk/government/news/government－to－protect－uk－research－jobs－with－major－support－package.

究活动以及人才的重要性。大学的研究和创新也将在推动经济复苏并造福英国社区等方面发挥关键作用。[①] 罗素大学集团执行主席蒂姆·布拉德肖（Tim Bradshaw）表示："英国的研究领域是我们全球成功案例之一，它创造就业机会，吸引英国投资，并确保我们在科学和创新领域保持世界领先的地位。政府通过英国科研与创新署以及国家科学院提供的资金支持是保护国家资产和核心人才的有效路径。这一举措将对推动后疫情时代的英国经济复兴起到巨大作用。"[②]

除政府层面的政策措施外，罗素大学集团也提出其2020年财政预算计划：2020～2030年，将围绕五个关键优先领域展开，进而支撑英国未来几十年更广泛的社会和经济转型。第一，提升英国各地区研发水平，有效促进地方型经济增长和社会进步；第二，在基础研究方面加大投资金额与支持力度；第三，推出以科学为主导的战略开展高风险、高回报的研究项目；第四，推出人才战略，着重培养科技、工程、医疗等领域的高技能型人才；第五，全力寻找全球协作机会。[③]

英国各所高校相继推出各自的短期、中期以及长期的复苏计划，以保障研究工作继续推进。同时，包括牛津大学、帝国理工学院、曼彻斯特大学、诺丁汉大学等多所院校在内的医学院和研究人员也相继开展临床研究、技术更新，并与英国国家医疗服务体系合作，以更好地应对新冠肺炎疫情的挑战。

上述应对方案将进一步促进政府、行业、高校、科研机构以及各地政府之间的合作，确保研究资金的有效利用，促进生产力发展，并为英国各地社区带来经济和社会效益。

---

① The UK Government, "Government to Protect UK Research Jobs with Major Support Package", 27 June 2020, https://www.gov.uk/government/news/government-to-protect-uk-research-jobs-with-major-support-package.

② The Russell Group, "Research Support Packages Announced", 27 June 2020, https://www.russellgroup.ac.uk/news/research-support-packages-announced/.

③ The Russell Group, "Russell Group Submission to the 2020 Budget", 20 March 2020, https://www.russellgroup.ac.uk/news/russell-group-submission-to-the-2020-budget/.

三 国际学生招生：挑战与机遇

（一）国际学生人数下滑，冲击大学收入

英国作为跨国教育和国际学生接收大国，国际学生为其经济与社会繁荣做出了重大贡献。① 必须指出的是：教育势必是英国的支柱产业之一。相关数据显示，仅在2016年，英国的教育产业（包括高等教育、跨国教育、教育产品和服务、英语培训课程、独立院校）为英国经济带来近200亿英镑的收入。然而，“突如其来的新冠肺炎疫情使世界各国面临前所未有的挑战，加大了英国脱欧带来的复杂性和不确定性”。②

具体从相关数据方面审视。“英国大学联盟”发布的报告称，由于新冠肺炎疫情带来的影响，英国大学在2021～2022学年将会面临26亿英镑收入减少。绝大部分收入损失将来自国际学生招生数量的减少。将会有47%的国际学生人数减少，带来高等教育行业15亿英镑的损失。这份报告补充道，几乎四分之三的英国大学将会陷入严重的经济危机，即收入刚好覆盖支出。每一所大学均会受到不同程度的打击。如果没有政府进行干预，这种收入方面的减少会导致英国大学30000个工作岗位的消失。大学收入锐减带来更深远的影响是英国国家经济将面临60亿英镑的损失。报告中还分析了经济衰退对于学生行为的影响，以及预估的学生延期入学率，得出的结论是：对比2018～2019年入学人数，有231895位学生在2020～2021年预计不再参加英国高校的学习。③

---

① 崔景颐：《国际学生何以重要——英国国际学生的经济效益研究》，《中国高教研究》2018年第6期，第87～93页。

② 王展鹏、吕大永：《英国“脱欧”与中英关系的未来》，《当代世界》2020年第6期，第48～54页。

③ Anna McKie, “UK Universities Face ‘£ 2. 6bn Coronavirus Hit with 30K Jobs at Risk’”, *THE*, 23 April 2020, https://www. timeshighereducation. com/news/uk - universities - face - ps26bn - coronavirus - hit - 30k - jobs - risk.

（二）危机下的国际学生惠利政策

面对经济损失与国际环境的双重不确定性，英国对于国际学生的招生政策与惠利措施持续增加，国际学生面临新的求学机遇。

第一，英镑贬值，国际学生留学费用降低。自 2016 年脱欧公投以来，英镑兑美元汇率截至 2019 年已下跌约 15%。虽然物价上涨，但是由于英镑贬值，短期内可以帮助留学生（特别是一年制授课型硕士研究生）降低在英国的留学费用。据 2019～2020 年英国生活费标准，一年学费和生活费总体的花费水平将比 2018～2019 年降低 10%～20%。

第二，国际学生入读英国名校机会增多。根据英国媒体报道，英国脱欧之后，欧盟学生将不再享有“特权”，欧盟学生在申请英国大学时将面临更大挑战。例如，欧盟学生需要支付与其他国际学生同等的学费，毕业后在英国找工作也不再像以往那样便捷。在这种情况下，很多欧盟学生可能不愿意继续选择英国大学就读，他们非常可能会选择前往欧盟国家的大学就读。

在英国本土学生人数不会突然增多、欧盟学生大概率减少的情况下，增加国际学生人数，加大英国与全球合作伙伴的接触力度，是英国巩固其全球教育领先地位的重要举措，并已形成制度性方案《国际教育战略：全球潜力，全球增长》（International Education Strategy：Global Potential，Global Growth）。[①] 这一趋势也会给包括中国在内的国际学生带来更多申请英国名校的机会。

第三，留学生毕业留英工作有保障。2018 年 12 月 19 日，英国政府在议会上公布新版英国移民白皮书，其中提到在英国大学毕业的国际学生如获得学士、硕士、博士学位，可分别得到更长的签证时间，帮助留学生留在英国找工作，有望恢复高等教育毕业生签证（Post-Study Work Visa，PSW，本类型签证在 2012 年 4 月被时任内政大臣特雷莎・梅撤销）。

① 陈慧荣：《“后脱欧时代”英国跨国教育发展趋势研究——基于〈国际教育战略：全球潜力，全球增长〉的分析》，《比较教育研究》2020 年第 5 期，第 3～11 页。

2019 年 9 月 10 日，英国政府宣布重新启用此前的 PSW 签证，国际毕业生在完成学业后能够继续留在英国两年。留学生可利用这段时间求职或积累海外职场经历，而这项签证新政不需要提供任何担保方，也不受专业和工种限制。两年到期后，毕业生可通过积分制申请换工签。

最新消息显示，英国于 2020 年 7 月 1 日宣布一项新的“毕业生计划”（Graduate Route），自 2021 年夏天起在英国高校完成博士学位的国际学生毕业后可在英国居住和工作三年。① 这项新的举措是对此前宣布的 PSW 计划的有效延伸，这将使顶尖年轻国际毕业生更易于在英国找到技能型工作并对经济发展做出贡献。

四　结语与分析

综上所述，脱欧和新冠肺炎疫情对英国各所大学在教学、科研、招生、财务等方面带来冲击，程度不一。对此，英国政府、大学及其利益相关方出台各级各类措施以确保高等教育行业的平稳运行，并取得了一定效果。然而即便如此，未来英国大学或将出现不均衡的发展趋势。在科研方面，研究经费及其他教育资源将进一步向顶尖级的研究型大学和重点科研领域集中。在教学层面，英国高校将会推出更精细化和灵活的政策。例如，人数较多的讲座型授课仍将在线上进行；对于需要做实验或提供线下教学的实践课程而言，则在保证安全的前提下，提供现场教学。部分经费较为充足的大学或将引入 HyFlex 课程模式（Hybrid and Flexibility，混合灵活式教学），在技术的辅助下，将教师的课堂教学实现在线同步直播，真正实现在线学习和课堂学习方式的灵活整合。最后，依赖国际学生学费及周边收入的部分大学面临的挑战较大，需要正视其财务状况，并及时做出战略调整。

---

① The UK Government, “Government Fires up R&D Across the Country to Cement the UK as Science superpower”, 1 July 2020, http://www.gov.uk/government/news/government-fires-up-rd-across-the-country-to-cement-the-uk-as-science-superpower.

B.9

新冠肺炎疫情期间的英国传媒及其监管

李丹林　王 悦*

摘　要： 2019 年以来，英国传媒业通过 5G 商用的带动，在此前十年发展演变的基础上呈现传媒新图景，并按照预见的趋势向着更加移动化、智能化、高清化、多元化、便利化的媒体服务方向一如既往地发展着。但是，进入 2020 年，伴随着脱欧成为定局、史无前例的新冠肺炎疫情在英国蔓延和加剧，英国的传媒业发展、媒体报道及监管都受到了极大的影响。在疫情期间，英国传媒、广告、信息监管机构也都采取了一些有针对性的措施。

关键词： 英国传媒　新冠肺炎疫情　执业守则　隐私保护　新闻准确性

2019 年，英国电信（BT）旗下的 EE 和沃达丰公司（Vodafone）在英国推出了 5G 商业服务。2019 年 5 月 30 日，EE 在伦敦、卡迪夫、贝尔法斯特、爱丁堡、伯明翰和曼彻斯特 6 座城市推出了 5G 网络。The Verge 报道的测速显示，在同一位置下，5G 速度约为 4G 的 10 倍。EE 表示 5G 使用的初期重点是为户外区域提供 5G 网络，随后将会面向室内和乡村地区。EE 的首席执行官马可 · 艾勒瑞（Marc Allera）在接受采访时表示，EE

* 李丹林，博士，教授，博士生导师，中国传媒大学文化产业管理学院法律系主任、媒体法规政策研究中心主任，研究方向为传媒政策与法规；王悦，中国传媒大学 2018 级传播学专业博士生。

2020 年还将在英国更多城市推出 5G 服务，截至 2020 年 5 月，EE 每月在英国升级超过 100 个 5G 基站。[①] 沃达丰也于 2019 年 5 月在英国其他各大城市和农村地区（包括康沃尔市和英格兰湖区的农村地区）全面推出 5G 服务。

英国移动电信运营商 O2 的研究现实，5G 可能会对英国的现场娱乐行业产生革命性的影响。由 O2 和咨询顾问公司 Ovum 进行的一项新研究“第五代娱乐”预测 5G 可能在未来 10 年内推动该领域收入增长 23 亿英镑，利用虚拟现实和增强现实等技术重塑现场体验。O2 还指出，通过与 ITV 的合作，其正在探索未来无缝连接高清摄像机电视，通过超高速和更高容量的网络共享更多内容，并通过无线技术提高灵活性。为了突出这一使用案例，O2 与 ITN Productions 合作制作了全球首个由 5G 驱动的电视直播广告。[②]

一 2019～2020年英国传媒业的发展

（一）平面媒体

PAMCo 公布的数据显示，2019 年 1～12 月，通过对 140 种印刷报刊和 106 种数字报刊的调查，在超过 15 岁的人口中，每月阅读纸质报刊的总人数为 2914 万人，通过台式电脑端阅读报刊的人数为 2021 万人，移动端（包括手机和平板电脑）为 4418 万人。[③] 与 2018 年相比，阅读纸质报刊的人数明显减少，而通过移动端阅读的人数显著增加。[④]

---

① Jane Wakefield, “EE to Launch UK’s First 5G Service in May”, *BBC*, 22 May 2019, https://www.bbc.com/news/technology-48363462.

② Ofcom, “Ofcom Update on 5G Vandalism”, 7 April 2020, https://www.ofcom.org.uk/about-ofcom/latest/features-and-news/ofcom-update-on-5g-vandalism.

③ PAMCo, https://pamco.co.uk/pamco-data/infographics/。

④ 2018 年每月阅读报刊的人数中，通过纸质版阅读的总人数为 3217 万人，台式电脑端为 1980 万人，移动端（包括手机和平板电脑）为 4306 万人。

（二）广播电视

根据 IPA 的最新数据，在电视机上观看电视直播仍然是最受欢迎的方式，88%的成年人每周通过电视观看节目，平均每天看 2 小时 59 分钟。相比以往，英国人花在看电视或视频上的时间仍呈下降趋势，与 2018 年相比减少 6%。但他们在不同的平台上观看的电视节目越来越多，尤其对视频点播订阅服务（SVOD）和广播电视视频点播（BVOD）表现出了热情。Netflix 在英国的普及率有所上升。[①] 在 15~34 岁的英国人中，Netflix 的普及率达到 63%。英国成年人每天花 1 小时 4 分钟收看 Netflix，15~34 岁的英国人每天花 1 小时 13 分钟收看 Netflix。亚马逊 Prime 的收看时间也在增长，但速度较慢，每周收看的观众比例从 2018 年的 12% 增加到 14%。2020 年 4 月底，Disney + 已经成为英国第三大视频点播订阅服务（SVOD）提供商，用户占有率为 16.8%，Netflix 和 Amazon Prime Video 的用户分别占英国在线用户的 58.4% 和 46.9%。[②] BBC iPlayer 仍然是最受欢迎的广播电视视频点播频道，普及率为 27%。15~34 岁的英国人更愿意使用手机观看电视或视频。小屏幕并没有阻止人们与其他人一起收看视频，19% 的英国人每天花费 23 分钟和别人一起看手机视频，34% 的 15~34 岁的英国人每天花费 26 分钟和他人一起看手机视频。[③]

2020 年 5 月，Ofcom 发布了新冠肺炎疫情对电视收看影响的报告。调查发现，每周观看电视的人数在减少，但平均收看时间仍比 2019 年长得多。随着整个英国隔离措施的持续，4 月每天的电视收视率一直高于 2019 年。5 月的电视收视率继续保持在高位，甚至高于前四年。3 月，全部公共电视频

---

① 截至 2019 年 9 月，Netflix 的观看率达到 37%，高于 2018 年的 29% 和 2017 年的 20%。参见 https://ipa.co.uk/news/living-the-stream-new-ipa-touchpoints-data-exposes-consumers-evolving-tv-habits。

② 《流媒体编译：4 月底 Disney + 用户达 430 万，成为英国第三大 SVOD 提供商》，流媒体网，2020 年 6 月 12 日，https://lmtw.com/mzw/content/detail/id/187608。

③ IPA, "Touch Points Media Day 2019", 14 August 2019, https://ipa.co.uk/news/what-s-new-for-touchpoints-in-2019.

道的收视份额均达到迄今为止最高，为 58.8%。

在智能设备拥有量方面，Ofcom 的最新数据显示，智能音箱的拥有量在过去一年大幅增加：2018 年，13% 的英国家庭拥有智能音箱（如 Amazon Alexa 或 Google Home），2019 年增加到了 20%。与此同时，超高清（4K）电视的普及率在过去两年里翻了一番多，从 2017 年的 17% 上升到 2019 年的 35%。智能电视的受欢迎程度持续上升，目前已有近一半的家庭（48%）拥有智能电视。此外，5% 的英国人拥有虚拟现实头戴式耳机。但一些较为传统的电子设备的受欢迎程度不如以往：台式电脑的家庭拥有率继续下降，2019 年只有 24%；平板电脑的个人拥有率 2019 年为 54%，与 2015 年持平；电子阅读器的普及率为 25%，2014 年以来仅增长了 1%；便携式电脑普及率为 60%，2012 年以来下降了 1 个百分点（见表 1）。[①]

表 1　英国智能设备拥有量变化

更受欢迎		
智能电视	48%（2019 年）	5%（2012 年）
UHD/4K TV	35%（2019 年）	17%（2017 年）
智能音箱	20%（2019 年）	13%（2018 年）
智能手表	23%（2019 年）	3%（2015 年）
基本无变化		
电子阅读器	25%（2019 年）	24%（2014 年）
平板电脑	54%（2019 年）	54%（2015 年）
虚拟现实头戴式耳机	5%（2019 年）	5%（2018 年）
便携式电脑	60%（2019 年）	61%（2012 年）
更不受欢迎		
台式电脑	24%（2019 年）	69%（2008 年）
MP3 播放器	24%（2019 年）	44%（2008 年）
DVD 播放器	57%（2019 年）	83%（2008 年）

资料来源：Ofcom，"Connected Nations 2019 UK Report"，20 December 2019，https：//www. ofcom. org. uk/_ _ data/assets/pdf_ file/0023/186413/Connected – Nations – 2019 – UK – final. pdf.

① Ofcom，"Connected Nations 2019 UK Report"，20 December 2019，https：//www. ofcom. org. uk/_ _ data/assets/pdf_ file/0023/186413/Connected – Nations – 2019 – UK – final. pdf.

根据英国数据与营销协会（DMA）的最新数据，超过三分之一的英国消费者已经使用过或有兴趣使用语音命令，还有相同比例的消费者经常收听播客。调查发现，37%的英国人至少每月收听播客，在16~29岁的男性中，这一比例上升到67%；在年收入超过7.5万英镑的家庭中，这一比例上升到54%。参与度最高的年龄段是16~34岁，14%的年轻英国人每天听，29%的年轻人一周听几次。最重要的是，27%每周收听播客的听众通过广告了解新品牌。调查还发现，语音命令在消费者中的普及率稳步增长，从2015年的23%上升到2019年的38%，在2000~2010年出生的年轻消费者中，这一比例达到53%。①

（三）广告

受到节假日的不确定性（由于英国脱欧）以及新冠肺炎疫情的影响，英国广告的增长速度有所下降。根据WARC的最新报告，广告市场连续10年增长，2019年广告额投放达到253.6亿英镑的峰值，但新冠肺炎疫情将导致本年度广告支出缩减超过40亿英镑。2019年英国广告投放同比增长6.9%，达到253.6亿英镑。虽然2020年前景看好，但自3月中旬以来，新冠肺炎疫情对广告业产生了深刻影响。

疫情暴发前，英国广告协会（Advertising Association，AA）预计2020年广告投放增长5.2%，总额超过260亿英镑，随着疫情日益严重，预计广告投放仅为211.3亿英镑，这意味着比2019年同比减少16.7%，即42.3亿英镑。预计2021年广告投放将恢复增长，增幅为13.6%，但投放的绝对水平预计不会超过2019年的总额。

网络广告在过去一年表现强劲，预计2020年的降幅将低于传统广告。搜索引擎和社交媒体广告占英国广告市场的45.7%，2019年分别增长了17.8%和24.6%，但预计2020年将分别缩减12.1%和6.3%。视频点播广

① DMA，"Future Trends：Speak and Listen"，28 January 2020，https：//dma.org.uk/research/future－trends－speak－and－listen.

告在2019年实现了15.5%的增长。2020年，电视广告投放预计将下降19.8%，视频点播广告将下降6.3%；新闻广告投放将持续下降，全国性英国新闻品牌广告收入降幅将达到20.5%，区域新闻品牌的降幅为24.1%，杂志广告收入将下降25.1%（见表2）。第二和第三季度将受到最大打击。第二季度各种广告媒介收入都有所下降，从视频点播广告的－27.2%到户外广告（OOH）的－52.6%不等。①

表2　2020年英国广告投放年度百分比变化预测（WARC）

类别	百分比变化(%)	类别	百分比变化(%)
搜索引擎	－12.1	区域新闻品牌	－24.1
在线广告	－12.7	在线分类广告	－24.3
户外广告	－18.7	杂志广告	－25.1
全国新闻品牌	－20.5	影院广告	－33.6
广播	－21	总计	－16.7
直接邮寄	－21.2		

资料来源：WARC，"The WARC Guide to Marketing in the COVID－19 Recession"，May 2020，https：//www.warc.cn/Search/Featured/6530？Sort＝ContentDate% 7c1&qr＝warc＋guide&DRange＝20200508－20200511&DVals＝10786＋10785＋10769＋10757&FstEntry＝false&RecordsPerPage＝25。

2019年以来，户外广告（OOH）是一个亮点，这要归功于数字户外广告和交通行业（车站和公交车上）数字化广告的增长。据eMarketer估计，户外广告将取代报纸成为第二大传统媒体类别，两者分别占媒体广告总支出的5.6%和5.5%，但在经济压力下，户外广告的增长可能有限。②

（四）网络

根据Ofcom的最新报告，互联网使用率和智能手机拥有量在2019年保持不变。家庭互联网仍然保持87%的普及率，79%的英国成年人使用智能

① WARC，"The WARC Guide to Marketing in the COVID－19 Recession"，May 2020，https：//www.warc.cn/Search/Featured/6530？Sort＝ContentDate% 7c1&qr＝warc＋guide&DRange＝20200508－20200511&DVals＝10786＋10785＋10769＋10757&FstEntry＝false&RecordsPerPage＝25.

② 资料来源：eMarketer，https：//www.eMarketer.com。

手机，并且消费者正在升级到更快的宽带。智能手机的普及，意味着消费者可以使用其他形式的通信，例如电子邮件、基于 Web 的信息传递服务（如 WhatsApp 和 Facebook Messenger）和社交网站。这导致电话和手机短信的使用率进一步下降。[①] 在英国，智能手机用户超过三分之一的上网时间（35%）是花在谷歌或 Facebook 旗下的网站上。[②]

根据 Pull Agency 的报告，“Z 世代”（1995～2015 年出生的人）已经超过千禧一代，成为英国人口最多的一代，占英国人口的 33%。他们平均每天使用网络设备的时间为 10.6 小时。Instagram 是最受欢迎的社交平台（52%），YouTube 位居第二（25%）；只有 1% 的“Z 世代”通过杂志了解新产品；2% 的受访者在购物时提到了电视。[③]

随着 5G 商用的普及，5G 对健康的潜在影响令一些英国人担忧。为此，Ofcom 对 5G 的安全性进行了测试，以确保手机信号在人可以使用的安全范围内。Ofcom 测试了英国 10 个城市的 5G 站点，重点关注移动使用量可能最高的地区。测试结果表明，在每个站点，5G 对健康的影响都低于国际准则所建议的水平。[④]

二　英国公众的媒体使用状况和疫情期间的媒体认知

（一）英国公众的媒体使用状况

2020 年 4 月，Ofcom 发布了《儿童和父母：2019 年媒体使用和态度报

① Ofcom, *Online Nation 2020 Report*, 24 June 2020, https://www.ofcom.org.uk/research-and-data/internet-and-on-demand-research/online-nation.

② Ofcom, *Online Nation 2020 Report*, 24 June 2020, https://www.ofcom.org.uk/research-and-data/internet-and-on-demand-research/online-nation.

③ The Pull Agency, *Is Your Brand Ready for Gen Z?* Feburary 2020, https://www.thepullagency.com/events/future-of-beauty-is-your-brand-ready-for-gen-z.

④ Ofcom, "Ofcom Update on 5G Vandalism", 7 April 2020, https://www.ofcom.org.uk/about-ofcom/latest/features-and-news/ofcom-update-on-5g-vandalism.

告》。报告研究了儿童的媒体素养，提供了 5 ~ 15 岁儿童和青少年媒体访问和使用、态度和理解的详细数据，以及 3 ~ 4 岁儿童的媒体访问和使用的详细数据。该报告还分析了父母对子女使用媒体的看法，以及父母寻求或拒绝监视、限制使用不同类型媒体的方式。报告阐释了过去一年媒体的使用特点和趋势。

（1）“格蕾塔效应”。儿童的在线社交活动有所增加。12 ~ 15 岁的人中有近五分之一通过在社交媒体分享或评论帖子的方式表达对某项事业和组织的支持，十分之一的人在社交媒体上签署了请愿书。

（2）“隔壁 vlogger”的兴起。尽管 YouTube 上的明星仍然很受欢迎，但如今，越来越多的孩子被所谓的“微”影响者吸引。这些人的追随者数量通常较少，甚至可能只在儿童中存在，或者只在有特殊兴趣的群体中流行。

（3）社交媒体的使用更加分散。12 ~ 15 岁人口拥有不同社交媒体的比例分别为：Facebook（69%）、Snapchat（68%）、Instagram（66%）、WhatsApp（62%）、YouTube（47%）、Pinterest（13%）、TikTok（13%）和 Twitch（5%）。年龄较大的儿童使用社交媒体平台的范围比以往任何时期都更广泛。将近三分之二的大龄儿童使用 WhatsApp，高于 2018 年的 43%。较新的平台也日益流行，约七分之一的大龄儿童使用 TikTok，而每 20 个大龄儿童中就有 1 个使用 Twitch（游戏玩家直播流媒体平台）。

（4）儿童的观看习惯也在发生根本变化。观看流媒体内容的儿童数量约为 5 年前的 2 倍。2019 年，观看传统广播电视的儿童数量少于观看流播内容的儿童数量，四分之一的儿童根本不观看内容。但 YouTube 仍是儿童观看视频最常用的网站。①

另有一项调查表明，许多用户使用媒体存在“数据浪费”的问题。英国兰卡斯特大学的研究显示，人们的收视习惯已经发生了重大变化，所有家

① Ofcom, "Children and Parents: Media Use and Attitudes Report 2019", 4 February 2020, https://www.ofcom.org.uk/__data/assets/pdf_file/0023/190616/children-media-use-attitudes-2019-report.pdf.

庭每天都观看某种形式的视频内容，占家庭数据总需求的近四分之三。① 研究发现，当节目有不同分辨率可供选择时，人们通常会选择更高且数据消耗更大的分辨率，例如“高清”（HD）。家庭成员经常同时在不同的设备上观看不同的节目，这种所谓的“多重观看”增大了数据消耗。

研究还发现了数据浪费行为的证据。一些参与者把诸如 YouTube 等视频流媒体平台当作背景音乐播放器，尽管这会消耗大量数据，但他们实际上并没有观看这些视频。还有些人并不总是喜欢他们观看的内容，或者发现流媒体服务分散了他们在日常事务和活动中的注意力。研究人员提出了一些建议以减少由收视革命带来的能源需求和环境影响。兰卡斯特大学高级研究员、该研究报告的合著者奥利弗·贝茨（Oliver Bates）博士表示：“很明显，决策者并没有把互联网服务提供商的‘无上限’营销与数据需求联系起来，在公共政策中也很少讨论互联网对能源的影响。”“基于互联网服务的转变对人类、社会和地球的影响越来越大，我们迫切需要更广泛地解决‘无上限’和‘滥用’问题。最后，如果‘滥用’会危害健康，那我们为什么要允许服务提供商推进数据消耗呢?”研究人员还建议限制互联网流量，减少数据需求。虽然他们承认，流量限制违背了“网络中立”（net neutrality）有关所有互联网流量都应得到平等对待的理念。兰卡斯特大学高级讲师迈克·哈扎斯（Mike Hazas）博士表示：“我们完全支持网络中立中的社会公平和公民参与目标，但为了实现具有更重大意义的环境可持续性，我们也应考虑限制流量……因此，如果视频娱乐流量需要花费更多的成本以反映其环境成本，或流量以某种方式受到限制，这一政策必须适用于所有视频内容提供商，包括 Netflix、YouTube 等。”

（二）疫情期间的信息传播及公众的认知

（1）Ofcom 的调查显示，在新冠肺炎疫情蔓延之际，几乎一半的英国在

① 英国兰卡斯特大学对来自英国 9 个家庭的近 20 名参与者进行了收视习惯调查，对包括智能电视、电视棒、平板电脑、笔记本电脑和手机在内的 66 个设备的使用情况进行了为期 1 个月的全面分析。《研究：英国的新收视习惯“不可持续”》，搜狐网，2019 年 5 月 15 日，https：//www. sohu. com/a/314246035_ 282235。

线成年人担心自己暴露于有关冠状病毒的虚假或误导性信息中。

采取隔离措施第一周的调查结果表明，有关冠状病毒的最常见的虚假信息是“多喝水可以清除感染”。35%的在线成年人注意了这一点。近四分之一（24%）的在线成年人表示，看到过用盐水漱口或避免吃冷食可以预防感染新冠病毒。在那些看过有关新冠病毒虚假信息的人中，三分之二的人称每天都会看到此类错误信息。研究还表明：大多数人（55%）忽略了有关新冠病毒的虚假信息；还有不少人（40%）表示难以辨别信息的真假；年轻人则不太遵循官方的建议。

在新闻来源可信度方面，公务部门人员发布的信息被认为是有关冠状病毒最值得信赖的新闻来源。在使用以上信息工具的人中，大约十分之九的人信任 NHS（95%）、WHO（94%）、当地卫生机构（91%）、官方科学家（90%）和政府提供的信息（89%）。传统广播公司也受到高度信任：83%的人相信 BBC 电视和第4频道的报道，其次是 ITV（82%）和 Sky（75%）。社交媒体和封闭式消息传播是有关新冠肺炎疫情新闻最不可信的来源（分别为21%和26%）。[①]

（2）对互联网带来风险的担忧人数在增加。2020年4月9日，Ofcom 发布的调查结果显示，80%的成年人对互联网的某些方面感到担忧。虽然大多数互联网用户（59%）认为上网的好处多于风险，但大多数人仍担心网络安全。83%的成年人担心网络对儿童造成伤害。大多数成年人支持加强对社交媒体网站（70%）、视频共享网站（64%）和即时通信服务（61%）的监管。[②]

三　新冠肺炎疫情期间英国媒体监管情况

疫情期间，英国人普遍认为新闻报道对于公众应对这场大流行病至

① Ofcom, “Half of UK Adults Exposed to False Claims About Coronavirus”, 9 April 2020, https: //www. ofcom. org. uk/about – ofcom/latest/features – and – news/half – of – uk – adults – exposed – to – false – claims – about – coronavirus.

② Ofcom, *Online Nation 2020 Report*, 24 June 2020, https: //www. ofcom. org. uk/research – and – data/internet – and – on – demand – research/online – nation.

关重要，新闻工作者担负着巨大的责任，媒体发挥着不同寻常的作用。因此，各类媒体监管机构对媒体及采访报道均提出了相关要求和建议，并采取了相应举措。IPSO 等监管机构特别关注新闻应坚守的标准。疫情期间，更多的人选择使用 Facebook、Twitter、Snapchat 和 Instagram 等社交媒体保持远程交流，社交媒体已成为人们生活中更大的一部分。Ofcom 和 IOC 作为媒体和信息的重要监管机构，都采取了许多针对性措施，确保信息传播的稳定性和现实适应性，监管与新型冠状病毒有关的虚假信息，保护用户隐私。广告监管部门也对利用疫情谋取不当利益的广告商进行了处置。

（一）平面媒体

疫情暴发后，IPSO 就报刊记者在采访中如何遵守隔离规定发布了一些指导意见，例如，在报道过程中，无论条件发生何种变化，都必须遵守《编辑守则》的要求。IPSO 主要采取了以下措施。

1. 关于隐私的相关提示和建议

冠状病毒流行期间，IPSO 发布重大事件报告指南，根据《编辑守则》为编辑和记者思考如何报道重大事件方面提供了框架。疫情期间，用户可能在社交媒体上表达对冠状病毒大流行的感受并分享经验。根据用户不同的隐私设置，有些内容可以被共享并引起他人的兴趣和关注，包括引起新闻记者的注意。许多人可能不希望自己在社交媒体上发布的内容最终会出现在报纸或新闻网站上。但是，如果用户未进行隐私设置，在社交媒体上发布的内容很有可能会进入公共领域，被包括记者在内的任何人看到，而某些性质的内容还可能被报道出来。

IPSO 还提示，如果用户担心自己或亲朋好友在社交媒体上发布的有关冠状病毒的信息（或其他任何信息）涉及他人隐私，可检查社交媒体网站的隐私设置，或在社交媒体上阅读 IPSO 的信息。IPSO 本身并没有监管社交媒体平台，但是，如果报纸或杂志发布的信息来自社交媒体，IPSO 仍可根据《编辑守则》接受投诉。①

2. 强调事实核查

新型冠状病毒疫情蔓延使人们不仅关注正在发生的事实，也更多关注各类意见、评论和专栏文章。针对此种情况，IPSO 强调发表意见和评论仍应遵循《编辑守则》的规定。IPSO 成员出版物中的所有社论内容（包括意见）均受《编辑守则》的约束。《编辑守则》的第一条针对准确性明确指出，出版物必须区分事实和评论，还必须注意证明发表意见涉及的任何事实都是准确的。只要评论与事实报道有所区别，报纸和专栏作家就可以自由发表不同的意见，但应对事实进行核查，准确地传递事实并依据《编辑守则》的规定发表意见。②

3. 遵守社交距离规定

疫情期间，IPSO 收到了来自公众的大量询问，询问关涉记者与社交距离问题。有人称有记者未遵循政府保持社交距离的规定。鉴于政府采取了隔离措施，记者一直在调整工作方式（包括使用电话、互联网和社交媒体），但有些时候仍需要进入社区。在当前情况下，新闻机构要认真思考如何确保员工乃至公众的安全，在确保安全和有效收集新闻之间取得平衡。就可能出现的新闻侵犯隐私问题，IPSO 提供 24 小时热线服务，在适当的情况下，IPSO 可通过与报刊出版商取得联系来帮助用户。③

平面媒体的另一监管机构 IMPRESS 目前在英国监管着 142 种出版物④，较近一年前增长了 21 种。鉴于政府已将报道新冠肺炎疫情的记者确定为疫

---

① Hanno Fenech, "Social Media and Journalism During Covid - 19", *IPSO Blog*, 24 April 2020, https://www.ipso.co.uk/news-press-releases/blog/ipso-blog-social-media-and-journalism-during-covid-19/.

② Hanno Fenech, "Opinion Pieces and Covid - 19 Reporting", *IPSO Blog*, 9 April 2020, https://www.ipso.co.uk/news-press-releases/blog/ipso-blog-opinion-pieces-and-covid-19-reporting/.

③ Lauren Sloan, "How Covid - 19 Is Affecting Newsgathering", *IPSO Blog*, 28 May 2020, https://www.ipso.co.uk/news-press-releases/blog/ipso-blog-how-covid-19-is-affecting-newsgathering/.

④ IMPRESS, "Regulated Publications", https://www.impress.press/regulated-publications/.

情期间的“关键工作者”，IMPRESS 已与英国数字、文化、媒体及体育部（DCMS）官员确认，IMPRESS 监管的新闻机构中的重要工作人员在报告公共利益问题时不应受到阻拦。[①] 此外，IMPRESS 与公共利益新闻基金会（PINF）、卡的夫大学独立与社区新闻中心（ICNN）和本地新闻调查局（Bureau Local）[②] 合作，对英国的独立新闻机构进行了一项新冠肺炎疫情对其业务影响的调查。调查结果显示，由于危机持续，94% 的独立新闻提供者认为疫情会对他们的机构产生“消极”的经济影响，75% 的独立新闻机构有被关闭的风险。[③]

（二）广播电视和通信

疫情暴发以来，Ofcom 调整和重新安排了原有计划[④]，暂停进行新的咨询、做出决定和接受提供信息请求，并集中解决确保疫情期间网络的有效性、惩治与疫情有关的虚假信息等问题。Ofcom 与通信公司合作，以确保民众保持联系与对关键信息和服务的访问。同时，Ofcom 将密切关注疫情发展情况，并保持计划的灵活性。

1. 保持重要网络的适应性

随着网络需求增长，电信提供商正在努力确保固定电话、宽带和移动服务的适应性，并优先考虑使用生命安全通信系统。Ofcom 要求电信提供商共同监视其网络上的流量，并向 Ofcom 通报其为有效解决信号不畅问题采取的措施。一些电信提供商还采取了一些具体措施来支持客户，例如，提供无限制的通话或增加数据配额。此外，Ofcom 会在可能的情况下调整其服务，以分散网络负载并减少流量高峰。根据 Ofcom 现有的规则，即使在充满挑战的

---

① IMPRESS, “COVID - 19”, https：//www. impress. press/standards/covid19. html.

② 英国本地新闻调查局（Bureau Local）是一个总部设在伦敦的非营利性新闻机构，它成立于 2010 年，旨在通过慈善事业开展公共利益调查，https：//www. thebureauinvestigates. com/local。

③ PINF, “Three Quarters of Independent News Providers in the UK at Risk of Closure Due to COVID - 19”, 27 March 2020, https：//www. publicinterestnews. org. uk/post/research - three - quarters - of - independent - news - providers - in - the - uk - at - risk - of - closure - due - to - covid - 19.

④ Ofcom 制定了今后的工作目标：更好的宽带和移动服务（无论用户身在何处）；客户公平；支持英国广播；确保个人和企业的在线交流；启用强大、安全的网络；维持普遍邮政服务；继续创新法规和数据，以帮助个人和企业；增加多样性和包容性；在脱欧过渡期提供支持。

情况下，电话公司也必须确保可以随时接通紧急呼叫。Ofcom 与负责 999 和 111 呼叫的人员联系，并已获得有关这两项服务的容量和弹性的详细情况。①

2. 治理诈骗电话和短信

Ofcom 收到有关新冠病毒或疫情的诈骗电话和短信的报告。诈骗者拨打家用电话，并向手机发送短信（包括错误信息）。一些电话和短信声称来自政府、医院、NHS 甚至是世界卫生组织（WHO）。对此，Ofcom 提醒用户，遇到类似情形，要拒绝接听，否则可能会向他人泄露个人信息或财务信息，导致身份被盗用或财务损失。②

3. 强调广播电视内容的准确性

广播内容的准确性至关重要，Ofcom 将加快处理与冠状病毒有关的潜在有害广播内容的案件。在疫情期间，Ofcom 每周对约 2000 人进行调查，以了解他们如何获得有关疫情的新闻和信息。在实施隔离措施的第三周，一半的受访者表示，他们获得了有关冠状病毒的虚假或误导性信息，其中一些竟然来自电视节目。有阴谋论称 5G 与新型冠状病毒传播有关。在英国的一些地区，由于这些错误信息，5G 基站遭到破坏，电信工程师受到骚扰。

4. 具体处理案例

（1）Ofcom 对一家基督教电视台 Loveworld 实施了制裁，因为其在该电视台的新闻节目和现场报道中，发布了有关对新冠病毒潜在危害的不准确报道，违反了《广播守则》。③ 调查发现，Loveworld 在没有充分证据的情况下，就指称 5G 是新冠肺炎疫情的根源。另一份报告显示，该电视台在节目

---

① Ofcom, "Ofcom Information on the Coronavirus (Covid - 19)", 24 March 2020, https: //www. ofcom. org. uk/about - ofcom/policies - and - guidelines/coronavirus - information.

② Ofcom, "Advice for Customers: Coronavirus Scam Calls and Texts", 9 April 2020, https: //www. ofcom. org. uk/about - ofcom/latest/features - and - news/coronavirus - scam - calls - and - texts.

③ Ofcom, "News and Sermon about Covid - 19 on Loveworld Breaks Broadcasting Rules", 18 May 2020, https: //www. ofcom. org. uk/about - ofcom/latest/features - and - news/loveworld - breaks - broadcasting - rules - covid - 19.

中将羟氯喹称为新冠病毒的“克星”，但实际上，羟氯喹作为一种治疗药物的有效性和安全性在临床上尚未得到证实。Loveworld 播出的布道内容还包括将新冠肺炎疫情与 5G 技术相关联的主张，以及对地方政府采取隔离措施的必要性、官方健康建议（包括疫苗接种）背后动机的严重怀疑。Ofcom 认为 Loveworld 未能充分保护观众免受新闻节目和报道中潜在有害内容的侵害，并且报道内容不正确。①

（2）Ofcom 还就电视频道 London Live② 的脱口秀节目“London Real”做出了处罚决定。鉴于该脱口秀节目嘉宾大卫·伊克（David Icke）在采访中的言论对抗击新冠肺炎疫情构成了潜在危害，Ofcom 对 ESTV 实施了制裁。据调查，大卫·伊克将冠状病毒与 5G 技术联系起来，并称“无论如何，生存机制都会达成共识……这是病毒蔓延的根源所在”。Ofcom 认为，他的言论可能会使民众对政府保护公众免受病毒感染的动机产生怀疑。Ofcom 强调，不禁止播放在公共卫生信息方面与官方说法不同或存在分歧的内容。然而，播放大卫·伊克没有证据的言论，ESTV 未能尽到确保观众得到充分保护的责任。③

（3）Ofcom 审查了嘉宾伊蒙·福尔摩斯（Eamonn Holmes）在 ITV“This Morning”④ 节目中有关新冠病毒和 5G 技术的错误评论，并对该节目做出了处罚决定。Ofcom 认为，伊蒙·福尔摩斯“不能忽略 5G 阴谋论”等模棱两可的评论是基于错误的判断，有可能破坏观众对公共机构的建议和科学证据的信任。⑤ 广播公司拥有编辑自由，可以讨论和批评公共机构应对严重公共卫生危机（例如新冠病毒）的方法。但是，必须谨慎对待未经证实观点的

① Ofcom，“Decision-Loveworld Limited”，7 April 2020，https：//www.ofcom.org.uk/_ _ data/assets/pdf_ file/0024/195621/Loveworld – Sanction.pdf.

② London Live 是服务伦敦地区的当地电视频道，London Live 的许可证由 ESTV 颁发。“London Real”是其中一档脱口秀节目，于每周四 22：00 播出。

③ Ofcom，“Decision-London Real”，8 April 2020，https：//www.ofcom.org.uk/_ _ data/assets/pdf_ file/0020/194402/sanction – decision – estv.pdf.

④ “This Morning”是一档日间节目，在 ITV 的工作日早晨播出。该节目的许可证由 ITV 颁发。

⑤ Ofcom，“Decision-This Morning”，13 April 2020，https：//www.ofcom.org.uk/_ _ data/assets/pdf_ file/0021/194403/assessment – decision – this – morning – itv – 13 – apr – 2020.pdf.

讨论，这些观点可能损害观众对官方公共卫生信息的信任。当正在进行的事件可能对公众造成重大伤害时，这些责任尤其重要。①

（三）广告

1. 政治广告的监管

关于英国广告监管领域，除了一贯坚持的做法，有一个方面的情况需要介绍，即针对政治广告监管呼声的回应，以及针对与新冠肺炎疫情有关的广告问题的处理。

20 世纪 90 年代，英国广告标准局（ASA）推行对政治广告的监管，但未得到大多数政党的支持。如今，随着网络的发展，对政治广告进行监管的呼声再次响起。英国广告标准局对此表示支持，认为其作为一个由广告商资助而非通过成文立法设立的广告监管机构，虽然不合适作为政治广告的监管机构，但是愿意分享自身监管非政治广告的经验，并探索如何在更多方面做出贡献。这个问题涉及民主的核心，因而需要政党和竞选团队迈出最重要的第一步：同意遵守同一的诚信标准，这也是全社会对政党和竞选团队的期望。②

2. 与新冠肺炎疫情相关的广告监管

英国广告标准局还向全社会申明：任何广告都不得利用受众的恐惧心理误导他们购买产品。基于对病毒的恐惧呼吁人们采取审慎行为或阻止危险及不明智行为无可厚非，但是广告应避免引起过分的恐慌。营销人员应避免夸大不购买某些产品引起的潜在风险，尤其是针对弱势消费者。英国广告标准局还指出：经营者在广告中直接或间接提及新冠病毒或新冠肺炎疫情之前，必须仔细考虑所有广告必须对消费者负责这一前提。英国广告

---

① Ofcom, "Ofcom Decisions on Recent Programmes Featuring David Icke and Eamonn Holmes", 20 April 2020, https://www.ofcom.org.uk/about-ofcom/latest/features-and-news/david-icke-and-eamonn-holmes-decision.

② ASA, "We Think Political Advertising Should Be Regulated", 3 June 2020, https://www.asa.org.uk/news/we-think-political-advertising-should-be-regulated.html.

标准局不会对利用疫情推销产品和服务谋取暴利的市场行为保持耐心，行为者可能会因缺少社会责任感而被索赔。①

英国广告标准局郑重声明，在全体国民遇到灾难之际，其会采取审慎的行动，并适当考虑企业和公众面临的情况。这意味着，其在具体监管过程中，对一些行为要给予宽容，而对其他行为，特别是利用广告来谋取私利的企业或个人毫不妥协。这还意味着，英国广告标准局将坚决抵制滥用民众对健康的焦虑、财务与就业困难的广告，并拒绝有损于公共卫生、误导公众和涉及少数民族敏感性的广告。②

英国广告标准局发布了有关口罩广告的两项决定，有些广告声称该产品可使佩戴者免受新型冠状病毒感染。ASA 认为，这些广告利用人们对病毒的恐惧，进行了误导性宣传。③

（四）互联网

英国《2018 年数据保护法》生效后，数据监管机构——英国信息专员办公室（ICO）发挥了日益重要的作用。以下选取几个问题予以介绍。

1. 网络环境下的儿童隐私保护

2020 年 1 月，ICO 发布了《网络服务适龄设计实践守则》（以下简称《守则》）的最终版。《守则》中规定了 15 条针对儿童的适龄标准，为在网络服务中保护儿童隐私提供指引。④

《守则》的制定源于欧盟《通用数据保护条例》（GDPR）以及英国《2018 年数据保护法》中关于儿童个人数据保护的相关要求。英国《2018

① CAP, "Coronavirus Covid - 19—Advertising Responsibly", 13 March 2020, https://www.asa.org.uk/news/coronavirus-covid-19-advertising-responsibly.html.

② ASA/CAP, "COVID - 19: Our Regulatory Approach", 20 March 2020, https://www.asa.org.uk/news/covid-19-our-regulatory-approach.html.

③ ASA/CAP, "COVID - 19: Our Regulatory Approach", 20 March 2020, https://www.asa.org.uk/news/covid-19-our-regulatory-approach.html.

④ ICO, "Age Appropriate Design: a Code of Practice for Online Services", https://ico.org.uk/for-organisations/guide-to-data-protection/key-data-protection-themes/age-appropriate-design-a-code-of-practice-for-online-services/.

年数据保护法》第123条明确规定，“英国信息专员应制定一部实践守则，规定网络服务提供者为适龄儿童提供适当服务的标准”。《守则》还纳入了《联合国儿童权利公约》中有关儿童权利保护的基本原则：言论自由，思想、良知和宗教自由，结社自由，隐私，从媒体获取信息权（适当保护其免受可能损害其权益的信息或材料的侵害），参加适龄的娱乐活动，免受经济、性或其他形式的侵犯。

《守则》中的15条儿童适龄标准具体包括：儿童利益最大化，数据保护影响评估，适龄应用，透明度要求，数据滥用，政策和社区标准，默认设置，地理位置数据，家长控制以及数据分析等。《守则》不仅要求信息服务提供者以适龄标准处理儿童数据，考虑儿童的最大利益；而且支持父母（监护人）在适当情况下做出最有利于儿童利益的选择。《守则》针对的主要是英国的信息社会服务（ISS）提供者，不仅包括专门针对儿童提供服务的信息社会服务提供者，还包括所有其提供的线上产品和服务（包括App、程序、网站、游戏、社区环境以及联网玩具或设备）能够被儿童获取的信息社会服务提供者。

2. 新冠肺炎疫情期间的举措

2020年4月，ICO发布了相关文件，阐明在新冠肺炎疫情期间的监管方法。[①] ICO阐述了在当前的公共卫生突发事件中将如何进行监管，尤其侧重于数据保护和信息自由。在监管措施方面，ICO提出如下要求。

（1）应继续向ICO报告个人数据泄露事件，不得拖延。尽管当前危机可能会影响这一点，但有关机构应于意识到违规行为后的72小时之内及时报告。ICO将采用适当的方法评估这些报告。

（2）ICO进行调查时，应考虑突发公共卫生事件对有关机构的特殊影响，这可能意味着较少使用要求其向ICO提供证据的权利。

（3）ICO将对任何违反数据保护法的机构实施强有力的监管。

---

① ICO, “The ICO’s Regulatory Approach During the Coronavirus Public Health Emergency”, 13 July 2020, https://ico.org.uk/media/about-the-ico/policies-and-procedures/2617613/ico-regulatory-approach-during-coronavirus.pdf.

（4）在决定是否采取正式监管行动（包括罚款）时，ICO 将考虑该机构的困难是否源于危机，以及是否有可能在危机结束时解决问题。ICO 可能会给有关机构提供比平时更多的时间，以纠正发生在危机之前的任何违规行为。

（5）根据《管制行动政策》的规定，在进行罚款之前，ICO 会考虑经济影响和承受能力。在当前情况下，这很可能意味着降低罚款水平。

结　语

2020 年，正当人们为进入 5G 时代，传媒业继续沿着提供更丰富、更智能化内容的方向发展而欣喜之际，全人类进入了一个史无前例的时期：新冠肺炎疫情在全球蔓延。这场疫情会如何发展、何时结束，目前难以做出明确的判断。为了激励国民，英国女王于 2020 年 4 月 5 日发表了电视演讲——女王在位 68 年第四次发表非常规公开演讲。首相鲍里斯・约翰逊 3 月底新冠病毒检测呈阳性，4 月 6 日被送入医院，4 月 12 日出院。这些信息通过鲍里斯个人的自媒体、专业媒体及时向公众发布。

新冠肺炎疫情带给人类的灾难影响了人类生活的方方面面。传媒在这一时期则发挥了比平常时期更为突出的作用。英国社会、传媒业、监管部门对此有深刻的认识。在这一时期，5G 技术普遍应用、智媒程度提升，为更好地控制疫情、帮助人们渡过难关发挥了巨大作用。英国媒体监管机构、广告监管机构对疫情期间的新闻报道、广告都做出了特别规定并提出了具体建议。疫情期间，人们更渴望获得准确、可信赖的信息。因此，人们比以往任何时候都更加关注与公共利益有关的重要事件报道，新闻的重要性愈加显现。英国文化部的奥利弗・道顿（Oliver Dowden）甚至将报纸描述为“第四紧急服务”。①

---

① Daily Mail, “Culture Minister Oliver Dowden Tells Britain’s 100 Biggest Brands Including Tesco, Sky and Amazon to Allow Their Adverts to Appear Next to Coronavirus Stories as He Describes News as ‘the Fourth Emergency Service’”, *Daily Mail*, 18 April 2020, https://www.dailymail.co.uk/news/article-8231735/Culture-minister-Oliver-Dowden-describes-news-fourth-emergency-service.html.

对疫情期间的英国传媒及监管的研究也表明，在紧急状态下，在关涉重大公共利益的问题上，公共机构、享有信誉的专业媒体是人们可信赖的信息来源。这说明，在服务公共利益方面，具有专业能力和条件的媒体始终是国家和社会最具价值的一部分。

B.10
英国电影产业

石同云*

摘　要： 2019年，英国市场总票房和观影人次均低于创纪录的2018年，但继续保持在高位。英国电影所占市场份额（47.6%）创21世纪最高纪录。英国电影的全球票房份额也夺21世纪之冠。美国片和英美合拍片继续垄断票房排行榜。独立电影票房份额略低于2018年，达12.9%（2020年上半年升至15%）。有185部影片在英国开机拍摄。在英国的总制片花销居21世纪第二高位。电影及电影人揽得14%的国际大奖。2020年1月和2月的票房、观影人次以及制片花销都大幅超越2019年同期，但新冠肺炎疫情的暴发断送了这一大好开局，并使流媒体平台受益、壮大。《复仇者联盟4：终局之战》《狮子王》票房突出；《宠儿》《1917》奖项丰厚。《唐顿庄园》为风靡全球的英剧完美收官。

关键词： 英国电影产业　票房　英伦形象

英国电影产业在21世纪稳步发展，缓慢增长，亮点频现。《女王》（2006年）、《贫民窟的百万富翁》（2008年）、《国王的演讲》（2011年）、《万物理论》（2014年）、《至暗时刻》（2018年）、《宠儿》（2019

* 石同云，博士，北京外国语大学英语学院英国研究中心教授，研究方向为英国社会与文化、英国电影。

年）、《1917》（2019 年）连获奥斯卡大奖。英美合拍片《复仇者联盟 4：终局之战》（2019 年）高居全球史上票房榜榜首。充满英伦气息的独立电影《帕丁顿熊》（2014 年、2017 年）和《唐顿庄园》（2019 年）也广受全球观众青睐。英国电影始终是传播英国文化、展示英伦软实力的有力媒介。

2019～2020 年，英国市场票房收入和观影人次均低于创纪录的 2018 年，但继续保持在高位。英国电影所占市场份额（47.6%）创 21 世纪最高纪录。在英国的总制片花销居 21 世纪第二高位。英国电影的全球票房份额也夺 21 世纪之冠。奥利维亚·科尔曼因在《宠儿》中饰演安妮女王而揽得多个顶级电影奖最佳女主角桂冠，《1917》则斩获奥斯卡奖和英国电影学院奖等多项技术大奖。但 2020 年暴发的新冠肺炎疫情给英国影业带来了灾难性的影响。本文将从英国影业现状、年度表现（票房、市场份额、票房榜、电影生产）、电影艺术成就、佳片银幕形象、新冠肺炎疫情之影响等方面全面梳理 2019 年及 2020 年上半年的英国电影产业发展概况，并通过对比分析 2001～2018 年的影业表现来评估其业绩和走势。

一　英国电影的界定和影业现状

电影获得英国国籍须满足以下三个条款之一的要求：通过官方“文化测试”的检测；符合《电影合作制片欧洲公约》的规定条款；符合英国官方签署的双边合作制片条约的规定条款。一部电影如果没有申请国籍认证，但从内容、制片人、资金和人才方面看明显归属英国，也被认可为英国电影。[1] 大部分英国电影（包括英美合拍片）通过“文化测试”得到正式认证。自 2007 年开始实施并于 2014 年修订的“文化测试”从文化内容、文化贡献、文化中心、文化从业者四个方面来检测一部电影是否可以归属“英国”国籍并因此有资格享受税收减免和公共资金资助。

① British Film Institute, *Statistical Yearbook 2019*, p. 248.

测试采用积分制。一部电影必须取得总共35分中至少18分才能获得英国片待遇。

英国电影学会的《影业统计年鉴》基本按以下三个类别来分析英国影片业绩：一是由英国制片公司（没有美国大电影公司或其英国子公司的投资）全部或部分在英国生产的纯国产片；二是由英国之外的资方主要投资和操控的外来投资片，它们根据剧本要求并受英国制片基础设施或税收减免政策的吸引在英国拍片，因符合“文化测试”的要求而被注册为英国电影，其中包含由好莱坞大公司完全或部分投资的英美合拍片；三是符合英国官方签署的双边合作制片条约或符合《电影合作制片欧洲公约》规定的官方合拍片，它们由英国和他国合作拍摄，其中不包括英美合拍片。英国影片也常按美国大电影公司投资片和独立电影两个类别来评估。美国大电影公司指的是福克斯、环球、派拉蒙、索尼、华特迪士尼和华纳兄弟六家。独立电影则指由一家或几家独立制片公司拍摄、没有以上六家美国大公司投资或提供创意的电影；有美资参与但资金并非源自上述六家大公司的低预算合拍片也被视为独立电影。美国大公司投资的影片一般由母公司在多数地域统一发行，独立电影通常在不同的地域由不同的发行公司发行。①

2017年，英国电影业总营业额达148亿英镑，为当年国内生产总值（GDP）直接贡献了60.62亿英镑的总增加值（GVA）。② 英国影业自20世纪20年代以来一直笼罩在好莱坞垄断的阴影之下，缺乏集生产、发行和放映于一体纵向联营的大公司，多为营业额低于25万英镑的小公司。21世纪，影业公司数量增加迅速。公司集中在制片和后期制作领域，2018年分别有8165家和2915家，但其中仅372家制片公司有实际拍片活动（335家只拍摄了一部影片）。③ 拍片数量最多的制片公司是金翅雀公司（Goldfinch Studios，2016～2018年共拍摄了16部影片），其次是工作名称公司（Working Title Films，12部）、龙卷风公司（Tornado Studios，12部）和沙龙

① British Film Institute, *Statistical Yearbook 2019*, pp. 244 - 247.

② British Film Institute, *Statistical Yearbook 2019*, pp. 225, 228.

③ British Film Institute, *Statistical Yearbook 2019*, pp. 236, 184.

公司（Salon Pictures，9 部）。若按总预算额计算，工作名称公司居首位（4.27 亿英镑，平均每部电影 3600 万英镑），远超排名第二的 Potboiler Productions 公司（7000 万英镑）和排名第三的金翅雀公司（5400 万英镑）。①

2018 年电影发行公司有 420 家（138 家有发行活动）。发行业被隶属于好莱坞六大电影集团的英国子公司绝对垄断。前十大发行商分别是华特迪士尼、环球、二十世纪福克斯、华纳兄弟、索尼、派拉蒙、娱乐壹号（eOne Films）、欧映嘉纳（Studio Canal）、狮门（Lionsgate Films）和影视娱乐（Entertainment）（后四位是归属关系复杂的独立发行商）。它们发行了 26% 的影片，却赚得了 95.5% 的市场票房份额。②

2018 年，英国拥有 270 家电影放映公司、775 家影院（45.5% 是多厅影院）和 4340 块银幕（78% 是多厅银幕）。银幕自 2014 年已全部实现了数字化，其中约 47% 是 3D 银幕。英国境内最大的 5 家放映院线（按银幕数量计算）是影院世界、欧点、视图、全国娱乐和帝国影院，其跨国权属关系复杂，共拥有 72.4% 的银幕和 74.7% 的票房。2018 年商业影院的电影票平均价格是 7.21 英镑，比 2017 年的 7.49 英镑有所下降。③

电影的播映和收益呈现出多元化和长效化特征。在 2018 年英国电影市场 34.51 亿英镑的总收入中，影院票房为 12.82 亿英镑（占 37%），居创收链之首。其他路径收益也颇丰，分别为音像制品零售 4.51 亿英镑、音像制品租赁 3000 万英镑、数字音像 7.94 亿英镑以及电视播映 8.94 亿英镑。电视平台播放了 7100 部影片。在 34.51 亿英镑的总收入中，英国电影自身的总收入约为 11 亿英镑。④

有鉴于电影的经济和文化价值，英国政府通过多种渠道为英国电影提供财政支持。2017 ~2018 财政年度，英国政府对电影业的公共资金总投入约

① British Film Institute, *Statistical Yearbook 2019*, p. 242.

② British Film Institute, *Statistical Yearbook 2019*, pp. 236, 70.

③ British Film Institute, *Statistical Yearbook 2019*, pp. 236, 81 –82, 90 –92, 85.

④ British Film Institute, *Statistical Yearbook 2019*, pp. 126, 113.

为6.34亿英镑。公共资金的最大单项来源是对电影生产实施的税费减免，达4.69亿英镑，占总金额的74%；第二大来源是国家彩票资金，6070万英镑，占9.6%；第三大来源是电视台的资金，3670万英镑，占5.8%；其后是英格兰、苏格兰、威尔士和北爱尔兰政府的拨款（2910万英镑）以及文化媒体体育部下发的财政拨款（2610万英镑，主要下拨给英国电影学会、国家电影电视学院）。在接受资助方面，电影制作受惠最多，达5.48亿英镑，占79%，主要通过电影税收减免实现。其次是发行和放映，6970万英镑，占10%。①

二　2019～2020年英国电影市场：票房、观影人次保持在高位，英国片份额再创新纪录②

21世纪英国电影市场票房总体呈小幅增长态势，20年间翻了近一番。2019年，英国和爱尔兰市场总票房为13.01亿英镑；英国一地的票房为12.54亿英镑，仅略低于2018年的巅峰（12.82亿）和2017年，居第三高位。21世纪英国观影人次变幅不大，2019年达1.76亿人次，略低于2018年的1.77亿人次，但仍是1970年（1.93亿人次）以来的第二高位。

2020年上半年，新冠肺炎疫情和政府3月下旬关闭影院的命令对电影市场造成了毁灭性的打击，产业数据基本倚仗第一季度，失去了和往年数据的可比性。截至7月16日，英国和爱尔兰电影市场票房收入仅为1.96亿英镑，比2019年上半年下降66.5%。英国市场观影人次也锐减至3590万人次，比2019年上半年下降57%。2010年以来英国票房收入和观影人次详见表1（2001年和2005年数据供对比参照）。

---

① British Film Institute, *Statistical Yearbook 2019*, pp. 194, 196.

② 本节数据出自 British Film Institute, "The Box Office 2019", in *Statistical Yearbook 2020*, pp. 3－4, 8－17；2020年7月30日发布的分项报告"The UK Box Office, First Half Year (H1) 2020", pp. 1－3。不同年份的 *Statistical Yearbook* 下载自 https://www.bfi.org.uk/industry－data－insights/statistical－yearbook。有关影业表现的各分项报告下载自 https://www.bfi.org.uk/industry－data－insights/official－statistics－release－calendar。

表 1　英国票房收入和观影人次（2010～2020 年）

年份	票房			观影人次（百万）
	票房总收入(百万英镑)	增减幅度(%)	累计百分比(%)	
2001	645	—	—	155.9
2005	770	19.4	19.4	164.7
2010	988	14.1	53.2	169.2
2011	1040	5.3	61.2	171.6
2012	1099	5.7	70.4	172.5
2013	1083	-1.5	67.9	165.5
2014	1063	-1.8	64.8	157.5
2015	1242	16.8	92.6	171.9
2016	1228	-1.1	90.4	168.3
2017	1279	4.2	98.3	170.6
2018	1282	0.2	98.8	177.0
2019	1254	-2.2	94.4	176.1
2020 年上半年	196(含爱尔兰)			35.9

资料来源：British Film Institute，“The Box Office 2019”，*Statistical Yearbook 2020*，pp. 8－9；British Film Institute，“The UK Box Office，First Half Year（H1）2020”，p. 1。

21 世纪，美国影片始终在英国票房占据绝对垄断地位，但下降趋势明显，最高为 81%（2003 年和 2009 年），最低为 50%（2019 年）。取而代之的是英美合拍片比例的稳步上升。美国片加上美国大公司投资的英美合拍片的份额在 2001～2010 年平均高达约 90%，但 2011～2019 年降至平均 84%，在 2014 年曾最低至 76.5%。英国影片（含英美合拍片）的年度票房份额高低起伏，总体好于 20 世纪，2015 年创下 44.7% 的佳绩；2019 年更达 47.6%，是 21 世纪最高纪录。英国独立电影份额在 2011～2020 年上升趋势明显，2001～2010 年票房年平均占有率为 5.53%，2011～2020 年跃至 11.4%，2014 年比例最高——16.1%，首次超过了英美合拍大片 10.7% 的份额，但随后回落；2018 年和 2019 年又分别回升至 13.2% 和 12.9%，2020 年上半年更高达 15.2%。2010 年以来英国电影市场具体票房份额详见表 2。

表 2 英国、美国和欧洲电影在英国和爱尔兰电影市场票房份额（2010～2020 年）

单位：%

年份	英国国籍电影		美国电影	其他欧洲电影
	美国大电影公司投资的合拍片	独立电影		
2010	18.6	5.4	71.8	2.1
2011	22.6	13.1	60.6	1.7
2012	22.8	9.3	61.3	4.8
2013	15.5	6.6	72.7	3.0
2014	10.7	16.1	65.8	4.9
2015	34.2	10.5	51.1	2.4
2016	28.5	7.4	58.9	3.2
2017	27.8	9.6	57.7	1.5
2018	32.9	13.2	51.3	1.1
2019	34.7	12.9	50.0	1.1
2020 年上半年	30.9	15.2		

资料来源：British Film Institute, "The Box Office 2019", in *Statistical Yearbook 2020*, p. 15; British Film Institute, "The UK Box Office, First Half Year (H1) 2020", p. 3。

2019 年，英国和爱尔兰①共发行了 764 部影片（放映一周或以上），比 2018 年少 23 部；共取得了 13.01 亿英镑的票房。191 部美国片（不包括英美合拍大片）占发行量的 25% 和总票房的 50%。191 部英国电影（含英美合拍大片）取得了 25% 的发行份额和 47.6% 的票房份额。在 47.6% 的票房份额中，美国大公司投资的 23 部英美合拍片占 34.7%；英美合拍大片在 2015～2019 年的高市场份额，主要归功于广受欢迎的国际特许权影片在英国拍摄，如《复仇者联盟》和《星球大战》系列，反映出好莱坞投资对英国影业的重要性以及英国影业资源对好莱坞的持续吸引力。独立电影票房占 22% 的发行份额和 12.9% 的票房份额，票房份额比 2018 年微降。世界其他地区的影片占发行量的 50%，但票房收入甚微，仅占 2.8%。

2020 年上半年，新冠肺炎疫情造成包括《007：无暇赴死》在内的诸多

① 英国和爱尔兰作为一个统一"区域"计算数据。

影片被迫撤档，在英国和爱尔兰仅166部影片得到了发行，远低于2019年同期的381部；票房收入也从2019年同期的5.84亿英镑锐减至1.96亿英镑。英国电影取得了9020万英镑的票房，市场份额达46.1%；其中，英美合拍片占30.9%（6050万英镑）；独立电影占15.2%（2970万英镑）。[①]

英国市场的票房高度集中于少数吸金大片。2019年，59%的票房（7.67亿英镑）被排行榜前20名的影片收入囊中，高于2018年的55%，是近十年来的最高比例；前50名影片赢得82.2%（10.7亿英镑）；前100名收获93.6%（12.18亿英镑）；其余664部影片只得到6.4%（8290万英镑），还不如《复仇者联盟4：终局之战》一部影片的票房。尽管自2008年以来票房前100名影片的总票房呈上升趋势，但每年发行的其余影片的总票房却变化不大。由此可见，独立发行商竞争市场份额的努力极为艰辛。2019年在英国和爱尔兰市场，77%的英国影片票房低于百万英镑，61.3%低于10万英镑。

三　2019~2020年英国电影市场：票房榜[②]

2019年英国票房市场前20名排行榜（详见表3）影片被美国片和好莱坞投资的英美合拍大片绝对垄断；有9部英国片（8部为英美合拍大片）入榜，其中两部高居榜单前两位，仅《唐顿庄园》一部是独立电影。特许权系列片、续集片、翻拍片始终是票房的重要保证，在榜单中多达16部。票房最高的三部影片分别是《复仇者联盟4：终局之战》（8870万英镑）、《狮子王》（7600万英镑）和《玩具总动员4》（6620万英镑）。有6部电影票房超过5000万英镑。

---

① 数据截至7月16日，主要基于第一季度，也包括了6月开门营业的免下车汽车影院的一些收入，以及从7月开始采取了健康和安全措施而重新开张的100多家影院的收入。

② 本节数据出自 British Film Institute, "Top Films in 2019", in *Statistical Yearbook 2020*, pp. 4-7; British Film Institute, "The UK Box Office, First Half Year (H1) 2020", pp. 4-6。

表3　英国和爱尔兰2019年票房前20名影片

序号	影片名	出产国	票房（百万英镑）	发行商（影业公司）
1	复仇者联盟4:终局之战	英国/美国	88.7	华特迪士尼
2	狮子王	英国/美国	76	华特迪士尼
3	玩具总动员4*	美国	66.2	华特迪士尼
4	小丑*	美国/加拿大	58.1	华纳兄弟
5	星球大战9:天行者崛起*	英国/美国	58.1	华特迪士尼
6	冰雪奇缘2*	美国	53.1	华特迪士尼
7	惊奇队长	美国/澳大利亚	39.5	华特迪士尼
8	蜘蛛侠:英雄远征	英国/美国	37.3	索尼
9	阿拉丁	英国/美国	37.2	华特迪士尼
10	勇敢者游戏2:再战巅峰*	美国	35.2	索尼
11	唐顿庄园*	英国/美国#	28.2	环球
12	小飞象	英国/美国	25.1	华特迪士尼
13	火箭人	英国/美国	23.4	派拉蒙
14	好莱坞往事	美国/中国	21.5	索尼
15	小妇人	美国	21.3	索尼
16	速度与激情:特别行动	英国/美国	20.7	环球
17	驯龙高手3	美国/日本	20	环球
18	爱宠大机密2	美国/法国/日本	19.8	环球
19	小丑回魂2	美国/加拿大	18.9	华纳兄弟
20	乐高大电影2	丹麦/挪威/澳大利亚/美国	18.7	华纳兄弟

注：英国和爱尔兰作为一个统一“区域”计算数据。票房统计截至2020年2月20日。标*号的影片至2月20日仍在放映。标#号的是有美国非大电影公司或大电影公司的独立分支支持的独立电影。表4、表5同此。

资料来源：British Film Institute, “Top Films in 2019”, in *Statistical Yearbook 2020*, p.4。

2019年票房前20名英国影片榜（详见表4）多被好莱坞投资的英美合拍大片占据（有12部之多），有8部独立电影入榜。榜单前两名与总票房榜前两名相同：《复仇者联盟4：终局之战》和《狮子王》；第三名则是《星球大战9：天行者崛起》（5810万英镑）。榜单票房收入为5.27亿英镑，其中有9部影片票房超过2000万英镑。

表 4　英国和爱尔兰 2019 年票房前 20 名英国影片

序号	影片名	出产国	票房（百万英镑）	发行商（影业公司）
1	复仇者联盟 4:终局之战	英国/美国	88.7	华特迪士尼
2	狮子王	英国/美国	76	华特迪士尼
3	星球大战 9:天行者崛起*	英国/美国	58.1	华特迪士尼
4	蜘蛛侠:英雄远征	英国/美国	37.3	索尼
5	阿拉丁	英国/美国	37.2	华特迪士尼
6	唐顿庄园*	英国/美国#	28.2	环球
7	小飞象	英国/美国/澳大利亚/加拿大	25.1	华特迪士尼
8	火箭人	英国/美国/加拿大	23.4	派拉蒙
9	速度与激情:特别行动	英国/美国/日本	20.7	环球
10	去年圣诞	英国/美国	18.1	环球
11	宠儿	英国/美国/爱尔兰#	17	二十世纪福克斯
12	沉睡魔咒 2:恶魔夫人*	英国/美国/加拿大	14.8	华特迪士尼
13	昨日奇迹	英国	14	环球
14	大侦探皮卡丘	英国/美国/加拿大/日本	13.8	华纳兄弟
15	猫*	英国/美国	11.9	环球
16	斯坦和奥利	英国/美国/加拿大#	10.6	娱乐壹号
17	玛丽女王	英国/美国#	9.3	环球
18	朱迪*	英国	8.2	百代
19	天使陷落*	英国/美国#	7.5	狮门
20	渔民的朋友	英国	7.4	影视娱乐

资料来源：British Film Institute，“Top Films in 2019”，in *Statistical Yearbook 2020*，p. 5。

就历史纵向比较而言，2019 年票房前 20 名英国影片的前两名《复仇者联盟 4：终局之战》和《狮子王》进入了 1975 ~ 2019 年英国票房前 20 部最卖座英国影片榜（计入通货膨胀因素），分别列第五和第十位。该榜单完全被英美合拍大片所垄断。榜单除 2 部 2019 年影片外，还包括 8 部《哈利·波特》中的 6 部（《哈利·波特与魔法石》列第四位），3 部由丹尼尔·克雷格主演的 007 邦德片《大破天幕杀机》（列第二）、《幽灵党》（列第三）和《大战皇家赌场》，3 部星球大战片《星球大战：原力觉醒》（列第一）、《星球大战外传：侠盗一号》和《星球大战：最后的绝地武士》，2 部《妈妈咪呀!》，以及《一脱到底》（1997 年，年代最老）、《蝙蝠侠：黑暗骑士崛起》（2012 年）、《美女与野兽》（2017 年）和《复仇者联盟 3：无限战争》（2018 年）。

2019 年，英国独立电影票房榜前 20 名（详见表 5）票房收入是 1.45 亿英镑。票房最高的是《唐顿庄园》（2820 万英镑）、《宠儿》（1700 万美元）和《昨日奇迹》（1400 万美元）。有 4 部影片票房超过了 1000 万英镑。

表 5　英国和爱尔兰 2019 年票房前 20 名英国独立电影

序号	影片名	出产国	票房（百万英镑）	发行商（影业公司）
1	唐顿庄园*	英国/美国#	28.2	环球
2	宠儿	英国/美国/爱尔兰#	17	二十世纪福克斯
3	昨日奇迹	英国	14	环球
4	斯坦和奥利	英国/美国/加拿大#	10.6	娱乐壹号
5	玛丽女王	英国/美国#	9.3	环球
6	朱迪*	英国	8.2	百代
7	天使陷落	英国/美国#	7.5	狮门
8	渔民的朋友	英国	7.4	影视娱乐
9	小羊肖恩 2:末日农场*	英国	7.1	欧映嘉纳
10	为家而战	英国/美国#	5.9	狮门
11	蓝色故事	英国	4.5	派拉蒙
12	王者少年	英国/美国#	3.7	二十世纪福克斯
13	光盲青春	英国/美国#	3.2	娱乐壹号
14	野玫瑰	英国	2.9	娱乐壹号
15	糟糕历史大电影:臭屁的罗马人	英国	2.9	海拔高度
16	小猪佩奇:欢乐节	英国	2.9	娱乐壹号
17	红琼	英国	2.8	狮门
18	柯莱特	英国/美国#	2.5	狮门
19	官方机密	英国/美国#	2.4	娱乐壹号
20	冷血追击	英国/加拿大/法国	2	欧映嘉纳

资料来源：British Film Institute, "Top Films in 2019", in *Statistical Yearbook 2020*, p. 7。

《唐顿庄园》挤入了1975～2019年英国票房前20部最卖座英国独立电影榜（计入通货膨胀因素），列第八位。该榜单排名依次如下：《国王的演讲》（2011年）、《中间人》（2011年）、《四个婚礼和一个葬礼》（1994年）、《帕丁顿熊2》（2017年）、《帕丁顿熊》（2014年）、《贫民窟的百万富翁》（2009年）、《中间人2》（2014年）、《唐顿庄园》（2019年）、《一条叫旺达的鱼》（1988年）、《至暗时刻》（2018年）、《万世魔星》（1979年）、《黑衣女人》（2012年）、《第二春》（1989年）、《涉外大酒店》（2012年）、《甘地传》（1982年）、《飞侠哥顿》（1980年）、《黑帮传奇》（2015年）、《猜火车》（1996年）、《憨豆特工3》（2018年）和《模仿游戏》（2014年）。

2020年上半年，英国和爱尔兰票房前20名榜中仅有6部英国影片入榜，其中4部是独立电影分别是《绅士们》《爱玛》《大卫·科波菲尔的个人史》《军人的妻子》。票房最高的影片是《1917》（英国/美国，4380万英镑）（相当于同期市场总票房的22%），其后依次为《刺猬索尼克》（美国/日本/韩国，1900万英镑）、《绝地战警：疾速追击》（美国，1610万英镑）、《多力特的奇幻冒险》（英国/美国，1590万英镑）、《绅士们》（英国/美国，1210万英镑）、《寄生虫》（韩国，1200万英镑，有史以来票房最高的外语片）、《猛禽小队和哈莉·奎茵》（美国，880万英镑）、《乔乔的异想世界》（新西兰/美国/捷克，810万英镑）、《爱玛》（英国，740万英镑）、《隐形人》（美国/澳大利亚，670万英镑）、《大卫·科波菲尔的个人史》（英国/美国，640万英镑）、《1/2的魔法》（美国，540万英镑）、《野性的呼唤》（美国，280万英镑）、《军人的妻子》（英国，250万英镑）、《黑水》（美国，250万英镑）、《爆炸新闻》（美国/加拿大，220万英镑）、《汪汪队立大功：预备赛救援》（加拿大，190万英镑）、《邻里美好的一天》（美国/中国，170万英镑）、《正义的慈悲》（美国，160万英镑）以及《灯塔》（美国，140万英镑）。

英国和爱尔兰票房前10名英国电影榜中有6部是英美合拍片。《1917》傲居榜首，其后依次是《多力特的奇幻冒险》、《绅士们》、《爱玛》、《大卫·科波菲尔的个人史》、《军人的妻子》、《贪婪》（英国/美国，80万英镑）、《品行不端》（英国，40万英镑）、《节奏组》（英国/美国，40万英镑）和《琼斯先生》（英国/波兰/乌克兰，10万英镑）。

英国独立电影票房前10名榜单以《绅士们》领衔，其后依次为《爱玛》、《大卫·科波菲尔的个人史》、《军人的妻子》、《品行不端》、《节奏组》、《琼斯先生》、《我的小情人》（英国/印度，10万英镑）、《小小乔》（英国/奥地利/法国/德国，10万英镑）和《倚马而息》（英国/爱尔兰，10万英镑）。①

四 2019年英国电影全球市场票房②

2019年，全球电影总票房再创新高，达417亿美元。英国电影也刷新了21世纪纪录，取得了103亿美元，占全球市场份额的24.6%。其中，英美合拍大片占22.1%（92亿美元），以《复仇者联盟4：终局之战》领衔；英国独立电影占2.5%（11亿美元），以《唐顿庄园》为首。英国片票房份额自2015年以后涨幅远高于之前的年份。英国影片在中国大陆市场取得了14.69亿美元的票房，占其海外票房的16%。2010年以来的英国电影全球市场票房及份额详见表6。

表6 英国电影全球市场票房及份额（2010～2019年）

年份	全球市场总票房（10亿美元）	英国电影全球票房（10亿美元）	英国独立电影全球票房（10亿美元）	英国片份额（%）	英美合拍大片份额（%）	英国独立电影份额（%）
2010	31.7	4.5	0.5	14.2	12.6	1.6
2011	33.3	5.6	0.9	16.8	14.1	2.8
2012	34.9	5.3	0.6	15.2	13.3	1.8

① 2020年上半年榜单票房统计截至2020年7月16日。英国和爱尔兰作为一个统一“区域”计算数据。

② 本节数据出自British Film Institute，“UK Films and British Talent Worldwide”，*Statistical Yearbook 2020*，pp.4－6，12。票房统计截至2020年2月20日，仅限2019年发行的影片。

续表

年份	全球市场 总票房 （10 亿美元）	英国电影 全球票房 （10 亿美元）	英国独立 电影全球票房 （10 亿美元）	英国片份额 （%）	英美合拍 大片份额 （%）	英国独立 电影份额 （%）
2013	35.5	4.1	0.6	11.5	9.8	1.6
2014	36.1	4.7	1.2	13.0	9.7	3.2
2015	38.2	9.4	1.1	24.6	21.8	2.8
2016	37.6	6.5	0.5	17.3	16.0	1.3
2017	39.4	8.1	0.8	20.6	18.6	2.0
2018	41.4	9.4	1.3	22.8	19.5	3.2
2019	41.7	10.3	1.1	24.6	22.1	2.5

资料来源：British Film Institute，“UK Films and British Talent Worldwide”，in *Statistical Yearbook 2020*，p. 4。

英国电影的全球电影市场份额主要随少数好莱坞大电影公司投资的英美合拍片的表现好坏而逐年较大幅度波动，但在21世纪总体呈上升趋势。2015年得益于《星球大战：原力觉醒》和《复仇者联盟2：奥创纪元》的火爆，2019年则得益于《复仇者联盟4：终局之战》和《狮子王》的热销。英国独立电影每年的全球市场份额则差距不大，因为总量小，基本在1.3%（2016年）~3.2%（2014年和2018年）之间，有时也受到极少数票房热片的明显影响。

2019年全球票房最高的英国电影是《复仇者联盟4：终局之战》，高达23.64亿美元；第二、第三名是《狮子王》（14.04亿美元）和《蜘蛛侠：英雄远征》（9.75亿美元）；第四至第十名依次为《星球大战9：天行者崛起》《阿拉丁》《速度与激情：特别行动》《沉睡魔咒2：恶魔夫人》《大侦探皮卡丘》《小飞象》和《黑衣人：全球追缉》。它们都是英美合拍大片，连续第五年没有独立电影进前十。该榜单共赢得85.45亿美元票房，创下新纪录，占英国电影全球票房的83%。

2019年全球票房最高的英国独立电影是《唐顿庄园》（1.76亿美元），其后是《昨日奇迹》（1.43亿美元）、《天使陷落》（1.3亿美元）、《冷血追击》、《宠儿》、《地狱男爵》、《朱迪》、《为家而战》、《鲨海47：猛鲨出笼》和《小羊肖恩2：末日农场》。前十名总票房为7.57亿美元。

根据 Box Office Mojo 的最新数据，2019～2020 年发行的英美合拍片有两部进入全球史上票房榜前二十之列，其中《复仇者联盟 4：终局之战》（2019 年）排第一，《狮子王》（2019 年）排第七。

五　2010~2020年电影的生产：英国制片花销稳居高位①

受英国政府 2014 年加大电影减税力度政策的激励，英国的总制片开销连续六年强力增长，在英拍摄的外来投资片数量也从 2010～2013 年的年均 39 部升至 2014～2019 年的年均 65 部。英国已成为世界的制片中心之一，好莱坞各大制片厂和英国长期合作，如《星球大战》系列和漫威《复仇者联盟》系列。松林和谢泼顿影棚都满负荷运转，正在建造新的设施以提高能力。英国的视觉效果团队世界领先，持续获得奥斯卡奖和英国电影学院奖的最佳视觉效果奖。

2019 年在英国的电影制片花销达 19.51 亿英镑，是 1994 年有统计数据以来的第二高纪录，仅次于 2017 年的 22.1 亿英镑，这主要归功于外来投资片花销的飞速增长。2010～2020 年在英国的制片花销见表 7。

表 7　在英国生产的影片的英国花销（2010～2020 年）

单位：百万英镑

年份	2010	2011	2012	2013	2014	2015	2016	2017	2018	2019	2020 年上半年
外来投资片	874	1071	669	884	1294	1249	1496	1910	1491	1742	379
合拍片	81	52	76	64	54	47	45	32	25	34	
纯国产片	200	205	266	222	225	279	321	268	319	175	23.5
总计	1154	1328	1010	1170	1572	1576	1862	2210	1835	1951	402.5

资料来源：British Film Institute，“Screen Sector Production”，in *Statistical Yearbook 2020*，p. 5；British Film Institute，“Film and High-end Television Production in the UK，January-June（H1）2020”，p. 2。

① 本节数据出自 British Film Institute，“Screen Sector Production”，in *Statistical Yearbook 2020*，pp. 4－7，13－14；2020 年 7 月 30 日发布的分项报告“Film and High-end Television Production in the UK，January-June（H1）2020”，pp. 1－2。

2019 年，共有 185 部电影全部或部分在英国开机拍摄，低于 2006 年以来的年度数量（2012 年曾高达 375 部，2017 年 344 部，2018 年 257 部）。其中，大多数（93 部）是纯国产片，69 部为外来投资片，23 部为合拍片。外来投资片的花销居首位，69 部外来投资片给英国共带来了 17.42 亿英镑的花销（占 89%），主要包括《1917》《路易斯·韦恩》《007：无暇赴死》；在全年总共 22 部预算大于或等于 3000 万英镑的影片中有 21 部是外来投资片。93 部纯国产片贡献了 1.75 亿英镑（占 9%），是最近十年最低花销，主要包括《蓝色故事》《Soho 区惊魂夜》；其中预算大于或等于 50 万英镑的有 48 部，预算不足 50 万英镑的有 45 部。23 部合拍片预算都比较小，贡献了 3400 万英镑（占 2%），主要包括《地狱郡的男孩》《逃离比勒陀利亚》《天际线》。若按美国大电影公司投资片和独立电影两个类别区分，2019 年的 17 部英美合拍大片（多预算大）贡献了 12.85 亿英镑的制片花销，占 68.5%，对英国经济的贡献突出；168 部独立电影的制片花销共计 6.65 亿英镑，占 31.5%。2019 年，纯国产片的英国制片花销占其总制片预算的比例最高，达 91%；外来投资片次之（73%）；合拍片最低（40.5%）。

2020 年上半年，新冠肺炎疫情导致第二季度电影拍摄大规模取消、延期或中途停机，制片数据多出自第一季度。在英国开机拍摄了 41 部电影（比 2019 年同期少 24 部），其中 26 部是纯国产片，15 部为外来投资片和合拍片。在英国的总制片花销达 4.03 亿英镑，比 2019 年上半年减少 54%，其中 3.79 亿英镑为外来投资片和合拍片，占总花销的 94%（涨幅较大），纯国产片制片花销则骤降至仅 2350 万英镑（占 6%）。外来投资片包括《侏罗纪世界 3：圣域》（侏罗纪公园系列第 6 部）、《蝙蝠侠》、《灰姑娘》和印度投资片《Laila Manju》。纯国产片包括喜剧片《公爵》《海盗》《Quant》《欢乐海鹦岛》。

六　艺术成就和国际奖项①

在 2010 ~ 2019 年全球票房总排行前 200 名影片榜中，有 26 部是根据英

① 本节数据出自 British Film Institute，“UK Films and British Talent Worldwide”，in *Statistical Yearbook 2020*，pp. 14 – 19。

国作家创作的故事和人物拍摄的；31 部由英国导演执导；135 部由英国演员担任主角（52 部）或重要配角（83 部），英国演员在顶级影片中的出镜率高达 67.5% 。英国电影人才和技术优势成功助力了英国电影的国际化。

26 部根据英国作家创作的故事和人物拍摄的电影基本上都是根据英国新老作家的文学作品改编的，涉及的主要作家有罗琳（《哈利·波特》《神奇动物》）、弗莱明（邦德片）、托尔金（《指环王》《霍比特人》）、克蕾熙达·柯维尔（《驯龙高手》）、马克·米勒和戴夫·吉本斯（《王牌特工》）、路易斯·卡罗尔（《爱丽丝梦游仙境》）和拉迪亚德·吉卜林（《奇幻森林》）；有的是基于原创剧本，例如诺兰的《盗梦空间》《星际穿越》《敦刻尔克》、大卫·塞德勒的《国王的演讲》。2019 年贡献了根据柯维尔小说改编的《驯龙高手 3》。

在 31 部英国导演执导的影片中，大卫·叶慈因执导最后 2 部《哈利·波特》以及其衍生作品 2 部《神奇动物》（共 37.66 亿美元票房），成为十年来取得最大商业成功的英国导演。克里斯托弗·诺兰执导了《蝙蝠侠：黑暗骑士崛起》《盗梦空间》《星际穿越》《敦刻尔克》，票房达 31.16 亿美元，排第二。萨姆·门德斯执导了 007《大破天幕杀机》和《幽灵党》，排第三（19.90 亿美元）。盖·里奇（排第四）的《阿拉丁》是 2019 年唯一进入榜单的英国导演的作品。

英国电影及演艺人才频繁赢得国际大奖。2010 年至 2019 年末，英国影业共收获了 257 个奖项，约占全球的 14%（奖项包括奥斯卡奖，英国电影学院奖，圣丹斯、柏林、戛纳、威尼斯和多伦多国际电影节奖）。其中 2019 年，英国电影和电影人赢得了 26 个奖项，占全球的 14%，略低于 2018 年的 28 项。2020 年获得的 6 项奥斯卡奖和 13 项英国电影学院奖多归属技术类奖项，《1917》是最大赢家。

在 2019 年五大电影节中，戛纳电影节（3 项）的奖项最具分量：艾米丽·比查姆获最佳女演员奖（《小小乔》），《为了萨玛》赢得金眼睛最佳纪录片奖。在威尼斯电影节（2 项），朱莉·安德鲁斯被授予威尼斯终身成就金狮奖；摇滚巨星、滚石乐队主唱米克·贾格尔跨界大银幕，凭惊悚片

《焦橙邪说》拿到米莫罗特拉基金会奖。此外还包括两项圣丹斯电影节和一项多伦多电影节奖项。

2019 年英国电影学院奖有 13 项颁给了英国电影及电影人，其中奥斯卡奖 6 项；奖项厚重，并特别集中于《宠儿》和《波希米亚狂想曲》。2020 年英国电影及电影人在两大奖的获奖项目数量与 2019 年持平。

2020 年的最大赢家是山姆·门德斯执导的技术上雄心勃勃的战争片《1917》。在英国电影及电影人拿到的 13 项英国电影学院奖中，《1917》获得了 7 项：最佳影片、最佳导演、最佳英国电影、最佳摄影（罗杰·狄金斯）、最佳艺术指导、最佳音响效果和最佳视觉效果。《为了萨玛》继戛纳得奖后再夺最佳纪录片奖，《女孩的战地滑板课》获最佳英国短片奖，《浪漫祖父》获最佳英国动画短片奖，最佳服装设计归属了《小妇人》，迈克尔·沃德获最佳新星奖，英国本土杰出处女作颁给了《诱饵》。

在 2020 年奥斯卡奖的 6 个奖项中，《1917》包揽 3 项：最佳摄影、最佳混音和最佳视觉效果。《小妇人》赢得最佳服装设计奖（杰奎琳·杜兰），埃尔顿·约翰和伯尼·陶平凭借为电影《火箭人》献唱的主题曲《（I'm Gonna）Love Me Again》获最佳原创歌曲奖，《女孩的战地滑板课》再次夺得最佳纪录短片奖。

七　英伦形象展示

过去的百年间，英国纪录片、战争片、历史/文学古装片、喜剧片以及工人阶级社会现实主义影片等类别在世界影坛树立了优势地位。2017～2020 年，英国电影人不断回归自己擅长的战争片和历史/文学古装片领域，前者以二战题材片《敦刻尔克》（2017 年）、《至暗时刻》（2018 年）和一战题材片《1917》（2020 年）续写了辉煌；后者凭展示王宫秘史的《宠儿》（2019 年）和贵族风范的《唐顿庄园》（2019 年）吸粉无数。英国流行音乐的深厚底蕴也不断被挖掘，以讲述皇后乐队的《波希米亚狂想曲》（2018 年）和翻唱甲壳虫乐队（又译披头士乐队）歌曲的《昨日奇迹》（2019 年）

为代表。《宠儿》已在《英国发展报告（2018～2019）》中有所介绍。这里仅分析《1917》《唐顿庄园》《昨日奇迹》。

战争剧情片《1917》由萨姆·门德斯执导，讲述一战时期（1917年春）英军指挥官在最后关头才发觉德军的撤退是精心布下的陷阱，于是危急中派遣英国士兵布雷克和斯科菲尔德去冒险传达取消原定对德军兴登堡防线进攻的紧急命令，以拯救英军1600多人的生命（布雷克的哥哥也在其中）。二人在不到24小时的时限里穿越前沿阵地，经历了各种磨难和险境，最终以一人牺牲的代价完成了任务。电影弘扬了跨越生死、使命必达的牺牲精神，士兵在危机四伏的硝烟战场不停奔跑，只为给前线的战友们带去生的希望。影片还以两个普通士兵温情的人性光辉打动人心。在农庄这场戏中，布雷克想救起敌方德军飞行员，反被后者一刀捅死；这一设定渲染了我方正义性和敌方邪恶性的主旋律。电影最后，斯科菲尔德坐在一个和电影开场环境类似的地方——一望无际的草地和一棵树。这样的场景设置体现出一种战争的无意义感。灭亡与拯救始终是经典战争电影的核心矛盾。

《1917》的最大看点无疑是技术上超高难度的一镜到底。全片采用"跟随式长镜头"（最长的拍摄时间达8分半钟），然后用技术手段隐秘地将多个较长的镜头拼接成2个小时的一镜到底，也因此一举夺得2020年奥斯卡最佳摄影和最佳视觉效果技术桂冠。全片长镜头给观众带来身临其境的参与感。该片主要在英国用自然光（阴天）外景拍摄，基本采用手持摄影；构图充满层次感，光影明暗冷暖对比丰富，节奏张弛有度。景观更是独具魅力，"铁丝网格、堑壕坑道、死人死马、断垣残壁、德军宿舍、乡间村舍、橘色夜火、樱花河流、寂静草地"等共同构成了"极具'残损美学'的诗意战场影像"。影片没有宏大战争叙事和激烈的战争场面，但主人公一味地移动无助于人物的立体塑造，"整个观感像是在玩游乐场的过山车或逛一个主题公园，每到一处场景相当于主角们在'打卡'"。①

① 《〈1917〉:"一镜到底"的技术冒险与心理实验》，豆瓣网，2020年1月19日，https://www.douban.com/review/12175684/。

古装剧情片《唐顿庄园》是根据近10年来全球最受欢迎的英剧《唐顿庄园》创作的电影版。令人惊喜的原班人马、考究的英伦腔调和养眼的华丽服饰和景致再次演绎了优雅迷人的英伦贵族风情。影片2019年9月下旬在北美市场一上映便登顶首周末票房榜，更连续7天稳坐榜首。

影片的故事时间设定在电视剧剧情的15年后（即1927年），以英国王室到访格兰瑟姆伯爵家族的唐顿庄园作为主线，通过午宴、阅兵仪式、晚宴和舞会，巧妙穿插庄园内外的贵族们和仆人们各自面临各种难题的支线故事。老伯爵夫人维奥莱特身患绝症，但仍在为唐顿庄园的未来操心；新当家大小姐玛丽艰难支撑唐顿庄园的大局；爱尔兰裔的三女婿汤姆被认为会对王室造成威胁，却在危急时刻保卫了国王；婚姻不幸的玛丽公主受汤姆启发决定为王室利益妥协；老管家卡森临危受命彰显对职责的忠诚；难以启齿的同性恋现任管家巴罗遇到了皇家官员同类的爱恋。被国王的管家和大厨剥夺了为王室服务的资格后，庄园仆人们用计谋和各种爆笑手段夺回了庄园主导权，捍卫了庄园的荣誉，展现出对庄园的热爱、忠诚与骄傲，也为主线故事增添了不少趣味。作为庄园故事的收官之作，影片为每个角色都安排了圆满温暖的结局。剧中人或是明白了自己的责任，或是看清了对方的心意，或是走出了时代的禁锢，都找到了属于自己的归宿。电影以整个家庭为核心，演绎了共同担当、相互关心和支持的情感主题，令人愉悦和感动。面对庄园在经济受新时代冲击下的去留问题，已勇担重任的玛丽从疑虑走向坚定。影片结尾，夜色中的唐顿庄园巍然屹立，寓意唐顿精神的永恒，正如老管家所言，“100年后，唐顿庄园和克劳利家族依旧会屹立不倒，这是我的承诺”。影片凸显的荣誉、责任、忠诚、温情和仪式感是人类共同的价值与追寻，为现代人心中留下了一份美好的念想。

奇幻喜剧片《昨日奇迹》由丹尼博·伊尔执导，通过一个诡异的故事致敬了英国的披头士乐队，再次验证了这支史上最伟大乐队永恒的生命力。杰克是一个创作型歌手，心怀音乐梦，但无人赏识，只有青梅竹马的好友埃莉相信他有朝一日能出人头地。他在一次神秘的全球大停电中遭遇了一起奇怪的车祸，醒来后发现自己身处的世界有了异样，披头士乐队从未存在，可口可乐无人知晓，而他成了唯一记得披头士乐队的人。于是，通过表演披头士乐队的歌曲，杰克一鸣惊人，借助社交媒体迅速红遍全球。然而此时杰克发现自己即将失去生命中最宝贵的爱情，于是他向全世界坦陈他唱的歌并不是他的原创，而是披头士四人的伟大作品，他将歌曲无偿上传，与世人分享。最终杰克回到原来的世界。故事虽有些牵强，但一首接一首的披头士经典歌曲仍令观众热情澎湃。

八　新冠肺炎疫情的影响

2020 年新冠肺炎疫情在全球的蔓延导致影院关门、影片撤档、制片停机，由此葬送了该年前两个月的大好开局，并使许多影片无奈转为在流媒体平台线上播映。许多小公司面临破产。

疫情对英国影业的影响始于 3 月。3 月 16 日，政府发出避免公共场所集会的建议，3 月 20 日官方正式要求所有酒吧、餐馆、剧院、电影院、体育馆和休闲中心尽快关闭。这一周被称为“新冠病毒灭杀影院观影的一周”，有票房报告的英国/爱尔兰影院数目从 3 月 13 日的 839 家骤降至 3 月 21 日的 1 家。[①] 若干有悠久历史的独立影院的连续放映纪录被打断，例如，开业于 1912 年的柯松社区影院（Curzon Community Cinema，单银幕独立影院，不属于柯松连锁），号称是英国最古老的连续放映电影的影院，3 月 20 日因新冠肺炎疫情被迫关闭，是 108 年以来的第一次；雷克斯影院（The Rex，1963 年之前名为帝国影院）是 99 年来第一次关门歇业。许多电影不得不延期上映，例如，大片《007：无暇赴死》《速度与激情 9》《黑寡妇》，独立电影《圣人莫德》《欢乐的精灵》《县界》。《阿特米斯的奇幻历险》则

① Charles Gant, “The Numbers: the Coronavirus Effect on the UK Box Office”, 3 April 2020, https://www.bfi.org.uk/news-opinion/sight-sound-magazine/comment/numbers-coronavirus-effect-uk-box-office.

选择发行给了视频点播。

实际上，2020 年的英国影业开局非常给力，有 2019 年末发行的影片《小妇人》《星球大战 9：天行者崛起》《勇敢者游戏 2：再战巅峰》的热度持续，也有 2020 年新发行的影片《1917》《刺猬索尼克》《绝地战警：疾速追击》的良好口碑。这使 1 月、2 月的票房和观影人次双双比 2019 年同期增长 20%，前景大好。[①] 制片花销也是如此。2020 年上半年的实际制片花销为 4.03 亿英镑，另有计划中（未实现）的 7.04 亿英镑，实际制片花销和计划制片花销两项相加高达 11.07 亿英镑，创历史新高。[②] 但无奈 3 月的形势突变断送了一切。

一些第一季度发行并受到影院关闭影响的影片，如《爱玛》《隐形人》《1/2 的魔法》，被提前推向视频点播，以保持其发行热度并吸引观众。原计划第二季度发行的影片有的选择推迟发行，有的则转向线上数字播放。如《魔发精灵 2：世界之旅》原定于 4 月中旬在影院发行，选择了同日以优质视频点播的形式播映，之后随着 6 月底至 7 月社交距离措施的放松，在汽车影院和传统影院上映。延期的大导演克里斯托弗·诺兰的《信条》被业内人士寄予能吸引观众重返影院的厚望，于 7 月 17 日上映。

影院的关闭使流媒体平台发展壮大，如柯松家庭影院（柯松是连锁影院，它于 2010 年推出了自己的流媒体服务）、BFI Player 以及美国 Netflix。柯松家庭影院 3 月 20～22 日的票房收入比前一周末上升 155%，比 2019 年同一周末上升 347%，比之前最高票房周末上升 89%。[③] 疫情的持续会推动更多观众养成在线观影的习惯，提升在线点播在电影产业链的重要性，给影院产业带来更大冲击。

---

① Charles Gant，"The Numbers：the Coronavirus Effect on the UK Box Office"，3 April 2020；British Film Institute，"The UK Box Office，First Half Year（H1）2020"，p. 2.

② British Film Institute，"Film and High-end Television Production in the UK，January-June（H1）2020"，p. 6.

③ Charles Gant，"The Numbers：the Coronavirus Effect on the UK Box Office"，3 April 2020，https：//www. bfi. org. uk/news – opinion/sight – sound – magazine/comment/numbers – coronavirus – effect – uk – box – office.

结 语

2019 ~2020 年，面对种种挑战，英国电影产业表现总体良好。英国市场票房收入和观影人次保持在高位（低于创纪录的 2018 年），英国电影所占市场份额（47.6%）创 21 世纪最高纪录，英国电影的全球票房份额也夺 21 世纪之冠，在英国的总制片花销居 21 世纪第二高位，电影及电影人揽得 14% 的国际大奖。但需要指出的是，英国影业的票房和排行榜始终受制于美国影片及英美合拍大片的垄断，制片花销业绩在很大程度上也是倚仗好莱坞投资的英美合拍大片的贡献。英美合拍片的辉煌给影业带来了国内国际票房光鲜亮丽的数据，但这是基于英国统计方法将其全部票房笼统计入英国电影名下，实际上许多利润都回流给了美国，它们也被全球观众更视为美国电影。虽然能成功地吸引《复仇者联盟》《星球大战》等系列在英国连续拍摄是英国创意产业的骄傲，但提升纯国产片的质量、魅力和预算仍是巨大挑战。此外，突如其来的新冠肺炎疫情使全球电影产业遭受重创，令业内原本纷纷看好 2020 年全球电影票房再创新纪录的希望破灭。英国影业和政府决策面临的最大挑战将是如何有效应对疫情的影响，扶持影业渡过难关，尽早实现复苏。

政治外交篇

Politics and Foreign Policy

B.11

英国安全防务的新发展

张 飚*

摘 要： 2019年7月至2020年5月，英国在安全防务方面出现了诸多发展变化。第一，约翰逊政府任命了新的防务大臣和国家安全顾问，并准备新任命多个情报安全部门的主管；第二，约翰逊政府开展了国家安全战略整体评估，将会对英国未来的外交安全政策产生极其重要的影响；第三，在欧洲，英国在北约框架内进行积极活动，并继续维持与欧盟在共同安全防务框架内的合作；第四，在中东，英国增派人员前往叙利亚，并且与伊朗关系恶化；第五，在印太，英国继续强化和日本与东盟国家的安全防务合作，但越来越将中国视为安全对手。展望未来，英国会继续推行“全球英国”政策，在全球范围内将安全防务当成推进国际合作、

* 张飚，博士，中国政法大学政治与公共管理学院副教授，主要研究方向为英国对外关系、国际政治。

扩大自身影响力和提高国际声望的主要手段。

关键词： 安全防务　北约　印太　“全球英国”

一　安全防务的人事、制度与计划

2019 年 7 月至 2020 年 5 月，英国在安全防务方面做出了诸多调整。人事上，主要出现了以下变化。

第一，约翰逊政府任命新的防务大臣。约翰逊接替梅出任首相组阁后，并未继续留任梅政府时期上任仅两个月的防务大臣佩妮·莫当特，而是选择本·华莱士接替莫当特为防务大臣。由于华莱士之前有军旅经历，又在梅时期的内务部任职多年，因此约翰逊任命华莱士的决策并未引起较大争议。

第二，约翰逊政府进行了一系列关于国家安全顾问和情报部门的调整。一是 2020 年中期英国国家安全顾问马克·西德维尔离职后，约翰逊政府选择了首席脱欧谈判代表戴维·弗罗斯特接替西德维尔的工作。西德维尔在英国政界声望颇高，被认为是最有经验和行政能力的公务员，因此英国政要普遍期望政府能选出合适的人选来接替西德维尔。然而，约翰逊政府任命的弗罗斯特既不是公务员，也没有在情报或防务部门工作的经验。其任命引发了保守党内部、反对党和媒体的强烈质疑。① 二是英国媒体 2019 年底透露，2020 年英国主要的情报机关如军情六处的负责人、军情五处的负责人和政府通信总部下属的国家网络安全中心的负责人都将会被替换。② 英国政府仍然在准备替换人选。

① 例如，前首相梅就在议会辩论中公开质疑对弗罗斯特的任命，工党也提出这种任命不符合常规。

② Dominic Nicholls and Robert Mendick, “Heads of MI5 and MI6 Expected to Stand Down in 2020”, *The Telegraph*, 28 December 2019, https://www.telegraph.co.uk/news/2019/12/28/heads-mi5-mi6-expected-stand-2020-despite-dangerous-times-britain/.

在安全防务的制度方面，约翰逊政府也做出诸多调整。

第一，增强原有的投资审查计划。根据 2019 年女王演讲的表态，约翰逊政府将把投资安全审查作为本届政府的重点工作之一。约翰逊政府推进的投资安全审查主要包括以下两点内容：一是审查机制主要针对实体或资产。二是审查主要针对的投资风险主要分为三类：目标风险、触发事件风险和收购者风险，目标风险是指收购的实体或资产属于英国的核心基础设施，如核电、水资源、交通、医疗等领域；触发事件风险是指获得实体的 25% 的股份或者投票权，或是资产的 50% 处置权；收购者风险是指对资产获得控制权的个人或实体"侵蚀国家安全的潜在能力"。一旦通过，投资安全审查制度将会帮助英国强化其经济安全。

第二，为了保证电信类基础设施安全，继续推进电信标准法案（Telecoms Security Requirement）的施行。[①] 电信标准法案主要是针对英国 5G 运营商的法案，旨在通过加强英国通信管理局和运营商的合作确保英国的 5G 供应链安全。目前约翰逊政府在此方面的工作主要是以下内容：一是在电信标准法案中设计严格的质量生产等标准，强制要求电信行业的运营商按照此标准选择 5G 供应商；二是推动立法赋予英国通讯管理局更大的权力来执行新的电信安全要求。英国的电信标准法案会极大增强英国政府管理电信类基础设施的安全的能力。

第三，强调太空和网络空间（以下简称网络）两个新的领域。一是强化太空武器的研发。2019 年 7 月，时任防长莫当特表示，英国会积极开发太空武器。2019 年 9 月，英国媒体报道，国防部已经拨款 100 万英镑用于武器研发。国防部下属的防务科技实验室（DSTL）开始资助 12 项相关项目。[②] 这项研发计划意味英国在太空军事化方面推进了一大步。二是继续深化原有的网络空间进攻性力量。自 2018 年国防部开始和政府通信总部

① 更多内容可参见本书刘晋《约翰逊政府两次华为决策的背景与逻辑》。

② Sarah Knapton, "Ministry of Defence Preparing for Space War Within the Next 15 Years", *The Telegraph*, 27 September 2019, https://www.telegraph.co.uk/science/2019/09/27/ministry-defence-preparing-space-war-within-next-15-years/.

（GCHQ）联合发展网络进攻力量后，英国的网军（或信息部队）在过去一年中获得了较大发展。2019 年国防部宣布将会拨款 2000 万英镑，组建规模为 500 人的国家网络安全力量。2020 年初，国防部称该部队已经“近于准备好”行动，对攻击英国的侵害国进行攻击。①

二 国家安全战略评估

过去一年中，英国在安全防务方面进行的规格最高、影响最深的动作是国家安全战略评估。约翰逊政府延续了由卡梅伦—克莱格政府开创的每 5 年定期进行的国家安全战略评估的传统，在 2019 年 12 月的女王演讲中提出次年的工作重点之一是战略评估，随后又在 2020 年 2 月发表的首相议会声明中正式启动这项“自冷战结束以来对我们的外交、防务、安全与发展政策的最重要评估”。② 根据约翰逊的首相声明，评估的主要内容包括以下方面。第一，界定英国在世界上的角色，明确英国国家安全和外交政策的长期战略目标。第二，针对盟友设定英国解决问题和分担负担的方式，研究如何与盟国更有效地合作。第三，实现这些目标的物质和制度保障主要包括资源分配，如“未来十年及以后我们实现目标并应对风险和威胁所需的能力”，以及“为实现这些目标而对政府体系进行必要的改革”。第四，规划未来十年实施该战略的明确方法，并阐明将如何评估目标的实现。③ 约翰逊政府一开

① Kim Sengupta, “UK Is Nearly Ready to Launch Force to Hit Hostile Countries with Cyber Attacks”, *The Independent*, 10 January 2020, https://www.independent.co.uk/news/uk/home-news/cyber-warfare-security-force-iran-crisis-ministry-of-defence-a9278591.html.

② Boris Johnson, “Integrated Review of Security, Defence, Development and Foreign Policy: Written Statement-HCWS126”, 26 February 2020, https://www.parliament.uk/business/publications/written-questions-answers-statements/written-statement/Commons/2020-02-26/HCWS126/.

③ Boris Johnson, “Integrated Review of Security, Defence, Development and Foreign Policy: Written Statement-HCWS126”, 26 February 2020, https://www.parliament.uk/business/publications/written-questions-answers-statements/written-statement/Commons/2020-02-26/HCWS126/.

始预计评估将会在2020年内公布报告，然而受新冠肺炎疫情全球暴发的影响，英国被迫在2020年中暂停了评估。2020年4月16日，内阁办正式通知下议院国防委员会，英国的战略评估暂停。①

此次国家安全战略评估和前两次（2010年、2015年）相比具有诸多鲜明的特点。这些特点可以概括为“继往开来”。“继往”是指前两次国家安全战略评估都设定了在2020年需要实现的目标，如2015年设定的“未来预备”的军人数目，此次安全战略评估会对前两次评估设定的目标进行回应，总结反思这些目标是否完成、完成情况如何，因此，在这个意义上，此次国家安全战略评估是总结过去十年英国的政策正确性和执行度。“开来”是指此次国家安全战略评估会重点对目前和未来十年英国的国际环境、工作重点和外交政策等方面做出重大的判断。国家安全战略具有极为重要的意义。

一是对全球环境做出评估。例如，此次评估的核心内容之一便是明确未来5~10年内，英美特殊关系能否稳定持续。特朗普政府上台后的经验表明，英国不能完全依靠美国，或者说英国的防务安全不能过度依赖美国。②此次评估的核心内容还有中美战略竞争，特朗普上任后中美就贸易、科技、人权等问题发生摩擦导致英国夹在两个超级大国之间，左右为难。英国需要对这些重大的全球问题做出判断。

二是此次的国家安全战略评估名称有所改变，从原来的“安全战略”变为外交政策、防务、安全和国际发展的“整体评估”，以反映出此次评估增大外交政策比重的特点。换言之，虽然此次的评估重点针对安全与防务问题，但是对外交战略的论述不会太少。

三是安全战略评估会有相当部分内容涉及中国，特别是香港、电信安全

---

① The Defence Committee, “Defence Committee Welcomes Delay to Integrated Review and Announces New Inquiry into Coronavirus”, 16 April 2020, https://www.parliament.uk/business/committees/committees-a-z/commons-select/defence-committee/news-parliament-2017/integrated-security-defence-foreign-policy-review-19-21/.

② Tim Shipman, “Ben Wallace Interview: We Cannot Rely on US”, *The Times*, 12 January 2020, https://www.thetimes.co.uk/article/ben-wallace-interview-we-cant-rely-on-us-pmwcgv398.

（华为）等问题，英国需要一整套战略。尽管目前仍然不知道英国对华战略，但是英国国内要求专门就印太/亚太进行评估的声音高涨。从《金融时报》等报道来看，对华政策是一个重要内容。①

四是此次评估引发了英国国内的广泛关注。由于此次评估的背景特殊，外界对约翰逊政府也充满了期望，因此英国从事安全与防务战略研究的智库也纷纷发声。例如，亨利·杰克逊社团2020年1月发表的《核心假设与英国战略政策》就提出要深入介入印太事务等主张。英国皇家联合军种国防研究所（Royal United Services Institute for Defence and Security Studies，RUSI）发表的报告《获得控制：重新发现英国外交与安全政策中的国家利益核心性》也列出了诸如“安全从本土开始”“邻居的核心性”“无美国的增强行动力”“为无尽的竞争做好准备”“明确欧洲外的优先项”“打造有效联盟”等多个建议。② 总之，约翰逊政府开展的国家安全战略评估将会是影响未来5~10年英国最重要的一次行动。

三　英国在欧洲地区的安全防务行动

2019年7月至2020年5月，英国在欧洲地区的安全防务行动主要围绕北约和欧盟两个框架展开。

第一，在北约框架内，英国进行了以下多个举动：一是主办北约峰会，2019年12月初，英国在伦敦主办了北约峰会，本次北约峰会恰逢北约成立70周年，具有历史纪念意义，吸引了大西洋两岸的北约国家政府首脑参加，就政治、外交、安全、军事等共同关心的议题进行集体讨论。会议期间，成员国共同发表了《伦敦宣言》：该宣言不仅延续以往的惯例，重申了欧洲和

① “Britain's Armed Forces Pivot East to Face Growing China Threat”, *Financial Times*, 4 July 2020, https://www.ft.com/content/20910e6d-5ae7-4026-aaee-947e22c3dd60.

② James Rogers, “Core Assumptions and British Strategic Policy: Towards the Next Foreign, Security and Defence Review”, 21 January 2020, https://henryjacksonsociety.org/publications/core-assumptions/.

北美之间跨大西洋联系承诺、对《联合国宪章》以及《华盛顿条约》第五条的承诺，而且首次点名中国，称“中国日益增长的影响力和国际政策带给联盟共同的机遇和挑战”。[①] 对英国政府而言，此次会议是英国脱欧后主办的最重要的会议之一，展现了英国“全球性行为体”身份。二是英国政府高层参加北约的活动。例如，2019 年 11 月中旬，英国外交大臣拉布两次参加北约外长会谈，和法德等国外长共同就混合威胁、恐怖主义和香港问题进行讨论。[②] 2020 年 4 月，拉布又通过视频会议的方式参加北约外长会谈，鼓励北约国家集体参与抗击新冠病毒全球大流行的行动。[③] 2019 年 10 月，英国外交大臣华莱士参加北约议会活动，表示英国坚定支持北约作为民主和军事同盟的作用。2020 年 1 月华莱士在和北约秘书长斯托尔滕伯格会见时称，英国会继续通过“联合远征力量”等北约内的倡议强化其在北约内的作用。三是积极参加北约框架内的军事部署和演习。2019 年 6 月，英国参加了“波罗的海行动”（BALTOPS）年度海军演习。借此次演习机会，英国还测试了自己建立的“联合远征力量”的行动能力。[④] 2020 年 5 月，部署在立陶宛的皇家空军台风进行了模拟空中攻击，以测试在波罗的海行动的北约军舰的防御能力。[⑤] 四是英国积极推动北约内的“就绪倡议”。北约两年前开始此项倡议，计划在 2020 年实现在 30 天内部署 30 个作战营、30 个空军中队和 30 艘战舰的作战能力。英国在过去一年中积极响应倡议，现已做出

① NATO, “London Declaration”, 4 December 2019, http://www.nato.int/cps/en/natohq/official_texts_171584.htm.

② The UK Government, “Foreign Secretary Attends NATO Meeting in Brussels”, 20 November 2019, https://www.gov.uk/government/news/foreign-secretary-attends-nato-meeting-in-brussels.

③ The UK Government, “Foreign Secretary: NATO Joint Action Can Help to Stop Coronavirus”, 2 April 2020, https://www.gov.uk/government/news/foreign-secretary-nato-joint-action-can-help-to-stop-coronavirus.

④ NATO, “NATO Navies and Air Forces Exercise in the Baltic Sea”, 7 June 2020, https://www.nato.int/cps/en/natohq/news_176191.htm?selectedLocale=en.

⑤ Royal Air Force, “Royal Air Force Typoones Train with NATO Warships”, 19 May 2020, https://www.raf.mod.uk/news/articles/royal-air-force-typhoons-train-with-nato-warships-in-the-baltic-region/.

向“就绪倡议”提供6艘战舰等作战能力的决定。

第二，为解决脱欧后英国在欧盟内的防务安全角色问题，英国和欧盟也做出了努力。2019年10月，英欧双方宣布了新的《政治宣言》。新版本的《政治宣言》基本延续了梅政府时期的方案，即参与共同安全与防务政策（CSDP）框架内的合作等内容。自2020年1月31日开始，英国和欧盟按照新的《政治宣言》正式开启了“后脱欧时代”安全防务合作。

第三，英国于2020年3月参加了慕尼黑安全会议，但是派出了史上最低级别的代表团。英国政府高层缺席慕安会的行动引发了英国国内媒体的广泛质疑。① 总之，英国在欧洲地区的安全防务仍然维持在北约和欧盟两个框架内活动。

四　英国在中东地区的安全防务活动

2019年7月至2020年5月，英国在中东地区的安全防务行动主要围绕叙利亚和伊朗展开。

第一，针对特朗普做出的从叙利亚部分撤军的决定，英国和法国在原有基础上，增兵10%~15%，以填补美国撤军后造成的军力缺失。② 这项扩大英国军事存在的决定标志着英国进一步升级了对叙利亚的介入。

第二，伊朗核问题和扣押英国油轮成为英国安全防务关注的重点。一是伊朗核问题。自美国单方面宣布撤出后伊核协议后，伊朗的一系列反制举动使英国格外关注伊朗核问题的发展。2019年11月，针对伊朗重启浓缩铀设施，英国联合法国、德国和欧盟高级事务代表一起发表声明，要求伊朗立刻暂停重启，回到原来联合全面行动计划（JCPOA）的

① Helen Warrell and Michael Peel, “‘Global Britain’ Goes Missing at Munich Security Summit”, *Financial Times*, https://www.ft.com/content/852e15bc-50de-11ea-90ad-25e377c0ee1f.

② Dan Sabbagh, “UK and France to Send Further Forces to Syria in Aid of US Withdrawal”, 9 July 2019, *The Guardian*, https://www.theguardian.com/world/2019/jul/09/uk-and-france-to-send-further-forces-to-syria-in-aid-of-us-withdrawal.

轨道。[1] 2020 年 1 月，针对伊朗宣布单方面撤出核协议，拉布在下议院发表声明称会联合法国、德国发表共同外长声明：鉴于伊朗宣布已经不再受核协议的限制，因此英国将会诉诸联合全面行动计划中的争端解决机制。随后，英国联合其他国家启动了争端解决机制，该机制的运行分为三步：首先，当伊核协议的涉事方认为另一方没有遵守承诺，则有权向联合委员会会议发出警报。委员会成员（英、法、德、俄、中、伊、欧盟的代表）将在 15 天之内审议发起争端方的诉求，并寻求达成共识，以化解争端。其次，如果联合委员会会议内部无法达成共识，则会在下一个 15 天内，把诉求交给联合委员会各国外长，由各个国家单独决定是否能够协商解决争端。最后，如果争端还无法解决，将会把争端提交给联合国安理会进行决定。一旦交给联合国安理会，便按照“回弹机制”运行，即向安理会发送通知后，安理会会要求各方就现有的 2231 号制裁伊朗的决议进行表决，以便决定在 30 天内是否继续解除对伊朗的制裁（回弹机制要求就是否解除制裁进行表决，而非是否继续制裁机制）。如果安理会常任理事国否决了该决议，则会重启 2231 号决议，将联合国安理会所有先前的制裁决议根据 2231 号决议再次施加于伊朗。二是 2019 年 7 月发生了伊朗英国对峙事件。英国在直布罗陀扣押伊朗石油运输船，认为其涉嫌违反欧盟制裁禁令。对此，伊朗做出反应，试图扣押一艘英国石油公司（BP）的运输船。英国军舰“皇家蒙特罗斯号”（HMS Montrose）驱赶了伊朗革命卫队的船只，并随后宣布将会派 45 级驱逐舰“皇家邓肯号”（HMS Duncan）从地中海前往中东增援。[2] 总之，英国在中东扩大军事存在的同时，还与伊朗因为核问题和制裁问题发生了争端。

---

① The UK Government, “Joint Comprehensive Plan of Action on Iran: France, Germany, UK and EU Joint Statement after 11 November IAEA Report”, 11 November 2019, https://www.gov.uk/government/news/joint-statement-by-the-foreign-ministers-of-france-germany-united-kingdom-and-the-eu-high-representative-on-the-jcpoa. 联合全面行动计划的内容颇为复杂，但主要是伊朗通过降低浓缩铀存储、减少离心机数量、接受国际原子能机构的核查，换取国际社会（美、欧）解除对伊朗的经济制裁。

② Chiara Giordano, “The British Navy Warships Gulf Strait”, *The Independent*, 5 January 2020, https://www.independent.co.uk/news/world/middle-east/british-navy-warships-gulf-strait-of-hormuz-iran-threat-qassem-soleimani-a9270801.html.

五　英国在印太地区的安全防务活动

2019 年 7 月至 2020 年 5 月，英国在亚太地区的行动相对弱化，特别是缺乏像 2018 ~2019 年派军舰前往中国南海进行“炮舰外交”的高调举动。然而英国在过去一年间在亚太地区的安全防务行动主要围绕以下展开。

第一，英国和日本保持安全防务合作。2020 年初，英国和日本举行了外长战略对话。双方外长在会后发表联合宣言，针对海洋安全、反恐等多个内容做出表态：一是海洋方面，双方就海洋安全实力建设交换了意见，共同表达了对东海和南海问题的关切，以及反对单边改变现状的行动、坚持用联合国海洋法公约解决南海争端、确保自由航行和飞行自由的诉求；二是同意继续就反恐保持合作；三是在网络方面，双方承诺“确保一个自由、开放、和平、安全的网络空间”，并且会对“不负责任的国家行为体”做出反应。①

第二，英国针对中国的行动也出现了变化。2020 年英国虽然未像 2019 年那样派遣军舰到南海，但是其在网络空间领域越来越将中国视为安全威胁。2019 年 9 月，英国国家网络安全中心向英国高校发出预警，称英国政府经常发现某些国家支持恶意网络活动，称这些“民族国家谋求窃取个人数据和知识产权，以谋求战略优势”。② 2020 年 4 月，英国国家网络安全中心联合美国国土部下属的网络安全和基础设施安全机构，称一些“国家支持”（暗指中、俄）的网络攻击在试图获取关于新冠病毒的有关消息，试图“知道其他政府正在对该病毒采取何种措施……想了解有关疫苗的详细信息……以确保了解最新动态”。③ 5 月，英国国家网络安全中心再次发布警

① Ministry of Foreign Affairs of Japan, “Japan-UK Foreign Ministers’ Strategic Dialogue 2020”, https://www.mofa.go.jp/files/000566013.pdf.

② National Cyber Security Centre, “The Cyber Threat to Universities”, 18 September 2019, https://www.ncsc.gov.uk/report/the-cyber-threat-to-universities.

③ “State-backed Hackers Using Virus to Increase Spying, UK and US Warn”, *Financial Times*, 9 April 2020, https://www.ft.com/content/37149106-eb16-4b4e-879b-2913b99da84f.

告，妄称中国可能会对科研机构和高校开展网络攻击，以获取关于新冠病毒疫苗和科研进展的信息。5 月中旬英国媒体爆出，英国易捷航空公司（Easy Jet）在 2020 年初就受到网络攻击，导致 900 万用户的电子邮箱、旅行行程以及部分乘客的信用卡信息遭到泄露。污蔑发动网络攻击的工具和技术“指向”中国。[①] 此外，澳大利亚指控中国对其发动网络攻击后，英国派出了小组前往堪培拉，协助澳大利亚进行调查。

第三，针对东盟国家，英国也进行了两类行动。一是和五国联防协定（FDPA）成员国进行年度军事演习“苏曼勇士”（Suman Warrior）。[②] 二是加强和东盟成员国的双边安全防务合作。例如，英国和泰国于 2019 年 11 月举行了“金色黑豹”（Panther Gold 2019）军事演习。演习由 120 名英国军人（主要来自英国廓尔喀战斗营）和 180 名泰国士兵组成。[③] 英国和菲律宾计划在 2020 年 3 月举行防长会谈，但是最终由于新冠肺炎疫情，这一会谈并未如期举行。[④] 2019 年 11 月，英国和越南举行了防务政策对话。

第四，参与地区多边安全对话机制。例如，在 2019 年中的香格里拉对话上，时任英国防务大臣莫当特发表演说，称“我们的集体安全正在面临威胁”，号召地区国家一起捍卫地位的稳定与和平。莫当特还指出，英国的伊丽莎白女王号航母将会部署在印太区域。[⑤]

---

① Michael Cogley, “EasyJet Cyber Attack ‘Came From China’ 19 May 2020”, *The Telegraph*, https://www.telegraph.co.uk/technology/2020/05/19/easyjet-hit-highly-sophisticated-cyber-attack/.

② Ministry of Defence Singapore, “Exercise Suman Warrior 2019”, 27 September 2019, https://www.mindef.gov.sg/web/portal/army/our-stories-and-publications/our-stories/story-detail/2019/september/Exercise_Suman_Warrior_2019.

③ “UK, Thailand Conduct Military Exercise”, 13 November 2019, https://tna.mcot.net/tna-362108.

④ “PH, UK to Hold Joint Defense Meet in March”, Philippines News Agency, 12 February 2020, https://www.pna.gov.ph/articles/1093608.

⑤ The UK Government, “Defence Secretary Speech at the Shangri-La Dialogue”, 1 June 2019, https://www.gov.uk/government/speeches/defence-secretary-speech-at-the-shangri-la-dialogue-in-singapore.

六　结论与展望

整体而言，2019 年 7 月至 2020 年 5 月，英国在安全防务方面仍然保持活跃积极的态势。在人事变动、制度创新和武器研发等方面，英国都出现了多个变化。在欧洲，英国仍然坚持在北约和欧盟的框架内积极活动。在中东，英国和伊朗发生了明显的对峙冲突。在亚太，英国在原有基础上强化了和中国之外国家的安全防务合作。虽然新冠病毒全球流行打断了英国原有的一些计划，但是整体而言英国仍然取得了诸多进展。

展望未来，英国在安全防务方面的发展趋势主要有以下几点。第一，英国会继续把安全防务当成推行全球合作、扩大自身影响力和提高国际声望的主要手段。第二，受脱欧的影响，英国会继续加强在全球范围内的防务合作，追求“全球英国”的目标。第三，在对华政策上，英国会越来越将中国视为安全对手。

B.12

约翰逊时期的英美特殊关系新进展

苏 会　徐瑞珂*

摘　要： 约翰逊上台后，英美特殊关系遭到来自特朗普政府的巨大压力。虽然双边安全合作依然稳固，但是英美政治摩擦不断，在全球治理议题上分歧明显，双边自由贸易谈判充满挑战。脱欧后的英国对美国的战略价值下降，但对美国的依赖性增强，这使英美特殊关系更加不对称。2020 年 11 月的美国大选将会是英美特殊关系面临的一大变数。如果特朗普连任，那么英美特殊关系将会继续承压。自二战以来，英美在维护“自由”国际秩序方面的共同利益一直是促进英美特殊关系维系的重要基础，而以“美国优先”为核心的特朗普主义刻意追求狭隘的美国国家利益，贬低和破坏“自由”国际秩序和多边国际机制，不顾及盟友利益，致使英美维护“自由”国际秩序的共识荡然无存。

关键词： 英美特殊关系　政治摩擦　自由贸易协定　安全合作　全球治理

2019 年 7 月 24 日，鲍里斯·约翰逊取代特雷莎·梅正式成为英国新一

---

* 苏会，北京外国语大学英语学院英国研究中心硕士研究生，主要研究领域为英国外交；徐瑞珂，博士，北京外国语大学英语学院英国研究中心副教授，主要研究领域为英美特殊关系、英国外交、中国的中东政策。

任首相，英美特殊关系从此进入约翰逊－特朗普时期。虽然约翰逊与特朗普建立了良好的私人关系，但英美两国依然存在诸多政策分歧，使英美特殊关系稳中有变、备受考验。本文将从双边政治关系、经贸关系、安全关系和全球治理层面，分析过去一年来英美特殊关系的发展历程，着重探讨其所遭遇的新挑战。

一 英美双边政治关系

（一）约翰逊与特朗普私人关系

特朗普与前任首相特雷莎·梅之间并未建立融洽的私人关系，二者在个性和执政理念上的巨大差异导致两人之间龃龉不断。相比之下，特朗普对约翰逊的态度更加友好。约翰逊被认为与美国总统特朗普有很多相似之处。自大选获胜开始，各大媒体纷纷报道，聚焦美国总统特朗普与英国“特朗普”能否“琴瑟和谐”，开创英美特殊关系新篇章。需要强调的是，国家利益的契合与否是判断英美特殊关系走向的根本标准。在国际关系中，首脑间的私人关系基本取决于他们的执政理念是否符合彼此国家的利益。约翰逊与特朗普亦不例外。

在2015年约翰逊担任伦敦市市长期间，当时的共和党竞选人特朗普曾评论道：“伦敦部分地区‘伊斯兰国’极端势力猖獗，是连警察都畏惧的禁区。”[①] 约翰逊则公开批评“特朗普的言论完全就是胡扯，体现了他的极其无知，他根本不适合总统这个职位”。[②] 在2017年特朗普就任美国总统之后，约翰逊的话锋为之突变。同年，约翰逊作为英国外交大臣，在福克斯新闻采访中对特朗普大加赞扬：“特朗普总统像一个巨大的世界性商标，他在

① Vince Chadwick and Paul Dallison, “Donald Trump Slams ‘Radical’ Paris and London”, *Politico*, 9 December 2015, https://www.politico.eu/article/donald-trump-evokes-radical-vicious-paris-to-defend-muslim-ban-complete-shutdown/.

② Nick Gutteridge, “‘Trump is Right’ Police Say Parts of Britain are No-Go Areas Due to ISIS Radicalisation”, *Express Newspapers*, 12 December 2015, https://www.express.co.uk/news/uk/625545/Donald-Trump-Muslims-speech-British-police-ISIS-radicalisation-London.

影响着世界意识形态的各个角落，其他领导人莫不能及，而且总统先生的推特治国是非常有效的交流方式。”[①] 与对待梅的态度截然不同，特朗普对约翰逊格外优待。2019年7月，特朗普发推文祝贺并赞扬约翰逊“将成为伟大的首相”。[②] 12月中旬在约翰逊带领保守党赢得大选历史性胜利后，特朗普又发推文称约翰逊的胜利是一次伟大的胜利。[③] 约翰逊与特朗普在个性上的确有很多相似之处。他们都藐视政治正确性[④]，青睐右翼民粹主义政治理念，提倡控制移民数量。两人都曾因不当言论被批判为“种族主义者”。然而，2019年12月初在伦敦举办北约70周年峰会期间，约翰逊却对特朗普避而远之，以免在英国不受欢迎的特朗普为12月中旬的大选带来负面影响。[⑤] 随后的2020年2月，特朗普在一次通话中谴责约翰逊允许华为参与英国5G网络建设，并且一怒之下挂了电话，约翰逊不得不取消其访美计划。[⑥] 尽管如此，不同于对待梅的态度，特朗普在外界一直对约翰逊“口下留情”，并未进行任何公开批评，与约翰逊一直保持“友好”的私人关系。

① Adam Payne, “Boris Johnson Praises Trump as a ‘Great Global Brand’ in Fox News Interview”, *Businessinsider*, 9 November 2017, https://www.businessinsider.com/boris-johnson-praises-trump-as-a-great-global-interview-in-fox-news-interview-2017-11.

② Quint Forgey, “Trump Praises Boris Johnson as the ‘Britain Trump’”, *Politico*, 23 July 2019, https://www.politico.com/story/2019/07/23/trump-boris-johnson-british-prime-minister-1426714.

③ Rob Price, “Trump Congratulates Boris Johnson on a ‘Great WIN’ in the UK Election”, *Businessinsider*, 13 December 2019, https://www.businessinsider.com/donald-trump-congratulates-boris-johnson-on-win-in-uk-election-2019-12.

④ Freddy Gray, “Boris Johnson Can Make Anglo-American Relations Great Again”, *Spectator*, 11 July 2019, https://spectator.us/boris-johnson-anglo-american-relations/.

⑤ Thomas Colson and Adam Bienkov, “Boris Johnson is Trying to Keep His Distance from Donald Trump Amid Fears the US President Could Blow up His Election Campaign”, *Reddit*, 3 December 2019, https://www.reddit.com/r/worldnews/comments/e5htsj/boris_johnson_is_trying_to_keep_his_distance_from/.

⑥ Adam Bienkov, “Trump Accused Boris Johnson of ‘Betrayal’ after Slamming the Phone Down on Him in a Moment of ‘Apoplectic’ Fury”, *Busniessinsider*, 24 February 2020, https://www.businessinsider.in/international/news/trump-accused-boris-johnson-of-betrayal-after-slamming-the-phone-down-on-him-in-a-moment-of-apoplectic-fury/articleshow/74286412.cms.

（二）双边政治摩擦

约翰逊上台后，英美间的政治摩擦使英美特殊关系屡屡遇挫。其中，约翰逊政府与特朗普政府在对待华为 5G、引渡美国外交官夫人等问题上的双边政治摩擦最为引人注目。

1. 英美在华为5G 上的争端

近年来，中国华为公司 5G 技术发展日渐成熟，并且领先全球。2019 年 5 月 15 日，美国总统特朗普以“国家安全”为由，正式签署行政令禁止美国企业使用“对国家安全造成危害”的外企制造的设备。美国商务部将华为及与其关联的数十家企业列入“实体清单”。与此同时，特朗普向美国各盟友施压，希望它们加入美国围堵华为，禁止使用华为 5G 设备。英国作为美国亲密的盟友以及“五眼联盟”成员，其立场备受美国关注。为了阻止英国使用华为 5G 设备，特朗普政府对英国进行多次游说，甚至威胁中断与英国的情报分享，并表明未来英美贸易谈判也会受到影响。[①] 2019 年 12 月北约峰会期间，特朗普以“国家安全”为由怂恿约翰逊及其他欧盟国家领导人在国家基础设施中禁用华为设备。随后，约翰逊在新闻发布会上即对华为公司展现强硬立场，表示“针对华为政策，英国会优先保护至关重要的国家基础设施安全和‘五眼联盟’的合作”。[②]

在约翰逊政府针对华为 5G 做出最终决定之前，2020 年 1 月 13 日，美国代表团“背水一战”，赶往伦敦再次进行游说，期望能左右约翰逊政府的最终决定。然而，一旦将华为排除在英国市场之外，不仅中英贸易关系会受到影响，英国的网络基础设施建设进度会被严重推迟，还会产生高昂

① Max Colchester, “U. K. Allows Huawei to Build Parts of 5G Network, Defying Trump”, *The Wall Street Journal*, 29 January 2020, https://www.wsj.com/articles/u-k-allows-huawei-to-build-parts-of-5g-network-11580213316.

② Hugo Gye, “Boris Johnson Hints He'll Ban Huawei from Building 5G Mobile Networks After Lobbying from Donald Trump”, *Inews*, 4 December 2019, https://inews.co.uk/news/politics/general-election-2019-boris-johnson-huawei-5g-mobile-network-donald-trump-371030.

费用[①]，2020 年 1 月 28 日，约翰逊政府宣布决定将华为在英国的市场份额保持在 35% 以下，只允许华为参加非核心部分的网络基础设施建设，并且禁止华为公司靠近军事基地、发电站等敏感地区。而此举被特朗普认为是对美国的“背叛”。[②] 次日，美国国务卿蓬佩奥飞往伦敦试图缓解两国关系就华为政策出现的裂痕，敦促约翰逊政府重新考虑对华为的政策，但约翰逊政府依然不为所动。2020 年 5 月，特朗普再次将对华为的禁令延期一年，被列入“实体清单”的企业多达 200 多家，其目的是进一步切断华为产品供应链。由于新冠肺炎疫情对全球经济造成严重影响，美国政府频频“甩锅”中国，中美间的博弈白热化，新冠肺炎疫情加深了约翰逊政府对中国的不信任。同时，英美双边贸易谈判正在进行中，约翰逊政府对华为政策出现反转。根据 2020 年 5 月 23 日《每日邮报》报道并经政府官员证实，约翰逊政府正在拟定计划，打算在 3 年之内将华为设备逐步清出英国市场。[③]虽然这一计划使英美在华为 5G 议题上的矛盾有所缓和，但约翰逊政府面临的压力并未减少。

在美国方面，特朗普从未放弃就华为问题对英国施压，并且继续将限制情报分享作为威胁。[④] 2020 年 5 月，特朗普政府对华为实施新一轮制裁，美国产业与安全局禁止华为购买基于美国软件和知识产权设计的产品，打压政策进一步升级。英国国家网络安全中心在 2020 年 5 月末针对这新一轮制裁

---

① “Banning Huawei Will Damage UK's Broadband Ambitions, Says Ex-BT Chief”, *The Telegraph*, 10 March 2020, https://www.telegraph.co.uk/technology/2020/03/10/banning-huawei-will-damage-uks-broadband-goals-says-ex-bt-chief/.

② Adam Bienkov, “Trump Accused Boris Johnson of ‘Betrayal’ After Slamming the Phone Down on Him in a Moment of ‘Apoplectic’ Fury”, *Businessinsider*, 24 February 2020, https://www.businessinsider.com/trump-alone-world-stage-boris-johnson-betrayal-huawei-uk-merkel-2020-2.

③ Camilla Tominey, “Boris Johnson to Reduce Huawei's Role in Britain's 5G Network in the Wake of Coronavirus Outbreak”, *The Telegraph*, 23 May 2020, https://www.telegraph.co.uk/politics/2020/05/22/boris-johnson-reduce-huaweis-role-britains-5g-network-wake-coronavirus/.

④ Patricia Claus, “US Places Further Sanctions on Huawei Telecommunications”, *Greek Reporter*, 18 August 2020, https://usa.greekreporter.com/2020/08/18/us-places-further-sanctions-on-huawei-telecommunications/.

对英国电信网络的影响进行了新的评估，该评估表示，美国对华为的新一轮制裁会严重影响华为未来产品的安全性和稳定性。① 同时，英国保守党议员对约翰逊不断施压。在 2020 年 3 月 10 日下议院投票中，38 名保守党议员“叛变”，背弃约翰逊政府立场，投票支持关于“在 2022 年底前将华为技术从移动网络中彻底清除”的修正案。② 虽然此次修正案被彻底否决，但保守党“叛变”的议员逐渐增加，多达 60 位议员要求约翰逊改变决策，彻底禁用华为设备。③ 鉴于美国特朗普政府和英国保守党内部对华强硬派议员的双重压力，2020 年 7 月 14 日，约翰逊政府决定自 2020 年 12 月 31 日后禁止购买新的华为 5G 设备；截至 2027 年底之前，从英国 5G 网络中剔除所有的华为设备；而且当前禁止 5G 网络核心敏感部分使用华为设备的规定依然有效。此次约翰逊政府对华为政策的逆转迎合了美国特朗普政府的要求。英美两国政府在华为 5G 问题上基本达成一致。

2. 引渡美国外交官夫人风波

2019 年 8 月，美国一位外交官的夫人安妮·萨库拉斯在英国驾车逆行撞死一名 19 岁的英国少年哈里·邓恩。事发后，外交官夫人萨库拉斯逃回美国。英国民众对此愤怒不已。2019 年 10 月 5 日，英国外交大臣多米尼克·拉布敦促美国驻英大使伍迪·约翰逊撤销外交官夫人萨库拉斯外交豁免权，但被拒绝。10 月 7 日，英国首相约翰逊表示美国应该重新考虑授予外交官夫人萨库拉斯外交豁免权的立场。12 月，首相约翰逊谴责了外交官夫人萨库拉斯使用外交豁免权逃离英国的行为，并亲自与特朗普交涉，同时强调必须为邓恩伸张正义。④ 2020 年 1 月，美国正式拒绝英国引渡外交官夫人

---

① Bevin Fletcher, “UK Plans to Start Huawei 5G Phase Out-Report”, *Fierce Wireless*, 6 July 2020, https://www.fiercewireless.com/5g/uk-plans-to-start-huawei-5g-phase-out-report.

② “Huawei: Government Wins Vote After Backbench Rebellion”, *BBC*, 10 March 2020, https://www.bbc.com/news/uk-politics-51806704.

③ Poppy Wood, “Tory MPs Blast Huawei Over British Media Blitz”, Cityam, 8 June 2020, https://www.cityam.com/tory-mps-blast-huawei-over-british-media-blitz/.

④ “Boris Johnson Presses Donald Trump to Extradite US Diplomat's Wife Accused of Killing Harry Dunn”, *The Sun*, 22 December 2019, https://www.the-sun.com/news/183395/boris-johnson-presses-donald-trump-to-extradite-us-diplomats-wife-accused-of-killing-harry-dunn/.

萨库拉斯的要求，并且表示“萨库拉斯的引渡会成为极其麻烦的先例”。①英国首相约翰逊的发言人谴责美国“执法不公”。② 面对英国官员的谴责，美方无动于衷。2020 年 5 月，国际刑警组织网站对外交官夫人萨库拉斯发布红色通缉令。不久，美国国务院表示美国关于外交官夫人萨库拉斯引渡事宜的决定是最终的，是不会改变的。③ 这一事件使英美之间再次产生隔阂。有关外交豁免权限度的争论使英美外交矛盾加深。

二 英美双边经贸关系：自由贸易协定谈判

2017 年 7 月，在英国脱欧谈判期间，为维护和促进双方贸易、消费者和员工的权益，强化经贸投资合作，美国贸易代表罗伯特·莱特希泽与英国国际贸易大臣利亚姆·福克斯成立了英美贸易和投资工作组。截至 2020 年初，该工作组先后举行了六次会议，签订了相互认可协议、海洋设备协议以及红酒和白酒贸易协议；同时组织两国中小企业对话，加深对彼此投资和贸易系统的认知，为未来英美自由贸易协定谈判奠定基础。

2019 年 8 月，在法国举办的 G7 峰会期间，特朗普与约翰逊进行了双边会谈并在尽快达成自由贸易协定上达成共识。特朗普表示，“英国脱欧后，将不会受到任何欧盟贸易规则的束缚，我们将与英国达成许多巨大的贸易协定”。④ 2019

① “Interpol Issues Wanted Notice for Wife of US Diplomat Sought over Fatal UK Car Crash: ITV”, *Reuters*, 12 May 2020, https://www.reuters.com/article/us-britain-usa-crash/interpol-issues-wanted-notice-for-wife-of-u-s-diplomat-sought-over-fatal-uk-car-crash-itv-idUSKBN22N28O.

② “Interpol Issues Wanted Notice for Wife of US Diplomat Sought over Fatal UK Car Crash: ITV”, *Reuters*, 12 May 2020, https://www.reuters.com/article/us-britain-usa-crash/interpol-issues-wanted-notice-for-wife-of-u-s-diplomat-sought-over-fatal-uk-car-crash-itv-idUSKBN22N28O.

③ Anna Davis, “US Claims Its Decision on Anne Sacoolas Extradition is Final”, *Express & Star*, 12 May 2020, https://www.expressandstar.com/news/uk-news/2020/05/12/us-claims-its-decision-on-anne-sacoolas-extradition-is-final/.

④ Amanda Macias, “Trump Hints at a ‘Very Big Trade Deal’ with Britain Post Brexit”, *CNBC*, 25 August 2019, https://www.cnbc.com/2019/08/25/trump-at-g7-hints-at-very-big-trade-deal-with-britain-post-brexit.html.

年9月，约翰逊在参加联合国大会期间与特朗普再次会面，双方同意在2020年7月之前达成英美自由贸易协定。① 2019年12月，当约翰逊在大选中获得压倒性胜利之后，特朗普发推文再次表示，“我们将与英国达成利润可观的贸易协定。这个贸易协定比英国与欧盟之间的任何协议都划算”。② 2020年3月2日，英国国际贸易部发布英美贸易谈判目标。该文件显示，长期来看，与美国签订的自由贸易协定预计会使英美贸易总额增加153亿英镑，提高英国工人收入，降低从美国进口的商品价格。③ 同时，该贸易协定将惠及数字经济、服务业、农业和工业产品、食品及汽车制造业等领域。受新冠肺炎疫情影响，2020年5月5~15日，英美两国通过在线视频开启了脱欧后第一轮为期两周的双边自由贸易协定谈判。双方200多位代表参与了该轮谈判，内容主要涉及货物贸易、卫生和植物检疫措施、数字与服务贸易以及农产品等20多个谈判议题。④ 2020年5月18日，英国国际贸易部发布谈判最新结果，表示英美双方一致在服务、投资和数字贸易等领域抱有非常高的期望，并赞扬此轮双边贸易谈判是积极的、具有建设性的。双方一致同意为中小企业合作事宜设立独立章节。⑤ 2020年6月15日，英美开启了第二轮自由贸易谈判，谈判内容涵盖双方谈判目标中的所有领域。

---

① Tom Newton Dunn, “Boris Johnson and Donald Trump Agree to Strike UK-US Trade Deal by July 2020”, *The Sun*, 22 September 2019, https://www.thesun.co.uk/news/9981611/johnson-trump-trade-deal-2020/.

② Callum Keown, “Trump Congratulates Boris Johnson and Calls for ‘Massive’ U.S.-U.K. Trade Deal”, *Market Watch*, 13 December 2019, https://www.marketwatch.com/story/trump-congratulates-boris-johnson-and-calls-for-massive-us-uk-trade-deal-2019-12-13.

③ Department for International Trade, “The UK’s Approach to Trade Negotiations with the US”, 2 March 2020, https://www.gov.uk/government/publications/the-uks-approach-to-trade-negotiations-with-the-us.

④ Department for International Trade, “UK and US Start Trade Negotiations”, 5 May 2020, https://www.gov.uk/government/news/uk-and-us-start-trade-negotiations.

⑤ Department for International Trade, “Negotiations on the UK’s Future Trading Relationship with the US: Update”, 18 May 2020, https://www.gov.uk/government/news/negotiations-on-the-uks-future-trading-relationship-with-the-us-update.

在英美自由贸易协定谈判中，英国将面临很大的挑战。美国的一大诉求就是期望英国降低对美国氯洗鸡、激素牛以及转基因农作物等食品的限制，以扩大对英国的出口量。该诉求可能会严重降低英国食品安全标准。美国还期望英国对美国开放药品价格，提高美国药品在英国的售卖价格。而英国国际贸易部承诺，“在环境保护、食品标准、健康医疗和动物福利方面，不会做出任何妥协”。① 另外，英国在2020年4月对科技公司实施的数字税使美国极为恼怒，这也将成为英美自由贸易谈判的重点和难点。② 最后，2020年5月在第一轮双边自由贸易协定谈判中，美国要求加入“排他”条款，即如果英国在未经美国允许的情况下与他国达成贸易协定，美国有权退出贸易协定的部分条款。③ 这一要求侵犯了英国的贸易主权，使英国很难接受。鉴于双方诸多矛盾难以调和，英美基本上不可能在2020年11月美国总统大选之前达成双边自由贸易协定。④

三　英美双边安全关系

英美安全合作集中体现了英美关系的特殊性，是英美特殊关系的重要基石。自二战以来，英美两国在情报、核武器及军事方面建立了密切、广泛且深层次的合作关系。因此，英美安全合作水平是衡量英美特殊关系走向的重要指标。

① Emilio Casalicchio and Jakob Hanke Vela, “Five Things to Watch in US-UK Trade Talks”, *Politico*, 5 May 2020, https: //www. politico. com/news/2020/05/05/5 – things – to – watch – in – uk – us – trade – talks – 236837.

② James Titcomb, “US Opens Investigation into Britain's Digital Tax on Tech Giants”, *The Telegraph*, 2 June 2020, https: //www. telegraph. co. uk/technology/2020/06/02/us – opens – investigation – britains – digital – tax – tech – giants/.

③ Tom Fowdy, “US Seeking Control over UK's Trade Sovereignty”, *CGTN*, 11 May 2020, https: //news. cgtn. com/news/2020 – 05 – 11/U – S – seeking – control – over – UK – s – trade – sovereignty – QoIn1BRTJS/index. html.

④ “US Says a UK Trade Deal ‘Unlikely’ Before November”, *BBC*, 17 June 2020, https: //www. bbc. com/news/business – 53084467.

作为“五眼联盟”的核心成员，英国政府通信总部（GCHQ）和美国国家安全局（NSA）在应对网络安全威胁上进一步深化了合作关系。[①] 为应对网络安全威胁，英国政府通信总部在2016年10月便成立了国家网络安全中心。2019年10月1日，美国国家安全局正式成立了一个分支机构——网络安全理事会（Cybersecurity Directorate），负责整合国家安全局在情报收集和网络防御方面的任务，以便更好地应对针对美国的网络安全威胁。网络安全理事会的成立推动了美国国家安全局与英国政府通信总部的网络安全合作，以应对网络安全威胁新挑战。2019年10月21日，英国政府通信总部与美国国家安全局联合发表报告，揭露俄罗斯黑客组织“图拉”（Turla）在过去十几个月里利用伊朗黑客组织APT的“命令和控制”系统，成功侵入了许多国家的军事部门、政府及科研机构的各种网络设施。[②] 2020年4月8日，英国国家网络安全中心、美国网络安全与基础设施安全局和美国国土安全部联合发布公告，指出利用新冠肺炎疫情进行网络犯罪的案例增多，提醒两国民众保持警惕。[③] 同时，三个机构计划合作追踪并制止这类网络犯罪，为两国民众提供网络使用安全指导。

在核领域，英美仍然以《英美共同防卫协定》与《北极星军售协定》为基石，保持稳定的合作关系。2016年7月，梅政府得到议会授权，更新和升级英国三叉戟核项目。约翰逊继任首相后，继续推进和落实三叉戟核项目的更新与升级。2020年2月，美国战略司令部司令透露，美国准备研发W93或MK7核弹头以更换现有的三叉戟导弹弹头，而英国也准备采取同步

---

① The Government Communications Headquarters, “Director GCHQ Speaks at Billington Cyber Security Summit”, 7 September 2018, https://www.gchq.gov.uk/news/director-gchq-speaks-billington-cyber-security-summit.

② “Advisory: Turla Group Exploits Iranian APT to Expand Coverage of Victims”, *NCSC*, 11 October 2019, https://www.ncsc.gov.uk/news/turla-group-exploits-iran-apt-to-expand-coverage-of-victims.

③ “UK and US Security Agencies Issue Covid-19 Cyber Threat Update”, *CISA*, 8 April 2020, https://www.cisa.gov/news/2020/04/08/uk-and-us-security-agencies-issue-covid-19-cyber-threat-update.

行动更新英国的三叉戟弹头。[①] 随后，约翰逊政府证实英国将投入大约 310 亿英镑，与美国合作发展三叉戟 W93 核弹头。英国国防大臣本·华莱士表示，“美国国会为 W93 核弹头研发提供预算支持，这为英国的核弹头项目升级、英国核震慑能力以及北约核联盟的未来提供了保障。”[②]

约翰逊上台以后，英美在其他军事领域的合作依然稳健。在北约框架下，英国加强了与美国的军事合作，支持美国施压其他盟友增加军费开支的要求。2019 年 12 月，在北约 70 周年峰会上，约翰逊响应特朗普号召，敦促北约其他成员国增加军费开支，确保达到 2% GDP 的标准。[③] 英美间的军事演习如期举行。2020 年 2 月，英国皇家空军、美国空军和澳大利亚空军在美国内华达如期联合开展年度红旗军演。这一空中战斗演习项目可追溯到 1975 年，目的是促进美国盟军之间的交流，提高盟军在各个领域的互操作性以及协同作战能力。在军事行动上，约翰逊政府继续延续梅政府的政策，支持英国驻军阿富汗以配合美国的军事行动。2020 年 2 月 29 日，美国与塔利班签署和平协议，此后英国军队开始撤出阿富汗。[④] 在武器研发上，英美继续保持密切合作关系。尤其是在 F－35 隐形战斗机的研发上，英国依然是美国唯一的一级合作伙伴，这也使英国成为除美国以外拥有 F－35 战机最多的国家。[⑤] 另外，英美空军还加强了太空防务合作。2019 年 7 月，英国成为首个加入美国领导的“奥林匹克捍卫者行动”（Operation Olympic Defender）

① “US Officials Leak Details of British Plan to Replace Trident Nuclear Warheads”, *The Independent*, 23 February 2020, https://www.independent.co.uk/news/uk/politics/uk－trident－nuclear－warheads－us－technology－trump－administration－pentagon－a9352926.html.

② “Center for Strategic Deterrence Studies: News and Analysis”, https://media.defense.gov/2020/May/19/2002302435/－1/－1/0/CSDS_ OUTREACH1417.PDF.

③ “Boris Johnson Urges Nato Allies to Boost Military Spending to Keep Alliance Alive”, *ITV*, 3 December 2019, https://www.itv.com/news/2019－12－03/nato－summit－2019－watford－boris－johnson－tell－nato－leaders－one－for－all－all－for－one/.

④ Michael Evans, “British Troops in Afghanistan Told to Start Packing Their Bags”, *The Times*, 2 March 2020, https://www.thetimes.co.uk/article/british－troops－in－afghanistan－told－to－start－packing－their－bags－0t3zrzs9k.

⑤ George Allison, “How British is the F－35?”, *The UK Defence Journal*, 14 October 2019, https://ukdefencejournal.org.uk/how－much－of－the－f－35－is－british－built/.

项目的国家，以应对太空敌对力量的威慑。英国随后表示，计划在未来 18 个月内派遣 8 位相关工作人员到美国加利福尼亚的联合太空作战中心，以支持防务合作。①

四 英美在全球治理上的冲突

特朗普政府秉持“美国优先”理念，与英国政府恪守的“全球英国”理念格格不入。在约翰逊 - 特朗普时期，英美两国在全球治理议题上分歧依然比较明显，主要表现在伊核协议问题和应对全球新冠肺炎疫情上。

（一）在伊核协议问题上的分歧

特朗普上台后，宣布美国将退出伊核协议，并对伊朗恢复经济制裁。英国同其他协议签署国表示“伊核协议是阻止伊朗发展核武器的最佳方式，会继续坚持并遵守该协议”。② 2019 年 4 月，特朗普表示将对购买伊朗石油的国家进行制裁，致使伊朗的经济发展举步维艰。此后美伊之间的矛盾迅速升级。伊朗宣布重启铀浓缩计划，实施一系列对美国的报复行为。随着美伊矛盾不断升级，英国对伊朗的态度也有所转变。

2019 年 7 月初，英国海军在直布罗陀海峡地区扣押伊朗油轮“格蕾丝 1 号”，声称该油轮违反欧盟制裁令，向叙利亚输送原油。该油轮被扣押时间长达一个多月。“英国扣押‘格蕾丝 1 号’油轮被认为是受美国指使。”③ 伊朗高官公开谴责英国政府，指出“如果英国不释放扣押的伊朗油轮，伊朗

① Andrew Chuter, “UK, US Militaries Join Forces to Keep the Upper Hand in Space”, *Defence News*, 18 July 2019, https://www.defensenews.com/global/europe/2019/07/18/uk-us-militaries-join-forces-to-keep-the-upper-hand-in-space/.

② “World Reacts to US Withdrawal from Iran Nuclear Deal”, Anadolu Agency, 9 May 2018, https://www.aa.com.tr/en/politics/world-reacts-to-us-withdrawal-from-iran-nuclear-deal/1140043.

③ “Iran Summons UK Ambassador in Tanker Seizure Row”, *BBC*, 4 July 2019, https://www.bbc.com/news/uk-48871462.

将会扣押英国油轮作为反击”。[①] 在交涉无果后，伊朗海军在霍尔木兹海峡扣押了英国的“史丹纳帝国号”油轮，称其违反国际海事法。英伊冲突加剧。为了保护海湾地区非伊朗籍油船的安全，美国随后呼吁其盟友加入联合护卫计划，增加对海湾地区的军事部署。然而，英国拒绝了美国的邀请。时任英国外交大臣的杰里米·亨特表示，“英国不会参与美国对伊朗的极限施压政策，英国会坚守伊朗核协议”。[②] 2019 年 7 月 24 日约翰逊上台后，英国改变了对联合护卫计划的态度。新任外交大臣多米尼克·拉布表示，英国将加入美国主导的联合护卫计划，确保轮船在海湾地区的安全。虽然英国加入了护卫计划，但仍然会坚持伊核协议。[③] 7 月 28 日，英国皇家海军派遣军舰到海湾地区保护英国轮船。8 月中旬，在伊朗“格蕾丝 1 号”油轮被扣押期间，美国指控该油轮使用美国金融系统与叙利亚进行非法石油交易，违反了美国的制裁令，下令没收该油轮及其装载的原油。尽管美国政府阻拦释放该油轮，但在伊朗向英国保证不会违反欧盟制裁令而驶向叙利亚后，“格蕾丝 1 号”油轮被释放。9 月，伊朗释放英国“史丹纳帝国号”油轮。此次相互扣押油轮事件使英伊关系陷入危机。

2020 年 1 月 3 日，美国袭击伊拉克首都巴格达国际机场，伊朗“圣城旅”将军卡西姆·苏莱曼尼在袭击中丧生。随后美国国防部证实，美国总统特朗普下令杀死了伊朗指挥官苏莱曼尼。美国五角大楼的一份报告指出，“苏莱曼尼正在计划袭击伊拉克及该区域的美国外交官和军人，并且他和他的部队要对数百名美军以及盟军人员的死亡负责”。[④] 伊朗认为美国的刺杀行为无异于国际恐怖主义行径，发誓要对美国实施报复。1 月 5 日，约翰逊

---

① Joseph Trevithick, “Iran Threatens to Seize A British Ship After Royal Marines Storm Iranian Oil Tanker”, *The Drive*, 5 July 2019, https://www.thedrive.com/the-war-zone/28838/iran-threatens-to-seize-a-british-ship-after-royal-marines-storm-iranian-oil-tanker.

② “US and UK Divide Increases on Iran”, *The Hill*, 27 July 2019, https://thehill.com/policy/international/middle-east-north-africa/455021-us-and-uk-divide-increases-on-iran.

③ “UK to Join US-led Taskforce in Gulf to Protect Merchant Ships”, *BBC*, 5 August 2019, https://www.bbc.co.uk/news/uk-49240867.

④ “Qasem Soleimani: US Kills Top Iranian General in Baghdad Air Strike”, *BBC*, 3 January 2020, https://www.bbc.com/news/world-middle-east-50979463.

首相表示，“伊朗军官苏莱曼尼对我们所有人的利益造成了威胁，他对这一地区的混乱负有责任。鉴于他在导致成千上万平民和西方人士的死亡中负有主要责任，我们不会对他的死表示哀悼”。[①] 此番言论间接地对美国的暗杀行为予以支持。但约翰逊同时呼吁双方保持克制、冷静，推动局势尽快降温。随后，特朗普在1月8日发表全国讲话，旨在回应伊朗对美国刺杀苏莱曼尼一事所展开的报复行动，同时特意点名英国，强烈要求英国、德国等国家放弃对伊核协议的支持。1月9日晨，约翰逊与伊朗总统哈桑·鲁哈尼通话，表示英国会继续坚定地支持伊核协议。[②] 2020年1月14日，在接受BBC采访时，约翰逊对伊核协议的态度有所松动，“或许我们可以用特朗普协议替代伊朗核协议，特朗普先生是一个伟大的谈判家”。[③]

英美两国的对伊政策有共同之处，即二者都将伊朗视为威胁。然而，它们处理伊朗问题的方式不同。面对特朗普的压力，约翰逊施展“平衡木”外交，不完全追随美国的对伊政策，但也不完全忤逆特朗普政府，避免英美在伊朗核问题上的矛盾升级为严重外交危机。对待伊朗问题，英国更倾向于通过外交谈判的方式解决，避免发生军事冲突或者矛盾升级。脱欧后的英国更需要美国的支持，因此约翰逊政府必要时可能会在伊核问题上对特朗普政府做出一些妥协。

（二）在应对全球新冠肺炎疫情上的政策分歧

2019年末新冠病毒开始在全球蔓延。2020年1月20日，美国通报国内

---

① “Boris Johnson Says Iran General Was ‘Threat’ and UK ‘Will Not Lament His Death’”, *The Mirror*, 5 January 2020, https: //www. mirror. co. uk/news/politics/breaking – boris – johnson – says – soleimani – 21220091.

② Jason Lemon, “UK's Boris Johnson Tells Iran His Government Is Committed to Nuclear Deal Despite Trump's Pressure”, *Newsweek*, 9 January 2020. https: //www. newsweek. com/boris – johnson – tells – iran – british – government – committed – nuclear – deal – despite – trump – pressure – 1481294.

③ Annabelle Dickson, “Boris Johnson Calls for ‘Trump Deal’ to Replace Iran Nuclear Pact”, *Politico*, 14 January 2020, https: //www. politico. eu/article/boris – johnson – calls – for – trump – deal – to – replace – iran – nuclear – pact/.

第一例新冠肺炎病例。此后，特朗普一直对美国民众宣称，“美国国内的新冠肺炎疫情一切在掌控之中，大家无须担心”。[①] 然而特朗普政府动作缓慢，失去了有效防疫的最佳时期。2 月中旬，新冠肺炎疫情在纽约暴发，美国疫情进一步恶化。面临医疗设备短缺，特朗普甚至下令限制呼吸机、口罩等医疗产品以及个人防护产品的出口，这严重影响了加拿大、墨西哥以及其他国家的抗疫行动。面对国内对特朗普政府抗疫不力的抨击，特朗普将责任推卸给世界卫生组织和中国。4 月 14 日，特朗普宣布停止为世界卫生组织提供资金支持。[②] 5 月，特朗普政府缺席全球新冠疫苗筹款会议。同时，美国谴责世界卫生组织过于“依赖中国”，甚至威胁称美国要退出世界卫生组织。

在英国新冠肺炎疫情暴发初期，约翰逊与特朗普持相似态度，认为新冠肺炎不是严重的传染性疾病，甚至提出以所谓“群体免疫”应对新冠肺炎疫情。随着感染人数增加，约翰逊政府对疫情的态度有所改变，意识到对疫情的误判，但仍然没有实施任何强制措施、避免公众聚集。直到 3 月中下旬，约翰逊政府才下令关闭学校、酒吧、餐馆以及影院等公众聚集场所。英国开始进入封锁状态。约翰逊政府虽然在应对国内疫情方面被公众批评行动迟缓[③]，但是在应对全球疫情方面被认为比较积极。2020 年 4 月，在特朗普政府宣布停止为世界卫生组织提供资金数日后，英国宣布向世界卫生组织提供 2.5 亿美元，以应对全球新冠肺炎疫情。[④] 5 月 4 日，在全球新冠疫苗筹

---

① Ryan Goodman and Danielle Schulkin, “Timeline of the Coronavirus Pandemic and US Response”, *Just Security*, 7 May 2020, https: //www. justsecurity. org/69650/timeline – of – the – coronavirus – pandemic – and – u – s – response/.

② “Coronavirus: US to Halt Funding to WHO, Says Trump”, *BBC*, 15 April 2020, https: //www. bbc. com/ne – ws/world – us – canada – 52289056.

③ Guy Faulconbridge, Elizabeth Piper and Paul Sandle. “UK Was Too Slow on Coronavirus and 40000 Could Die, Professor Says”, *Reuters*, 17 April 2020, https: //www. reuters. com/article/us – health – coronavirus – britain – outbreak/uk – was – too – slow – on – coronavirus – and – 40000 – could – die – professor – says – idUSKBN21Z17O.

④ Olivia Konotey-Ahulu, “UK Pledges Some $250 Million to WHO, Charities in Virus Fight”, *Bloombergquint*, 12 April 2020, https: //www. bloombergquint. com/politics/u – k – pledges – some – 250 – million – to – who – charities – in – virus – fight.

款会议上，约翰逊作为会议联合主办方督促世界领导人“齐心协力，加快科学家们研发疫苗的成功步伐”，并且许诺捐赠3.88亿英镑用于疫病的检测、治疗及疫苗研发。①

英美两国都在疫情前期防控不力、行动迟缓，导致疫情在国内大规模暴发。然而，约翰逊政府积极主动支持世界卫生组织抗击全球新冠肺炎疫情，态度明显不同于特朗普政府。特朗普政府在应对全球新冠肺炎疫情方面不仅没有起到领导作用，反而阻碍了全球抗击新冠肺炎疫情的行动。

结　语

自约翰逊上任以来，约翰逊与特朗普私人关系比较和谐，两人保持频繁互动。但英美特殊关系依然遭受来自特朗普政府的巨大压力。虽然英美安全合作依然密切，但双方在华为5G、引渡美国外交官夫人以及全球治理等问题上产生了不少矛盾。2020年初，新冠肺炎疫情给世界经济带来重创。疫情期间，英美开启双边贸易谈判，其目的之一是帮助两国尽快恢复经济发展，然而英美在农产品、数字税以及药品等领域存在严重分歧。面对特朗普的“美国优先”政策，英国理想的双边自由贸易协定可能会“难产”。2020年11月的美国大选将会是英美特殊关系面临的一大变数。特朗普胜选与否将会深刻影响未来英美关系的走向。如果特朗普连任，那么英美特殊关系将会继续承压。虽然英美特殊关系不会走向消亡，但其活力很可能进一步受到削弱。毕竟，以“美国优先”为核心的特朗普主义有损英美特殊关系的维系。自二战以来，英美在维护“自由”国际秩序方面的共同利益一直是促进英美特殊关系维系的重要基础。② 特朗普主义刻意追求狭隘的美国国家利益，贬低和破坏“自由”国际秩序和多边国际机制，不顾及盟友利益，致

① “Coronavirus: World Leaders Pledge Billions for Vaccine Fight”, *BBC*, 4 May 2020, https://www.bbc.com/news/world-europe-52525387.

② 赵怀普：《美英特殊关系与国际秩序》，《美国研究》2004年第4期，第77页。

使英美维护“自由”国际秩序的共识荡然无存。[①] 与特朗普不同，美国民主党总统候选人拜登是个国际主义者，支持通过多边国际机制以维系“自由”国际秩序，这与约翰逊不谋而合。[②] 可以预见，如果拜登胜选，将会有利于英美特殊关系。

① Ben Marguiles, “How Donald Trump's Populism May Threaten the US-UK Special Relationship”, *LSE British Politics and Policy Blog*, 7 December 2017, https://blogs.lse.ac.uk/usappblog/2017/12/07/how-donald-trumps-populism-may-threaten-the-us-uk-special-relationship/.

② Sydney Ember and Katie Glueck, “Biden, in Foreign Policy Speech, Castigates Trump and Urges Global Diplomacy”, *The New York Times*, 11 July 2019, https://www.nytimes.com/2019/07/11/us/politics/joe-biden-foreign-policy.html.

B.13
英国在美国与欧盟的战略竞争中的位置与作用*

忻 华**

摘 要： 作为欧洲第二大经济体和军事力量最强的国家，脱离欧盟之后的英国在美国与欧盟之间的战略竞争中的位置与作用，影响着欧洲地区事务、世界经济运行和国际战略格局的结构性特征。在美欧经济竞争中，英国约翰逊政府在产业政策、贸易保护、投资审查和金融监管的领域仿效美国的政策，发展对美合作，而在低碳绿色产业发展、数据流动管理和数字税等议题上则认可和学习欧盟的做法，与欧盟开展协作和互动，使美欧经济竞争呈现各有得失、犬牙交错的态势。在美欧战略安全竞争中，约翰逊政府明显地疏离欧盟而倒向美国，2019～2020年美英安全合作关系得到大幅度提升，使美欧在此领域的力量对比的天平急剧倒向美国这边，进而使欧盟和法德等欧洲大国愈加强烈地希望另起炉灶，建设自主掌控的欧洲共同安全防务体系，以实现“欧洲战略自主”。总之，当前英国在美欧之间发挥着“离岸平衡者”的作用，对世界格局必将产生深远影响。

* 本文为上海市哲社规划中青班专项课题（项目登记号为2012FGJ001）和上海市教委“阳光计划”项目（项目编号为102YG06）的阶段性研究成果。

** 忻华，上海外国语大学欧盟研究中心副主任，上海欧洲学会学术研究部主任，上海交通大学国家战略研究中心特约研究员，国际关系学博士，区域国别研究博士后，主要研究方向为欧洲智库、利益集团与游说政治，欧美关系，欧盟对华经济政策等。

关键词： 英国脱欧　美欧战略竞争　经济竞争　战略安全竞争　离岸平衡者

过去一年间，美国和欧盟之间的战略竞争在持续加剧。这一变化源于三方面的国际战略变局：一方面，以人工智能为代表的尖端技术的研发不断取得重大突破，进一步推动世界范围的产业升级和经济竞争，美欧都在加紧推行以产业政策为核心的对外经济竞争战略，意在抢占当前全球尖端技术与先进制造业的“制高点”。另一方面，贫富分化和民粹主义兴起而带来的社会撕裂与政治极化有增无减，导致美欧内部政治危机接连不断，2019 年法国的“黄马甲”运动和 2020 年上半年美国的“黑命贵”运动就是典型的例证。为缓解社会矛盾，美欧都在加紧制定更为苛刻的贸易保护主义和经济民族主义政策，引起更加激烈的双边经济对抗。同时，美欧在战略安全领域的裂痕也在加深。美欧在处理与伊朗和俄罗斯的关系时，冲突不断，而且随着中美战略对抗的日趋升级，美国对外战略的重心日益聚焦于亚太地区，特朗普政府不再愿意承担欧洲防务的责任，计划从西欧进行战略收缩，引发欧盟的不满。

英国是欧洲第二大经济体和第一军事强国。[①] 2020 年 1 月底在法律意义上正式脱离欧盟之后，英国在美欧战略竞争关系中的位置与动向越来越具有重要的战略意义。2020 年底脱欧过渡期结束之时，英国将彻底脱离欧盟主导的欧洲单一市场与欧洲关税同盟，并将重塑英国与“欧洲共同外交与安全政策”架构（CFSP）的关系，届时无论出现何种变化，体量庞大的英国的战略考量与政策走向都会深刻影响美欧战略竞争的态势，

---

① 英国的国防开支在所有欧洲国家（不包括俄罗斯）中一直排在首位，也是欧洲除法国之外唯一拥有从核打击能力到特别军事行动能力的“全谱系”军事行动能力的国家。关于北约各国的防务开支的详细数据，参见 NATO Public Diplomacy Division, “Defense Expenditure of NATO Countries（2011 - 2018）”, NATO Communique PR/CP（2018）091, 10 July 2018, https://www.nato.int/nato_static_fl2014/assets/pdf/pdf_2018_07/20180709_180710 - pr2018 - 91 - en.pdf。

也将改变世界经济和国际战略安全的力量对比格局。然而，虽然目前英国正在同时开展对美国和欧盟的双边贸易谈判，但两者都进展缓慢，遭遇难以化解的结构性矛盾，而英国与欧盟关于外交和战略安全关系的谈判尚未启动，这意味着英国在美国与欧盟之间的走向，存在巨大的不确定性。有鉴于此，对英国在美欧战略竞争关系中的角色的分析具有突出的现实价值。

一　英国在美欧战略竞争中的位置与作用总览

当前美欧战略竞争涵盖技术与产业、贸易与投资、对外经济监管、双边战略安全和对华政策等多个领域。美欧在所有这些领域的战略认知的差异、决策意向的冲突和政策实践的矛盾乃至对抗都相互关联，共同塑造着美欧战略竞争的走向与节奏。而过去一年间英国在这些领域的战略考量与政策走势，能在一定程度上反映出英国作为第三方对美欧竞争的态度与立场（见表1）。

表1　过去一年间的美欧战略竞争动向和英国的相关决策动向

决策主体 政策领域	美国对欧盟的战略意图与政策动向	欧盟对美国的战略意图与政策动向	英国在美欧之间的战略考量与决策动向
技术与产业领域	特朗普政府密集出台产业政策，扶持以人工智能为代表的新兴技术研发和先进制造业升级，尽力形成和保持相对于欧洲的竞争优势 争取掌控相关的国际规则与标准体系的主导权	通过建设“欧洲经济与技术主权”和新产业战略体系，整合内部的资源与架构，在新兴技术和先进制造业领域努力对标和赶超美国 制定更严格的关于数据隐私保护和数据流动监管的规则，意在防止欧洲数据资源被美国掌控	在技术与产业领域的美欧竞争中保持中立和相对沉默的状态 注意推行具有强烈的“经济与技术民族主义”和干预主义特征的产业政策，意在脱欧的情况下建设英国可以自主掌控的尖端技术与先进制造业

续表

决策主体 政策领域	美国对欧盟的战略意图与政策动向	欧盟对美国的战略意图与政策动向	英国在美欧之间的战略考量与决策动向
贸易与投资领域	借助301、201和232三项贸易法律条款的授权，对欧盟产品和企业开展“两反一保”的调查，进而以严厉的关税制裁对欧盟推行贸易保护主义政策，意在扭转美国对欧贸易的巨额逆差，并保护先进制造业部门免受欧洲产品的竞争	仿效美国，建立更加严厉的“两反一保”的贸易保护和投资审查机制，对美国的关税制裁实施反制	同时推进对美国和欧盟的自由贸易协定谈判，意图在两者间灵活转圜，为英国对外贸易与投资争取战略空间 考虑在脱欧过渡期之后建设英国自己的贸易保护与投资审查的政策机制 英国对进口产品质量监管的技术与安全标准，将在很大程度上模仿欧盟，不利于美国的出口与投资
税收财政与金融领域	特朗普政府上台后放松对金融业的管制，反对欧盟的银行业联盟和金融交易税 维持对美元主导的国际交易结算与支付体系SWIFT系统的掌控，以维持美元霸权	建立银行业联盟，强化对欧元区的统一金融监管，考虑设立金融交易税 强化数据流动监管，设立数字税，并自2020年初以来持续调查美国苹果公司在爱尔兰的缴税情况，意在针对美国数字技术巨头加强管控，限制其垄断欧洲市场 建设以欧元为核心的国际交易结算的INSTEX系统，以提升欧元国际地位	英国反对银行业联盟和金融交易税，在金融监管领域仿效美国的规则与实践，并与美国建立密切的合作机制。2018年建立的“美英金融监管工作组”在过去一年间运行状况良好 英国参加了用欧元结算的国际交易结算体系INSTEX系统 英国认同欧盟关于数字税和数据流动监管的法规与实践
涉外经济执法领域	美国贸易代表办公室和司法部在2020年初着手开展对参与俄欧“北溪2号”天然气管道建设项目的德、奥、荷等欧洲国家的公司的制裁 美国在2020年1月以“进行商业贿赂”为由，对空客公司罚款近40亿美元	欧委会在2019年3月以“反垄断”为由对谷歌公司罚款14.9亿欧元，并在过去一年间对Facebook、亚马逊、苹果公司等美国数字技术巨头进行持续的调查	英国在数据保护与数字技术公司监管的执法领域，部分仿效欧盟的规则与执法实践。2019年10月迫使美国Facebook公司因“剑桥分析公司丑闻”向英国监管当局支付50万英镑的罚款

续表

决策主体 / 政策领域	美国对欧盟的战略意图与政策动向	欧盟对美国的战略意图与政策动向	英国在美欧之间的战略考量与决策动向
跨大西洋战略安全领域	美国不再愿意承担西欧的战略安全防卫成本，从西欧进行战略收缩的意向在过去一年间愈加明显，2020年6月30日，特朗普宣布从德国撤走近三分之一的驻军	为应对美国从西欧的战略收缩，欧盟在过去一年间多次提出要强化“欧洲共同外交与安全政策”体系，提出了“欧洲安全联盟”设想，并打算组建“欧洲共同国防产业体系”	脱欧后的英欧战略安全关系尚未得到界定，英国亦未表达任何明确的意向，英欧战略安全合作不在约翰逊政府优先考虑的议题范围内 英国仍在“欧洲共同外交与安全政策”架构内，但与欧洲其他国家仅有技术性的有限合作 英美之间始终维持着“特殊的”战略安全盟友关系，存在默契与协调

资料来源：作者自制。

表1显示出英国在美欧战略竞争中有如下战略决策考量。

首先，由于2020年底过渡期结束后英国的政策不再受欧盟的羁绊，因而过去一年里约翰逊政府一直在着手布局，打算建立一整套英国自行掌控的经济政策架构，以便凸显英国的决策自主性，并借此推行经济民族主义和贸易保护主义理念，保护英国自身的产业与市场。2020年初约翰逊连任首相后推出的一系列政策文件显示，在产业政策、贸易保护、投资审查和金融监管的领域，其有意仿效美国，加大政策力度以刺激技术研发，通过出口带动制造业升级，给予金融业较为宽松的政策环境，并从国家安全的视角出发构建投资审查机制；但在气候治理和数据监管等领域，约翰逊政府却有意仿效欧盟，打算建设碳排放定价机制，发展绿色经济，并意图制定关于数据隐私保护、数据流动监管和数字税的详细政策。约翰逊政府对美欧在经济竞争各领域的政策采取个案区别对待的方式，认可和仿效美国或欧盟在某些领域的某些政策，却抵制和排斥其在另一些领域的另一些政策。美国和欧盟在特定政策领域若获得了英国的认可与仿效，无疑能获得比对方更大的影响力，形成对该领域的国际规则制定的更大的主导权，进而形成比对方更强的竞争优势。因此，约翰逊政府在美欧之间的灵活转圜的决策方式，将使美欧经济竞争呈现出犬牙交错的态势，无法显露出明确的方向与清晰的格局。

其次，在跨大西洋战略安全领域，英国在过去一年里愈加明显地倒向美国而疏离欧洲大陆，认同美国的全球安全战略架构，加强美英安全与防务合作，更多地追随和配合美国的对外军事行动，明显改变了美欧在战略安全领域的力量对比的天平，加剧了美欧之间在战略安全领域的互不信任与隔阂对立，也使欧盟与法、德等欧洲大国希望组建独立于美国的欧洲共同安全防务体系的意愿更加强烈。2019 年 7 月约翰逊上任以来，英国在涉及军事与防务的技术、产业与贸易领域加速推进与美国的合作，英美在西非、波斯湾和南中国海的军事协作也在加强。同时美欧在战略安全领域的矛盾却仍在加深。由于在欧洲防务开支分担的问题上美欧难以弥合裂痕，特朗普政府在 2020 年 6 月 19 日决定从德国撤走占总数 27% 的驻军。英国的举措使美欧在战略安全领域的力量天平更加明显地向美国一边倾斜，美国在这一领域相对于欧盟和法德的国际影响力和竞争优势进一步提升，这使欧盟和法德深受刺激。2020 年初以来，冯德莱恩欧委会一再提到要实现“欧洲战略自主”①，认为欧盟及其成员国不能再依赖北约和美国来维护欧洲的战略安全，必须建立欧盟自行运行的防务决策体系和军事力量架构。

二　英国在美欧经济竞争中的位置与作用的具体分析

统计数据显示，长期以来欧盟和美国是英国的第一和第二大贸易伙伴，欧盟和英国分别是美国的第一和第七大贸易伙伴，而美国和英国则分别是欧

① 2020 年初至今，冯德莱恩欧委会出台的各项重要政策文件全都提到要实现“欧洲战略自主”的目标，尤其是 2020 年 3 月 10 日出台的《欧盟新产业战略》文件和 7 月 24 日出台的《欧盟安全联盟战略》文件，对“战略自主”的内涵做了阐释。

盟的第一和第三大贸易伙伴。[①] 由于经济关系密切，彼此对外经济竞争决策的路径选择、议程设置和运行节奏高度相似。英国也因此能够灵活借鉴和吸收美国和欧盟在相同或相似领域与议题上的政策内容。而 2020 年 1 月底英国正式脱离欧盟的变局使约翰逊政府能够逐渐实现经济决策的充分自主性，因而英国能够更加灵活地转圜于美欧之间，根据自身的形势需要与战略考量决定经济政策的方向与内容。

（一）技术与产业领域的英国决策动向及其对英国与美欧关系的影响

2019 年 7 月约翰逊上任执政之后，陆续出台了一系列政策文件，旨在扶持航天航空、能源与碳排放、核技术等产业部门，并整合英国国内市场[②]，打算在 2020 年底过渡期结束之后取消欧盟在产业和反垄断领域较为烦琐的管制规则与标准体系，推动市场发挥主体作用，加强政府对特定部门和企业的扶持，以便加速技术创新与产业升级。在涉及人工智能、信息通信、航天航空、核技术等最尖端的高技术产业部门，约翰逊政府有意模仿美国的相关政策实践，借助英国高度发达的金融业力量，推动军方和私人风险投资工具为这些部门的技术研发与产业更新提供资金支持，同时积极推动英美在这些部门的合作。

实际上，英美之间在尖端技术研发领域一直保持密切的合作。英国内阁的商业、能源与产业战略部 2019 年 5 月的统计显示，2013 ~ 2017 年与英国合作发表论文数量最多的国家就是美国，美英科学家合作发表论文数量是

---

① ONS, "Geographical Breakdown of the Current Account, the Pink Book", October 2019; DG Trade of European Commission, "Client and Supplier Countries of the EU 27 in Merchandise Trade in 2019", 10 March 2020; U. S. Census Bureau, "Top Trading Partners, 2019", July 2020.

② The UK Government, *Regulation for the Fourth Industrial Revolution* (*White Paper*), CP 111, June 2019; Department for Business, Energy and Industrial Strategy of UK Government (BEIS), *BEIS Nuclear Innovation Program*, 10 July 2020; BEIS, *UK Civil Nuclear Policy*, 10 July 2020; BEIS, *UK Internal Market*, CP 278, 16 July 2020; Department of Agriculture, Environment and Rural Affairs of UK Government, Scottish Government and Welsh Government, *The Future of UK Carbon Pricing: UK Government and Devolved Administrations' Response*, 30 June 2020.

法、德等国学者与英国科学家合作发表论文数量的2～3倍。2017年9月20日，《美英科技合作协定》生效。[①] 2019年7月下旬约翰逊接替特雷莎·梅担任首相之后至今，美英在新兴尖端技术与先进制造业方面的合作更趋紧密。2020年1月3日，美英军方和国防部官员联合举办了“大西洋的未来”年度联合论坛，详细研讨了美英加速开展航天产业合作的愿景。[②] 3月30日，新的《美英国防贸易合作条约》生效，双方表示要在与国防相关的信息通信、航天航空和其他军用装备产业领域加强技术交流、生产协作与贸易往来。7月1日，《英国研究与开发路线图》文件出台，强调要借助金融市场的力量为新兴尖端技术研发注入资金，并开展与美国等国家的跨国研发合作。[③]

但约翰逊政府并未全盘照搬美国的政策与制度。在能源管理和低碳绿色产业的相关议题上，约翰逊政府注重学习和仿效欧盟。2020年初至今，约翰逊政府出台了近10份与新能源体系建设、碳排放管理机制和绿色环保产业发展相关的政策文件，提出要仿效欧盟，建立碳排放的定价机制，发放碳排放执照，并与欧盟相关机构保持密切联系。[④] 约翰逊政府在能源与低碳绿色产业

① The UK Government, *International Research and Innovation Strategy*, May 2020, p. 16.

② Mandy Mayfield, "United Kingdom Teaming with United States in Space", *National Defense*, 3 January 2020, https://www.nationaldefensemagazine.org/articles/2020/1/3/united-kingdom-teaming-with-united-states-in-space.

③ The UK Government, *UK Research and Development Roadmap*, 1 July 2020, https://assets.publishing.service.gov.uk/government/uploads/system/uploads/attachment_data/file/896799/UK_Research_and_Development_Roadmap.pdf.

④ Department of Agriculture, Environment and Rural Affairs of UK Government, Scottish Government and Welsh Government, *The Future of UK Carbon Pricing: UK Government and Devolved Administrations' Response*, 30 June 2020, https://assets.publishing.service.gov.uk/government/uploads/system/uploads/attachment_data/file/889037/Government_Response_to_Consultation_on_Future_of_UK_Carbon_Pricing.pdf; Department for Business, Energy and Industrial Strategy of UK Government, *Delivering a Smart System: response to a Consultation on Smart Meter Policy Framework Post-2020*, June 2020, https://assets.publishing.service.gov.uk/government/uploads/system/uploads/attachment_data/file/893124/delivering-smart-system-post-2020-govt-response-consultation.pdf; BEIS, *The Industrial Energy Transformation Fund: Summary of Responses to Consultation*, June 2020, https://assets.publishing.service.gov.uk/government/uploads/system/uploads/attachment_data/file/895759/ietf-finalising-design-summary-of-responses.pdf.

领域模仿欧盟的政策架构，引起了美国决策层和战略研究界的诟病，认为其不切实际，而且会损害美英产业与贸易合作。5 月 21 日，美国智库彼得森国际经济研究所（PIIE）的一份研究报告就指出：阻碍美英达成双边自由贸易协定的“一项充满争议的主题就是气候变化（治理）”，“英国致力于在 2050 年之前达到碳排放净值为零，在特朗普看来这是不可能的”。[①] 总之，在技术与产业领域，约翰逊政府对美国和欧盟的政策各有借鉴，其在技术研发与产业升级的事项上与美合作愈加密切，将使美国相对于欧盟和法德在尖端技术领域的国际影响力和竞争优势得到增强，而英国在能源与低碳绿色经济发展领域对欧盟的认可与仿效，将使欧盟在此领域取得相对于美国的竞争优势。

（二）贸易与投资领域的英国决策动向及其对英国与美欧关系的影响

在贸易与投资领域，英国历来与美国相似，采取实用主义和机会主义的态度，为推动对外出口和刺激经济增长，针对特定部门与企业施行政府补贴与国家干预政策，并不强调或固守新自由主义的意识形态原则。贸易政策是欧盟最重要的排他性的决策领域，英国在脱欧之前必须遵从欧盟的规则，尤其是在关税、反倾销与反补贴、贸易监管的技术与安全标准以及对外贸易谈判等事项上，英国必须遵守由欧盟统一制定的烦琐细密的规定，这引起一些社会群体的不满，成为引发国内部分民众的脱欧诉求的重要原因。2020 年 1 月底英国正式脱欧后，约翰逊政府有意构建独立于欧盟之外的新的贸易政策体系，以彰显英国对外经济决策的主权独立性，回应和满足国内支持脱欧的疑欧主义政治力量的诉求。同时，长期以来英国对欧盟（尤其是对德国）和美国的货物贸易都存在一定数额的逆差[②]，在美英欧三边贸易关系中处于不利的位置，而 2016 年以来脱欧谈判的不确定性导致英国政局起伏不定，使英国经济难以实现平稳增长，2020 年 3

---

① Gary Clyde Hufbauer, “Prospects for US-UK Trade Accord Are Daunting”, Peterson Institute for International Economics, 21 May 2020.

② U. S. Census Bureau, “Trade in Goods with United Kingdom”, 27 July 2020, https: //www. census. gov/foreign – trade/balance/c4120. html.

月以来疫情在欧洲的蔓延更使英国经济急剧下跌，雪上加霜[①]，英国社会认为有必要借助新的贸易保护政策来刺激国内经济增长，保护国内的就业、产业与市场。在这两方面政治压力的推动下，约翰逊政府当前正在陆续推出具有明显的贸易保护主义和经济民族主义倾向的贸易政策架构。

2020 年 5 月 19 日，英国公布了"英国全球关税机制"（UKGT）方案，意在 2020 年底彻底脱欧之后以其取代欧盟统一对外关税体系。[②] 该方案显示，英国不仅改变欧盟贸易自由化的原则，对一些工业品的进口征收 6% ~ 10% 的关税，而且决意对农业、渔业、汽车和陶瓷业进口产品实施 10% 左右的保护性的高关税。而农业和汽车业又恰恰是美欧意在重点扶持并希望扩大出口的重要产业。同时，约翰逊政府力图在决策实践中彻底废除欧盟对政府补贴的禁止性规定，并从 2020 年 3 月以来向特定部门和企业提供大规模财政贷款与拨款支持，被欧盟认为会危及英国与欧盟之间的贸易的"公平性"，英欧自由贸易谈判因此而争执不下。[③] 约翰逊政府积极构建独立于欧

---

① 英国国家统计局和英国中央银行英格兰银行 2020 年上半年的统计数据显示，英国的 GDP 在 2020 年第一季度环比下跌了 10.4%，第二季度下跌了 25% 左右，全年可能下降 14%。详见 Elliot Smith, "Bank of England Projects Worst UK Economic Slumps since 1706", *CNBC*, 7 May 2020, https://www.cnbc.com/2020/05/07/bank-of-england-holds-interest-rates-but-says-it-is-ready-for-further-stimulus.html; ONS, "Coronavirus and the Impact on Output in the UK Economy: April, 2020", 12 June 2020, https://www.ons.gov.uk/economy/grossdomesticproductgdp/articles/coronavirusandtheimpactonoutputintheukeconomy/april2020。

② Department for International Trade and the Treasury of UK Government, "UK Global Tariff Backs UK Businesses and Consumers: The Government Has Announced the UK's New MFN Tariff Regime, the UK Global Tariff (UKGT)", 19 May 2020, https://assets.publishing.service.gov.uk/government/uploads/system/uploads/attachment_data/file/885943/Public_consultation_on_the_UK_Global_Tariff_government_response.pdf.

③ Adam Bienkov and Thomas Colson, "Boris Johnson Promises to Give State Adi to UK Companies to Stop Them Collapsing after Brexit", *Business Insider*, 29 November 2019, https://www.businessinsider.com/boris-johnson-promises-state-aid-stop-companies-collapsing-after-brexit-2019-11; Sebastian Payne, "Boris Johnson Backs Looser State Aid Rules after Brexit: PM's Pledge to Make It Easier to Prop Up Ailing Industries Is Criticized by Free-Marketeers", *Financial Times*, 30 November 2019; Holly Ellyatt, "Whatever It Takes: UK Pledges Almost $400 Billion to Help Businesses Through Coronavirus", *CNBC*, 17 March 2020, https://www.cnbc.com/2020/03/17/uk-announces-massive-aid-package-for-coronavirus-hit-industries.html; Jim Brunsden, "UK Must Reveal State-Aid Plan to Unblock Brexit Talks, EU Warns", *Financial Times*, 29 June 2020.

盟的贸易保护主义政策体系的举措，不仅意味着2020年底以后英国与美国和欧盟的贸易关系将出现新的紧张形势，还可能刺激美欧决策层相应增强自身的保护主义倾向，给美欧双边贸易关系带来了新的不确定性。

在投资审查机制的建设上，英国政策的基本意向与总体布局与美国相似，以维护国家战略安全为出发点，将防止外国势力控制英国尖端技术，尤其是与军事防务相关的尖端技术作为政策聚焦点。2018年9月后，英国开始实施严格的外来投资审查制度。2020年6月22日，为防范外国公司趁疫情带来的经济低迷而收购英国高技术公司，约翰逊政府进一步收紧对外来投资的审查，在与人工智能、密码认证技术和先进材料相关的产业领域，降低了可能触发英国政府对外资收购启动审查的门槛，即降低了可能导致政府介入调查的外资收购的最低金额和收购资产占英国该产业总量的最低比重。① 与英国相比，欧盟的投资审查机制更多地强调要保护影响欧洲经济全局的基础设施，而并未制定出对特定尖端技术与相关产业的明确的审查与保护措施，英国在投资审查机制上与美国更加相似，使美国在此领域的国际影响力远比欧盟要大。

（三）税收财政与金融领域的英国决策动向及其对英国与美欧关系的影响

英国的经济结构与美国类似，金融业和房地产业高度发达，而制造业占经济的比重较低。由于金融业是推动英国经济增长的重要的发动机，因而英国一直希望最大限度地保持自身关于金融监管和货币政策的权力。2010年以来，为吸取国际金融危机与主权债务危机的教训，欧盟致力于构建“银行业联盟”，意图在欧元区既有架构的基础上制定对全欧洲银行业进行监管与调控的统一规则体系，并通过设立详细的金融交易税体系来约束银行的金

① “United Kingdom Tightens Foreign Direct Investment Controls in Response to the COVID – 19 Pandemic”, *Jones Day*, June 2020, https://www.jonesday.com/en/insights/2020/06/united-kingdom-tightens-foreign-direct-investment-controls-in-response-to-the-covid19-pandemic.

融投机活动。英国一直强烈反对欧盟建立银行业联盟和开征金融交易税，这也是引发英国内部要求脱欧的呼声的重要诱因。英国的金融监管和货币运行体系与美国高度相似，而与欧洲大陆差别很大。

2016 年脱欧公投之后，英国在税收财政与金融领域持续不断地疏离欧盟而倒向美国。2018 年 9 月，英国与美国成立“美英金融监管工作组”，形成高度制度化的双边合作架构。2019 年 5 月 29 日，该工作组宣布建立“双边金融创新伙伴关系”，以加速双方在金融技术研发中的协作。[①] 过去一年间，英美在金融市场调控、货币政策运行、金融交易技术创新等领域继续保持密切的合作。出于对美国借助控制国际交易结算的 SWIFT 系统而强化美元霸权的做法不满，约翰逊政府在 2019 年 11 月 15 日加入以欧元结算、意在抗衡美元霸权的欧洲区域性结算体系 INSTEX 系统。此外，约翰逊政府认同欧盟针对数据流动的监管和意在限制数字技术企业的数字税，引起美国决策层和战略研究界部分人士的不满，使当前的美英自由贸易谈判出现了阻力。[②] 尽管如此，总体而言，过去一年间美英在金融监管、货币政策和相关的技术创新领域的合作进一步加强，这无形中提升了美国在国际金融和世界经济中的影响力，尤其是美国对国际金融的通行规则与制度体系的影响力与主导权，有助于巩固美元霸权、增强美国在经济竞争中相对于欧盟和法德的优势。

三　过去一年间英国在美欧安全事务竞争中的位置与作用的具体分析

英国虽然在 1973 年加入欧共体之后参加了旨在维护欧洲区域安全的

① HM Treasury, “United States and United Kingdom Established the Financial Innovation Partnership to Further Collaboration Between U. S. Department of the Treasury and HM Treasury”, 29 May 2020.

② Gary Clyde Hufbauer, “Prospects for US-UK Trade Accord Are Daunting”, Peterson Institute for International Economics, 21 May 2020.

"欧洲政治合作"架构，在1992年参与缔结《马斯特里赫特条约》之时就已加入了欧盟体系的战略安全基石，即"欧洲共同外交与安全政策"架构，但并未参加2009年生效的《里斯本条约》构建的"永久结构性合作"架构（PESCO），2009年以后实际上与欧洲共同防务体系渐行渐远，逐渐疏离。究其原因，主要是因为英国将安全、防务与军事领域的权力视为本国主权最核心的部分，非常警惕和反感欧盟和法德等欧洲大国借助"超国家"层面的共同安全架构牵制乃至侵蚀主权国家的安全与防务主权，因而对欧盟拓展欧洲区域层面的战略安全合作架构的意向与举措一直保持疑虑、疏远和不认同的态度。但英国基于历史形成的美英"特殊关系"，对美英之间战略安全合作关系一直较为看重，美国也同样认为在战略安全领域美英关系的重要性绝不亚于美欧关系。2019年7月约翰逊接替特雷莎·梅执政之后至今的一年多里，由于以约翰逊为代表的英国右翼保守力量有较强的亲美倾向，在其积极推动下，美英双方的决策层和战略研究界达成了共识，都认为有必要大幅度强化美英双边战略安全合作，因而美英双边防务与军事关系得到大幅度的提升。

2019年7月约翰逊上任之际，美国智库"传统基金会"刊文指出："约翰逊是自撒切尔以来最亲美的英国领导人，必将带领英国开启脱离欧盟之后的新时代，英国也必将加强跨大西洋纽带。"[①] 英国国防部2019年7月发布的《国防年度报告与统计2018~2019》文件就明确表示："美国是我们最重要的盟友"，"英美联合在一起成为全球的领导力量，并共同维护以规则为基础的国际秩序"。[②] 美国国会研究部2020年4月27日发布的关于美欧跨大西洋关系的研究报告也指出："英国自从决定离开欧盟之后，就一直寻求强化与美国的紧密联系，并致力于恢复自身在北约的重要地位"，"在可预见的未来，在反恐、情报、北约的未来以及数不清的地区与全球安全挑战的

① Luke Coffey and Nile Gardiner, "The U. S. Must Strengthen Defense Cooperation with the UK's New Boris Johnson", The Heritage Foundation, 31 July 2019.

② UK Ministry of Defense, *Ministry of Defense Annual Report and Accounts 2018 – 2019*, HC 2347, 22 July 2019, p. 46.

议题上，美英密切合作仍应持续下去”。[①]

约翰逊上任至今，美英战略安全合作的制度架构得到强化。2020 年 4 月 20 日，双方共同更新了《美英国防贸易合作条约》；7 月 15 日，美英两国军方领导人签署备忘录，打算建立新的双边“联合防务现代化协作与规划框架”，计划在 2023 ~ 2027 年建成双方共享和联合运作的军用数字基础设施、多领域导航定位与定时系统、地面部队协作机制和直升机空中垂直协作体系。[②] 与此同时，过去一年里美英相互支持和配合的联合军事行动也更加频繁和深入。在非洲的马里、索马里和尼日利亚等地，英军更加密切地与美军协作开展维和行动。在波斯湾地区，2019 年 8 月约翰逊上任伊始即宣布派遣部队，参加美军在波斯湾地区组织的代号为“哨兵行动”的海上安全保障机制。[③] 此后直至 2020 年 4 ~ 5 月，美军在波斯湾周边持续卷入武装冲突，英国海军和在中东的驻军一直为美军提供支持。[④] 在波罗的海沿岸和东欧地区，美英军事协作也在加强。[⑤]

不论是从防务开支金额还是从军事力量结构的角度看，英国都是欧洲第

---

① U. S. Congressional Research Service, *Transatlantic Relations: U. S. Interests and Key Issues*, R45745, 27 April 2020, https://fas.org/sgp/crs/row/R45745.pdf.

② The Office of the Secretary of the Army of the United States, “U. S. -UK Agree to Modernization Collaboration”, 15 July 2020, https://www.army.mil/article/237274/u_s_u_k_agree_to_modernization_collaboration.

③ Guy Faulconbridge, “UK Joins United States for Maritime Security Mission in Gulf”, *Reuters*, 5 August 2019, https://www.reuters.com/article/us-mideast-iran-britain/uk-joins-united-states-for-maritime-security-mission-in-gulf-idUSKCN1UV1MD.

④ Christopher Hope and Nick Allen, “Royal Navy Deployed to Protect British Ships in Gulf in Wake of Qassim Soleimani's Assassination”, *The Telegraph*, 4 January 2020, https://www.telegraph.co.uk/politics/2020/01/04/britain-sends-warships-persian-gulf-protect-citizens-wake-qassim/; Ben Werner, “U. K. Royal Navy to Escort Tankers in Strait of Hormuz; U. S. Providing Intel”, *USNI News*, 6 January 2020, https://news.usni.org/2020/01/06/u-k-royal-navy-to-escort-tankers-in-strait-of-hormuz-u-s-providing-intel; Dan Sabbagh and Patrick Wintour, “British Military on Standby to Deploy to Gulf Within 48 Hours”, *The Guardian*, 7 January 2020, https://www.theguardian.com/world/2020/jan/07/british-ships-put-on-standby-in-gulf-minister-tells-mps.

⑤ Caroline Kennedy-Pipe and Duncan Depledge, “Britain, Estonia and the Wider North”, RUSI, 27 November 2019, https://rusi.org/commentary/britain-estonia-and-wider-north.

一军事强国。过去一年间，英国正式脱离了欧盟，并在国际安全合作事务中明显地疏离欧洲大陆而靠拢美国，使战略安全领域力量对比的天平向美国这边急剧倾斜，不仅深刻改变了欧洲的战略格局，而且加深了美欧之间互不信任的裂痕，使彼此矛盾更趋尖锐，也使欧盟及法德等欧洲大国产生越来越强烈的意图，希望另起炉灶建设欧洲自主的共同防务体系。2019 年 11 月下旬，法国总统马克龙在参加北约峰会时直言北约已经“脑死亡”，呼吁欧盟及其成员国要“掌握自己的命运”。[①] 2019 年底冯德莱恩领导的新一届欧委会上任伊始，就设立了“防务产业与太空事务总司”。从 2020 年初至今，冯德莱恩执政团队在公开场合演讲和各项政策文件里频频提到“欧洲战略自主”的概念，强调欧盟要建设自主掌控、不受美国限制的产业体系和战略安全协作体系，进而在 2020 年 7 月 24 日提出构建“欧洲安全联盟”（European Security Union）的设想[②]，希望推动欧盟在欧洲地区安全合作事务中发挥领导作用。欧盟的这些举措表明，未来欧盟和法德与美国之间围绕欧洲地区安全合作事务的主导权而展开的竞争，将会更趋激烈。

结语：英国在美欧战略竞争中的独特位置

英国作为欧洲第二大经济体和军事力量最强大的国家，在美国、欧盟和法德等欧洲大国之间占据了独特的位置。2020 年 1 月底，英国正式脱离欧

---

① “Emmanuel Macron Warns Europe: NATO Is Becoming Brain-Dead: America Is Turning Its Back on the European Project, Time to Wake Up, the French President Tells the Economist”, *The Economist*, 7 November 2019, https://www.economist.com/europe/2019/11/07/emmanuel-macron-warns-europe-nato-is-becoming-brain-dead.

② 冯德莱恩欧委会在 2020 年 3 月 10 日公布的《欧洲新产业战略》文件、6 月 17 日公布的《关于外国补贴与建立公平竞技场的白皮书》、7 月 24 日公布的《欧盟安全联盟战略》文件中，对“战略自主”的概念做了阐释。详见 European Commission, *A New Industrial Strategy for Europe*, COM (2020) 102 final, 10 March 2020, pp. 4, 14, 17; European Commission, *White Paper on Levelling the Playing Field as Regards Foreign Subsidies*, COM (2020) 253 final, 17 June 2020, pp. 4, 39; European Commission, *The EU Security Union Strategy*, COM (2020) 605 final, 24 July 2020, p. 2。

盟，给欧洲政治版图和战略安全格局带来了结构性的变化。而 2020 年初以来，欧盟在关于英国脱欧后的双边关系的谈判中始终坚持苛刻而强硬的立场，使英国深受刺激，决定不再留在欧洲单一市场或欧洲关税同盟这些层级较低但能带来实际物质利益的经济一体化架构内。这表明英国已经下定决心彻底摆脱欧洲一体化架构。鉴于英国庞大的体量和重要的国际影响力，英国的脱离毫无疑问将大幅度削弱欧盟的整体实力，损害其国际地位和对外影响力，也使欧盟在美欧战略竞争中处于愈加不利的位置。

2019 年 7 月约翰逊就任英国首相至今，英国作为美欧之间的“离岸平衡者”的独特作用正在逐渐显露出来。在美欧经济竞争中，约翰逊政府在不同领域的不同决策议题上，分别认可、接受或仿效美国或欧盟的特定政策架构，导致美欧在经济的不同领域分别取得相对于对方的竞争优势或更大的影响力，从而在双边经济竞争中形成互有得失、犬牙交错的博弈态势。具体而言，约翰逊政府为达到加速技术研发、推动产业升级、强化贸易保护与投资审查和实施相对宽松的金融监管的目的，建立起与美国相似的经济民族主义和干预主义的政策架构，并与美国开展更密切的协作；而在低碳绿色产业发展、数据监管和制约数字技术巨头公司的数字税的议题上，英国又学习和仿效欧盟的政策与实践，与欧盟进行合作和联系。这使当前的美欧经济竞争尚不能显示出明确的方向。而在战略安全领域的美欧竞争中，约翰逊政府明显地疏离欧盟与法德而倒向美国，在过去一年间大幅度强化了美英双边安全合作的架构与势头，使美欧双方在战略安全领域的力量对比的天平向美国这边急剧倾斜。在这一形势变局的刺激下，当前法德和欧盟提出了建设“欧洲安全联盟”和实现“欧洲战略自主”的愿景，意图另起炉灶，建设自行掌控的欧洲共同防务体系。美欧在战略安全事务中的隔阂仍在逐渐加深。总之，英国在美国、欧盟和法德之间的摇摆，不仅改变了欧洲地区的经济运行与战略格局的结构特征，塑造着美欧双边战略竞争的方向与节奏，而且必将对世界经济和全球战略安全的总体格局产生深远的影响。

B.14

脱欧与新冠肺炎疫情双重冲击下的英国气候变化政策*

李慧明**

摘　要： 2019年7月鲍里斯·约翰逊当选英国新首相，保守党新政府延续了梅政府到2050年净零排放的目标，采取了一系列积极措施推动这一目标的实现。英国获得了2020年《联合国气候变化框架公约》缔约方第26届会议（COP26）的主办权，试图主导后巴黎时代全球气候治理实施规则的制定，成为全球气候治理的领导者。然而，英国与欧盟之间就未来关系总体结构安排存在较大分歧，影响了双方在气候变化问题上的合作。与此同时，新冠肺炎疫情也严重冲击了英国经济社会发展，影响了一些应对气候变化的政策行动，使COP26推迟到2021年11月举行。但英国强调将继续与所有相关方合作，通过绿色复苏来应对新冠肺炎疫情的严重冲击，把气候变化政策作为新冠肺炎疫情后重建经济社会的核心内容，并计划实施全球首个与实现净零脱碳目标相联系的排放交易体系。未来英欧在气候变化问题上的关系仍然存在诸多不确定性，英国以何种方式建立自己的碳排放交易体系并与欧盟的碳排放交易体系关联，对英国的碳定价和气候政策将产生复杂而深远的影响。

* 本文是国家社科基金一般项目“构建人类命运共同体背景下中国推动全球气候治理体系改革和建设的战略研究”（项目编号：18BGJ081）的阶段性成果。

** 李慧明，法学博士，济南大学政法学院教授，主要研究领域为全球气候治理、欧盟气候政策和环境政治。

关键词： 英国脱欧　新冠肺炎疫情　气候变化政策　鲍里斯·约翰逊　2050 年净零排放

2019 年 7 月，鲍里斯·约翰逊成为英国新首相，新一届政府的核心任务是完成久拖不决的脱欧议程。2020 年 1 月 31 日，依据与欧盟正式达成的脱欧协议，英国正式脱欧，结束其 47 年的欧盟成员国身份。根据脱欧协议，从 2 月 1 日起，英欧关系转入过渡期，定于 12 月 31 日结束。历经 3 年半的混乱与纷争，英国终于实现脱欧，此举必将对英国、欧盟乃至世界产生深刻影响。与此同时，另外一场其影响难以估量的冲击也给英国经济社会发展带来了前所未有的挑战，深刻影响着英国的内政外交。2020 年 3 月中下旬以来，在全球蔓延的新冠肺炎疫情也在英国掀起了巨大冲击波，截至 8 月 15 日，英国累计感染超过 31 万人，死亡超过 4 万人。为了防控新冠肺炎疫情，英国采取了要求民众待在家里、保持社交距离等措施，并以一系列举措力图保持经济的稳定。脱欧与新冠肺炎疫情已经对英国的经济社会发展造成巨大冲击，与此密切相关的碳排放和气候变化政策也必将受到影响。那么，脱欧和新冠肺炎疫情的双重冲击会给英国的气候政策到底带来什么影响？对英国减排目标的实现以及在国际气候谈判中的地位影响如何？这都是当前观察英国经济社会亟须回答的问题。为此，本文拟对脱欧和新冠肺炎疫情双重冲击下英国气候政策的演变进行系统梳理，并对英国气候变化政策带来的影响做出研判。

一　脱欧冲击下英国气候变化政策的延续性

（一）脱欧进程及过渡期内英国气候变化政策的延续

2019 年 7 月 24 日，约翰逊正式接任特雷莎·梅成为英国首相。2019 年 12 月，英国提前举行大选，保守党赢得大胜，约翰逊再次授权组阁。纵观约翰逊执政时期英国的内外政策，其政府最核心的工作是完成脱欧，政府机构及其工作议程基本没有发生大的变化，应对气候变化问题仍由商业、能源和产业战略部负责。总体而言，从 2019 年 7 月开始，约翰逊政府在按照既定程序力争完成脱欧进程的同时，对其气候变化政策并没有进行较大调整，很大程度上延续并积极落实之前的气候政策。

第一，继续梅政府时期确定的到 2050 年净零排放的目标，制定具体行动措施推动这一目标的实现。2008 年英国《气候变化法》确保了英国气候政策的延续性，尽管近年来在执行过程中也遭遇一些严重挑战①，但在气候变化委员会（Committee on Climate Change，CCC）和一些环境非政府组织的积极推动下，英国仍然保持了在气候变化政策上的超前性。2019 年 6 月 27 日，英国修订了《气候变化法》，正式确立英国到 2050 年实现温室气体净零排放的目标，由此成为世界主要经济体中率先以法律形式确立这一目标的国家。约翰逊政府上任后，致力于打造世界上“最清洁、最绿色”的社会，采取积极行动推进净零排放这一目标的实现。为了协调各部门之间的行动，按照气候变化委员会的建议，2019 年 10 月，英国政府成立了一个由首相主持的气候变化委员会，旨在促进英国的气候行动。同月，气候变化委员会向英国财政部提出发起脱碳资金评审，把它作为英国到 2050 年向净零经济过渡得到公平资助的重要政策保障。② 11 月，英国财政部宣布，开始对英国向净零经济转型的成本进行评审，评审结果将向财政大臣报告，并于 2020 年秋发表评审报告，阐述向净零经济过渡期间指导决策的原则。这是英国首次进行的净零排放评估，将给英国最大限度地利用绿色经济转型带来的经济增长机会提供金融保障，是英国朝着 2050 年实现净零排放迈出的重要一步。③ 对

① Fay Farstad, Neil Carter and Charlotte Burns, “What Does Brexit Mean for the UK's Climate Change Act?”, *The Political Quarterly* 89 (2018): 2.

② Committee on Climate Change, “Letter: Treasury Decarbonisation Funding Review”, 17 October 2019, https://www.theccc.org.uk/publication/letter-treasury-decarbonisation-funding-review.

③ HM Treasury, Simon Clarke MP and The Rt Hon Sajid Javid MP, “Net Zero Review Launched to Support UK's World Leading Climate Commitment”, 2 November 2019, https://www.gov.uk/government/news/net-zero-review-launched-to-support-uks-world-leading-climate-commitment.

此，气候变化委员会表示欢迎，对财政部的积极回应表示强烈支持。[①] 这表明英国政府已经把2050年净零排放目标的落实纳入优先日程。

第二，延续梅政府的动议，申请并获得2020年《联合国气候变化框架公约》（简称《公约》）缔约方第26届会议（COP26）主办权，试图主导全球气候治理进程。2019年8月，按照联合国气候变化大会申请主办的有关程序，英国正式获得COP26主办权（意大利协办），苏格兰格拉斯哥为举办地，这将是英国迄今主办的最大规模的国际会议，也是英国在艰难的脱欧进程中仍然试图在全球气候治理中进一步发挥主导作用的战略行动。2020年2月4日，约翰逊正式宣布启动COP26筹备进程。约翰逊强调指出："主办第26届联合国气候变化大会是英国和世界各国加强应对气候变化的重要机会。正如我们制订了实现2050年净零排放目标的宏伟计划，我们将敦促其他国家与我们一道承诺实现净零排放"，"没有什么比保护我们的星球更大的责任了，也没有任何一个比全球英国更自豪地为之服务的使命了。2020年必将是我们扭转全球变暖趋势的一年——这一年我们将为所有人选择一个更清洁、更绿色的未来"。[②] 鉴于COP26在全球气候治理进程中的重要性，一方面本届会议上要最终完成《巴黎协定》实施细则的谈判，另一方面《公约》缔约方要提交新的国家自主贡献（Nationally Determined Contribution，NDC），加大缔约方的行动力度、缩小巨大的减排差距是本届会议的重大使命。英国一直把主办此次会议作为展示英国在气候治理方面领导作用的重要机会。

第三，持续推动清洁增长战略，为2050年实现净零排放奠定物质和制度基础。2020年3月，英国通过新一届议会第一个财政预算，对气候变化政策目标予以积极支持，包括支持绿色增长、限制二氧化碳污染和保护社区免受洪水影响等多项措施。其中有两项跨部门的资助：8亿英镑用于碳捕获

① Committee on Climate Change，"CCC Welcomes Treasury Net Zero Review"，2 November 2019，https：//www.theccc.org.uk/2019/11/02/ccc-welcomes-treasury-net-zero-review/.

② Rachel Cooper，"UK Prime Minister Launches UN Climate Summit COP26"，in *Climate Action*，4 February 2020，http：//www.climateaction.org/news/uk-prime-minister-launches-un-climate-summit-cop26.

与封存（CCS）基础设施基金，至少在两个中心建立 CCS，第一个中心将在 21 世纪 20 年代中期建立，第二个将在 2030 年建立；资助自然气候基金 6.4 亿英镑，用于植树和泥炭地修复。同时，商业、能源和产业战略部发布了一个政策咨询文件，再次承诺支持最廉价的低碳发电方式以及海上风电和太阳能，到 2030 年海上风电将提供英国三分之一的电力，太阳能电池板供应四分之一电力，到 2030 年 70% 电力来自低碳能源。迄今英国拥有世界上最大规模的海上风电装置，装机容量为 9.8 千兆瓦，到 21 世纪 20 年代中期将增至 19.5 千兆瓦，预计这项技术将在帮助英国实现 2050 年净零排放方面发挥关键作用。2019 年 3 月，英国海上风电行业交易（Offshore Wind Sector Deal）启动工业投资 2.5 亿英镑。经过一年多的运作，该行业成立了一个 1 亿英镑的海上风电增长伙伴关系（Offshore Wind Growth Partnership，OWGP）基金，以帮助在未来 10 年提高生产力和供应链竞争力。政府已为海上风电部署铺平道路，承诺为未来的差价拍卖合同和海上风电政策支持提供 5.57 亿英镑，同时为未来的风电场建设管道。[①] 2020 年 5 月，英国政府发起一项新的创意，支持全英国的绿色初创企业，由政府与英国慈善基金管理公司共同出资 4000 万英镑建立风险投资基金，以推动下一代清洁低碳技术发展，到 2021 年秋季，该基金计划通过私营部门筹资达到 1 亿英镑。[②]

（二）英国气候变化政策的成效

2020 年 6 月 25 日，英国气候变化委员会发布英国气候变化政策进展评估报告。根据该报告，2008 ~ 2019 年，英国总排放量减少了 30%，而经济增长了 15%。过去 10 年来英国是 20 国集团（G20）中减排力度最强的国

① Department for Business, Energy and Industrial Strategy, "Offshore Wind Sector Deal-One Year On", 4 March 2020, https://www.gov.uk/government/publications/offshore-wind-sector-deal/offshore-wind-sector-deal-one-year-on.

② Department for Business, Energy and Industrial Strategy, "Government Launches New £ 40 Million Clean Growth Fund to Supercharge Green Start-ups", 21 May 2020, https://www.gov.uk/government/news/government-launches-new-40-million-clean-growth-fund-to-supercharge-green-start-ups.

家。2019 年继续保持良好势头，排放量比 2018 年减少了 3.2%，连续第七年下降。[①] 然而，新的净零排放目标意味着需要进一步提升减排力度，依照英国当前的政策仍有较大差距，正如气候变化委员会强调指出的，达到净零排放意味着每年的减排率要比英国之前提出的 2050 年的目标高出 50%，比 1990 年以来的平均水平高出 30%。这表明为削减各部门的排放量，必须加大行动力度。[②] 根据气候行动追踪（Climate Action Tracker）组织对英国气候行动成效的分析，目前英国的政策无法实现其第四和第五个碳预算。《气候变化法》通过以来，十年间已取得重大进展，但预计 21 世纪 20 年代将停滞不前，如果不加以解决，英国将无法实现其中长期排放目标。政府现在必须加强其气候政策，以确保今后十年迅速减少必要的排放量，总体评价英国气候政策仍显不足。[③] 对此，气候变化委员会主席德本勋爵（Lord Deben）2019 年 7 月表示，英国要想发挥领导作用就必须加强行动，增加自己的国际信誉，"英国是第一个设定净零排放目标的主要经济体，并打算在明年具有里程碑意义的气候大会（COP26）上接待世界各国领导人。这些都是向前迈出的历史性脚步，使英国处于全球低碳转型的最前沿。但是，国际野心并不能带来国内行动。是时候让政府表明它认真对待自己的责任了。2050 年实现零排放，需要政府现在采取切实行动"。[④]

---

① Committee on Climate Change, *Reducing UK Emissions: Progress Report to the Parliament*, June 2020, p. 16.

② Committee on Climate Change, "Reaching the Net Zero in the UK", 15 May 2020, https://www.theccc.org.uk/uk-action-on-climate-change/reaching-net-zero-in-the-uk/.

③ Climate Action Tracker, "United Kingdom", *Climate Action Tracker*, 2 December 2019, https://climateactiontracker.org/countries/uk/. 气候行动追踪组织根据全球温升控制总目标，综合各种复杂因素来评估世界各国"国家自主贡献"（NDC）的足够性，把世界各国划分为 6 个等级：严重不足（Critical Insufficient）、非常不足（Highly Insufficient）、不足（Insufficient）、相容 2℃ 目标（2℃ Compatible）、相容 1.5℃ 目标（1.5℃ Paris Agreement Compatible）和楷模（Role Model）。

④ Committee on Climate Change, "UK Credibility on Climate Change Rests on Government Action over Next 18 Months", 10 July 2019, https://www.theccc.org.uk/2019/07/10/uk-credibility-on-climate-change-rests-on-government-action-over-next-18-months/.

二 脱欧与英国气候变化政策的调整

2020 年 1 月 31 日，英国从法律意义上正式脱离欧盟，但双方未来的关系仍然悬而未决。尽管 2019 年 10 月达成的“脱欧协议”以及未来关系框架的政治宣言已经勾勒出了双方关系的轮廓，但具体内容和细节仍然没有确定，需要双方在过渡期就未来关系继续谈判以达成新的协议。2 月 27 日，英国政府正式对外公布了其对于未来英欧关系的谈判文本，3 月 18 日，欧盟委员会公布了欧盟的未来关系谈判文本。从双方的谈判立场来看，基于不同的政治经济利益考量，仍然存在较大的差距，尤其是对未来关系协议的总体结构分歧巨大。这一分歧也会成为双方在气候变化问题上合作并达成协议的障碍。由于脱离欧盟，英国自身的气候（能源）政策及碳定价（排放交易体系）都会受到影响。

（一）英欧关于未来关系协议谈判中的气候变化问题

气候变化议题并非英国与欧盟关系中的核心议题，但是，鉴于气候变化问题直接关系到未来经济社会发展、能源、财政税收和碳交易等关乎国计民生和对外战略的重大问题，因而在这方面英国与欧盟关于未来关系的谈判仍面临一些困难和挑战。① 在增加减排力度和发挥积极领导作用等全球气候治理问题上，英国与欧盟有着一致的立场，都有较强的政治意愿积极推动最终完成《巴黎协定》实施细则谈判，加大世界各国的减排力度。根据 2019 年 10 月英国与欧盟达成的关于双方未来关系框架的政治宣言，双方均强调致力于维持紧密的合作关系，在保留自主决策权的同时，应在包括气候变化、可持续发展、跨边界污染等领域加强合作，并专门指出“未来的关系应重申各方对应对气候变化国际协定的承诺，包括那些实施《公约》的协定，

① Shane Tomlinson, “Climate Change in the Brexit Negotiations: Crossfire, Contagion and COVID - 19 Response”, *E3G*, 29 May 2020, https: //www. e3g. org/publications/summary - climate - change - brexit - negotiations - crossfire - contagion - and - covid - 19/.

比如《巴黎协定》"；而在"能源"部分，强调双方在电力、天然气和民用核能等方面的合作，并且着重指出双方应考虑在碳定价方面进行合作，将英国国家温室气体排放交易体系与欧盟的排放交易体系联系起来。①

但进入实质性谈判，英欧双方对未来关系的总体结构及其影响下的气候变化问题存在较大分歧。根据双方的谈判文本，英国试图达成一个以自由贸易协议为核心再加其余特定领域专门协议的模式，也就是一个《全面自由贸易协定》再辅以一系列其他有关渔业、运输和能源等方面的国际协定，在形式上类似于欧盟－加拿大关系协议或欧盟－日本关系协议，每一领域的特定协议都有其独特的治理结构和执行机制，有最低的公平竞争限制。而欧盟则提出建立一个完全不同的未来关系结构，试图与英国达成一个单一关系协议，既覆盖贸易问题也涵盖非贸易问题，都在同一个治理结构下运转，类似于欧盟与乌克兰之间的关系协议，其核心是强有力的公平竞争条款，以确保英国不会试图降低标准以换取市场准入。在这种情况下，气候变化问题有可能成为双方围绕未来关系协议总体结构而展开政治斗争的牺牲品。②

根据欧盟公布的双方未来关系协议文本草案，气候变化问题被置于"经济和贸易"部分的"公平竞争和可持续性"条款下，欧盟事实上是把应对气候变化问题（保持双方的承诺和政策，不降低标准）作为确保双方公平竞争的一个重要条件和保障。欧盟强调："只有防止贸易扭曲和不公平的竞争优势，并有助于可持续发展，它们的经济伙伴关系才能以双方满意的方式提供利益。为此，各方决心在……环境保护和应对气候变化等领域保持高标准"，在具体条款上，要求"各方重申其到 2050 年实现全经济气候中和

① The UK Government, *Political Declaration Setting out the Framework for the Future Relationship Between the European Union and the United Kingdom*, 19 October 2019, https://assets.publishing.service.gov.uk/government/uploads/system/uploads/attachment_data/file/840656/Political_Declaration_setting_out_the_framework_for_the_future_relationship_between_the_European_Union_and_the_United_Kingdom.pdf.

② Shane Tomlinson, "Climate Change in the Brexit Negotiations: Crossfire, Contagion and COVID－19 Response", *E3G*, May 2020, https://www.e3g.org/publications/summary－climate－change－brexit－negotiations－crossfire－contagion－and－covid－19/.

的目标”，一方不得采取或维持任何削弱或降低其法律和实践所规定的气候保护水平的措施，因而低于过渡期结束时适用于欧盟和英国的共同承诺和目标规定的水平。而对于碳定价问题，协议明确提出英国应当实施至少与欧盟排放交易体系所规定的同样范围和成效的碳定价体系，如果英国建立了自己的排放交易体系并要求将其与欧盟排放交易机制关联，欧盟会认真考虑这一要求，但前提是不影响欧盟排放交易体系的完整性，特别是其权利和义务的平衡，确保其成效的提升。① 由此可见，鉴于应对气候变化的政策和目标几乎直接关系到双方经济社会发展的各个领域，尤其是涉及工业竞争力和能源选择等问题，欧盟是把气候变化问题作为确保防止“碳泄漏”和英国降低气候标准从而造成不公平竞争的重要举措对待的。

而英国则试图把气候变化问题置于其与欧盟独立达成的“能源协定”之下，目标在于承认双方各自的气候承诺，建立双方进行天然气、电力等贸易的基础，在能源贸易方面进行合作，并把它们的排放交易体系联系起来。该“能源协定”强调双方都承认实现《公约》及《巴黎协定》最终目标的重要性，为未来应对气候变化的急切威胁而承诺携手合作采取应对气候变化的行动，各方均应申明致力于有效执行《巴黎协定》，以加强全球应对气候变化的能力，实现全球温升控制的目标。与此同时，英国也强调每一方都有权确定自己的气候变化优先事项，并有权以符合其作为缔约方的国际气候变化协定以及该能源协定的方式，相应通过或修改其法律和政策。双方应按照其国际义务，特别注意促进消除与减缓气候变化特别相关的货物和服务贸易或投资的障碍，特别是可再生能源货物和相关服务贸易或投资的障碍。② 通过这个“能源协定”，可以看到英国实际上是把应对气候变化问题既作为其

① Task Force for Relations with the United Kingdom, “Draft Text of the Agreement on the New Partnership with the United Kingdom”, European Commission, 18 March 2020, https://ec.europa.eu/info/sites/info/files/200318 - draft - agreement - gen.pdf.

② UK Prime Minister's Office, “Draft Working Text for an Agreement on Energy Between the United Kingdom and the European Union”, European Commission, 18 March 2020, https://assets.publishing.service.gov.uk/government/uploads/system/uploads/attachment_data/file/886014/DRAFT_Energy_Agreement.pdf.

加强与欧盟合作的国际事务，突出双方的国际道义和责任；又把应对气候变化作为其加强与欧盟及其成员国之间能源贸易和投资的重要工具，确保英国的能源供应保障和安全，并在气候变化领域发挥领导作用。

（二）脱欧对英国气候政策及碳定价（排放交易体系）的影响

首先，脱欧之后，英国不再能够利用原先在欧盟框架下的一些气候政策，包括一些政策性投资和金融项目。据有关研究分析，如图1所示，在欧盟2014～2020年预算中，对英国投资和其他资金有160多亿欧元，其中近58亿欧元直接用于资助支持环境和应对气候变化的项目，近22亿欧元的结构性资金和投资用于“环境保护与资源效率”，将近20亿欧元用于“气候变化适应与风险防范”，16亿欧元用于“低碳经济”。其实这还不是全部，欧盟预算中的所有资金流都考虑到了环境因素，因此很难获得欧盟在英国环境领域支出的全部数额。① 根据英国与欧盟达成的退出协议，在2020年过渡期结束之前英国仍然可以申请和利用这些资金。过渡期结束之后，英国是否还能够利用欧盟的下一个预算期的结构性和投资基金现在尚不确定，但至少不能再像欧盟成员国那样去申请和利用这些资金，这对于英国的气候变化政策来说不是一个有利因素。

其次，脱欧之后，英国需要把原先欧盟层面的气候政策和法律法规转化为英国自己的政策法律，或者需要重新制定相关政策法律。这一影响至少带来两个方面的结果：一方面，给英国创造了一个根据最新形势需要制定更高标准的政策法律的机会。英国一直宣称要在气候变化问题上发挥领导作用，已经在世界上第一个通过立法和碳预算的形式保障自己的气候政策和目标，并成为世界上第一个决定要在2050年实现净零排放的国家。脱欧之后，原先直接受欧盟相关气候（能源）法律约束或与欧盟直接关联的气候（能源）政策法律不再适用于英国，英国可以重新制定更高标准的政策法律。但另一

① Emma Howard, “Brexit: How Much EU Money Currently Goes to the Environment”, Greenpeace Unearthed, 7 October 2016, https://unearthed.greenpeace.org/2016/10/07/brexit-eu-money-fund-environment/.

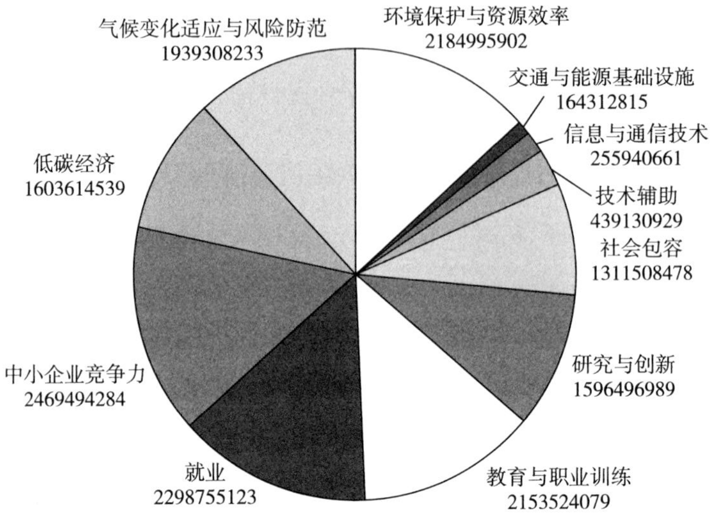

图1 欧盟对英国的结构性与投资基金（2014～2020年）

注：单位为欧元。

资料来源：Emma Howard，"Brexit：How Much EU Money Currently Goes to the Environment"，Greenpeace Unearthed，https：//unearthed. greenpeace. org/2016/10/07/brexit - eu - money - fund - environment/。

方面，在转化或重新制定政策法律的时候，英国也可能会降低自己的标准。有人担心，英国可能会用一套新的故意放松的法规取代原先严格的欧盟环境保护措施。例如，2020年1月，英国政府在议会引入了新的《环境法案》，这是英国在准备脱欧之后重新制定自己环境标准的第一个法案，有评论认为该法案实际上降低了空气污染标准。①

最后，过渡期完成之后，英国需要提交自己在《巴黎协定》下的国家自主贡献（NDC），重新建立自己的排放交易体系，并考虑与欧盟的排放交易体系进行关联。过渡期终结之后，英国需要提交自己的NDC，这对英国而言是一个关键的机会，将展示其净零过渡计划所要求的近期行动承诺的可信性，这需要英国提交一份反映其领导作用的NDC，以便在COP26之前增加英国的气候信誉。

① Patrick Schröder，"What the European Green Deal Means for UK"，*Chatham House*，26 February 2020，https：//www. chathamhouse. org/expert/comment/what - european - green - deal - means - uk.

根据欧盟的负担共担条例，到2030年英国要把欧盟排放交易体系（ETS）未覆盖的温室气体排放量在2005年水平的基础上降低37%（见表1），而离开欧盟的排放交易体系之后，英国对减排政策措施和减排量都必须做出调整。在英国政府公布的与欧盟未来关系的文件里，专门强调致力于将碳定价作为一种脱碳工具，将建立一个英国排放交易体系，支持全球领先气候目标，包括到2050年实现温室气体净零排放。就碳定价方法而言，如果符合双方的利益，英国愿意考虑未来与欧盟排放交易体系之间任何形式的关联，与瑞士和欧盟排放交易体系关联的方式类似。① 2020年6月1日，英国政府明确将实施全球首个与实现净零脱碳目标相联系的排放交易体系。该计划将于明年在过渡期结束、英国企业正式退出欧盟碳市场时生效，同时继续强调与欧盟排放交易体系关联的意愿。② 但是，据路透社的报道，欧盟表示如果没有新的明确保证，则不会批准两个计划之间的关联。因此，人们普遍认为整合这两个计划的谈判将面临僵局。③

表1　英国在欧盟总体框架下的国家自主贡献（NDC）

英国	主要承诺和目标	
《巴黎协定》	批准	是
	2030年无条件目标	—EU NDC:到2030年比1990年降低40% —欧盟内部负担共担:到2030年比2005年降低37%(欧盟排放交易体系未覆盖部分)
	范围	全经济,包括土地利用、土地利用变化和森林
	碳预算目标	—2028~2032年碳预算目标:1725百万吨二氧化碳 —2030年:低于1990年57%
长期目标	长期目标	2050年温室气体净零排放

资料来源：Climate Action Tracker，“United Kingdom”，https：//climateactiontracker. org/countries/uk。

① The UK Government, “The Future Relationship with the EU: The UK’s Approach to Negotiations”, *WITA*, 27 February 2020, https: //www. wita. org/atp - research/the - future - relationship - with - the - eu - the - uks - approach - to - negotiations/.

② The UK Government, “The Future of UK Carbon Pricing: UK Government and Devolved Administrations’ Response”, 2 May 2019, https: //www. gov. uk/government/consultations/the - future - of - uk - carbon - pricing.

③ “Reports: EU Pushes Back on UK Emissions Trading Scheme Plan”, *Businessgreen*, 10 June 2020, https: //www. businessgreen. com/news/4016314/reports - eu - pushes - uk - emissions - trading - scheme - plan.

三　新冠肺炎疫情严重冲击下的英国气候变化政策

2020年3月以来，新冠肺炎疫情蔓延英伦三岛，甚至连首相约翰逊也被感染，对英国经济社会造成了全面的冲击和影响。

（一）新冠肺炎疫情对英国经济社会的严重影响

根据国际货币基金组织2020年4月的预测，疫情正在世界范围内给人们造成高昂且不断增加的成本。在新冠肺炎疫情的冲击下，2020年英国经济将下降6.5%，是发达经济体中预测降幅较大的国家。[①] 根据英国预算责任办公室的数据，2020年第二季度英国的失业人数将上升200多万，GDP将下降35%，而这可能是300多年有记录以来最大的萎缩。[②] 同时，在新冠肺炎疫情冲击下，由于经济活动减少，英国温室气体排放在短期内会出现大幅下降，据许多研究机构的测算，按中等规模估算，2020年4月和5月的封锁高峰期，每天的二氧化碳排放量比英国2019年的平均水平低30%左右。然而，应对新冠肺炎疫情的紧急措施不可避免地影响到英国的气候政策，比如持续保持社交距离会阻碍公共交通的发展，一些低碳投资也将会被延误，旨在解决失业与不公平的短期政策选择从长远来看也许会把某些行业锁定在高排放之内。但与此同时，人们也会从新冠肺炎大流行的应对中吸取教训，从新冠肺炎疫情的深远影响中重建经济社会，给国家提供了一个投资未来、绿色复苏的历史性机会。

（二）新冠肺炎疫情冲击下的英国气候政策

净零排放目标的确立要求英国在气候政策上要有一个战略性转变，新冠

---

① 国际货币基金组织：《世界经济展望》，2020年4月，https：//www.imf.org/zh/Publications/WEO/Issues/2020/04/14/weo－april－2020。

② The UK Government, *Our Plan to Rebuild: the UK Government's COVID－19 Recovery Strategy*, May 2020, https：//assets.publishing.service.gov.uk/government/uploads/system/uploads/attachment_data/file/884760/Our_plan_to_rebuild_The_UK_Government_s_COVID－19_recovery_strategy.pdf.

肺炎大流行无疑已经改变了实施这一目标的背景。在应对新冠肺炎疫情的紧急状况下，英国的气候政策受到了一些冲击，但政府仍然坚持积极的政策行动。

首先，在重建经济社会行动战略中坚持“绿色复苏”。2020 年 5 月 6 日，气候变化委员会给首相约翰逊和苏格兰、威尔士和北爱尔兰第一部长写信，提出了新冠肺炎大流行之后重建国家的 6 项关键原则，以实现更强大、更清洁和更具弹性的经济，把减少温室气体排放和适应气候变化与英国复苏计划相融合。委员会主席德本勋爵强调，应对气候变化所需的行动是重建英国经济的核心。政府必须优先采取减少气候风险的行动，避免采取锁定更高排放的措施。[①] 5 月 11 日，英国政府发布了《我们的重建计划：英国政府的新冠肺炎疫情复苏战略》，对英国政府应对新冠肺炎疫情后的重建政策及战略行动提出了清晰的规划，实施分阶段逐步控制新冠病毒传播和恢复经济的战略。报告强调，在新冠肺炎疫情之后，世界将不会回到“正常”状态，全球经济的许多方面可能会发生重大变化，需要英国政府灵活地适应和塑造这个新世界。[②] 6 月 8 日，英国商业、能源和工业战略大臣阿洛克·夏尔马（Alok Sharma）创建了 5 个以商业为重点的新工作组，以释放英国的增长潜力并创造就业机会，这是英国政府帮助经济从新冠肺炎大流行中复苏计划的一部分。这 5 个工作组聚焦 5 个领域，大部分着眼于最新技术和创新，其中一个就是“绿色复苏”，强调英国如何从向净零碳排放转变中抓住经济增长的机会。夏尔马强调，在我们考虑支持经济复苏所需的措施时，这无疑将促进一个更清洁、更环保、更有弹性的经济，从而创造新的就业机会。[③] 英国气候变化委员会在

① Committee on Climate Change, “Take Urgent Action on Six Key Principles for A Resilient Economy”, 6 May 2020, https://www.theccc.org.uk/2020/05/06/take-urgent-action-on-six-key-principles-for-a-resilient-recovery/.

② The UK Government, *Our Plan to Rebuild: the UK Government's COVID-19 Recovery Strategy*, May 2020, https://assets.publishing.service.gov.uk/government/uploads/system/uploads/attachment_data/file/884760/Our_plan_to_rebuild_The_UK_Government_s_COVID-19_recovery_strategy.pdf.

③ The UK Government, “Business Secretary Launches Working Groups to Help Unleash Britain's Growth Potential”, 8 June 2020, https://www.gov.uk/government/news/business-secretary-launches-working-groups-to-help-unleash-britains-growth-potential.

其最新的气候进展评估报告中反复强调，新冠肺炎大流行改变了我们全部的生活，其影响深远、无法估量。我们必须抓住机会，使绿色复苏成为应对气候危机的决定性时刻，并且第一次给英国政府有关部门分别提出了行动的政策建议，呼吁抓住这个历史性的机遇把新冠危机转变为一个应对气候变化的决定性时刻，推动英国实现绿色复苏，建立一个更加清洁、低碳和更具韧性的社会。①

其次，推迟举办 COP26，但继续加强气候外交，凸显英国的气候领导作用。英国和意大利通过共同担任 COP26 气候大会主席国，发起了应对气候危机的全球行动。尽管新冠肺炎大流行对这两个国家都造成了严重影响，但英国和意大利已明确承诺在新冠肺炎疫情期间继续推进气候行动。受新冠肺炎疫情的严重影响，2020 年 4 月 1 日，英国政府宣布，原定于 2020 年 11 月在格拉斯哥举行的 COP26 将推迟举行。② 为了提振新冠肺炎疫情影响下国际社会应对气候变化的信心，英国很快就与有关各方确定了召开时间。5 月 28 日，英国与意大利经过与《公约》缔约方大会有关机构磋商，决定 COP26 将于 2021 年 11 月 1～12 日继续在格拉斯哥举行。英国强调其作为东道主将继续与所有相关方合作，以增加气候行动、建立弹性和减少排放，同时英意两国还将利用它们即将担任七国集团和二十国集团轮值主席国的机会树立气候雄心。英国商业、能源和工业战略大臣兼 COP26 大会主席夏尔马强调："虽然集中力量应对眼前的新冠肺炎危机是正确的决策，但我们决不能忽视气候变化带来的巨大挑战。在决定 COP26 新的举办日期后，我们一直致力于与全世界的合作伙伴一道制订从现在到 2021 年 11 月的全球气候行动计划。当下，世界各国正着手重建经济，这将对我们社会未来的可持续性、韧性和福祉产生深远影响，而在此时举办 COP26 则为团结世界各国一起走出一条绿色、可持续的经济复苏之路提供了契机。"③ 使

---

① Committee on Climate Change, "COVID－19 Can Be an Historic Turning Point in Tackling the Global Climate Crisis", 25 June 2020, https://www.theccc.org.uk/2020/06/25/covid－19－can－be－an－historic－turning－point－in－tackling－the－global－climate－crisis/.

② "COP26 Postponement", 2 April 2020, https://www.ukcop26.org/cop26－postponement/.

③ Department for Business, Energy and Industrial Strategy, "New Dates Agreed for COP26 United Nations Climate Change Conference", https://www.gov.uk/government/news/new－dates－agreed－for－cop26－united－nations－climate－change－conference.

新冠肺炎疫情后的全球经济复苏行动与《巴黎协定》商定的全球气候目标保持一致，将是未来18个月英国全球气候政策的核心目标，这既是避免气候变化最坏影响的唯一途径，也是在英国脱离欧盟后确定其在世界上地位的第一次机会。①

四 结论与展望

2020年初突如其来的一场新冠肺炎疫情席卷全球，至今仍在许多国家肆虐。这场疫情对英国的冲击是巨大的，对英国经济社会发展的影响也将是深远的。而这场疫情的冲击正好与英国脱欧的影响叠加，对英国政治、经济与社会的影响迄今仍然无法做出准确评估，但从目前英国社会上下的反应和英国政府采取的应对脱欧和新冠肺炎疫情双重挑战的政策措施来看，英国社会各界更希望把新冠危机转变为应对气候变化的历史性机遇，疫情没有撼动和改变英国的气候积极性。在脱欧的复杂进程中，英国仍然加大其减排力度，做出到2050年净零排放的承诺；在新冠肺炎疫情冲击和影响不容乐观的背景下，英国继续强调绿色复苏，把气候变化政策作为其重建经济社会的重要支点和依凭。这种坚持与执着反映了英国对未来世界经济与社会发展大趋势的认识与判断，有着深刻的战略性考量。正如英国负责能源与清洁发展事务的官员克里斯·斯基德莫尔（Chris Skidmore）所言，英国是工业革命的发源地，工业革命曾经带动全球经济增长，但同时增加了排放量。如今，英国成为第一个以法律形式确立到2050年实现净零排放的主要经济体，将清洁发展置于现代工业战略的核心。② 这反映了英国试图凭借其在清洁能源技术、金融优势以及低碳理念等方面的超前优势，再次引领新型工业革命并

① Committee on Climate Change, *Reducing UK Emissions*: *Progress Report to the Parliament*, June 2020, p. 167.

② Department for Business, Energy & Industrial Strategy, "UK Becomes the First Major Economy to Pass Net Zero Emissions Law", 27 June 2019, https://www.gov.uk/government/news/uk-becomes-first-major-economy-to-pass-net-zero-emissions-law.

占据未来低碳经济制高点的战略雄心。当前，防控和应对新冠肺炎疫情的形势依然严峻，其对全球气候治理行动和目标的影响还无法预估，但英国的政策和行动值得肯定。世界各国应该从新冠肺炎大流行的严重影响中深刻反思人与自然的关系，要把应对新冠肺炎疫情作为调整经济社会发展方向以及促进绿色低碳发展的重要契机，从而最终变危为机，实现人类社会更安全及更可持续的发展。正如联合国气候变化框架公约秘书处执行秘书帕特丽夏·埃斯皮诺萨（Patricia Espinosa）所说："应对气候变化危机与新冠肺炎危机并不是互不相容的。如果行动得当，那么走出新冠危机的复苏进程将引领我们走出一条更加包容、更加可持续的应对气候危机之路。我们将以更坚定的决心领导全球应对气候危机，让我们的世界更安全、更清洁、更公平、更具韧性，以此缅怀因新冠肺炎逝去的生命。"①

① Department for Business, Energy and Industrial Strategy, "New Dates Agreed for COP26 United Nations Climate Change Conference", 28 May 2020, https://www.gov.uk/government/news/new-dates-agreed-for-cop26-united-nations-climate-change-conference.

B.15

脱欧背景下的北爱尔兰问题*

张 茜 王展鹏**

摘 要： 2020年1月，约翰逊政府以《爱尔兰/北爱尔兰议定书》替代边界保障方案，为脱欧消除了障碍。然而，脱欧协议的达成并不意味着北爱尔兰问题的彻底解决。该议定书关于北爱尔兰地区的特殊关税安排使该地区与英国其他地区的差异性增加，不仅给北爱尔兰地区的经济贸易带来诸多不确定因素，还加深了该地区的族群对立，北爱尔兰未来归属问题在该地区政治议程中的地位上升。北爱尔兰民族主义者要求与爱尔兰实现统一的呼声高涨，在脱欧、爱尔兰大选等多重因素刺激之下，举行统一公投的现实可能性有所增加。脱欧后北爱尔兰政治形势的变化促使民主统一党和新芬党软化立场，重启北爱尔兰议会。恢复后的北爱尔兰自治机构面临脱欧和新冠肺炎疫情的双重挑战，北爱尔兰未来地位取决于英欧谈判、英爱合作、统一派与民族主义者博弈的结果。

关键词： 英国脱欧 《爱尔兰/北爱尔兰议定书》 北爱尔兰议会重启 爱尔兰大选 新冠肺炎疫情

---

* 本文是北京外国语大学2021年度基本科研业务费项目“多层次治理下的分权：1998年后的北爱尔兰治理模式演变”（项目编号：2021JX001）的阶段性成果。

** 张茜，北京外国语大学英语学院英国研究中心博士生，主要研究领域为英国政治；王展鹏，博士，北京外国语大学英语学院英国研究中心教授，主要研究领域为英国政治与外交、爱尔兰研究、欧洲一体化。

2019 年下半年以来，脱欧协议引发的关于北爱尔兰地位的争论成为该地区政治重要的议题。脱欧之后北爱尔兰面临经济不稳定、政治格局改变等多重挑战，北爱尔兰亲英派和民族主义者因《北爱尔兰议定书》分化加剧，统一公投开始引起人们的关注。随着英国、爱尔兰大选之后民族主义者政治影响力上升，新冠肺炎疫情冲击之下北爱尔兰与爱尔兰合作加强，爱尔兰统一公投的可能性引发关注。本文将梳理约翰逊政府脱欧谈判以来北爱尔兰政治形势的发展，对该地区的宪法地位以及爱尔兰统一公投前景做出进一步的解读。

一　脱欧协议及其对北爱尔兰的影响

如何在英国退出欧盟关税同盟和单一市场的同时保持北爱尔兰与爱尔兰之间的开放边界，一直是脱欧谈判过程中最棘手的问题。英欧双方均担心重启硬边界将破坏北爱尔兰的和平与稳定，导致和平和解进程因脱欧功亏一篑，但由于北爱尔兰问题本身的复杂、敏感性，各方迟迟未能就北爱尔兰与爱尔兰边界的保障机制达成一致。特雷莎·梅提出的边界保障条款可能导致英国整体留在欧盟关税同盟，在英国议会遭到三次否决，梅最终黯然下台。鲍里斯·约翰逊当选首相后坚持强硬的脱欧立场，与欧盟达成了新的脱欧协议，以新《爱尔兰/北爱尔兰议定书》（*Protocol on Ireland and Northern Ireland*）取代特雷莎·梅的北爱尔兰保障条款。该议定书确保脱欧后北爱尔兰仍是英国关税区一部分的地位，但通过特殊安排使该地区与欧盟保持密切的联系，工业制成品和农产品采用欧洲单一市场规则，以保证爱尔兰岛南北两方贸易通畅。在关税问题上，北爱尔兰与英国其他地区贸易适用英国关税，如商品最终进入欧盟则补齐二者之间的差异。北爱尔兰和英国其他地区之间不设硬边界，有关关税调整主要通过电子手段进行。这一安排定期审议。至此，北爱尔兰边界这一难题暂时找到了制度框架内的解决方案。然而，在英国形式上脱欧的背后，北爱尔兰问题依旧错综复杂，新的《北爱尔兰议定书》引发了北爱尔兰主要党派的激烈争论，尤其遭到了北爱尔兰民主统一党的强烈反对。脱欧协议引发的政治、经济前景不明朗在过渡期内仍持续困扰北爱尔兰，北爱尔兰的未来地位在很大程度上受到英欧未来贸易协定以及该议定书具体安排的影响。

（一）《爱尔兰/北爱尔兰议定书》与北爱尔兰各方立场

2019 年 7 月约翰逊出任首相后表示将与欧盟就脱欧协议重新谈判，要在新协议中删除北爱尔兰保障条款。在给欧洲理事会主席图斯克的信中，约翰逊称特雷莎·梅政府的脱欧协议“不可行、不民主，与英国主权相悖”，北爱尔兰保障条款存在破坏《复活节协议》与北爱尔兰和平进程的风险。[①]欧盟方面拒绝了约翰逊的要求，表示保障条款是避免爱尔兰岛出现硬边界的保证，除非可以找到新的替代方案。英国政府坚持无论如何要在 10 月 31 日脱欧，承诺将为脱欧寻求可行的方案以及新的技术解决办法。

约翰逊 2019 年 10 月在保守党大会上公布了保障条款替代方案，提出英国整体退出欧盟关税同盟，在爱尔兰边境设置海关检查，采用电子报关技术以替代边界管控设施；北爱尔兰将继续遵守欧盟单一市场规则，英国和北爱尔兰之间流通的商品需要接受检查；所有从英国其他地区进入北爱尔兰的农产品、食品或动物产品必须通过边境检查站入境；基于同意原则，北爱尔兰权力下放机构每四年投票表决是否延长该协议。[②] 该计划虽然违背了北爱尔兰民主统一党反对在英国和北爱尔兰之间增设边界检查的一贯原则，但约翰逊政府承诺加大对北爱尔兰的财政支持，而且根据北爱尔兰议会的双重投票机制，该方案实际上赋予了亲英派否决延长协议的权力，因而一度得到了民主统一党的认可。然而，新芬党表示该计划没有实现边界保障的目的，对于北爱尔兰居民和企业将是灾难性的打击。北爱尔兰其他主要政党也纷纷对这一计划表示谴责。爱尔兰方面则坚持反对在爱尔兰岛进行海关检查和有时限

① “Brexit: Boris Johnson Says ‘Anti-Democratic’ Backstop Must Be Scrapped”, *BBC*, 20 August 2019, https: //www. bbc. com/news/uk - politics - 49402840.

② “Brexit: What Is Boris Johnson’s Plan to Avoid a Hard Irish Border?”, *BBC*, 2 October 2019, https: //www. bbc. com/news/uk - 49909866.

的保障方案的一贯立场，并对新方案里的北爱尔兰议会审查机制表达了担忧。随后，欧盟以英国提出的新方案“未经检验”且不可行，不能替代保障条款为由，拒绝了约翰逊的脱欧协议。

在2019年10月欧盟峰会前，英国政府与欧盟就脱欧达成新的协议。新方案在过渡期、“分手费”以及公民权利等主要议题上与原协议并无二致，主要是《爱尔兰/北爱尔兰议定书》在10月初公布的计划方案基础之上，针对北爱尔兰边界问题做出了明显改动。该议定书替代了原有的边界保障条款，规定在货物监管方面，北爱尔兰将继续遵守欧盟单一市场规则；北爱尔兰仍属于英国关税区的一部分，有权参与脱欧后英国签署的任何自贸协定；北爱尔兰仍将是欧盟关税区的入口，英国不会对入境北爱尔兰但不越过爱尔兰边界的产品征收关税；由欧盟/英国联合委员会决定哪些商品有进入欧洲单一市场的风险，英国将代表欧盟对这些商品征收欧盟关税；北爱尔兰议会每四年就是否继续实施新的贸易安排进行投票，简单多数支持就可通过。[①] 新协议以“一国两制”方案取代保障条款，是英欧双方相互妥协的结果，希望排除边界问题这一脱欧进程中主要的障碍。

然而，该协议在英国国内受到各方的反对。工党领袖科尔宾形容新协议“比特雷莎·梅的协议更糟糕”，北爱尔兰民主统一党的态度更是发生了戏剧性的反转。阿琳·福斯特在协议公布之后发表声明拒绝接受该议定书，表示其内容“对北爱尔兰的经济福祉无益，而且会破坏英国的统一”。[②] 新芬党领袖玛丽·卢·麦克唐纳警告英国政府切勿为了回应民主统一党的需求而重新谈判脱欧协议，如果最终的脱欧协议给予统一派否决权，新芬党将拒绝重新组建北爱尔兰议会。

此次民主统一党的立场由支持转向反对，究其原因，主要有以下三点。

首先，对新议定书的“同意机制”不满。这是新脱欧协议增加的全新

---

① “Brexit: EU and UK Reach Deal but DUP Refuses Support”, *BBC*, 17 October 2019, https://www.bbc.com/news/uk-politics-50079385.

② “Will Brexit Stumble Over Northern Ireland Again?”, *Foreign Policy*, 17 October 2019, https://foreignpolicy.com/2019/10/17/boris-johnson-brexit-deal-dup-ireland-hard-border/.

内容，被欧盟首席谈判代表米歇尔·巴尼耶称为新脱欧安排的基石。[①]“同意机制”是指新协议赋予北爱尔兰议会在过渡期结束四年后，就是否延长上述贸易安排进行投票表决的权力。北爱尔兰议会简单多数票支持即可再实施四年；若得到北爱尔兰议会的“跨社区支持”，即统一派和民族主义者至少各40%的议员支持，且支持人数占全体议员60%以上，则相关贸易条款可再适用八年。这与《复活节协议》确立的亲英派和民族主义者互相否决机制相矛盾。此外，在2017年北爱尔兰议会选举中，统一派首次没有赢得多数席位，民主统一党可能丧失未来对北爱尔兰脱欧安排的否决权。

其次，反对在爱尔兰海上设置海关边界。民主统一党的底线一直是任何脱欧安排都不应使北爱尔兰区别于英国其他地区。但根据新达成的议定书，尽管北爱尔兰名义上属于英国关税区，但仍须遵守欧盟关税规则，这相当于把海关边界从北爱尔兰与爱尔兰之间移到了爱尔兰海中，民主统一党对此明确表示无法接受。而计划成立的欧盟/英国联合委员会管理北爱尔兰关税事务超出了《复活节协议》构建的治理框架，也破坏了民主统一党对地区事务的否定权。

最后，民主统一党不赞成北爱尔兰采用欧盟增值税法规。新议定书坚持脱欧后北爱尔兰留在欧盟增值税管理体系中，民主统一党担心北爱尔兰消费者将面临成本增加和选择减少的问题，从而进一步割裂北爱尔兰与英国其他地区的联系。保守党在2019年12月的英国大选中大获全胜。尽管来自北爱尔兰的18名议员投票反对，英国议会最终还是于2020年1月9日通过了脱欧协议法案，授权英国退出欧盟，但围绕北爱尔兰边界条款的争论并未平息。2020年1月20日，恢复不久的北爱尔兰议会投票否决了英国的脱欧协议，统一派对北爱尔兰和英国其他地区之间潜在的贸易壁垒发出警告，而民族主义者则完全反对英国脱欧。北爱尔兰议会的投票虽然对英国政府没有约束力，也不能阻止脱欧协议的推进，但它将在2024年对议定书的关税和单

① “Brexit Deal Agreed Between UK and EU as Boris Johnson Hurled into DUP Showdown”, *Mirror*, 17 October 2019, https: //www. mirror. co. uk/news/politics/breaking - brexit - deal - agreed - between - 20639995.

一市场条款进行投票表决。如果北爱尔兰议会届时决定同意延期，相关规定将在两年后暂停实施。

（二）脱欧对北爱尔兰的影响

2020年1月31日，英国正式退出欧盟，英欧进入为期11个月的过渡期，焦点议程由英国内部分歧转向英欧贸易关系协定的细节谈判。然而，脱欧协议的达成并没有破解北爱尔兰问题的困局，《爱尔兰/北爱尔兰议定书》中北爱尔兰模糊不清的特殊地位如何在脱欧实践中得以明确仍不清晰，脱欧之后北爱尔兰面临经济不稳定、政治格局改变、与英国欧盟经贸关系重塑等多重挑战。

首先，脱欧后英国本土和北爱尔兰之间的海关检查将在一定程度上影响双方“不受限制”的贸易。鉴于英欧双方关于未来贸易协定和议定书实施细节的谈判暂未取得突破性进展，北爱尔兰经济相比脱欧之前更为脆弱，企业面临成本上升和关税安排不确定的双重压力。尽管约翰逊在2019年12月英国大选前曾承诺爱尔兰海上不会出现任何障碍，北爱尔兰可以不受限制地与英国其他地区进行贸易往来，但为避免爱尔兰岛出现硬边界，欧盟方面表示议定书要求对从英国本土进入北爱尔兰的部分商品进行严格的海关检查和征收关税，以确定它们是否进入爱尔兰和欧盟单一市场。2020年5月，英国政府公布《英国实施北爱尔兰议定书的办法》（The UK's Approach to the Northern Ireland Protocol），确定将在北爱尔兰港口设立边境检查站，从2021年1月起对从英国其他地区进入北爱尔兰的动物和食品进行海关检查，并对运往或“有显著风险”运往爱尔兰或其他市场的产品征收关税。同时，英国政府承认贸易商“在处理从英国运往北爱尔兰的货物时将面临一些有限的附加程序”。[①] 此外，英国税务海关总署2020年6月公布一项新的北爱尔兰贸易规定，要求向北爱尔兰提供商品的英国公司需在离港前对所有货物完

① The UK Government, “The UK's Approach to the Northern Ireland Protocol”, May 2020, https://assets.publishing.service.gov.uk/government/uploads/system/uploads/attachment_data/file/887532/The_UK_s_Approach_to_NI_Protocol_Web_Accessible.pdf.

成海关、安全和运输三轮申报，超市等食品销售商还将接受冷鲜食品的单独检查，整个流程由一个名为“货车运输服务”（Goods Vehicle Movement Service）的电子平台监督运行。①

英国是北爱尔兰最重要的贸易对象，在北爱尔兰销售的近三分之一的商品（以及该地区对外购买的三分之二的商品）来自英国，因此英国本土与北爱尔兰之间的货物运输对其经济至关重要。② 上述安排很大程度上增强了北爱尔兰地区贸易程序的复杂性，一些大型连锁超市及相关企业表示在向北爱尔兰运送货物时不得不准备一系列价格高昂且不必要的文书工作，这将提高企业的运营成本和物价，一些企业甚至可能因此倒闭。另外，截至2020 年 8 月底，距过渡期结束仅剩四个月，关于北爱尔兰边界检查、关税、增值税、安全与运输等问题的详细计划仍未敲定，英国将如何具体实施议定书还存在很大的不确定性。北爱尔兰货运和物流企业担心在缺乏官方指导的情况下没有足够时间为即将到来的变化做充分的准备，如在过渡期结束后不能顺利执行新的关税规则，这将严重破坏英国与北爱尔兰之间的贸易往来和紧密的经济联系。③ 与英国其他地区相比，北爱尔兰的经济发展基础原本就比较薄弱，如果英欧双方未能就贸易协定和议定书细节达成一致，那么脱欧之后北爱尔兰地区复杂的关税规则将导致其经济处于更不利的地位。

其次，在脱欧问题上的不同立场激化了北爱尔兰两大族群之间的矛盾，脱欧后该地区与英国其他地区的差异性增强，统一派和民族主义者在身份认同上的分化加剧，北爱尔兰社会高度分裂。1998 年签订的《复活节协议》

① “First Details Emerge of System for Checks on Goods Crossing Irish Sea”, *The Guardian*, 2 July 2020, https://www.theguardian.com/uk-news/2020/jul/02/first-details-emerge-of-system-for-checks-on-goods-crossing-irish-sea#img-1.

② Northern Ireland Statistics and Research Agency, “Overview of Northern Ireland Trade”, 15 June 2020, https://www.nisra.gov.uk/sites/nisra.gov.uk/files/publications/Overview-of-NI-Trade-June-2020.pdf.

③ Joe Mayes, “U. K. Sets Out New Red Tape on Post-Brexit Trade in Irish Sea”, *Bloomberg*, 2 July 2020, https://www.bloomberg.com/news/articles/2020-07-02/u-k-sets-out-new-red-tape-for-post-brexit-trade-over-irish-sea.

建立在英国与爱尔兰同为欧盟成员国的基础之上，取消了北爱尔兰与爱尔兰之间的物理边界，成功结束了持续30多年的北爱尔兰暴力冲突，在一定程度上淡化了北爱尔兰各群体之间的差异和摩擦，为实现族群和解与地区和平提供了保障。然而，英国脱欧动摇了北爱尔兰和平和解进程的基础，北爱尔兰统一派和民族主义者对脱欧持截然相反的立场：统一派支持脱欧，以维护英国统一和保持北爱尔兰与英国的密切联系作为原则底线；而民族主义者主张留欧，把脱欧当作实现爱尔兰岛统一的机会。脱欧重启了北爱尔兰各群体关于身份认同和归属问题的讨论。统一派将新脱欧协议视作约翰逊政府对自己的背叛，担忧北爱尔兰被排除在英国之外，要求英国政府保障北爱尔兰在英国长期的经济和宪法地位；民族主义者则强化了对爱尔兰的归属感和身份认同，更加积极地筹划北爱尔兰与爱尔兰的统一公投，双方互不妥协，族群对立升温。

“北爱尔兰生活与时代”民调数据库2019年9月至2020年2月的数据表示，受访者中认为自己“既不是统一派，也不是民族主义者”的比例降至39%，为近15年来最低；天主教徒中认为自己是民族主义者的比例达到59%，高于2003年以来的任何时期；31%的民族主义者自认为是“非常强烈的”民族主义者，为1998年以来最高。[①] 同时，贝尔法斯特女王大学的研究人员发现，67%的新教徒现在自认为统一派，2018年的这一比例是55%。该民调报告的结论认为英国脱欧挤压了北爱尔兰身份认同的中间地带，推动更多人加入统一派或民族主义者阵营。[②]

最后，英国脱欧强化了有关北爱尔兰未来宪法地位的讨论，随着脱欧进程的不断推进，北爱尔兰民族主义者要求与爱尔兰实现统一的呼声日益高涨，统一公投成为北爱尔兰最重要的政治议题之一。2016年英国脱欧公投

---

① Katy Hayward and Ben Rosher, “Political Attitudes at a Time of Flux”, ARK, June 2020, https://www.ark.ac.uk/ARK/sites/default/files/2020-06/update133.pdf.

② Henry McDonald, “Brexit Revives Unionist and Nationalist Divide in Northern Ireland”, *The Guardian*, 17 June 2020, https://www.theguardian.com/politics/2020/jun/17/brexit-unionist-nationalist-divide-northern-ireland-survey-identity-political-allegiances.

中北爱尔兰地区以 55. 8% 的多数票选择留在欧盟，该结果引发了举行爱尔兰统一公投的讨论。脱欧结果公布后，时任北爱尔兰副首席部长马丁·麦吉尼斯表示“英国政府没有获得代表北爱尔兰意见的民主授权”，“进行‘统一公投’是实现民主的必要条件”。[①] 实现爱尔兰统一是新芬党的最高宗旨和首要目标，新芬党认为脱欧打破了爱尔兰岛现有的政治经济格局，不断强调统一公投的紧迫性和必要性，并为统一公投进行了积极的宣传和筹备，爱尔兰岛统一再次被提上议程。尽管在英国脱欧的刺激之下，北爱尔兰举行统一公投的可能性明显增加，但由于制度设计和现实条件的限制，举行统一公投仍面临诸多障碍，短期内实现爱尔兰统一的希望不大。

脱欧之后的多次民调结果、北爱尔兰人口构成以及选举结果显示爱尔兰统一公投的可能性已经上升。2016 年脱欧公投以来，在北爱尔兰就统一公投进行的 12 次民意调查中，3 次显示支持爱尔兰统一的人数多于反对者，其余 9 次显示反对统一的人数更多，支持和反对的比例从 3% 到 41% 不等。但整体来看，民调结果表明，随着时间的推移，北爱尔兰民意呈现转向支持爱尔兰统一的趋势（见表 1）。2016 年 9 月 LucidTalk 进行的民调显示仅有 28% 的受访者支持统一，而在该机构 2020 年 2 月的民调中，支持统一的比例上升至45% 。[②] 2019 年 9 月 Lord Ashcroft 公布的民调结果中，支持爱尔兰统一的比例为 46% ，反对的比例是 45% ，两者只有 1 个百分点的差距。[③] 民调结果虽然各不相同，但支持爱尔兰统一的比例正在不断提高。

---

① Siobhan Fenton, “Brexit Result: Sinn Fein's Martin McGuinness Calls for Border Poll on United Ireland”, *Independent*, 24 June 2016, https://www.independent.co.uk/news/uk/politics/brexit-northern-ireland-eu-referendum-result-late st-live-border-poll-united-martin-mcguinness-a7099276.html.

② “Results of a Future Border Poll on a Knife Edge”, *The Detail*, 24 February 2020, https://thedetail.tv/articles/a-majority-favour-a-border-poll-on-the-island-of-ireland-in-the-next-10-years.

③ Lord Ashcroft, “My Northern Ireland Survey Finds the Union on a Knife-edge”, 11 September 2019, https://lordashcroftpolls.com/2019/09/my-northern-ireland-survey-finds-the-union-on-a-knife-edge/.

表 1　近年来在北爱尔兰进行的统一公投民意调查结果统计

时间	民调机构	支持（%）	反对（%）	不确定/不打算投票（%）	差距（个百分点）
2020 年 2 月	LucidTalk	45	47	8	2
2020 年 2 月	Liverpool University	29	52	19	23
2019 年 9 月	Lord Ashcroft	46	45	9	1
2019 年 3 月	Irish Times/Ipsos Mori	32	45	23	13
2018 年 9 月	OFOC/Deltapoll	52	39	9	13
2018 年 6 月	Lord Ashcroft	44	49	7	5
2018 年 6 月	NILT	22	55	22	33
2018 年 5 月	LucidTalk/YouGov/BBC	42	45	13	3
2018 年 5 月	ICM	21	50	29	29
2017 年 12 月	LucidTalk	48	45	7	3
2017 年 10 月	LucidTalk	34	55	11	21
2017 年 7 月	ESRC	27	52	21	25
2016 年 9 月	LucidTalk	28	61	11	33
2016 年 9 月	Ipsos Mori	22	63	15	41
2013 年 1 月	Ipsos Mori	17	65	17	48

注：民调问题为“如果举行爱尔兰统一公投，你会怎么投票?”，各项民调结果由 Wikipedia 统计制表。

资料来源：“United Ireland Opinion Polling”，*Wikipedia*，February 2020，https：//en. wikipedia. org/wiki/United_ Ireland#Opinion_ polling。

脱欧公投后的北爱尔兰选举结果也印证了选择留欧的选民趋向支持爱尔兰统一。[①] 2017 年 3 月，支持脱欧的统一派在北爱尔兰地方议会选举中首次失去了多数席位；2019 年英国大选中，民族主义者历史上第一次超过统一派获得英国议会北爱尔兰地区多数席位[②]，新芬党领导人玛丽·卢·

① Dan Haverty，“With Parliament Voting for Brexit，Is Irish Unification Inevitable?”，*Foreign Policy*，9 January 2020，https：//foreignpolicy. com/2020/01/09/irish – unification – brexit/.

② “Nationalist MPs Outnumber Unionists for First Time”，*RTE*，13 December 2019，https：//www. rte. ie/news/uk – election – 2019 – northern – ireland/2019/1213/1098878 – general – election – dup/.

麦克唐纳表示“现在不可能忽视日益增长的进行爱尔兰统一公投的需求”。[①] 此外，北爱尔兰人口构成的变化对统一公投未来走势的影响也不可忽视。[②] 北爱尔兰2011年的人口普查中，新教徒的人口比例首次降至50%以下，而天主教徒则上升到45%。《经济学人》通过比较分析北爱尔兰2001年和2011年的人口普查，结合英国季度劳动力调查结果，认为天主教徒现在是北爱尔兰最大的单一宗教群体（见图1）。[③] 总之，新教徒和天主教徒在政治、人口等方面的差距正在逐渐缩小，总体形势有利于启动统一公投。

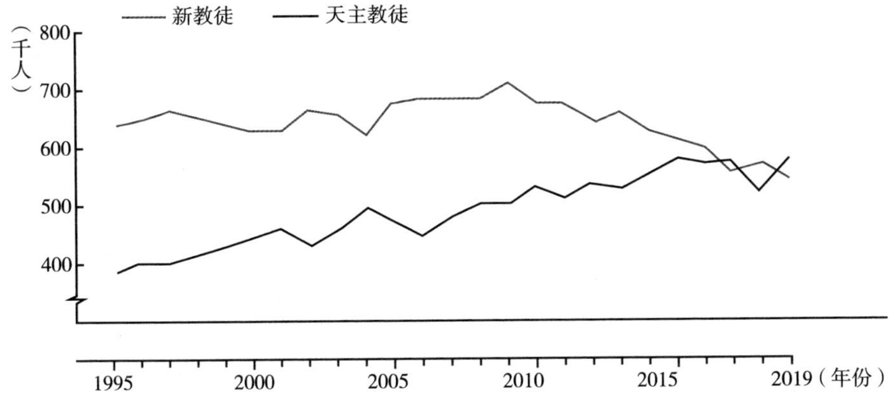

图1　1995～2019年北爱尔兰的宗教认同人数变化

资料来源：“Brexit and Sinn Fein's Success Boost Talk of Irish Unification”, *The Economist*, 13 February 2020, https://www.economist.com/briefing/2020/02/13/brexit-and-sinn-feins-success-boost-talk-of-irish-unification。

---

① James Rothwell, “Sinn Fein Says Calls for Irish Unity Referendum ‘Now Impossible to Ignore’”, *The Telegraph*, 13 December 2019, https://www.telegraph.co.uk/politics/2019/12/13/sinn-fein-says-calls-irish-unity-referendum-now-impossible-ignore/.

② 王展鹏、张茜：《脱欧背景下英国权力下放的演变及其影响》，《欧洲研究》2019年第4期，第22页。

③ “Brexit and Sinn Fein's Success Boost Talk of Irish Unification”, *The Economist*, 13 February 2020, https://www.economist.com/briefing/2020/02/13/brexit-and-sinn-feins-success-boost-talk-of-irish-unification.

然而，爱尔兰统一公投目前还面临一些难以克服的现实障碍，在短期内举行公投的可能性较小。

第一，《复活节协议》对于统一公投的条件设定较为模糊，裁决权实际在英国政府方面，这有利于维护英国国家的统一。《复活节协议》规定，北爱尔兰事务大臣应该在他认为“大多数人投票表示希望北爱尔兰不再是英国的一部分，而是成为统一的爱尔兰的一部分时”发起统一公投。[①] 一方面，启动公投在法律层面上缺乏一个可遵循的确切的民意判断标准；另一方面，协议要求由北爱尔兰事务大臣发起统一公投，考虑到英国政府对统一公投的排斥，他同意举行公投的可能性不高。2019 年 9 月，约翰逊在接受 BBC 采访时明确表示他认为启动爱尔兰统一公投的标准尚未达到，“没有任何理由进行统一公投”。[②]

第二，《复活节协议》要求统一公投需在北爱尔兰和爱尔兰同时举行，然而，爱尔兰政府已明确表达反对公投的立场。爱尔兰前总理瓦拉德卡在 2019 年英国大选后的圣诞新闻发布会上警告统一公投将会“失败并导致分裂”，当务之急是恢复北爱尔兰自治机构的正常运转。[③] 新任总理迈克·马丁也因“现阶段分歧过大”反对统一公投，并表示他将采取“务实”的方式寻求促进爱尔兰岛南北方之间的合作，不会敦促英国政府启动公投。[④]

第三，北爱民族主义者内部对待爱尔兰统一的态度存在差异。社会民主

---

① The UK Government, “The Belfast Agreement”, 10 April 1998, https://assets.publishing.service.gov.uk/government/uploads/system/uploads/attachment_data/file/136652/agreement.pdf.

② Suzanne Breen, “There's no Reason for Border Poll in Event of Hard Brexit, Says Boris Johnson”, *Belfast Telegraph*, 27 September 2019, https://www.belfasttelegraph.co.uk/news/northern-ireland/theres-no-reason-for-border-poll-in-event-of-hard-brexit-says-boris-johnson-38538971.html.

③ Pat Leahy, “Varadkar Rules out ‘Divisive’ Poll on Northern Ireland Border”, *The Irish Times*, 27 December 2019, https://www.irishtimes.com/news/politics/varadkar-rules-out-divisive-poll-on-northern-ireland-border-1.4124945.

④ Rebecca Black, “Irish Border Poll Far Too Divisive at This Stage-Taoiseach”, *Belfast Telegraph*, 12 July 2020, https://www.belfasttelegraph.co.uk/news/northern-ireland/irish-border-poll-far-too-divisive-at-this-stage-taoiseach-39360975.html.

工党议员克莱尔·汉娜的竞选经理加雷思·布朗认为，大多数统一公投的支持者并不是坚定的民族主义者，他们在公投问题上的立场主要源于维持北爱尔兰现状的愿望，爱尔兰未来统一的可能性或将取决于脱欧对北爱尔兰破坏的程度。[①]

二 北爱尔兰政治的变化

（一）重启北爱尔兰地方议会

2017 年 1 月，新芬党领导人马丁·麦吉尼斯因北爱尔兰首席部长、民主统一党领导人阿琳·福斯特在可再生热能激励机制中滥用政府资金的丑闻辞去副首席部长一职，北爱尔兰政府停摆。随后在 2017 年北爱尔兰地方选举中，民主统一党和新芬党依然当选第一和第二大党，双方经过多轮谈判之后，始终无法就《爱尔兰语法案》达成共识，新芬党领导人拒绝参与组建北爱尔兰政府，地方自治机构陷入瘫痪。[②]

尽管新芬党和民主统一党因在脱欧问题上立场不同而矛盾加深，但北爱尔兰政治形势的变化促使两党软化立场，共同寻求恢复北爱尔兰地方议会。2019 年大选后，北爱尔兰事务大臣朱利安·史密斯要求双方最晚于 2020 年 1 月 13 日之前恢复北爱尔兰地方自治机构，否则将重新举行北爱尔兰议会选举。保守党在大选中取得压倒性胜利，不再需要依靠民主统一党的支持组建政府，民主统一党对英国政府决策的影响力不可同日而语，转而希望通过参与北爱尔兰权力下放机构继续发挥政治影响。另外，民主统一党和新芬党因未能重新组建北爱尔兰权力下放机构引发了选民的强烈不满，在英国大选中备受打击，支持率分别下降 5.4 个百分点和 6.8 个百分点，如果重新举行

① Dan Haverty, "With Parliament Voting for Brexit, Is Irish Unification Inevitable?", *Foreign Policy*, 9 January 2020, https://foreignpolicy.com/2020/01/09/irish-unification-brexit/.

② Henry MacDonald, "Stormont Talks: Will Power Sharing Return to Northern Ireland?", *The Guardian*, 10 January 2020, https://www.theguardian.com/politics/2020/jan/10/stormont-talks-will-power-sharing-return-northern-ireland.

大选前景不容乐观。① 面对政府瘫痪造成的公共服务危机、脱欧前景未知等状况，民众对两大党之间的互相指责和僵持感到厌倦。相较于北爱尔兰的宪法地位、族群的身份认同，选民更关注社会政策、公共服务等现实问题，北爱尔兰地区选举的焦点由最初有关脱欧以及英国、爱尔兰身份认同的争论转向对北爱尔兰政府瘫痪的不满。② 主张迅速恢复权力共享，加大对医疗、教育投入的中间派政党给选民提供了新的选择，跨族群政党北爱尔兰联盟党（Alliance Party）获得了16.8%的选票，比上次大选的得票率高出8.9个百分点，成为仅次于民主统一党和新芬党的第三大党。③ 中间派政党在大选中的突出表现加重了两大党的危机感，双方同意重返北爱尔兰议会，避免重新举行议会选举。

英国大选结束后，北爱尔兰地区五个主要政党在爱尔兰外交部长西蒙·科文尼和英国北爱尔兰事务大臣朱利安·史密斯的共同主持下重回谈判桌，就重启北爱尔兰自治机构开展圆桌会谈。④ 2020年1月10日，北爱尔兰主要党派通过了英爱两国政府制定的重启北爱尔兰政府的协议《新十年，新方法》（New Decade, New Approach），停摆三年的北爱尔兰议会再次启动。新协议不仅就两大族群关切的语言、文化、身份认同等问题提出了解决方案，还对权力下放机构做出重大制度改革，以重塑民众和各党派对北爱尔兰政治以及权力共享机构持久稳定的信心。

《新十年，新方法》的主要内容包括以下几点。

---

① Rory Carroll, "Northern Ireland's Sectarian Parties Punished by Rise of the Non-aligned", *The Guardian*, 15 December 2019, https://www.theguardian.com/uk-news/2019/dec/15/northern-ireland-sectarian-parties-punished-rise-non-aligned.

② Rory Carroll, "How Northern Ireland Vote Was Punishment for Stormont Impasse", *The Guardian*, 20 December 2019, https://www.theguardian.com/uk-news/2019/dec/20/how-northern-ireland-vote-was-punishment-for-stormont-impasse.

③ Rory Carroll, "Northern Ireland's Sectarian Parties Punished by Rise of the Non-Aligned", *The Guardian*, 15 December 2019, https://www.theguardian.com/uk-news/2019/dec/15/northern-ireland-sectarian-parties-punished-rise-non-aligned.

④ "Power Sharing: 'Now Is the Moment' to Restore Devolution", *BBC*, 16 December 2019, https://www.bbc.com/news/uk-northern-ireland-50801484.

第一，通过三项议会修正案构建一个新的文化框架，包括设立“身份认同和文化表达办公室”以促进文化多样性以及所有身份认同和文化之间的包容；“爱尔兰语委员”负责加强和发展与北爱尔兰阿尔斯特—苏格兰/阿尔斯特—英国传统相关的语言、艺术和文学。

第二，限制对“关切请愿书”机制（Petition of Concern）的滥用，使之“恢复最初的目的”，即保护少数群体。此后“关切请愿书”只能在“最特殊的情况下”使用，特别是首席部长和副首席部长不能在本届议会任期签署请愿书。

第三，采取措施提高北爱尔兰自治机构的可持续性，包括设立政党领导人论坛，以便“对任何可能导致未来政治紧张和分歧的问题进行预警”；英国政府修订 1998 年《北爱尔兰法》，将任命首席部长和副首席部长的时间分别从 7 天和 14 天延长到 6 周（在两人辞职或议会选举后）；在首席部长/副首席部长辞职的情况下，北爱尔兰议会及其委员会将继续履行职责，直至议会正式解散。

第四，改进公务员、特别顾问、部长的行为准则，提高自治机构运行的透明度和责任。

第五，英国政府同意提供“额外的财政支持”，以支持北爱尔兰的公共卫生、公共服务投资、基础设施建设以及解决北爱尔兰的“特殊情况”。①

《新十年，新方法》的签订和北爱尔兰议会重启释放了积极的信号，一定程度上解决了北爱尔兰当下最急迫最基本的问题。爱尔兰学者肖恩·豪吉认为，民主统一党和新芬党在诸如爱尔兰语、“大混乱时期”历史遗留问题等一系列高度分裂的事项上达成妥协，降低了北爱尔兰权力下放机构瘫痪的概率，体现出权力共享与和解的精髓。② 但英国脱欧也将给北爱尔兰新一届

---

① The UK Government, “New Decade, New Approach”, 8 January 2020, https: //assets. publishing. service. gov. uk/ government/uploads/system/uploads/attachment_ data/file/856998/2020 -01 -08_ a_ new_ decade_ _ a_ new_ approac h. pdf.

② Sean Haughey, “Back to Stormont: The New Decade, New Approach Agreement and What it Means for Northern Ireland”, *The Political Quarterly* 91 (2020): 134 -140.

政府带来诸多困难和挑战。尽管英国政府在《新十年，新方法》中再次强调将保证北爱尔兰企业“不受限制地进入”英国本土市场，但这实际上与《爱尔兰/北爱尔兰议定书》的内容并不一致，刚刚重启的北爱尔兰政府可能会面临在执行议定书时陷入两难境地的风险。[①]

（二）爱尔兰大选及其对北爱尔兰政治的影响

新芬党在2020年2月爱尔兰大选中以24.5%的最高首选候选人得票率（first preference vote）实现历史性突破，并成为议会第二大党，打破了近一个世纪以来共和党与民主统一党对爱尔兰选举的垄断局面，改变了爱尔兰的政治格局。新芬党从爱尔兰政治的边缘地带走向主流也对脱欧之后的北爱尔兰政治产生深刻影响。爱尔兰统一成为爱尔兰岛南北各方均无法忽视的重要议题，举行统一公投的现实可能性上升，统一派维护英国国家统一的压力倍增。

新芬党在大选中成功抓住困扰瓦拉德卡政府多年的住房危机和医疗服务不足等问题，在竞选纲领中承诺加大对医疗、住房和儿童保育等公共服务领域的政府投入，减轻工薪家庭的负担，反对提高退休年龄，引起了广大选民尤其是年轻人的共鸣。[②] 另外，部分选民对“建制派”共和党与民主统一党日趋不满，希望爱尔兰政治出现新的变化，加之不少年轻选民没有经历过“大混乱时期”的暴力和动荡，新芬党的历史没有对选举造成严重影响。这些因素共同构成了新芬党大选获胜的主要原因。由于新芬党推出的候选人数较少，该党仅获得37个议会席位，少于共和党的38席，多于民主统一党的35席。鉴于没有一个政党单独获得爱尔兰议会多数席位（80席），而且共和党与民主统一党在大选前明确表示不会与新芬党组建联合政府，在经过数月的谈

---

① Katy Hayward, “Northern Ireland May Find Itself Between a Rock and a Hard Place After Brexit”, *The Irish Times*, 13 January 2020, https://www.irishtimes.com/opinion/northern-ireland-may-find-itself-between-a-rock-and-a-hard-place-after-brexit-1.4137426.

② Sinn Féin, “Sinn Féin General Election Manifesto 2020”, 28 January 2020, https://www.sinnfein.ie/contents/55864.

判后，共和党、民主统一党和绿党 2020 年 6 月投票决定组建大联合政府。麦克唐纳则表示，新芬党将成为“爱尔兰有史以来最强大的反对党”。[①]

新芬党在爱尔兰大选中的历史性胜利强化了民族主义者对爱尔兰统一的话语权，对北爱尔兰统一派形成了巨大的冲击和挑战。尽管新芬党在爱尔兰的竞选重心主要在住房和医疗卫生等社会经济政策上，但作为爱尔兰统一的代言人，新芬党的动员和宣传使爱尔兰统一再次成为人们关注的焦点，有助于统一公投向前推进。麦克唐纳呼吁五年内举行公投，并称在 2025 年前就爱尔兰统一举行全民公投是与任何其他政党结盟的先决条件。爱尔兰大选投票后的民意测试结果显示，有 57% 的选民支持五年内举行爱尔兰统一公投，其中年轻人对统一公投的支持率最高，18 ~ 24 岁选民的支持率高达75%。[②] 英国学者乔纳森·汤格认为人们虽然不是因为赞同举行统一公投而投票给新芬党，但对于很多爱尔兰人来说，实现统一至少是一个长期愿望。[③]

爱尔兰大选结果公布后，北爱尔兰民主统一党领导人阿琳·福斯特虽然表示“完全没有因为选举结果而感到不安”，爱尔兰统一公投是由北爱尔兰事务大臣决定是否启动，所以“北爱尔兰在英国的地位没有任何变化”。[④] 但伴随着北爱尔兰人口结构变化、民族主义者政治话语权加大，统一派传统的优势地位正在不断弱化，爱尔兰大选结果加剧了北爱尔兰统一派对北爱尔兰未来地位的不安和焦虑。

---

① Jennifer Bray, “Sinn Féin will Provide ‘Most Effective Opposition in History of State’”, *The Irish Times*, 15 June 2020, https: //www. irishtimes. com/news/politics/sinn – f% C3% A9in – will – provide – most – effective – opposition – in – history – of – state – 1. 4279587.

② Simon Carswell, Brian Hutton and Freya McClements, “More Than Half of Voters Want Border Polls North and South”, *The Irish Times*, 9 February 2020, https: //www. irishtimes. com/news/politics/more – than – half – of – voters – want – border – polls – north – and – south – 1. 4167428.

③ Ciara Nugent, “What's Next for Ireland After Its Seismic Election Result”, *TIME*, 11 February 2020, https: //time. com/5781370/ireland – election – results/.

④ Gerry Moriarty, “Election 2020: Unionism Affects Air of Calm in Jittery Times”, *The Irish Times*, 10 January 2020, https: //www. irishtimes. com/news/politics/election – 2020 – unionism – affects – air – of – calm – in – jittery – times – 1. 4169007.

三　新冠肺炎疫情下的北爱尔兰

全球蔓延的新冠肺炎疫情给深陷脱欧困局中的北爱尔兰带来新的挑战。在应对疫情的过程中，北爱尔兰自治机构内部脆弱的合作关系备受考验，北爱尔兰与英国、爱尔兰政府间的关系也在不断调整。疫情影响之下的北爱尔兰政治出现了新的特点。

首先，民主统一党和新芬党克服了疫情初期的矛盾和分歧，就防疫政策基本形成了统一战线，维护了北爱尔兰政府的稳定。疫情刚暴发时，北爱尔兰政府内部就采取何种应对措施产生了分歧。首席部长、民主统一党领导人阿琳·福斯特支持英国较为宽松的防疫政策，而副首席部长、新芬党领导人米歇尔·奥尼尔则要求效仿爱尔兰政府的做法，立即关闭北爱尔兰的学校。此外，北爱尔兰的病毒检测体系、自我隔离时长也成为双方争执的焦点。新芬党呼吁遵守世卫组织的指导方针，进一步加强北爱尔兰的病毒检测能力，与爱尔兰的检测水平保持一致。①

北爱尔兰首席部长、副首席部长承认双方在疫情某些问题上意见相左，但坚称双方将摒除政治立场的差异，在保护公民生命安全这一首要问题上保持团结一致。两党的紧张关系在英国也实施了严格的封锁政策后逐渐缓和，北爱尔兰政府通过了《2020年健康保护（新型冠状病毒，限制）条例（北爱尔兰）》，采取一系列更严格的社交距离限制措施遏制病毒的传播。②LucidTalk机构2020年5月的民调结果显示，68%的北爱尔兰受访者认为该地区政府很好地处理了新冠肺炎疫情危机，公众对政府应对措施的满意度在英国、权力下放地区和爱尔兰中最高（见图2）。尽管统一派和民族主义者

① Arthur Beesley, "Coronavirus Poses Big Test for Northern Ireland", *Financial Times*, 4 April 2020, https://www.ft.com/content/5b97eb8c-7a9b-4f4a-8159-9d35b5e7a310.

② The Department of Health, "The Health Protection (Coronavirus, Restrictions) Regulations (Northern Ireland) 2020", 28 March 2020, https://www.health-ni.gov.uk/publications/health-protection-coronavirus-restrictions-northern-ireland-regulations-2020.

对新冠肺炎疫情以外的许多重大问题仍持完全对立的立场，疫情平息后北爱尔兰自治机构运行的持久稳定性还有待考验，但民主统一党和新芬党领导人均表示“新冠肺炎疫情加快了北爱尔兰权力共享工作机制的重建，为今后双方建立合作关系打下了良好的基础”。①

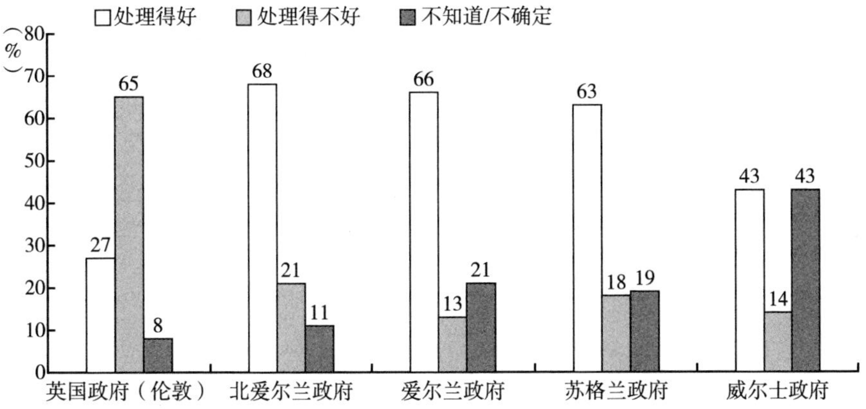

图 2　LucidTalk 民调关于“你认为英国政府、权力下放地区政府和爱尔兰政府在应对新冠肺炎疫情方面做得好还是不好?”问题的结果

注：民调时间为 2020 年 5 月 22 ~ 25 日，民调结果来源于受访的 1861 名北爱尔兰居民。

资料来源：LucidTalk，1 June 2020，https：//twitter. com/LucidTalk/status/1267405294386262017?s = 20。

其次，疫情加强了“南北合作”，北爱尔兰和爱尔兰采取多项措施共同抗击新冠病毒，拉近了双方的距离。疫情暴发初期，爱尔兰与北爱尔兰采取了不同的应对措施：爱尔兰在疫情扩散的早期就逐步采取了封锁措施，比英国政府早一周做出了关闭学校、禁止大型集会的决定，而北爱尔兰遵循英国政府宽松的防疫政策，直到 3 月 20 日之后才根据约翰逊政府的命令关闭学

① DavidYoung，“Arlene Foster and Michelle O'Neill Say Coronavirus Has ‘Fast-tracked’ Rebuilding of Stormont”，*The Irish News*，10 June 2020，https：//www. irishnews. com/news/northernirelandnews/2020/06/10/news/arlene - foster - and - michelle - o - neill - say - coronavirus - has - fast - tracked - rebuilding - of - stormont - 1970099/.

校、餐厅、酒吧等场所。① 两地防疫措施的差异给疫情控制带来很大困难，边界附近地区成为疫情重灾区。多位流行病学专家呼吁将整个爱尔兰岛作为一个单一流行病学单位（Single Epidemiological Unit）采取一致措施应对疫情，爱尔兰卫生部部长西蒙·哈里斯表示“疫情不分国界”，必须继续在全岛范围内采取措施抗击疫情。②

2020 年 3 月 14 日，北爱尔兰和爱尔兰政府高级代表就如何有效应对新冠病毒举行会谈，双方同意将尽一切可能开展协调与合作，不遗余力地保护爱尔兰岛上所有人的生命安全。③ 经会议商定，北爱尔兰和爱尔兰卫生部门于 4 月签署了谅解备忘录，加强在信息共享、病毒检测、密切接触者追踪、病毒研究等方面的协调与合作。④

最后，北爱尔兰与英国中央政府在疫情暴发后开展了有效合作，但在解除封锁措施期间，北爱尔兰与英国政府的策略差异逐渐增大。尽管公共卫生服务属于权力下放的范畴，疫情发展初期，为更有效地应对公共卫生突发事件，英国中央和各地方政府之间加强协作，通过一系列政府间论坛制定共同的防疫政策。然而，随着英国 5 月开始逐步解除封锁，约翰逊政府的“四个地区”战略因内容模糊不清而备受争议，权力下放地区均出台了各自的解除限制方案，设置了不同的时间表。北爱尔兰政府采取了比英国更为谨慎、严格的策略，拒绝约翰逊“保持警惕”的口号，坚持发布“待在家里”的信息，并于 5 月 12 日公布了解除封锁的五阶段计划《走向复苏》。不同

① “UK Pubs and Restaurants Told to Shut in Virus Fight”, *BBC*, 20 March 2020, https://www.bbc.com/news/uk-51981653.

② Joe Stenson, “Does Virus Crisis Stoke Case for United Ireland?”, *Barron's*, 4 May 2020, https://www.barrons.com/news/does-virus-crisis-stoke-case-for-united-ireland-01588650904.

③ Government of Ireland, “Meeting of Irish Government and Northern Ireland Executive Ministers Concerning North South Cooperation to Deal with Covid-19”, 14 March 2020, https://www.gov.ie/en/press-release/fd2139-meeting-of-irish-government-and-northern-ireland-executive-ministers/.

④ The Department of Health, “Memorandum of Understanding”, 7 April 2020, https://www.health-ni.gov.uk/sites/default/files/publications/health/MOU-NI-RoI-Covid-19.pdf.

于英国政府的解禁计划，北爱尔兰的路线图没有设置具体的时间表，首席部长阿琳·福斯特表示未来进展将取决于能否符合关键的健康标准。[①]

结 语

英国脱欧给北爱尔兰脆弱的政治经济形势造成了强烈的冲击。脱欧协议的达成并没有破解北爱尔兰问题的困局，脱欧之后北爱尔兰不仅面临经济不稳定、政治格局改变、与英国及欧盟经贸关系重塑等多重挑战，北爱尔兰族群、政党之间的对立也因脱欧立场的不同而升温，北爱尔兰未来的宪法地位成为各方关注、争论的焦点，爱尔兰统一公投的可能性有所上升。

北爱尔兰的未来在很大程度上将取决于英欧未来贸易协定以及议定书的细节安排。英欧双方谈判尚未就协议内容取得突破性进展，过渡期结束后英欧之间无法达成经贸协定的可能性无法排除，北爱尔兰地区未来的关税以及贸易安排存在的不确定性将给北爱尔兰经济稳定和发展带来严重的负面影响。

英国脱离欧盟激化了北爱尔兰两大族群之间的矛盾，脱欧后北爱尔兰与英国其他地区的差异性增强，统一派担忧自己与英国其他地区相比被区别对待，而民族主义者强化了对爱尔兰的身份认同，积极推进爱尔兰统一公投。随着英国大选后统一派在北爱尔兰的优势遭到削弱，新芬党在爱尔兰大选中取得突破性胜利，疫情期间北爱尔兰与爱尔兰的合作加强了双方的紧密联系，爱尔兰统一公投的关注度和现实可能性得到明显提高，但鉴于《复活节协议》关于统一公投的制度设计，以及现阶段英国和爱尔兰政府的反对态度，短期内举行公投的希望不大。北爱尔兰未来地位取决于英欧谈判、英爱合作、统一派与民族主义者博弈的结果。

---

① Jayne McCormack, "Coronavirus: NI Executive Publishes Plan for Easing Lockdown", *BBC*, 12 May 2020, https://www.bbc.com/news/uk-northern-ireland-52624048.

B.16

后脱欧时代的英国国际人才政策*

吕大永　王展鹏**

摘　要： 2019～2020年，进入脱欧过渡期的英国推进签证政策和移民体系的改革，结合全球英国愿景下的产业、科研、国际教育战略调整，规划后脱欧时代国际人才政策基本框架：一是继续扩大对全球各行业领军人物和高端人才的开放，推出全球人才签证等服务保障政策；二是通过欧盟定居计划和自贸协议谈判，规划引进欧洲、英联邦国家等重点区域的不同层次人才；三是通过改革积分制移民体系吸引全球中高端技术人才，取消英欧间人口自由流动，政府引进人才的宏观调控重点从控制移民数量转变为管理移民质量；四是持续开发潜在的优质留学生资源，恢复和扩展高等教育毕业生签证。总体而言，脱欧过渡期后，重获边境控制权的英国延续了传统实用主义人才观，其国际人才政策依托移民体系向精细化发展，但也面临如何与其宏观环境变化相适应的严峻挑战。

关键词： 国际人才政策　积分制移民体系　全球人才签证　高技能移民　毕业生签证

---

* 本文为教育部国别和区域研究2019年度课题“脱欧背景下英国的内外政策转型挑战及其对中英关系影响”（项目号：19GBQY040）阶段性成果。

** 吕大永，北京外国语大学英语学院爱尔兰研究中心博士生，主要研究领域为英国政治与外交；王展鹏，博士，北京外国语大学英语学院英国研究中心教授，主要研究领域为英国政治与外交、爱尔兰研究、欧洲一体化。

人才资源是一个国家推动经济社会发展、增强国际竞争力的重要战略资源。长期以来，英国凭借其全球经济强国地位、开放的市场环境、深厚的历史文化底蕴和发达的科研与教育水平成为全球人才流动的热门目的地。近年来，保护主义、民粹主义在一些西方发达国家抬头，反移民情绪伴随逆全球化思潮的发展愈加凸显，同时脱欧带来的不确定性对英国经济社会生活产生负面影响，使英国在全球范围内的人才竞争力有所减弱，其全球人才竞争力指数（GTCI）于2017～2020年逐年下降，分别位列全球第3、第8、第9和第12。[①] 2019～2020年，随着“全球英国”愿景下产业、科研和国际战略的调整，进入脱欧过渡期的英国通过签证政策和移民体系的改革，规划出后脱欧时代国际人才政策的基本框架。

一 吸引全球高端人才的新政策措施

虽然自20世纪90年代起英国移民政策整体呈紧缩态势，但在知识经济背景下，英国国际人才政策的顶层设计基本保持稳定。尽管移民问题存在广泛争论，主要发达国家对高端人才和特殊人才始终持欢迎态度。[②] 高端人才对经济社会发展的贡献度高，国际高端人才流入可以助力目的国生产力和生产效率的提升。有研究显示，高端人才的生产率是普通劳动力的4～8倍。[③] 自2016年脱欧公投开启后，一波三折的脱欧进程给英国的引才宏观环境蒙

---

① 数据来源：*The Global Talent Competitiveness Index 2017*：*Talent and Technology*，INSEAD，The Adecco Group and Human Capital Leadership Institute，16 January 2017；*The Global Talent Competitiveness Index 2018*：*Diversity for Competitiveness*，INSEAD，The Adecco Group and TATA Communications，22 January 2017；*The Global Talent Competitiveness Index 2019*：*Entrepreneurial Talent and Global Competitiveness*，INSEAD，The Adecco Group and TATA Communications，21 January 2017；*The Global Talent Competitiveness Index*：*Global Talent in the Age of Artificial Intelligence*，INSEAD，The Adecco Group and Google，22 January 2020。

② 周灵灵：《中国的国际人才战略如何调整》，澎湃新闻，2020年1月23日，https：//www.thepaper.cn/newsDetail_ forward_ 5567626。

③ Scott Keller and Mary Meaney，“Attracting and Retaining the Right Talent”，McKinsey & Company，24 November 2017，https：//www.mckinsey.com/business – functions/organization/our – insights/attracting – and – retaining – the – right – talent.

上了不确定性的阴影。2019～2020年，英国政府为应对脱欧后可能出现的人才流失，依托签证政策改革，吸引各行业领军人才；结合全球科学大国定位，营造良性科研环境，吸引全球高端科研人才。

2019年3月29日，英国率先对创新创业签证政策进行改革，推出初创签证（Start-up Visa）和创新签证（Innovator Visa）替代原T1类毕业生企业家移民签证（Graduate Entrepreneur Visa）和企业家移民签证（Entrepreneur Visa）。初创签证的目标群体不再局限于英国高校毕业生，创新签证的投资门槛由原来的20万英镑降低至5万英镑。[①] 2020年，英国推出“全球人才签证政策”（Global Talent Visa），替代T1类杰出人才签证（Exceptional Talent Visa）。新的全球人才签证于2020年2月20日对非欧盟成员国公民开放，随后将在2021年1月1日面向欧盟成员国公民生效。

与原有杰出人才签证相比，新的全球人才签证在用人单位担保要求[②]、目标群体[③]、权威机构认可[④]和家属签证等方面未做较多调整。其改革最大的亮点在于取消了原有的2000人年度配额，表现出后脱欧时代英国对全球高端人才扩大开放的积极信号，但此举对国际高端人才引入规模的实际提升效果仍有限，未来收效还不明确。从往年数据来看，每年获得杰出人才签证的人数远低于原有的2000人配额[⑤]：2018年，550人获批T1类杰出人才签

① 《英国移民新增初创企业签证及创新企业签证》，搜狐网，2019年3月26日，https：//www.sohu.com/a/303873486_100064705。

② 无须用人单位担保。

③ 在科学、人文、工程、艺术和数字技术等重要领域有所建树的全球领导者和有潜力的未来领军人。

④ 候选人需由六个内政部指定的权威机构提名和认可，包括英国皇家学会（科学和医药领域）、英国皇家工程院（工程领域）、英国社会科学院（人文领域）、英国研究与创新署（研发领域，新增）、科技企业家网络（数字技术领域）和英格兰艺术委员会（艺术和文化领域）。

⑤ Ingrid Torjesen, “UK Offers Fast Track Visas to Top Researchers and Scientists”, *British Medical Journal* 368 (28 January 2020): 1, https://search.proquest.com/openview/a519db52a020fb635369160c055d98d2/1?pq-origsite=gscholar&cbl=2043523; Clare McDonald, “UK's Tier 1 Exceptional Talent Visa System ‘does not Work Well’, Says MAC”, *Computer Weekly*, 31 January 2020, https://www.computerweekly.com/news/252477665/UKs-Tier-1-visa-system-does-not-work-well-says-MAC.

证；2019年，也仅有600人申请成功。导致这一情况的问题是申请条件过于严苛，仅对学科顶尖人才开放，而绝大多数目标人才无法在没有用人单位聘用的情况下进入英国工作。这一问题仍未得到解决。

同时，英国政府提出其他服务保障措施，旨在完善引进海外高端人才的管理体系。创建跨部门的人才办公室，在保证人才引进风险防控的同时，削减不必要的官僚化流程，为全球领先的科学家、研究人员和创新者赴英提供更便捷的帮助；结合产业战略分类引进重点学科人才，在全球人才签证下特设STEM（科学、技术、工程、数学专业）绿色通道计划，为科学技术、工程和数学领域的全球顶尖人才简化赴英流程手续。

英国政府推出新的全球人才签证，不仅是为了应对脱欧过渡期后可能出现的科学家短缺、研究人员流失等短期问题，也是为了配合英国自身全球科学超级大国的宏观定位。英国科学研究的领先地位得益于跨境科研人才的充分流动。有数据显示，英国32%的研究机构工作人员、29%的大学工作人员来自海外。[①] 诺贝尔奖得主中也不乏“外籍天团”，如在英工作的美籍科学家詹姆斯·杜威·沃森、印裔结构生物学家文卡特拉曼·拉马克里希南和在英工作的俄裔物理学家安德烈·海姆和康斯坦丁·诺沃肖洛夫等。[②]

然而，有学者指出，“当学术精英无法判断英国脱欧后是否有意愿和有能力保持其全球科学领军地位时，他们不会选择用自己的研究生涯去冒险”。[③] 因此，为避免脱欧带来的震荡风险和应对新冠肺炎疫情带来的挑战，除改革引才服务保障政策外，英国政府注重对良性宏观科研环境的建设。2020～2021财年预算计划将公共研发资金增加15%，未来4年内持续增加公共研发资金，到2024～2025财年计划增加1倍以上，达到

① The Royal Society, “UK Research and the European Union People”, June 2018, https://royalsociety.org/-/media/policy/projects/brexit-uk-science/uk-research-eu-people-june-2018.pdf.

② 黄堃：《英国诺贝尔奖“丰收年”，科学界仍居安思危》，新华网，2010年10月7日，https://finance.qq.com/a/20101007/001723.htm。

③ The Royal Society, “Brexit Uncertainty Harming UK Science”, 16 October 2019, https://royalsociety.org/news/2019/10/brexit-uncertainty-harming-UK-science/.

220 亿英镑。[①] 英国政府计划通过世界级实验室资助项目投入 3 亿英镑用于升级英国的整体科学基础设施。[②] 英国政府于 2020 年 7 月 1 日发布《研究与开发路线图》，提出了吸引多元化全球人才的研发人员和文化战略，将科研人员、高技术人员、企业家与创业者等研发链条上的各类从业者纳入公共研发资金的支持群体；增设创新专家小组，完善政府研发支持方式；促进全球科学合作伙伴关系发展，规划和巩固英国成为世界领先的科学超级大国的愿景。[③]

二　针对重点区域的人才引进规划

从二战后丘吉尔的“三环外交”，到 20 世纪 70 年代英国决定加入欧共体，再到 2016 年保守党政府重新定义的“全球英国”角色，无论英国对外战略如何变化，英国一直重视与欧洲、英联邦成员国和英语圈国家间的紧密关系，其中包括与伙伴国家间的人才交流。2019 ~ 2020 年，英国通过实行欧盟定居计划（EU Settlement Scheme），依托自贸协议谈判与部分英联邦成员国尝试搭建人口自由流动区等政策措施规划对欧盟、英联邦国家等重点区域的人才引进。

（一）欧盟人才

脱欧前，欧盟基于人口自由流动原则享受英国引才政策倾斜。赴英欧盟人才主要包括高层次科研人才和补充英国国内紧缺岗位的一般人才。依据

---

① Erik Stokstad, “UK Cues Up Big Funding Increases for R&D”, *Science*, 11 March 2020, https://www.sciencemag.org/news/2020/03/uk - cues - big - funding - increases - rd.

② The UK Government, “Government Fires Up R&D Across the Country to Cement the UK as Science Superpower”, 1 July 2020, https://www.gov.uk/government/news/government - fires - up - rd - across - the - country - to - cement - the - uk - as - science - superpower.

③ The UK Government, “UK Research and Development Roadmap”, 1 July 2020, https://www.gov.uk/government/publications/uk - research - and - development - roadmap/uk - research - and - development - roadmap#inspiring - and - enabling - talented - people - and - teams.

2017～2018年官方数据，23%的英国研究机构工作人员和17%的英国大学工作人员来自欧盟[①]；英国至少有18个专业行业中欧盟雇员占比超过20%，其中果蔬加工和储存行业占比为47.6%，肉类加工为44.4%，翻译为32%。[②]

2004年欧盟东扩后，欧盟低技能移民赴英数量和比例明显增多。欧盟赴英净移民在2015年达到峰值，超过20万人，给英国国内低技能群体就业、公共财政、社会福利和安全等方面带来一定压力。英国主流政党受疑欧主义和民粹主义影响将欧洲移民问题国内政治化，移民问题最终成为2016年英国脱欧公投的推动因素之一。随着英国法理意义上脱欧，英国政府承诺在终止英欧人口自由流动、重新掌握边境控制权后改革移民体系。

英国内政部2020年7月1日发表关于积分制移民体系的新政策声明，明确表示将不再设置低技能劳工签证通道。这可能会造成英国短期内低技能劳工的紧缺。脱欧公投后，英国的欧盟净移民数量逐年下降，2019年降至4.9万人，是2004年以来的最低水平。[③] 据估计，移民新政实施后，此前在英的70%欧盟劳工将不符合申请移民的条件。[④] 此外，在英国就业率高（2020年第一季度为76.6%）、失业率低（2020年第一季度为3.9%）的情况下[⑤]，

---

① The Royal Society, "UK Research and the European Union People", June 2018, https://royalsociety.org/-/media/policy/projects/brexit-uk-science/uk-research-eu-people-june-2018.pdf.

② Jamie Doward and Harry Robertson, "EU Migrants Make Up over 20% of Labour Force in 18 British Industries", *The Guardian*, 29 July 2017, https://www.theguardian.com/politics/2017/jul/29/eu-workers-fifth-labour-force-18-sectors-britain-economy.

③ ONS, "Migration Statistics Quarterly Report: May 2020", 21 May 2020, https://www.ons.gov.uk/peoplepopulationandcommunity/populationandmigration/internationalmigration/bulletins/migrationstatisticsquarterlyreport/may2020; "UK Migration: Net Migration from Outside EU Hits 'Highest Level'", *BBC*, 21 May 2020, https://www.bbc.com/news/uk-politics-52752656.

④ Stephen Castle, "U.K.'s New Immigration Rules Will Restrict Low-Skilled Workers", *The New York Times*, 19 February 2020, https://www.nytimes.com/2020/02/19/world/europe/uk-immigration-low-skilled-workers.html.

⑤ ONS, "Employment in the UK: May 2020", 19 May 2020, https://www.ons.gov.uk/employmentandlabourmarket/peopleinwork/employmentandemployeetypes/bulletins/employmentintheuk/may2020.

看护、建筑、酒店和餐饮等低技能要求行业难以招到本国劳工，需要依靠引进低技能劳工。①

除欧盟一般层次人才可能流失外，数据显示，英国对全球顶尖科学人才的吸引力减弱，有意赴英的顶尖研究人员数量明显下降。2015 年，515 位科研人才通过欧盟玛丽·居里学者计划项目赴英工作，以英国为目的国的人数远超其他欧盟成员国；然而，2018 年，通过此项目赴英工作的人数下降至 336 位，脱欧公投结束后的三年间减少了 35%。② 英国顶尖科学家认为脱欧尤其是“硬脱欧”，将中断英欧间研究人员、学科建设和资金支持等方面的流动与合作，将重创英国科研体系。③

因此，为留住现有欧盟高端科研人才，避免脱欧后国内劳动力市场欧盟一般层次人才的大量流失，英国政府于 2019 年 1 月发布了欧盟公民定居计划，目标群体是希望脱欧后继续留在英国的欧盟公民及家属④，申请截止日期为 2021 年 6 月 30 日。截至 2020 年 6 月 30 日，英国内政部收到欧盟公民定居申请 3713200 份，已审核 3459700 份，其中 57% 获得“定居身份”，41% 获得“准定居身份”，仅有不足 0.1% 申请（2300 份）被驳回。⑤ 虽然欧盟公民定居计划自发布起就面临各种批评声音，如有部分符合要求的申请者因信息发布途径、个人文化水平等无法了解计划内容，依靠自动信息检查

① Stephen Castle, “U. K. ’s New Immigration Rules Will Restrict Low-Skilled Workers”, *The New York Times*, 19 February 2020, https://www.nytimes.com/2020/02/19/world/europe/uk-immigration-low-skilled-workers.html.

② The Royal Society, “Brexit Is Already Having a Negative Impact on UK Science”, 16 October 2019, https://royalsociety.org/-/media/news/2019/brexit-uk-science-impact.pdf?la=en-GB&hash=BE140E62C37560A6A7523B7134949F11。玛丽·居里学者计划隶属欧盟“地平线 2020”研究和创新框架，旨在促进国际人才流动，鼓励全球顶尖人才赴海外交流和开展研究。

③ “Hard Brexit Could Cripple UK Science, Warn Top Scientists”, *BMJ* 363 (23 October 2018): k4468, https://www.bmj.com/content/363/bmj.k4468.full.

④ 包括欧盟成员国公民、除欧盟成员国公民之外的欧盟经济区内国家（冰岛、列支敦士登和挪威）公民和瑞士公民。脱欧后有意继续居住在英国的申请人不包括英国公民、爱尔兰公民、至少一方父母具有“定居身份”的英国出生公民和拥有英国永居身份的公民。

⑤ The UK Government, “EU Settlement Scheme Statistics”, 9 July 2020, https://www.gov.uk/government/collections/eu-settlement-scheme-statistics.

的初始审核结果失误率较高等[①]，但从申请数据看，英国政府此举能在很大程度上保留住各层次的欧盟人才，满足英国的基本需求。

对于欧盟高端科研人才，英国的新积分制移民体系设置了多重路径选择，不仅可通过全球人才签证、欧盟公民定居计划，也可通过下文提到的高技能工作签证实现。除以上服务保障措施，英国政府正在尝试针对欧盟高端科研人才的激励措施。脱欧前，欧盟委员会的科研创新资助计划是英国大学吸引国际研究人才的主要途径之一。[②] 英国政府此前承诺将在脱欧后继续推进英欧间科研学术伙伴关系。英国上议院 2019 年 2 月曾发布报告敦促英国政府尽快寻求参与 2021～2027 年“伊拉斯谟”项目和“欧洲地平线”项目。[③] 英国大学联盟也在向英国政府和欧盟委员会呼吁，要求英欧双方在 2020 年底前达成协议，确保英国未来能继续完全参与“欧洲地平线”和“伊拉斯谟+”等项目。[④] 但英欧谈判仍在继续，英欧间未来科研合作的走向仍存在不确定性。虽然英国议会于 2020 年 2 月投票否决了要求政府保证脱欧过渡期后继续完全参与“伊拉斯谟”项目的动议，但这并不意味着英国未来不再完全参与该项目。[⑤]

（二）英联邦人才

在“全球英国”战略定位下，脱欧后的英国积极维护世界自由贸易体

① Melissa Macdonald and Hannah Wilkins, “EU Settlement Scheme (Briefing Paper No. 8584)”, House of Commons Library, 25 February 2020, pp. 35－41.

② “Reforms Put Science at Heart of UK's Post-Brexit Policy Agenda”, *The World University Rankings*, 30 January 2020, https://www.timeshighereducation.com/news/reforms－put－science－heart－uks－post－brexit－policy－agenda.

③ House of Lords, “Brexit: the Erasmus and Horizon Programmes (28th Report of Session 2017－19)”, *Parliament. UK*, 12 February 2019, https://publications.parliament.uk/pa/ld201719/ldselect/ldeucom/283/28302.htm.

④ “EU and UK Research and Higher Education Organisations Plan a Strong Future Relationship Post Brexit”, *Universities UK*, 30 January 2020, https://www.universitiesuk.ac.uk/International/news/Pages/EU－and－UK－research－and－higher－education－organisations－plan－a－strong－future－relationship－post－Brexit.aspx.

⑤ Reality Check Team, “Erasmus: What Could Happen to Scheme After Brexit?”, *BBC*, 17 February 2020, https://www.bbc.com/news/education－47293927.

系，自由地、有针对性地发展全球双边关系。英欧间在不足一年的过渡期内达成双方认可的贸易协议具有挑战性，若无协议达成且不延期，英欧贸易关系可能倒退至 WTO 框架下的模式。新冠肺炎疫情暴发后，英国开始关注重建全球多样性的供应链问题。英国政府认为需要避免经济发展过分依赖某一地区，实现供应链的多元化。

在此背景下，英国一些精英和民众希望诉诸具有共同历史文化联系的英联邦国家，通过签订双边自贸协议降低脱欧对英国经济的冲击，同时寻求加入“全面与进步跨太平洋伙伴关系协定”（CPTPP），为后脱欧时代布局亚太铺路。在商讨自贸协议过程中，英国、加拿大、澳大利亚、新西兰四国互通计划的设想备受关注，英国方面一直试图推进这一设想。2013 年 8 月，时任伦敦市市长鲍里斯·约翰逊就曾提出英澳间设立“双向劳动力流动区”。[①] 2014 年 10 月，英联邦交流智库（Commonwealth Exchange）在报告中建议以澳新间“跨塔斯曼海峡旅行协议”（Trans-Tasman Travel Arrangement）为模板搭建英国、加拿大、澳大利亚、新西兰四国互通计划。[②] 在“跨塔斯曼海峡旅行协议”下，澳大利亚和新西兰允许对方公民自由到本国旅行、工作和居住。此类协议模式由政府间协商签订，不需要通过立法制定，对脱欧后英国与其他三国快速搭建人才流动通道提供了政策灵活度和现实可行性。2015 年 1 月，英联邦人口自由流动组织（Commonwealth Freedom of Movement Organisation）[③] 建立，为英、加、澳、新四国间人口流动、自由贸易和政策协作等方面提供咨询。

然而，澳大利亚自 2019 年起受本国政治环境影响对移民管控呈现紧缩态势，对四国互通计划转向相对消极。澳大利亚担心澳英间人口自由流动可

① Oliver Milman, "Boris Johnson Calls for Free Labour Exchange Between UK and Australia", *The Guardian*, 26 August 2013, https://www.theguardian.com/politics/2013/aug/26/boris-johnson-australia-migration-exchange.

② Tim Hewish, *How to Solve a Problem Like a Visa: The Unhappy State of Commonwealth Migration in the UK*, Commonwealth Exchange, 5 December 2018, pp. 29-30, http://static1.squarespace.com/static/5305fde9e4b09fae2c90af6b/t/54571c79e4b0b99a3440d69c/1414995065120/How+to+Solve+a+Problem+like+a+Visa.PDF.

③ 2017 年 1 月更名为 CANZUK 国际协会。

能带来严重的经济和社会后果，包括大量澳大利亚高技能劳动力迁往英国，同时英国低技能劳动力迁至澳大利亚。①

2019 年 9 月，英国国际贸易大臣特拉斯访澳时强调英澳间的人口自由流动是英澳间自贸谈判的一部分，而澳大利亚总理莫里森则称澳新间跨塔斯曼海峡免签模式不可复制，不考虑与其他国家签订类似免签协议。② 2020 年初，澳大利亚贸易部部长西蒙·伯明翰在接受《悉尼先驱晨报》采访时也表示，英国将控制来自欧盟的移民数量作为脱欧核心问题，对于英国再次将搭建一个完全自由的人口流动区提上日程“感到惊讶”。③

2020 年 6 月 17 日，英国与澳大利亚、新西兰正式启动脱欧后的自贸谈判（与加拿大的谈判还未开启）。在英国官方发布的英澳自贸谈判总体目标和英新自贸谈判声明中，英澳、英新间人口自由流动区并未被明确提出。④ 澳方对与英国自贸谈判的核心诉求仍是为农业、商业和创新发展提供全面协作平台，推动澳大利亚对英出口。现阶段在双边自贸谈判中涉及的人员流动议题主要围绕在放松现行签证限制、搭建职业资格互认和行业执业许可通道等方面。⑤

---

① Bevan Shields, “Morrison Government Rules Out Visa-Free Travel Between Australia, UK”, *The Sydney Morning Herald*, 6 January 2020, https://www.smh.com.au/world/europe/morrison-government-rules-out-visa-free-travel-between-australia-uk-20200102-p53o7l.html.

② Kate Proctor, “Britain Will Aim for Freedom of Movement Deal with Australia”, *The Guardian*, 18 September 2019, https://www.theguardian.com/politics/2019/sep/18/britain-will-aim-for-freedom-of-movement-deal-with-australia.

③ Lisa O’Carroll, “Brexit: Australian Trade Minister ‘Can’t Imagine’ Visa-Free Travel Deal with UK”, *The Guardian*, 8 January 2020, https://www.theguardian.com/politics/2020/jan/07/brexit-australian-trade-minister-cant-imagine-visa-free-travel-deal-with-uk.

④ The UK Government, “UK-Australia Free Trade Agreement: the UK’s Strategic Approach”, 17 July 2020, https://www.gov.uk/government/publications/uks-approach-to-negotiating-a-free-trade-agreement-with-australia/uk-australia-free-trade-agreement-the-uks-strategic-approach#aus-chapter-two; The UK Government, “Statement on Launch of UK-New Zealand FTA”, 17 July 2020, https://www.gov.uk/government/news/statement-on-launch-of-uk-new-zealand-fta.

⑤ Bevan Shields, “‘This Is a Big Moment’: UK Trade Secretary Keen to Revamp Australian Work Visas”, *The Sydney Morning Herald*, 17 June 2020, https://www.smh.com.au/world/europe/this-is-a-big-moment-uk-trade-secretary-keen-to-revamp-australian-work-visas-20200615-p552vx.html.

受贸易保护主义、民粹主义和新冠肺炎疫情影响，英国依托自贸协议建立跨塔斯曼海峡式的人员自由流动区域的构想遭到搁置。

三 中高技术人才工作签证制度改革

技术移民是人才跨国流动的主要方式之一，针对技术移民的引才政策主要依托移民体系发挥作用。为缓解 21 世纪以来移民规模增长对国内就业、公共资源、经济发展和社会安全产生的巨大压力，英国保守党政府自 2010 年起承诺将每年净移民数量降至 10 万人以内，技术移民政策整体收紧：对非欧盟国家技术移民 T2 类普通工作签证设置每年 2.07 万人的配额限制，停止 T1 类高价值移民普通签证，出台针对非法移民的“创造艰难生存环境”（Hostile Environment）政策。尽管如此，年净移民目标下的移民政策收效甚微，英国净移民数量仍在较高水平上波动，2019 年净移民数量为 22.6 万人。①

脱欧前，英国非欧盟国家技术移民政策收紧和欧盟移民规模无法控制的现实矛盾制约了英国国际人才政策的效能。脱欧公投后，脱欧竞选团队“Vote Leave”首次提出参考澳大利亚积分制改革英国移民体系的方案，受到时任梅政府外交大臣鲍里斯·约翰逊和部分保守党议员的支持。但英国政府发言人否定了这一方案，称 2008 年工党推行的积分制移民体系和澳大利亚积分体系无法对移民规模进行有效控制。② 2019 年 7 月 25 日，约翰逊出任首相后的首次下院演讲就提及将“继续吸引全球最具潜力和最优质的人

---

① Daniel Clark, “Net Migration Figures of the United Kingdom from 1980 to 2019”, *Statista*, 5 June 2020, https://www.statista.com/statistics/283287/net-migration-figures-of-the-united-kingdom-y-on-y/.

② Joe Watts, “Theresa May's Officials Rule Out Points-Based Immigration System as ‘Not an Option’ Risking Cabinet Brexit Split”, *Independent*, 5 September 2016, https://www.independent.co.uk/news/uk/politics/theresa-mays-officials-rule-out-points-based-immigration-system-as-not-an-option-risking-cabinet-a7226041.html.

才赴英”作为本届政府的首要目标之一。① 约翰逊上台后提出实行更自由的移民政策，消除前任梅政府“创造艰难生存环境”移民政策的消极影响，推翻特雷莎·梅的后脱欧时代移民方案，计划取消保守党自2010年提出却从未实现的年净移民数量10万人上限。部分自由民主党议员曾对约翰逊的移民计划提出质疑，认为其无法在英欧自由人口流动结束后的短时间内实施具体方案。②

2020年1月31日，英国正式完成法理上的脱欧，进入其在“全球英国”理念下重塑大国地位的窗口期，对英国移民体系的整体改革提上日程。2020年2月19日，英国政府首次正式公开脱欧后新积分制移民政策声明。6月5日，英国政府发布针对新积分制移民政策的雇主指南。7月13日，英国内政大臣帕特尔宣布移民新政将于2021年1月1日过渡期结束后正式生效实施，并发布更详细的政策细节。有英国媒体称此次改革是1973年以来最大的移民革命。

从内政部披露的现有信息来看，此次积分制改革的重点在于中高技术移民群体，改革后的移民体系真正包含可选性要求的积分制路线有两条③：一是无须用人单位担保的高技术人才工作签证，二是替代现行T2类普通工作签证的中高技术劳工签证。

无须用人单位担保的高技术人才工作签证是对原有T1类高价值移民普通签证的恢复，专门针对高技术人才搭建无须用人单位担保的供给型海外人才引进方案，并设置一定的人数配额，旨在吸引全球高级技术人才赴英工作

① The UK Government, “PM Statement on Priorities for the Government: 25 July 2019”, 25 July 2019, https://www.gov.uk/government/speeches/pm-statement-on-priorities-for-the-government-25-july-2019.

② Rob Merrick, “Brexit: Boris Johnson Rips Up Theresa May's Immigration Plan and Refuses to Set Limits on New Arrivals”, *Independent*, 25 July 2019, https://www.independent.co.uk/news/uk/politics/brexit-boris-johnson-immigration-policy-home-office-priti-patel-free-movement-a9020871.html.

③ Georgina Sturge and Melanie Gower, “The New Points-Based Immigration System”, House of Commons Library, 11 May 2020, https://commonslibrary.parliament.uk/research-briefings/cbp-8911/.

和生活。此方案仍在商讨制定中，暂不于2021年1月1日实行。①

自2008年起实行的T2类普通工作签证只是名义上的积分制，申请人需要符合所有条件，没有不同分值项目间的可替换安排。而新积分制中的中高技术劳工签证暂定积分细则需要满足包括用人单位担保、劳动技能水平和英语语言能力的50分强制性加分要求和与薪资水平、学历水平及劳动力稀缺程度挂钩的20分以上可选性加分要求，总积分达到70分以上的申请者才能获准在英工作（见表1）。

表1　脱欧后英国新积分制移民体系：中高技术劳工签证暂定积分细则

<table>
<tr><td colspan="5">强制性要求(须获得50分满分)</td></tr>
<tr><td colspan="2">经批准的担保人提供的工作机会</td><td colspan="3">20分</td></tr>
<tr><td colspan="2">一定的劳动技能水平</td><td colspan="3">20分</td></tr>
<tr><td colspan="2">B1级(中级)英语语言能力</td><td colspan="3">10分</td></tr>
<tr><td colspan="5">可选性要求(须获得至少20分,以下两大项单项或双项满足均可)</td></tr>
<tr><td colspan="3">薪资水平</td><td colspan="2">附加项</td></tr>
<tr><td>基本工资门槛</td><td>现行工资</td><td></td><td></td><td></td></tr>
<tr><td>20480~23039英镑</td><td>行业现行工资的80%及以上(新入行人员要求为70%及以上)</td><td>0分</td><td>学历:职位相关的博士学位</td><td>10分</td></tr>
<tr><td>23040~25599英镑</td><td>行业现行工资的90%及以上</td><td>10分</td><td>学历:职位相关的科学、科技、工程和数学领域博士学位</td><td>20分</td></tr>
<tr><td>25600英镑及以上</td><td>行业现行工资及以上</td><td>20分</td><td>移民咨询委员会认定的短缺岗位</td><td>20分</td></tr>
<tr><td>20480英镑及以上</td><td>特定的健康或教育相关工作并且符合国家薪资最低标准(20480英镑)</td><td>20分</td><td>移民咨询委员会认定的、初次进入劳动力市场的申请人</td><td>20分</td></tr>
</table>

资料来源：The UK Government，“The UK's Points-Based Immigration System：Further Details”，July 2020，p. 18，https：//assets. publishing. service. gov. uk/government/uploads/system/uploads/attachment_data/file/899755/UK_ Points - Based_ System_ Further_ Details_ Web_ Accessible. pdf。

① The UK Government，“The UK's Points-Based Immigration System：Further Details”，July 2020，p. 26，https：//assets. publishing. service. gov. uk/government/uploads/system/uploads/attachment_data/file/899755/UK_ Points - Based_ System_ Further_ Details_ Web_ Accessible. pdf.

对中高技术人才展现出不分国籍的政策偏好是此次英国移民政策改革释放出的信号：一方面，约翰逊政府将原有的移民问题归因为受制于欧盟人口自由流动原则，在英国重获边界控制权的背景下，强调一视同仁地对待欧盟人才和非欧盟人才，希望借助公平性的移民新政重建公众对政府的信任。另一方面，英国政府持续吸引中高技能人才赴英工作和学习，加强英国对全球高新技术人才的"磁石效应"；关闭低层次劳动力引进通道，借助强制性要求的50分门槛筛除了不掌握英语的低技能劳工和非熟练工人赴英工作，敦促用人单位摆脱对欧洲廉价的低技能劳动力的依赖，促使市场转向以自动化和高新技术为导向的生产效率投资，倒逼英国经济向"高薪资、高技能、高效率"转型。①

这种选择性移民政策存在明显的人才技术偏好，并不意味着英国移民政策由收紧趋向放松态势，而是反映出英国获得自主权后对移民管控从控制移民数量转变为管理移民质量，为英国经济和科技发展提供最大效益。英国移民体系将工作技能水平与薪资门槛相结合的传统并没有发生改变，反映出英国的传统实用主义人才观——按工资分档接纳，确保流入的国际人才与占用的英国社会福利相匹配，对英国公共财政具有正向贡献。通过移民质量管理，英国也能实现对整体移民规模的控制。

中高技能移民签证路径的改革表明，后脱欧时代英国国际人才政策呈现政府引才宏观调控和人才选拔权力下放的双向发展态势，意在通过政府引导与雇主选拔相结合规避人力资源配置的低效和劳动力市场失灵。一方面，政府从经济社会整体发展需求层面灵活、透明地设置积分项目和标准，从宏观层面引导国家经济转型。另一方面，通过提前落实用人单位的强制性要求，将人才选拔权力下放给雇主，保证海外人才满足用人单位需求。此外，全国统一的积分制规则也保证了用人单位主导的人才市场公平竞争。

同时，新的积分制移民体系采取一系列措施，意图扩大引才政策的辐射

---

① The UK Government, "The UK's Points-Based Immigration System: Policy Statement", 19 February 2020, https://www.gov.uk/government/publications/the-uks-points-based-immigration-system-policy-statement/the-uks-points-based-immigration-system-policy-statement.

半径：取消对非欧盟技术人才工作签证的数量控制，对欧盟和非欧盟技术人才一视同仁；取消现行的居民劳动市场测试（RLMT）要求，简化技术人才赴英流程手续；引才目标类型扩展至中等技能移民以扩充海外人才资源池，完善海外人才生态链。具体包括：（1）对薪资水平的要求放宽，由原3万英镑下调至2.56万英镑，年薪不足2.56万英镑的特定岗位、博士学历、新入行申请人可用其他附加项加分弥补；（2）对劳动技能水平普遍要求由现行的RQF6降低到RQF3；（3）特殊类别的技能人才增设绿色通道，如“医疗卫生与保健签证”（Health and Care Visa）。

然而，社会各界对移民新政也提出了一系列质疑，主要集中在以下几个方面[①]：一是新政对同样实行积分制移民体系的澳大利亚、加拿大而言，移民问题仍然未妥善解决，多元文化主义下移民融合等仍是其社会关注的重点问题。二是移民新政从提出到执行的时间规划不足一年，欧盟框架下的人口自由流动结束后，用人单位缺乏适应新政的过渡期。三是停止低技术劳工引进对低薪资、低技术工作行业及依赖欧盟劳工的社会福利、餐饮酒店、旅游和建筑等行业造成巨大负面影响。一些工会人士提出，把养老院护理人员排除在快速签证制度外会造成英国养老院一线员工短缺。[②] 四是用全国平均工资水平作为积分标准没有考虑到英国各地区的差异，可能导致国际人才集中到经济发达地区。

但现阶段公布的新政方案仍在灵活调试阶段，有关积分制移民体系的最终细节将于2020年底通过发布申请人指南、移民法规和相关二级立法等文件正式确定。截至2020年7月22日，《移民与社会安全（脱欧）法案2019～2021》已进行议会二读，如该法案最终通过，英国将于2020年12月31日终止欧盟框架下的人口自由流动，为英国新的移民政策实施扫除障碍。

---

① 英国下议院整理的脱欧后移民新政方案出台后社会各界反应，参见Sarah Pepin, Sue Holland and Melanie Gower, “Post-Brexit Immigration System Proposals: Responses from Stakeholders”, House of Commons Library, 3 March 2020。

② 桂涛：《英国公布积分制移民方案细节》，人民网，2020年7月14日，http://world.people.com.cn/n1/2020/0714/c1002-31782286.html。

四 吸引与留住人才并重的国际留学生签证改革

吸引国际留学生群体赴英学习，开发潜在优质劳动力一直是英国国际人才政策的重要组成部分。2010 年后英国保守党在净移民目标下逐步收缩移民政策，其中包括取消高等教育毕业生签证（PSW）。这一举措降低了英国将国际留学生转化为在英工作的成熟劳动力的能力。据贝尔法斯特女王大学统计，自 2012 年取消 PSW 签证后，英国国际学生毕业后申请工作签证的人数减少了 87%。① 虽然自 2016 年起，英国内政部采取了部分放松国际留学生签证的措施，例如，为试点学校毕业生提供 6 个月工作签证，简化中国学生签证等，而在留学生毕业签证政策上，英国与其他热门留学国家相比处于弱势，拉低了英国国际教育的整体市场份额。②

在英国新国际教育战略框架下，2019～2020 年英国对留学生的引才政策主要通过重启移民体系里的毕业生专项实现，旨在吸引和留住留学生人才。英国政界和教育界一直存在关于恢复高等教育毕业生签证的呼声。2019 年 4 月，英国保守党议员乔·约翰逊和工党议员保罗·布罗姆菲尔德共同提交了一份关于恢复高等教育毕业生签证的移民法修正案动议，获得英国主流政党的共同支持。2019 年 9 月 11 日，英国政府宣布计划恢复高等教育毕业生签证，高校学生毕业后可继续留英工作或寻找工作机会。内政大臣帕特尔称重启高等教育毕业生签证展现出英国对全球人才可持续的吸引力。③ 2020 年 5 月 20 日，罗素大学集团呼吁英国内政部尽快通过二级

---

① MAC, "Impact of International Students in the UK", September 2018, p.45, https://assets.publishing.service.gov.uk/government/uploads/system/uploads/attachment_data/file/739089/Impact_intl_students_report_published_v1.1.pdf.

② MAC, "Impact of International Students in the UK", September 2018, p.i, https://assets.publishing.service.gov.uk/government/uploads/system/uploads/attachment_data/file/739089/Impact_intl_students_report_published_v1.1.pdf.

③ The UK Government, "UK Announces 2-Year Post-Study Work Visa for International Students", 11 September 2019, https://www.gov.uk/government/news/uk-announces-2-year-post-study-work-visa-for-international-students.

立法形式确认实施毕业生签证；此外罗素大学集团还提出了其他留学生签证服务保障改革措施的建议，如延长留学生递交签证申请时间和有效期限、减免受疫情影响而被迫延期的学生签证延期费用、允许欧盟留学生申请欧盟定居计划等。[①]

2020 年 7 月，英国内政部发布的新积分制移民体系进一步拓宽高等教育毕业生签证范围，出台无须用人单位担保的新毕业生专项计划，简化和加快签证手续。新毕业生专项计划自 2021 年夏季起实施，国际本科生和硕士研究生毕业后可留英工作两年，而博士研究生毕业后可留英工作三年，替代现行以 12 个月为期的博士扩展计划（Doctorate Extension Scheme）。[②] 同时，毕业生签证到期后还可依照新积分制要求申请转换至中高技术劳工签证，其中对博士学历提供了可选性加分（一般为 10 分，STEM 专业为 20 分）。英国希望通过改革毕业生签证政策吸引和留住最具发展潜力的留学人才，尤其是 STEM 专业的留学生和博士生，弥补相关领域高技能和高端人才短缺，为英国在科研及其他世界领先领域带来更多的突破和成果。然而，留学生对该项政策改革的认知程度偏低，这给新毕业生计划的引才有效性评估带来挑战。根据全球高等教育研究机构 QS2020 年 4 月的一项调查，仅有 6% 的计划赴英留学生了解毕业生签证的正确时间期限。[③]

当下国际人才竞争日益激烈，在改革移民体系的同时，维持高等教育的世界领先地位是英国增强留学生吸引力的关键因素。据英国内政部统计，受新冠肺炎疫情影响，从 2020 年 3 月起，留学签证申请人数开始下降，其中中国留学生申请人数下降尤为明显。[④] 另一项研究显示，与 2018 ~ 2019 学年相

---

① Russell Group, "Russell Group Sets Out Proposals to Give UK the Edge in Competitive International Student Market", 20 May 2020, https://russellgroup.ac.uk/news/russell-group-sets-out-proposals-to-give-uk-the-edge-in-competitive-international-student-market/.

② The UK Government, "The UK's Points-Based Immigration System: Further Details", July 2020, p. 38.

③ Callan Quinn, "UK: Just 6% of Prospective International Students Aware of PSW Extension", *THE PIE*, 28 April 2020, https://thepienews.com/news/qs-uk-post-study-work-rights/.

④ 罗伯特·赖特：《2019 年非欧盟国家向英国移民人数创纪录》，《金融时报》2020 年 5 月 22 日。

比，2020～2021 学年来自非欧盟国家留学生的学费将减少 15.1 亿英镑，来自欧盟国家留学生的学费将减少 3.5 亿英镑。[①] 为缓解英国大学财政压力、保护新冠肺炎疫情下的英国高等教育环境，英国政府于 2020 年 5～7 月推出了高等教育救助一揽子计划，政府将拨付 1 亿英镑科研经费支持英国大学的科研项目，另预拨 26 亿英镑学费以缓解国际学生流失产生的财政压力。[②] 准许英国大学申请商业贷款计划、工作保留计划以及防止大学破产的兜底重组计划。[③]

此外，留学生人才流动还受到国际局势的影响。以国际留学生的第一大生源国——中国为例，在中英黄金时代背景下，中英间人文交流合作日益深入。2019 年有超过 11.5 万名中国留学生赴英留学，比 2015 年增长 34%，约占赴英留学生总数的 45%。[④] 然而，2019 年底以来，英国国内部分议员和智库通过维护高校财政弹性与呼吁"学术自由"等声音，对不断增长的中国留学生数量产生怀疑，对中国留学生赴英产生一定程度上的负面影响。多重因素叠加促成了这些反对声音的出现：新冠肺炎疫情暴发给英国经济社会和高等教育发展带来下行压力，英欧新一轮谈判再次陷入僵局，英国政府急于达成英美自贸协议，特朗普政府就华为问题向英国施压，英国主流政党中部分议员对华态度转向强硬。

但从整体上而言，具有灵活务实外交传统的英国对中国留学生持欢迎态度。在《国际教育战略：全球潜力、全球增长》报告中，英国将中国视为

① London Economics, *Impact of the Covid - 19 Pandemic on University Finances: Report for the University and College Union*, April 2020, p. 12, https://londoneconomics.co.uk/wp-content/uploads/2020/04/LE-Impact-of-Covid-19-on-university-finances-FINAL.pdf.

② The UK Government, "Government Support Package for Universities and Students", 4 May 2020, https://www.gov.uk/government/news/government-support-package-for-universities-and-students.

③ The UK Government, "Government Scheme to Help Universities in Financial Difficulties", 16 July 2020, https://www.gov.uk/government/news/government-scheme-to-help-universities-in-financial-difficulties.

④ "More Than Half of Chinese Students 'Could Still Cancel UK Study Plans'", *The University Rankings*, 9 April 2020, https://www.timeshighereducation.com/news/more-half-chinese-students-could-still-cancel-uk-study-plans#.

留学的高价值地区和重要的教育出口市场，积极推动中英间国际教育交流。[①] 在美国以“国家安全”为借口限制部分中国赴美留学生或访问学者的签证的背景下，英国政府没有表现出对中国留学生进行风险防控的特殊审查意向。英国媒体和评论家也提出，虽然中美间升级和扩散的贸易摩擦对中国赴美留学生产生消极影响，但这也给中国留学生选择英国作为留学目的地带来了新的机遇。[②]

结　语

2019～2020 年，进入脱欧过渡期的英国结合“全球英国”愿景下的产业、科研、国际战略调整，规划后脱欧时代国际人才政策的基本轮廓。在传统实用主义观念下，英国依托其签证政策和移民体系的改革，寻求分层次、分地域地精准引进国际多样化人才，服务本国经济社会发展和增强英国在国际竞争中的实力。然而，后脱欧时代英国人才政策设计刚刚开始实施，其可行性和有效性还面临现实的检验。

首先，对新的签证与移民体系，英国政府仅剩几个月的政策调整期。现阶段，英国社会各界对约翰逊政府的移民体系改革仍存在批评和质疑声音：在国内经济下行压力巨大的情况下，英国政府选择通过关闭低技能劳工通道倒逼经济转型，这一决策时间是否合理；改革移民体系对不同行业、不同地区的雇主影响程度不同，面对不同批评声音的政府有可能妥协做出不同的特殊安排，积分制移民体系可能再次陷入“名存实亡”的境地，新移民体系的有机性可能受到冲击，移民数量可能无法得到有效控制；在新冠肺炎疫情对医疗体系产生巨大压力的情况下，如何更有效地吸引医护和社会保障人员，

① The UK Government, “International Education Strategy: Global Potential, Global Growth”, 16 March 2019, https://www.gov.uk/government/publications/international-education-strategy-global-potential-global-growth.

② Sally Weale, “Chines Students' Applications to UK Universities UP by 30%”, *The Guardian*, 11 July 2019, https://www.theguardian.com/education/2019/jul/11/chinese-students-applications-to-uk-universities-up-by-30.

避免劳动力短缺等，如何在短时间内调和社会内部政策认知分歧，完善和调整新的移民政策，降低脱欧不确定性的影响是英国政府面临的巨大挑战。

其次，解决影响国际人才流动的问题不仅依靠移民体系中的引才服务保障政策，也与流入国的经济发展、开放程度等因素息息相关。在国内宏观环境方面，英国后脱欧时代国际人才政策的实施面临挑战：一是如何在疫情防控要求下纾解经济困境，维持经济稳定，树立国际人才赴英工作和生活的信心。新冠肺炎疫情下，英国经济面临新的严峻挑战，国际货币基金组织预计2020年英国经济将萎缩10.2%[①]；英国与欧盟关于经济贸易关系的谈判仍存在很大不确定性；与世界主要国家双边/多边自贸谈判在2020年中期才正式启动，距离脱欧过渡期结束时间所剩无几。二是如何妥善处理孤立主义与多元主义下移民的社会融入问题。英国高水平的对外开放程度一直以来吸引了大量的外国直接投资、外资持股、技术移民和留学生。虽然脱欧公投后越来越多的英国人认识到移民对经济文化发展的正向作用，英国整体对移民的包容度有所提高，但其内部开放程度（社会包容性和性别平等）较其他国际人才热门目的地而言相对较低，在2020年位列全球第31。[②]

最后，国际宏观环境的变化也给英国国际人才流动带来了新的挑战：新冠肺炎疫情的暴发改变了人们的生活模式和工作方式，加强边境管制和限制社交距离等措施给跨国人才流动带来风险压力；需要在地缘政治压力下对国际人才政策做出正确判断。总之，后脱欧时代的英国国际人才政策在传统实用主义人才观下依托移民体系改革向精细化发展，但仍面临如何与其国内外环境适配的严峻挑战。

---

① 王慧慧：《财经观察：疫情重创英国经济疫后恢复预期缓慢》，新华网，2020年7月6日，http：//www. xinhuanet. com/2020－07/06/c_ 1126201632. htm。

② *The Global Talent Competitiveness Index*：*Global Talent in the Age of Artificial Intelligence*，INSEAD，The Adecco Group and Google，22 January 2020，p. 28.

中英关系篇

Sino-British Relations

B.17

后脱欧时代的中英关系

王　鹏*

摘　要： 2019~2020年度中英关系总体上继续保持中位水平运行。重大事件和第三方因素对双边关系的维护构成新的挑战：2020年初的英国正式脱欧给中英关系及经贸、金融、投资双边合作带来较大不确定性；新冠肺炎疫情的暴发给中英关系造成了严重的负面影响；中美博弈对中英关系构成严重冲击，推动英国在华为与5G市场准入、香港、南海、台海、新疆、“人权”、人文交流等涉华议题上更趋强硬。据此研判，2020年下半年的中英关系恐难有重大改观。双方宜直面现实，在疫苗研发、协同防疫、经贸投资等领域推动务实合作；在南

* 王鹏，博士，中国传媒大学港澳台与世界事务研究中心特聘研究员，主要研究领域为中国外交政策、中欧关系研究。本文受到国家社科基金重大项目“不结盟运动文献资料的整理、翻译与研究（1961~2021）”资助，项目批准号为18ZDA205。

海、香港等事务上则以沟通代替对抗，妥善处理双边关系中来自第三方的负面因素。

关键词： 中英关系　英国脱欧　新冠肺炎疫情　中美博弈　香港

2019 年中英关系进一步稳步发展。2020 年 1 月 22 日，中国驻英国大使刘晓明在英国议会跨党派中国小组 2020 年新春招待会上发表讲话《乘势而上，谱写中英关系新篇章》，全面总结回顾了中英两国在 2019 年度双边合作中取得的重大成绩："刚刚过去的 2019 年，对中英两国和中英关系而言，都是极不平凡的一年。我们隆重庆祝新中国成立 70 周年，英国脱欧进程取得重大突破，中英迎来建立代办级外交关系 65 周年。回顾过去一年，中英关系保持了四个势头：一是两国高层保持交往势头。二是务实合作保持增长势头。三是人文交流保持火热势头。四是国际协作保持提升势头。"①

然而也必须承认，自 2018 年起，脱欧、首相更迭等英国国内政治事务，英国对香港、南海等中国国内事务的干涉，以及中英关系中的第三方因素（如美国）、全球性因素，三个层面的变量共同导致中英双边关系在该年度出现相当程度的波折。②

2019～2020 年度中英关系总体上延续之前的发展趋势，保持中位水平运行。香港、南海事务继续成为阻碍中英关系长足发展的重大负面因素。此外，重大事件和第三方因素也对双边关系的维护构成新的挑战：2020 年初的英国正式脱欧给中英关系及经贸、金融、投资双边合作带来较大不确定性；新冠肺炎疫情的暴发给中英关系造成了严重的负面影响；中美博弈对中

① 中华人民共和国外交部：《驻英国大使刘晓明在英国议会跨党派中国小组 2020 年新春招待会上的讲话〈乘势而上，谱写中英关系新篇章〉》，2020 年 1 月 23 日，https://www.fmprc.gov.cn/web/wjdt_674879/zwbd_674895/t1735361.shtml。

② 王鹏：《英国对华政策发展与中英关系展望》，载王展鹏主编《英国发展报告（2018～2019）》，社会科学文献出版社，2019，第 261 页。

英关系构成严重冲击，推动英国在华为与 5G 市场准入、香港、南海、台海、新疆、“人权”、人文交流等涉华议题上更趋强硬。

上述问题的产生有其深刻的英国国内与国际政治经济背景。面对加速下行的双边关系，中方有必要冷静分析，审慎研判，找出症结，对症下药，挫败英国国内少数政客恶化两国关系、破坏中英合作的图谋，为双边关系的健康、稳定、可持续发展注入新动能。鉴于此，本文首先回溯 2019～2020 年度中英双边关系的发展形势，然后聚焦英国脱欧、新冠肺炎疫情、中美博弈等重大议题对中英关系的影响，剖析英国对华政策的深层逻辑，最后研讨中国的应对之策，展望中英关系的未来。

一　中英关系的进展

2019～2020 年度，中英关系在政治外交、经贸合作、人文交流、国际协作等多个层面取得了新的进展，但同时受到香港、南海、中美博弈等因素的困扰。2020 年上半年，英国正式脱欧与新冠肺炎疫情的暴发又给两国关系增添新的变数。中英关系在四个方面取得成果。

首先，在政治外交层面，中英高层保持良好的交往势头。两国领导人保持密切书信交往：譬如在新中国成立 70 周年之际，英女王伊丽莎白二世和首相约翰逊分别向中国领导人致函祝贺；英国大选结束、新政府成立后，李克强总理也向约翰逊首相发函致贺，国务委员兼外长王毅向外交大臣拉布致贺。除两国政府之外，两国议会也保持着良好的交流与合作。①

其次，在经济合作层面，中英务实合作继续保持增长势头。尽管全球经济增长总体呈放缓趋势，但中英在经贸与投资领域的合作仍稳步发展。在贸易领域，两国货物贸易额在 2019 年达到 862.72 亿美元，同比增长 7.3%，创历史新高。此外，英国牛肉恢复对华出口；30 家英国企业来华参加第二届中

---

① 参见《李克强：加强中英议会交往，铺设两国理解之路》，http://www.gov.cn/guowuyuan/2014-06/19/content_2704566.htm。

国进博会；第十五届华商大会在伦敦成功举办，中英企业签署7项合作协议。在财金领域，第十次“中英经济财金对话”期间两国共达成69项成果，其中“沪伦通”开创了中国与境外资本市场互联互通先河；浦发银行、中国农业银行、中信银行分别在英开设分行，中国工商银行发行首批中资银行英镑债券；人民币在英累计清算量突破40万亿元，使伦敦成为全球第二大人民币离岸清算中心和第一大人民币离岸外汇交易中心。在第三方市场合作领域，《第三方市场合作协议》的签署使两国在“一带一路”框架内的合作找到新的抓手。

再次，在人文交流层面，中英交往继续保持火热势头。当前，共有近20万名中国学生在英国留学深造，中国在英孔子学院和孔子课堂也分别增至30家和163家，注册学员超过19万。“英国未来计划”推动1万多名英国学生赴华学习。中英地方交流合作不断深化拓展，友好城市已增至68对，成为中英合作的新亮点。新冠肺炎疫情暴发之前，中英客运航班已增至每周168班，每年人员往来近200万人次。中国已经成为赴英游客最重要的来源国之一。

最后，在全球治理与国际协作层面，中英两国的合作继续提升。为了应对全球不确定性的挑战，中英两国在联合国、二十国集团、世界贸易组织等国际多边组织与框架内增进共识，密切配合，共同反对保护主义、单边主义，支持自由贸易，倡导多边主义，在伊朗核问题等地区热点问题和气候变化等全球性议题上保持沟通，加强协调。①

二　中英关系面临的挑战

（一）英国进一步高调干涉中国香港事务

历史地看待中英两国在香港问题上的合作与博弈，人们不难发现，自1997年香港回归后，英国的政治影响力并未完全从香港撤离。出于维护英

① 中华人民共和国外交部：《驻英国大使刘晓明在英国议会跨党派中国小组2020年新春招待会上的讲话〈乘势而上，谱写中英关系新篇章〉》，2020年1月23日，https：//www. fmprc. gov. cn/web/wjdt_ 674879/zwbd_ 674895/t1735361. shtml。

国在港利益、英国大国声望、对东亚－东南亚国际事务影响力以及保有对华外交的政治筹码等多方面考量，英国始终在香港事务中奉行所谓“支持民主化进程”的原则，并在明知会对中英关系产生较大消极影响的前提下采取一系列手段干预香港政治，在“人权”、普选、“占中”等问题上都采取较为强硬的、与《中英联合声明》精神相违背的言论和行为，如每年所发表的两份《香港问题半年报告》等。①

2019 年至 2020 年上半年，香港问题进一步发酵，同南海问题一起成为在政治和安全领域冲击中英关系的重大负面因素。②《中华人民共和国香港特别行政区维护国家安全法》（香港国安法）于 6 月 30 日晚正式刊宪生效。在此前后，英国政府进一步强化了对中国内政、涉港事务的粗暴干涉。③

在政治表态和国际舆论层面，英国政府高层多次在香港问题上向中国发难，或公开抨击中国政府和香港特区政府的举措，或公开撰文强调英国对香港所应承担的“义务”。长期以来，《香港问题半年报告》被英国当局作为一种外交武器用于干涉中国内政，在香港问题上制造事端。2019 年 10 月 31 日，英国政府发表了该年度第二份《香港问题半年报告》，继续在“人权”、香港治理等领域攻击中国内政。④ 中国外交部对此进行了严厉抨击。⑤ 2020 年 6 月 11 日，英国政府发表最新版《香港问题半年报告》。⑥ 中方对英国政

① Constitutional and Mainland Affairs Bureau, “The Sino-British Joint Declaration on the Question of Hong Kong”, 1 July 2007, https://www.cmab.gov.hk/en/issues/joint2.htm#1.

② 庞琴、赵滢竹：《回归以来英国智库对香港问题的分析与解读》，《当代港澳研究》2019 年第 2 期，第 90～119 页。

③ 王鹏：《应对外部环境变化要用好底线思维》，《北京日报》2020 年 4 月 15 日。

④ Foreign & Commonwealth Office, “Six-Monthly Report on Hong Kong: January to June 2019”, 31 October 2019, https://www.gov.uk/government/publications/six-monthly-report-on-hong-kong-january-to-june-2019.

⑤ 中华人民共和国外交部：《2019 年 11 月 1 日外交部发言人耿爽主持例行记者会》，2019 年 11 月 1 日，https://www.fmprc.gov.cn/web/wjdt_674879/fyrbt_674889/t1712618.shtml。

⑥ Foreign & Commonwealth Office, “Six-Monthly Report on Hong Kong: July to December 2019”, 11 June 2020, https://www.gov.uk/government/publications/six-monthly-report-on-hong-kong-july-to-december-2019.

府干涉香港事务的错误做法表示强烈不满。中方指出，外部势力越是对香港事务横加干涉，中方推进香港国安立法的决心越是坚定不移。[①]

英国政府也往往以《中英联合声明》为借口抨击中国政府和香港特区政府的合法举措。6 月 2 日，英国外交大臣拉布向议会称，英国方面一向尊重《中英联合声明》，而中国政府“专制”的国安立法破坏了“一国两制”原则，而且与中国所承诺的国际义务有直接冲突。他甚至声称，如果中国干预香港政治和自治基础，将可能对香港的经济模式和繁荣构成长期威胁。[②]对此，中国外交部发言人赵立坚于次日主持的例行记者会上做了明确驳斥。[③] 6 月 3 日，约翰逊在英国《泰晤士报》上发表公开文章，强调英国与香港间所谓“引以为豪的历史联系与传统友谊”。[④]

7 月 29 日，中国政府公开发函，支持行政长官会同行政会议基于公众利益和香港实际情况，依法做出将香港特别行政区第七届立法会选举推迟一年的决定。[⑤] 香港特区根据自身实际情况，依照《中华人民共和国香港特别行政区基本法》修改选举时间，本系中国内政，别国无权置喙。英国政府便旋即于 7 月 30 日和 31 日先后发表两份声明，先是质疑香港选举的“质量”，后是批评选举时间的推迟。[⑥] 8 月 9 日，英国政府发表所谓《香港：关于侵犯人权的声明》，

① 中华人民共和国外交部：《2020 年 6 月 12 日外交部发言人华春莹主持例行记者会》，2020 年 6 月 12 日，https：//www. fmprc. gov. cn/web/wjdt_ 674879/fyrbt_ 674889/t1788362. shtml。

② Foreign & Commonwealth Office and The Rt Hon Dominic Raab MP, “China's Proposed National Security Law for Hong Kong: Foreign Secretary's Statement to Parliament”, 2 June 2020, https: //www. gov. uk/government/speeches/foreign – secretary – statement – to – parliament – on – hong – kong.

③ 中华人民共和国外交部：《2020 年 6 月 3 日外交部发言人赵立坚主持例行记者会》，2020 年 6 月 3 日，https：//www. fmprc. gov. cn/web/wjdt_ 674879/fyrbt_ 674889/t1785499. shtml。

④ Prime Minister's Office, 10 Downing Street and The Rt Hon Boris Johnson MP, “PM Boris Johnson Article on Hong Kong”, 3 June 2020, https: //www. gov. uk/government/speeches/pm – boris – johnson – article – on – hong – kong – 3 – june – 2020.

⑤《中央人民政府关于香港特别行政区第七届立法会选举推迟有关事宜的意见（国函〔2020〕103 号）》，中国政府网，2020 年 7 月 31 日，http：//www. gov. cn/zhengce/content/2020 – 07/31/content_ 5531555. htm。

⑥ Foreign & Commonwealth Office and The Rt Hon Dominic Raab MP, “Foreign Secretary's Statement on Hong Kong Election Disqualifications”, 30 July 2020, https: //www. gov. uk/government/news/foreign – secretarys – statement – on – hong – kong – election – disqualifications.

再次公开粗暴干涉中国内政。①

在外交层面，英国政府多次单独或联合美国、加拿大、澳大利亚等国，发表（共同）声明，诋毁中国政府和香港特区政府在其主权范围内的合法举措。5 月 22 日，英国联合澳大利亚、加拿大三国外长发表联合声明称，中国全国人大通过涉港国安立法决定违背《中英联合声明》原则所规定的国际义务，损害了“一国两制”框架。② 5 月 28 日，英国再次联合美国、澳大利亚、加拿大四国外长发表联合声明重申这一立场。③ 6 月 17 日，包括英国在内的七国集团外长就有关香港问题发表所谓《七国集团敦促中国重新考虑国家安全法》的声明。④

在司法层面，英国政府多次在所谓“英国国民（海外）护照（BNO）”“引渡协定”等方面挑衅、侵犯中国司法主权。5 月，英国称将为持有英国国民（海外）护照（BNO）的香港居民提供更多居留权利。⑤ 对此，中方立场明确：“关于英国国民（海外）护照问题，英方曾与中方互换备忘录，明确承诺不给予持有英国国民（海外）护照的香港中国公民在英居留权……所有香港中国同胞，不论其是否持有‘英国属土公民护照’或者‘英国国民（海外）护照’，都是中国公民。”⑥ 7 月 20 日，英国外交大臣拉布在议会宣布，英方

① Foreign & Commonwealth Office and The Rt Hon Dominic Raab MP, “Hong Kong: Statement on the Erosion of Rights”, 9 August 2020, https://www.gov.uk/government/news/hong-kong-statement-on-the-erosion-of-rights.

② Foreign & Commonwealth Office and The Rt Hon Dominic Raab MP, “Joint Statement from the UK, Australia and Canada on Hong Kong”, 22 May 2020, https://www.gov.uk/government/news/joint-statement-from-the-uk-australia-and-canada-on-hong-kong.

③ Foreign & Commonwealth Office and The Rt Hon Dominic Raab MP, “China's Proposed New Security Law for Hong Kong: Joint Statement”, 28 May 2020, https://www.gov.uk/government/news/joint-statement-from-the-uk-australia-canada-and-united-states-on-hong-kong.

④ Foreign & Commonwealth Office and The Rt Hon Dominic Raab MP, “G7 Urges China to Reconsider National Security Law”, 17 June 2020, https://www.gov.uk/government/news/g7-urges-china-to-reconsider-national-security-law.

⑤ Nick Eardly and Grace Tsoi, “Hong Kong: UK Makes Citizenship Offer to Residents,” *BBC*, 1 July 2020, https://www.bbc.com/news/uk-politics-53246899.

⑥ 中华人民共和国外交部：《2020 年 5 月 29 日外交部发言人赵立坚主持例行记者会》，2020 年 5 月 29 日，https://www.fmprc.gov.cn/web/wjdt_674879/fyrbt_674889/t1784058.shtml。

将立即、无期限地暂停与香港引渡协定，并禁止向香港出口有关武器。[①]

面对英国政府在香港事务上咄咄逼人的指责和攻击，中国政府始终本着最大的耐心和善意，坚持与英方沟通。6 月 8 日，中国国务委员兼外长王毅与英国外交大臣拉布通电话，就中英关系和两国共同关注的香港等问题交换意见。王毅表示："香港国安立法是'试金石'，如果（英国）期待香港长治久安，就理应支持而不必担心；如果希望'一国两制'行稳致远，就理应拥护而不是反对。"[②] 7 月 28 日，王毅再次与拉布通话。尽管英方"重申愿与中方保持积极、建设性关系"，但拉布在香港、"人权"等议题上仍"强调中方应积极履行国际责任，重建与国际社会的信任"，并强硬表示英方将密切关注香港 9 月的立法会选举，并敦促中方履行国际人权义务。[③]

（二）英国继续试图介入南海事务

2020 年以来，随着美国特朗普政府全面强化美国海军在南海所谓"航行自由行动"[④]，英国作为美国的盟友和北约重要成员国也加强了在南海的

---

① Foreign & Commonwealth Office and The Rt Hon Dominic Raab MP, "Hong Kong and China: Foreign Secretary's Statement in Parliament", 20 July 2020, https: //www. gov. uk/government/speeches/hong - kong - and - china - foreign - secretarys - statement - in - parliament.

② Foreign & Commonwealth Office and The Rt Hon Dominic Raab MP, "The Foreign Secretary's Call with Chinese Foreign Minister Wang Yi", 8 June 2020, https: //www. gov. uk/government/news/the - foreign - secretarys - call - with - chinese - foreign - minister - wang - yi；中华人民共和国外交部：《2020 年 6 月 9 日外交部发言人华春莹主持例行记者会》，2020 年 6 月 9 日，https: //www. fmprc. gov. cn/web/wjdt_ 674879/fyrbt_ 674889/t1787296. shtml。

③ Foreign & Commonwealth Office and The Rt Hon Dominic Raab MP, "Foreign Secretary's Call with Chinese Foreign Minister", 28 July 2020, https: //www. gov. uk/government/news/foreign - secretary - call - with - chinese - foreign - minister - 28 - july - 2020.

④ 航行自由计划（FON）是美国从 1983 年起实施的国家政策，其延续自美国建国以来秉持的海洋自由外交政策以及与之密切联系的商业自由理念。美国政府将航行自由计划明确为：美国将以符合《联合国海洋法公约》所反映的利益平衡的方式，在全球范围内行使和维护其航行和飞越权力和自由，美国反对其他国家限制国际社会在航行和飞越以及其他相关利用公海的权力和自由的行为。美国航行自由计划的实施包括外交交涉、海空实践行动、双边和多边磋商三种方式。其中第二种为本文重点关注的"航行自由行动"（FONOP），"航行自由行动"是美国海军和空军通过兵力行动挑战他国"过度的海洋主张"、强化"国际公认的权力和自由"的行动。每项行动的细节是由美国单方面定义的"过度海（转下页注）

军事行动，并在政治、外交、情报等多个层面都有所表现。当然，英国在南海的实际军事行动则远远滞后于其外交声明。

在政治和话语层面，英国政府继续以“基于规则的国际秩序”为话语切入口，试图介入南海议程。此举不仅损害了中英关系，而且使南海问题成为中英关系之间继“人权”、香港之后的新障碍，持久困扰两国关系的可持续发展。①

在战略和外交层面，英国主要依靠与同盟国或存在密切军事协作关系的国家之间的战略互动来实施对华打压，其中“五国防务安排”是英国军事介入南海地区的重要抓手。早在2018年，英国等西方域外大国加强了对南海事务的干预，并以《五国联防协议》为所谓的“依据”先后派舰船参与南海“航行自由行动”。② 在英舰进入中国西沙群岛海域的同时，美国海军航母战斗群和日本海上自卫队也多次在南海海域举行联合演习。当前，在“全球英国”构想下，英国利用五国防务安排沟通连接印度洋和太平洋两大地理空间，便于英国的战略触角由传统的印度洋进一步向太平洋延展，并以此与美国的“印太”战略东西对接。此外，五国防务安排也为英国深度介入南海、亚太地区安全事务提供了机制性抓手，供其构筑新的带有强烈针对

（接上页注④）洋主张”决定。参见张畅、张卫强《安全化：美国建构南海“航行自由”问题的话语和行动》，《战略决策研究》2020年第4期，第37～60页；曲升《美国“航行自由计划”初探》，《美国研究》2013年第1期，第102～116页；宋润茜《量化分析：美国全球航行自由行动（FONOP）1991～2018》，中国南海研究院，2019年4月4日，http://www.nanhai.org.cn/review_c/356.html。

① 张飚：《英国南海政策的变化、动因及走向》，《现代国际关系》2019年第7期，第29～36页。

② 根据这份由英国、澳大利亚、新西兰、马来西亚、新加坡于冷战高峰期的1971年签署的协议，五国在太平洋领域加强军事协作，维护区域安全。冷战结束后，该条约似乎失去了存在的假想敌与意义；但在南海事务被炒作起来后，该条约似乎又被赋予了新的内涵。参见“Five Power Defence Arrangements (FPDA)”, *Global Security*, https://www.globalsecurity.org/military/world/int/fpda.htm; Alex Hollings, “British Join the Party by Agitating Chinese Military in South China Sea”, *NEWSREP*, 7 September 2018, https://thenewsrep.com/107947/growing-list-of-navies-ruffling-chinese-feathers-in-south-china-sea-british-join-the-party/。

性的地区安全合作网络。[1]

英国注重联合欧盟国家共同在南海问题上对华施压。2019 年 8 月 29 日，英国、法国和德国发表联合声明，呼吁南海声索方尊重 2016 年南海仲裁案裁决以及《联合国海洋法公约》规定的基于规则的海洋秩序。中国政府对此表示强烈反对，并“敦促有关国家客观理性看待南海问题，停止发表负面言论，为地区国家妥处海上分歧、推进海上合作营造良好氛围”。[2]

除了美国和欧盟国家，英国也注重与日本等南海域外的亚太大国进行战略合作。英国对南海问题的高调介入在英日防务合作中得到实质性增强。两国在政治上开展高层防务对话，相互提供政治和外交支持；在实操层面则举行联合训练、军演与交流互访，合作研发装备与军品贸易等。其结果是扩大了英国在南海、亚太地区军事事务的话语权，同时在事实上巩固了日本解禁集体自卫权的成果，强化了日本在日中海权博弈中所获得的西方大国支持。[3]

在策略和情报层面，英国利用自身作为老牌海洋强权以及众多东南亚国家“前宗主国”（以及当前仍然为英联邦主导国）的特殊身份，向多个南海岛礁主权声索国进行渗透。在中国与东盟国家就《南海行为准则》（COC）进行磋商的关键阶段，英国一面推动“后欧盟”时代的全球战略调整，一面在南海、东南亚地区推进其“全球英国”战略，深度介入地区事务，并与区域内国家寻求新的利益共同点和战略支撑点。英国政府将在其“全球英国”战略构想下制定其海洋战略规划，并由此加强在南海地区的活动，其中就包括在南海的复合情报体系构建。该体系将以英国自身（在南海地区）的情报力量为核心，联合“五眼联盟”和《五国联防协议》，同时拉上日本与越南，建立制衡中国的情报网络，给中国与东盟国家间的下一步

① 胡杰：《“全球英国”视阈下的英国与五国防务安排》，《现代国际关系》2019 年第 9 期，第 8 ~ 18 页。

② 中华人民共和国外交部：《2019 年 8 月 30 日外交部发言人耿爽主持例行记者会》，2019 年 8 月 30 日，https://www.fmprc.gov.cn/web/wjdt_674879/fyrbt_674889/t1693273.shtml。

③ 胡杰：《英日防务与安全合作——路径、动因与影响》，《国际观察》2017 年第 6 期，第 78 ~ 90 页。

COC 谈判制造障碍。[①]

英国以一系列正式或非正式国际机制拓展其在南海地区的战略空间，在外交上纵横捭阖。对中国，英国通过“中英战略对话”来不断试探中方立场并进行必要调整；对南海周边各国，则利用“香格里拉对话会”了解各国政策走向和南海议题的总体发展趋势，同时借助同盟关系实现在不过度刺激中国的条件下强化英国自身在南海地区的军事存在；对域外大国，英国借助“五国联防组织”来建构英国在亚太地区军事存在的法理基础；对全球性大国，则以七国集团为战略后盾和机制保障。[②]

然而，与上述政治经济、外交、情报“组合拳”形成鲜明对照的是，在实际军事行动层面，英国屡次声称要执行的“南海军事行动”总是一再拖延。2020 年 7 月 13 日，英国海军再次宣布将于 2021 年初派“伊丽莎白女王号”航母前往南海，与美国和日本海军一起演习。[③] 然而，在过去的 3 年时间里，英国政府几乎每年都高调宣称要“派遣航母编队到南海”，但至今从未落实。[④]

综上所述，英国的南海行动显然受到美国及部分南海周边国家有意引入的影响，旨在配合美国在南海开展所谓“航行自由行动”，表明英美共同立场。[⑤] 此外，英国的南海政策也受其自身国内政治议程和国际声望诉求的影

---

① 徐东波、王沙骋、祝小茜：《COC 磋商背景下的英国南海情报体制研究》，《情报杂志》2020 年第 4 期，第 5 ~ 13 页。

② 胡杰：《英国干涉中国在南海维权：前瞻与预防》，《太平洋学报》2019 年第 3 期，第 61 ~ 74 页。

③ Dylan Donnelly, “HMS Queen Elizabeth Ship to Join US Navy Drills in MAJOR China Crackdown”, *Daily Express*, 14 July 2020, https: //www. express. co. uk/news/uk/1309160/china - news - hms - queen - elizabeth - us - Japan - world - war - 3 - latest.

④ 相关报道和研究可参见张飚《英国南海政策的变化、动因及走向》，《现代国际关系》2019 年第 7 期，第 29 ~ 36 页；Dominic Nicholls, “China Warns the UK Could Be Committing ‘Hostile Action’ If It Sends Carrier into Territory”, *The Telegraph*, 9 September 2019, https: //www. telegraph. co. uk/news/2019/09/09/china - warns - uk - could - committing - hostile - action - sends - carrier/。

⑤ 叶强：《英国军舰“试水”南海，寓意并不简单》，《世界知识》2018 年第 20 期，第 30 ~ 31 页。

响，即通过巡航南海来增加英国在东南亚乃至亚太地区的影响力，提高国际声望。在策略上，英国可以以干涉南海局势为借口，实现在南海地区的长期性、常态化军事存在的考量，同时借助不断扩大的军事存在来提升英国在“印太”地区政治、经济、外交事务的影响力，以服务于其“全球英国”的总体战略规划。[①] 英国“印太”战略的核心即聚焦于连接太平洋和印度洋的南海地区，并试图从大国在南海的利益冲突中谋利。[②] 其具体做法是，一方面保持该地区局势的持续紧张，同时要确保这种“热度”能够被管控。[③] 然而，受制于其自身愈发有限的军事实力、经济实力，英国扬言“军事介入南海”的外交声明，早先似乎还能给少数南海周边国家带来“新的希望”，但其“雷声大雨点小”本质的逐渐暴露，则使少数南海周边国家的“希望”变为“失望”。[④]

（三）在美国压力下英国对中国及中资企业态度产生重大变化

在数年的博弈与拉锯后，2020 年 7 月 14 日，英国政府最终决定停止在 5G 建设中使用中国公司华为的设备。7 月 15 日，英国首相发言人也承认，英方改变对华为参与英 5G 建设立场的原因是美国 5 月对华为的制裁。英国国内也有不同的声音。比如英国电信首席执行官詹森称，英政府关于华为的决定显然对该公司运营和成本构成影响。英沃达丰公司发言人也表示对英政府决定感到失望，此举将延缓英 5G 推广并造成额外成本。[⑤] 这一结果看似

① 王鹏：《“对冲”与“楔子”：美国“印太”战略的内生逻辑——新古典现实主义的视角》，《当代亚太》2018 年第 3 期，第 4 ~ 52 页。

② James Rogers, “European (British and French) Geostrategy in the Indo-Pacific”, *Journal of the Indian Ocean Region* 9 (1), 2013: 69 – 89.

③ Tuan Anh Luc, “Are France and the UK Here to Stay in the South China Sea?”, *The Diplomat*, 14 September 2018, https: //thediplomat. com/2018/09/are – france – and – the – uk – here – to – stay – in – the – south – china – sea/.

④ Ruby Lee, “HMS Queen Elizabeth Ship Pivots to East Asia to Confront China”, *Vietnam Times*, 14 July 2020, https: //vietnamtimes. org. vn/hms – queen – elizabeth – ship – pivots – to – east – asia – to – confront – china – 22346. html.

⑤ 中华人民共和国外交部：《2020 年 7 月 16 日外交部发言人华春莹主持例行记者会》，2020 年 7 月 16 日，https: //www. fmprc. gov. cn/web/wjdt_ 674879/fyrbt_ 674889/t1798202. shtml。

突然，其实是中美英三国政府以及华为的技术竞争力以及市场力量等多方因素反复博弈的结果。回顾一年来中英两国有关华为和5G产业的互动，其中既不乏第三方大国的权力阴影，也有英国内部政党、派系间的博弈。华为在英国的遭遇在某种程度上也可以被看作中英关系的一个缩影。美国政策期刊《外交政策》8月3日刊文评论华为事件称："半年前，英国还是西欧对中国最友好的国家。现在，那已经是过去的历史了。"[①] 而在这一重大转变中，美国显然扮演了重要角色。正如英国皇家国际事务研究所亚洲项目高级研究员蒂姆·萨默斯所言："英国面临的一个重要挑战是：如何在对华政策上与自己的传统伙伴保持一致。特别是现在英国一直很头疼与特朗普领导下的美国打交道"。[②] 华为的案例提醒中国，在未来推进中英发展关系时，除了要继续推动政府首脑、外交部间的合作，也应该注重党派间的交往与沟通。

三　脱欧对中英关系的影响

后脱欧时代的中英关系会因为英国脱离欧盟而变得更加脆弱，还是会更加稳固？英国是否会因为失去欧盟的市场、优势而更加"倚重"中国，从而施行更加友好、合作的对华政策？国内外学者对上述问题持有不同看法。

（一）脱欧对中英政治与外交关系的影响

有的学者认为在后脱欧时代，当英国调整其外交战略，秉持"全球英国"理念、更加独立自主地参与全球事务时，"中英两国在战略协调、务实合作和人文交流等领域面临新的发展机遇"。当然，英国对华政策的"两面

---

① James Crabtree, "Boris Johnson's Remarkable U-Turn From Sinophile to China Hawk", *Foreign Policy*, 3 August 2020, https://foreignpolicy.com/2020/08/03/boris-johnson-sinophile-china-hawk/.

② 蒂姆·萨默斯：《英国需要更具战略性的对华政策》，《中国经济报告》2018年第3期，第6页。

性”、美国因素的干扰、民粹主义的影响等负面因素，也会制约双边关系的发展。①

也有学者认为后脱欧时代的中英关系将面临更多挑战。其研判依据是，影响中英关系在后脱欧时代关系的两个核心变量——英国自身的对华认知与行为、英国与欧美两大力量的关系，都会产生较大变化。对于前者，脱欧后，英国国际地位的变化导致对华心态与认知的变化，最终导致其对华政策“矛盾性”的上升。对于另一个变量，美国的因素将更为突出。“从根本上讲，英国对华政策取决于中英双方对彼此的态度，取决于双方关系中的利益所在。预计未来英国对华政策会有较大的摇摆性和不稳定性，但主线仍将是务实合作。”②

类似的，也有观察者注意到，与中国关系的恶化将给本就挑战重重的后脱欧时代的英国国际经贸关系重建带来负面冲击：“从本质上讲，这（处理好中英关系）就是英国退欧面临的难题。它（英国）想与世界上的贸易巨头（中国）并肩作战，但目前全球舞台是一个破碎、好战的地方。赢得美国的认可意味着与中国对抗，反之亦然。同时英国还必须考虑新冠肺炎疫情后的重建，这是一个严重的问题。”③

（二）脱欧对中英贸易与投资合作的影响

脱欧对中英贸易的冲击，在相当程度上受到脱欧对英欧贸易冲击的影响。后脱欧时代的中英贸易形势不容乐观。对华贸易是英国对外贸易的重要组成部分。近十年来，中英贸易保持持续增长，且在除 2011 年外的大多数年份里其增长率都高于英国对其他国家的贸易增长率，这个差距甚至还在不

① 王展鹏、吕大永：《英国“脱欧”与中英关系的未来》，《当代世界》2020 年第 6 期，第 48 ~ 54 页。

② 张健：《后脱欧时代英国对华政策前瞻》，《国际经济评论》2020 年第 2 期，第 56 ~ 70 页。

③ Alasdair Lane, “U. K. -China Relations In Freefall Pose A Big Brexit Problem”, *Forbes*, 8 July 2020, https://www.forbes.com/sites/alasdairlane/2020/07/08/uk-china-relations-in-freefall-pose-a-big-brexit-problem/#707618546d46.

断拉大。[①] 在不断增长的中英贸易份额中，其商品结构主要体现为：英国对华出口以机电产品、运输设备、化工产品为主，高科技产品、创意产品也占一定份额；中国则主要对英出口日用百货、服装等劳动密集型产品。近年来，中国对英出口的电子产品数量在显著增加。

在汇率方面，英国脱欧在短期内导致全球金融市场对英镑信心下降，引发英镑汇率下跌。英镑兑换人民币汇率的下降有利于英国提升对华出口，从而降低英国对华贸易逆差。与此同时，中国对英出口的商品主要是劳动密集型产品，利润率较低，因而容易受汇率影响，故而在英镑对人民币汇率降低的背景下失去价格优势。这对中国企业不利。但是，中国在从英国进口方面的优势将增加。因此，后脱欧时代初期的英国对华出口规模将扩大，从而缩小中英贸易顺差，促使双边贸易朝着更加平衡的方向发展。[②]

（三）脱欧对中英金融与货币合作的影响

在人民币国际化的历史进程中，英国发挥着重要作用。近年来，中英金融领域的深度合作已经使伦敦成为继香港之后中国最重要的离岸人民币中心，是人民币进入欧洲市场流动的关键跳板。随着“货币伙伴外交”的深入开展，英国也成为“人民币崛起的战略支点国”。[③]

然而，随着英国正式脱欧，伦敦作为欧洲金融中心的地位受到削弱，这不仅将增加中国跨境资本流动不确定性和汇率不稳定性，而且英国作为人民币离岸中心的竞争力、影响力也随之下降，同时推高了人民币通过英国流入欧洲的推广成本，从而阻碍了人民币国际化的进程。为此，人民币国际化的进程和步调将因为英国脱欧而调整。中国将被迫修改原先通过英国作为桥梁

① Matthew Ward, “Statistics on UK Trade with China”, House of Commons Library, 14 July 2020, https://commonslibrary.parliament.uk/research-briefings/cbp-7379/.

② “The Observer View on Post-Brexit UK-China Relations”, *The Guardian*, 12 July 2020, https://www.theguardian.com/commentisfree/2020/jul/12/the-observer-view-on-post-brexit-uk-china-relations.

③ 李巍、朱红宇：《货币伙伴外交与人民币崛起的战略支点国》，《外交评论（外交学院学报）》2015 年第 1 期，第 27～54 页。

在欧洲各国推广人民币的战略，转而将资源和注意力分散到欧洲其他国家及地区。这一转变显然也需要中国付出大量的制度成本，并投入相当的外交资源。

英国脱欧还加剧了人民币的贬值压力。英国脱欧导致了英镑贬值。英镑汇率在短期内的大幅下降也将导致美元升值，同时带动人民币对美元的贬值。也有分析指出，国际金融市场如果因英国脱欧而产生一定程度的恐慌，则有可能导致中国国内资本加速外流，从而加剧人民币贬值的趋势。①

四　中英关系的现状思考与未来展望

过去的一年，中英关系遭遇了一系列困难，正面临严峻的形势。对此，正如刘晓明大使所指出的："中国没有变，变的是英国。中英关系遭遇困难，责任完全在英方。"譬如，在国家主权问题上，近期英方在涉港和涉疆问题上，不仅一再违反重要原则，粗暴干涉香港事务和中国内政，严重干扰香港稳定与繁荣，严重毒化中英关系氛围，而且违背自身承诺，改变 BNO 政策，暂停与香港引渡协定，扰乱香港人心，干扰香港国安法实施。又如，在两国经贸与科技合作领域，"'禁用华为'就是最突出例证……英国一些政客，抱守'冷战思维'，大肆渲染'中国威胁'，将中国视为'敌对国家'，扬言要与中国全面'脱钩'，甚至叫嚣要对中国发动'新冷战'"。②

在香港问题上，我们不难发现一个明显的变化：在过去数十年中，尽管英国始终对香港所谓"民主势力"及其"民主运动"保持支持，但在"港独"问题上始终与中国政府保持大体一致的立场。然而在 2018 ~ 2019 年香港愈演愈烈的所谓"反送中"运动中，尤其在部分极端分子公开打出"港

① "Brexit and Its Strong Impact on Currency Exchange Rates", *Expatica*, 31 July 2020, https: //www. expatica. com/finance/banking/brexit - currency - impacts - 811031/.

② 中华人民共和国驻大不列颠及北爱尔兰联合王国大使馆：《驻英国大使刘晓明就当前中英关系举行网上中外记者会》，2020 年 7 月 31 日，http: //www. chinese - embassy. org. uk/chn/dsxx/dshd/t1802773. htm。

独”口号后，英国政府的态度较过去变得更加具有倾向性，甚至公然对“港独”表态，发送错误信号，遭到中国中央政府和香港特区政府的严正驳斥。① 对此，一些早期的研究认为，“在英国的香港政策中，功利主义目标是决定性的，这限制了它的道德主义目标，从而限制了英国干预香港事务的决心、能力以及干预的程度，使中英两国在香港问题上的矛盾不至于发展为战略冲突。虽然英国会继续干预香港事务，从而继续给中英关系造成消极影响，但不至于对双边关系造成重大损害”。② 然而，近年来的事态发展与上述早期研判并不相符。英国政府深度且高调介入中国香港事务，屡屡发送错误信号，激化港内矛盾。③ 这些行径不仅给中英关系造成实质性伤害，更已经直接损害了香港的社会稳定与经济繁荣。④ 对此，中国不可不查，更需切实反制。

在南海问题上，尽管英方屡屡表示要派遣航母舰队前往南海，但三年来依然没有实质性行为。英国在南海行动上的滞后或许是受其国力限制，但这丝毫不影响英国继续在国际外交舞台与情报战线上纵横捭阖，持续打“南海牌”，从而在巩固美英同盟的同时，强化自身在南海、亚太、印太地区的政治存在，强化与日本、印度、澳大利亚等大国的战略与安全协作，同时强化自身对东南亚国家（尤其是英联邦国家）的影响力。上述这一切都是以损害中国国家利益和环南海地区安全为代价的。

总体而言，2019～2020 年度中英关系继续保持中位水平运行。香港、南海事务继续成为阻碍中英关系长足发展的重大负面因素。此外，重大事件

---

① 姜舒译、王栋：《英国公然对“港独”表态港府驳斥：言论自由非绝对》，海外网，2018 年 9 月 7 日，http：//news. haiwainet. cn/n/2018/0907/c3541093－31392785. html。

② 陈寒溪、刘诗琦：《英国对香港事务的干预及其对中英关系的影响》，《战略决策研究》2018 年第 1 期，第 25～39 页。

③ 中华人民共和国驻大不列颠及北爱尔兰联合王国大使馆：《外交部发言人就英外交大臣与香港特别行政区行政长官通话事答问》，2019 年 8 月 10 日，https：//www. mfa. gov. cn/ce/ceuk/chn/zywl/t1687852. htm。

④ 中华人民共和国驻大不列颠及北爱尔兰联合王国大使馆：《中国外交部发言人谈英国驻香港总领馆雇员违反〈中华人民共和国治安管理处罚法〉》，2019 年 8 月 21 日，https：//www. mfa. gov. cn/ce/ceuk/chn/zywl/t1690667. htm。

和第三方因素也对双边关系的维护构成新的挑战：2020 年初的英国正式脱欧给中英关系及经贸、金融、投资双边合作带来较大不确定性；新冠肺炎疫情的暴发给中英关系造成了严重的负面影响；中美博弈对中英关系构成严重冲击，推动英国在华为与 5G 市场准入、香港、南海、台海、新疆、“人权”、人文交流等涉华议题上更趋强硬。据此研判，2020 年下半年的中英关系恐难有重大改观。双方宜直面现实，在疫苗研发、协同防疫、经贸投资等领域推动务实合作；在南海、香港等事务上则以沟通代替对抗，妥善处理双边关系中来自第三方的负面因素。在后脱欧时代，中英关系还将面临来自两国内部因素以及第三方因素等的挑战，需要两国领导人、企业家和民众拿出政治智慧加以化解。

B.18

中国企业在英国的并购投资*

胡　丹**

摘　要： 2019~2020 年度英国继续成为中国企业在欧洲投资的主要目的地。尽管缺乏大宗交易，房地产、科技、教育和制造业领域并购投资活跃。《2019~2020 年国家安全与投资法案》进入立法程序并完成一读，预计将于2020 年晚些时候通过，届时标志着英国实质建立起“国家安全”审查制度。在新冠肺炎疫情的背景下，英国6 月率先通过三部二级立法，扩大了“敏感”行业的范围，降低了审查门槛，并着重保护可能影响公共卫生安全的企业。未来中国企业在英投资面临投资审查、双边关系、国际局势等较大的不确定性，建议企业密切关注该法案的立法进程与投资审查实践，在扎实的尽职调查的基础上选择时机投资。

关键词： 中英关系　并购　外资审查　国家安全

英国多年来都是中国①企业在欧洲进行并购②投资的重要目的地国。在国际、国内形势的推动下，保守党政府酝酿三年、欲实质建立外资审查制度

---

* 此报告受北京外国语大学 2019 年度基本科研业务费——一流学科建设青年项目“全球投资保护主义兴起的比较与对策研究”资助。

** 胡丹，博士，北京外国语大学英语学院澳洲研究中心讲师、澳大利亚研究中心副主任，主要研究领域为中英经济关系、外资审查、中国企业海外并购、中澳经济关系。

① 本报告重点讨论中国大陆企业在英并购投资。

② 对外直接投资（FDI）包括“绿地”投资（新建企业）和并购投资两种，本报告将着重讨论并购投资，兼谈绿地投资。文中的“投资”应理解为包括这两种投资形式，兼并收购形式的投资将明示为“并购投资”。

的长期措施在本年度进入立法程序，《2019～2020 年国家安全与投资法案》（以下简称《法案》）提出并完成一读。在新冠肺炎疫情造成多家企业经营困难的大背景下，2020 年 6 月还率先通过三部二级立法扩大了投资审查时适用较低门槛的“敏感”行业的范围，降低了审查门槛，并对可能影响公共卫生的交易进行了规定。受脱欧过渡期谈判和新冠肺炎疫情影响，该法案迄今为止尚未进入二读程序，于 2020 年通过的可能性微乎其微。[①] 另外，在全球多国围绕“国家安全”议题对外资管理制度收紧、国际局势演变的大背景下，本年度两宗中企投资遭到审查并以取消交易结束。

在审查收紧的预期及其他多原因综合作用下，中企 2019 年在英投资进一步收缩和调整，2020 年上半年在新冠肺炎疫情的背景下交易量大幅萎缩。本年度的交易热点集中于房地产、科技、教育和制造行业，中小型交易活跃。未来一年内，房地产、教育、科技、医疗等领域应会继续保持热度，其他行业的投资兴趣则取决于英国国内经济形势和政策、英国对华政策与英中关系、《法案》通过后实施中的具体把握以及投资方的多种因素。

一　外资政策和监管机制的新动向

2019～2020 年，在全球多国围绕“国家安全”议题对外资管理制度收紧、国际局势演变的大背景下，英国旨在修订投资领域国家安全相关法规的长期措施经征求意见后已于 2019 年底进入立法程序，即《2019～2020 年国家安全与投资法案》（National Security and Investment Bill），该法案已完成一读。尽管第二季度议会里对该法案的支持声音越来越大，加之国际局势走向的裹挟，但受脱欧过渡期谈判疫情影响，该法案迄今尚未进入二读程序。[②] 2020 年 6 月，在新冠肺炎疫情的背景下，英国商务部首先通过二级立法颁

---

① 参见“National Security and Investment Bill 2019 - 20”，https：//commonslibrary. parliament. uk/research - briefings/cbp - 8784/。

② “National Security and Investment Bill 2019 - 20”，https：//commonslibrary. parliament. uk/research - briefings/cbp - 8784/.

布了三部新规，将适用较低审查门槛的行业范围进一步扩大，降低门槛，并通过了关于公共卫生相关企业的投资新规，针对疫情后可能出现的“陷入经营困难的英国企业被恶意收购”。①

（一）2019年12月《法案》进入立法程序

1.《法案》的背景

《2019～2020年国家安全与投资法案》的提出，是英国自2017年以来旨在收紧外资管制举措的一部分。在前任首相特雷莎·梅的频频推动下，英国商务部于2017年10月发布《国家安全和基础设施投资审查绿皮书》（下文简称“绿皮书”），并指出：“《2002年企业法》赋予政府的权力在某些方面过于受限，尤其是同其他国家的机制相比时”。②“绿皮书”提出短期和长期措施，拟扩大政府对或向外国投资者提供机会“进行间谍、破坏或施加不当影响的”关键企业和基础设施的投资交易进行审查的权力。③短期措施已于2018年6月11日生效，并纳入修订后的《2002年企业法》，将两大重点领域——军用和军民两用行业④和部分先进科技行业⑤的外资审查门槛大幅降低⑥，使政府有权对此前难达门槛的并购交易进行审查和干预。⑦同时规定，以下两种

---

① Alok Sharma, Business Update: Written Statement-HCWS305, *UK Parliament*, 22 June 2020, https: //www. parliament. uk/business/publications/written – questions – answers – statements/written – statement/Commons/2020 – 06 – 22/HCWS305/.

② Department for Business, Energy & Industrial Strategy, “National Security and Investment: A Consultation on Proposed Legislative Reforms”, 24 July 2018, https: //www. gov. uk/government/consultations/national – security – and – investment – proposed – reforms.

③ Department for Business, Energy & Industrial Strategy, “National Security and Investment: A Consultation on Proposed Legislative Reforms”, 24 July 2018, https: //www. gov. uk/government/consultations/national – security – and – investment – proposed – reforms.

④ 包括军事物品（如武器、军事和准军事设备）和军民两用物品的设计及制造，尤其是设计或制造《英国战略出口控制清单》中列明的物品或持有相关软件和技术的企业。

⑤ 包括“多功能计算硬件”和“量子技术”。

⑥ 包括“目标”企业在英营收达100万英镑，而非此前的7000万英镑；满足现有的供应份额，或“目标”企业占英国相关商品或服务供应的25%或以上。

⑦ Department for Business, Energy & Industrial Strategy, “National Security and Investment: A Consultation on Proposed Legislative Reforms”, 24 July 2018, https: //www. gov. uk/government/consultations/national – security – and – investment – proposed – reforms.

情况下政府可不受门槛要求的限制。

• 目标企业系政府的承包商，握有或接收与防务相关的机密信息；

• 交易虽属欧盟委员会管辖范围，但在英境内有公共利益之忧。[①]

2.《法案》的提出

“绿皮书”提出的长期措施被列入《国家安全与投资白皮书》（下文简称“白皮书”），英国商务部在2018年7月24日至10月16日就“白皮书”公开征求意见。2019年底《法案》进入立法程序，并被列入2019年12月19日女王在英国议会的演讲内容。

解释文本对《法案》的立法动因做出最新阐释：“该法将提升政府的权力，使它能在国家安全风险产生时予以应对，对或产生国家安全风险的交易进行评估”；另，以“确保敌意方无法通过不收购企业而仅收购会影响国家安全的资产（如知识产权）实现对法律的规避”。[②] 立法目的为“加强政府对商业交易（并购）进行审查和干预的权力，保护国家安全；向企业和投资者提供在英经商所需的确定性和透明度”。[③]

经过“白皮书”公开征求意见，《法案》的主要内容最终集中于以下几个方面。

• “建立申报制度，企业就或产生安全忧虑的交易向政府进行申报，后者进行迅速、高效的审查”；

• 赋予政府“消减国家安全风险的权力，可对交易附加条件，直至作为最后手段的对交易叫停”，并“对违法行为予以惩罚”；

---

① Department for Business, Energy & Industrial Strategy, “Enterprise Act 2002: Changes to the Turnover and Share of Supply Tests for Mergers-Guidance 2018”, 11 June 2018, https: //www. gov. uk/government/publications/enterprise – act – 2002 – guidance – on – changes – to – the – turnover – and – share – of – supply – tests – for – mergers.

② Prime Minister's Office, “The Queen's Speech 2019: Government Background Paper”, 19 December 2019, https: //www. gov. uk/government/publications/queens – speech – december – 2019 – background – briefing – notes.

③ Prime Minister's Office, “The Queen's Speech 2019: Government Background Paper”, 19 December 2019, https: //www. gov. uk/government/publications/queens – speech – december – 2019 – background – briefing – notes.

• 建立“保障机制供相关方在需要时提出申诉”。[①]

3.《法案》的内容

结合2018年7月公布的草案，法案通过后会带来以下具体的变化。

• 在竞争与市场管理局的竞争法审查之外，单独建立国家安全审查，并对适用的广泛的“引发事件”[②] 做出规定；

• 审查决定将由一名“内阁级国务大臣”[③] 做出，有权对交易施加“必需、合理的救济措施”；

• 政府的干预不限定于特定行业，将对某些“更可能产生国家安全忧虑”的行业予以明确；

• 如政府要求进行详细审查（无论此前是否自愿申报进行“初步审查”），交易在获批前不得交割。在6个月内，可对已完成的交易提出审查；

• 详细的审查最长可需30个工作日方能完成，但政府可对程序“暂停”以供交易方提交所需信息。如发现存在国家安全风险且须进一步进行审查、考虑相应措施，审查期可延长至45个工作日。[④]

4.《法案》的立法前景

《法案》的推进是自2017年起英国在新形势下对长期自由主义、新自由主义规制路径的反省，并在各国纷纷收紧外资法规和政策大背景的裹挟下也开始向其“看齐”“补齐”。从目前《法案》的内容来看，案例法传统下的英国较多借鉴了美国和澳大利亚既有机制的经验，明晰了要在既有以竞争法为主要关注点的竞争与市场管理局主导的审查机制以外围绕“国家安全”建立另一套独立的审查机制。

---

① Prime Minister's Office, “The Queen's Speech 2019: Government Background Paper”, 19 December 2019, https://www.gov.uk/government/publications/queens-speech-december-2019-background-briefing-notes.

② 即收购某实体股份或投票权25%以上；获得对某实体的重大影响或控制权；对某实体扩大重大影响或控制并超以上门槛的；收购50%以上的资产；或对资产的重大影响或控制。

③ 定义为可包括内政大臣、财政大臣或首相。

④ Department for Business, Energy & Industrial Strategy, “National Security and Investment: a Consultation on Proposed Legislative Reforms”, 24 July 2018, https://www.gov.uk/government/consultations/national-security-and-investment-proposed-reforms.

外资审查自2017年起已越来越多存在被政治化的趋势，尤其是对“国家安全”“国家利益”的界定，经常为国际关系、国内政治、产业局势和环保劳工等因素所左右，存在解释泛化、不透明的问题，给企业跨境并购带来了较大的不确定性。另外，从解释文件中也能看到《法案》背后国际关系和地缘政治的影响，“该法案旨在同国际上其他伙伴国的规制方式形成一致”，并强调“包括‘五眼联盟’、德国和日本在内的主要盟友近期均扩大了对商业交易进行审查和干预的权力，保护国家安全”。①

但英国资源禀赋和产业结构的限制以及脱欧的前景迫使它又必须有所节制，自由主义和新自由主义的传统仍有较大的惯性，也有害怕吓跑投资者的现实考虑。说明文件强调，“2002年至今共有11宗基于公共安全理由进行公共利益干预的案例。绝大多数交易无公共安全之忧，政府将在大部分交易中进行迅速的分辨与排除，使交易方得以带着确定性推进交易”。②

目前，《法案》已完成一读，二读具体时间尚未确定③，已被列入2019年的立法计划，因此2020年内获得推动的可能性很大。法学和实务人士均表示，“（《法案》）一旦通过，对在英交易的规划将产生根本性的影响，大大增加了政府对或产生国家安全忧虑的交易的干预范围，审查权全在政府手上，即国家安全考量得以成为完全区别于当前以竞争法为主要内容的并购机制”。④

（二）英国商务部2020年6月颁布三部二级立法

1. 6月新规出台的背景

2020年6月22日，英国商务部向议会提交三部二级立法，在《法案》

---

① Prime Minister's Office, “The Queen's Speech 2019: Government Background Paper”, 19 December 2019, https: //www. gov. uk/government/publications/queens - speech - december - 2019 - background - briefing - notes.

② Prime Minister's Office, “The Queen's Speech 2019: Government Background Paper”, 19 December 2019, https: //www. gov. uk/government/publications/queens - speech - december - 2019 - background - briefing - notes.

③ Steve Browning, “National Security and Investment Bill 2019 - 20”, House of Commons Library, 9 January 2020, https: //commonslibrary. parliament. uk/research - briefings/cbp - 8784/.

④ Global Legal Group, “United Kingdom: Merger Control Laws and Regulations 2020”, 17 December 2019, https: //iclg. com/practice - areas/merger - control - laws - and - regulations/united - kingdom.

通过前率先对《2002年企业法》进行修订，包括"《2002年企业法》2020年法令（对第58条新增考量的细化）"（下文简称"2020年法令一"）和"《2002年企业法》2020年法令（供应份额标准）（修订）"（下文简称"2020年法令二"）以及伴随"2020年法令二"的"《2002年企业法》2020年法令（营收标准）（修订）"（下文简称"2020年法令三"）。[①] 实务人士广泛认为，该新规"旨在在《法案》通过并赋予政府更为宽泛的权力前保护英国"[②]，具有应急性的特征。

2. "2020年法令一"

"2020年法令一"旨在"使政府得以对符合要求的并购（包括收购）进行干预，维护英国抗击公共卫生紧急事件并减缓其影响的能力"。[③] 在新冠肺炎疫情的背景下，英国在政府干预并购的公共利益考量中新加入"公共卫生"因素：若收购涉及的企业在抗击公共卫生紧急事件及减缓其影响中发挥作用，政府现在有权予以干预。[④] 新规所涉及的企业限于"与流行病应对工作直接相关"的企业，例如"从事疫苗研究、生产个人防护设备"的企业。[⑤]

---

① Alok Sharma, "Business Update: Written Statement-HCWS305", *Parliament. UK*, 22 June 2020, https: //www. parliament. uk/business/publications/written – questions – answers – statements/written – statement/Commons/2020 – 06 – 22/HCWS305/.

② Samantha Mobley, Alexander Rickets and Sunwinder Mann, "United Kingdom: UK Government Lowers Intervention Thresholds for Public Health and National Security Related Transactions", *Baker McKenzie-Global Compliance News*, 1 July 2020, https: //globalcompliancenews. com/united – kingdom – uk – government – lowers – intervention – thresholds – for – public – health – and – national – security – related – transactions – 20200701/.

③ Alok Sharma, "Business Update: Written Statement-HCWS305", *Parliament. UK*, 22 June 2020, https: //www. parliament. uk/business/publications/written – questions – answers – statements/written – statement/Commons/2020 – 06 – 22/HCWS305/.

④ Alok Sharma, "Business Update: Written Statement-HCWS305", *Parliament. UK*, 22 June 2020, https: //www. parliament. uk/business/publications/written – questions – answers – statements/written – statement/Commons/2020 – 06 – 22/HCWS305/.

⑤ Alok Sharma, "Business Update: Written Statement-HCWS305", *Parliament. UK*, 22 June 2020, https: //www. parliament. uk/business/publications/written – questions – answers – statements/written – statement/Commons/2020 – 06 – 22/HCWS305/.

“2020年法令一”的出台建立在“英国企业在疫情中遭遇经营困难，或被恶意收购方收购”的假想上，在发生公共卫生灾难前先发制人、未雨绸缪地建立起防护机制。英国商务部对此的表述是“新冠肺炎疫情造成经济困难，一些拥有关键能力的企业或更容易遭到并购，可能并购的方式显出敌意，抑或经济上出现困难而不得不被卖予恶意方”。[①] 这一做法同澳大利亚在疫情中率先宣布“将外资审查的门槛降到0”（即所有外资交易均纳入审查范围）的行为类似。

尽管商务大臣在公布新规时仅以疫苗研究、个人防护设备为例，仍应对其做较为宽泛的理解。解释备忘录中表示，也可能包括“因特网服务提供商或食物供给的连锁公司……因为封城时有可能对因特网服务的需求增加，或出现食物供给的中断”。[②]

由于该修订适用“先行生效”的程序，自次日（2020年6月23日）起生效。[③④]

3. “2020年法令二”与“2020年法令三”

“2020年法令二”及其伴随文件——“2020年法令三”对内政大臣就三个敏感行业的并购交易基于公共利益进行审查的权力进行修订，这三个行业包括人工智能、密码验真技术和先进材料。[⑤] 此举“同2018年短期措施

① Alok Sharma, “Business Update: Written Statement-HCWS305”, *Parliament. UK*, 22 June 2020, https: //www. parliament. uk/business/publications/written – questions – answers – statements/written – statement/Commons/2020 – 06 – 22/HCWS305/.

② “UK Merger Control: New Scrutiny Powers on Public Health and National Security Grounds”, *Travers Smith*, 29 June 2020, https: //www. traverssmith. com/knowledge/knowledge – container/uk – merger – control – new – scrutiny – powers – on – public – health – and – national – security – grounds/.

③ 除非议会在规定时间（通常为28天或40天）内未通过。

④ Alok Sharma, “Business Update: Written Statement-HCWS305”, *Parliament. UK*, 22 June 2020, https: //www. parliament. uk/business/publications/written – questions – answers – statements/written – statement/Commons/2020 – 06 – 22/HCWS305/.

⑤ Alok Sharma, “Business Update: Written Statement- HCWS305”, *Parliament. UK*, 22 June 2020, https: //www. parliament. uk/business/publications/written – questions – answers – statements/written – statement/Commons/2020 – 06 – 22/HCWS305/.

的目的一样，旨在应对与这些产业相关的国家安全风险”。[①]

人工智能行业的企业被界定为其活动包括“从事人工智能研究、开发或生产设计用于人工智能的任何产品，或通过这些活动提供服务”。[②] 密码验真技术与先进材料行业的企业则被定义为活动的范围涵盖“开发、生产先进材料或以密码验真为主要功能的产品”，以及业务涉及“与先进材料功能性相关的知识产权”。[③] 先进材料则被定义为能改变物体外表、可测性、可追踪性、界定的材料。[④]

“2020 年法令二”需议会通过，而“2020 年法令三”则按负面决议程序进行，因此颁布时自动生效。[⑤] 这两个针对《2002 年企业法》的修订是在 2018 年增加了军用/军民两用技术、计算硬件和量子技术三个关键行业后，再次增加三个较为敏感的产业，将适用较低的干预门槛。具体来说，营收标准将适用较低的 100 万英镑，而不是一般的 7000 万英镑；“供应份额”标准则适用相关企业向市场供应“特定描述的所有商品的四分之一及

① Alok Sharma, “Business Update: Written Statement-HCWS305”, *Parliament. UK*, 22 June 2020, https: //www. parliament. uk/business/publications/written – questions – answers – statements/written – statement/Commons/2020 – 06 – 22/HCWS305/.

② Samantha Mobley, Alexander Rickets and Sunwinder Mann, “United Kingdom: UK Government Lowers Intervention Thresholds for Public Health and National Security Related Transactions”, *Baker McKenzie-Global Compliance News*, 1 July 2020, https: //globalcompliancenews. com/united – kingdom – uk – government – lowers – intervention – thresholds – for – public – health – and – national – security – related – transactions – 20200701/.

③ Samantha Mobley, Alexander Rickets and Sunwinder Mann, “United Kingdom: UK Government Lowers Intervention Thresholds for Public Health and National Security Related Transactions”, *Baker McKenzie-Global Compliance News*, 1 July 2020, https: //globalcompliancenews. com/united – kingdom – uk – government – lowers – intervention – thresholds – for – public – health – and – national – security – related – transactions – 20200701/.

④ Samantha Mobley, Alexander Rickets and Sunwinder Mann, “United Kingdom: UK Government Lowers Intervention Thresholds for Public Health and National Security Related Transactions”, *Baker McKenzie-Global Compliance News*, 1 July 2020, https: //globalcompliancenews. com/united – kingdom – uk – government – lowers – intervention – thresholds – for – public – health – and – national – security – related – transactions – 20200701/.

⑤ 除非上院或下院在 40 天会期（sitting days）内通过废除该法定文件（statutory instruments）的动议。

以上”的标准即可，不再要求有“供应份额的增加”。[①] 商务大臣在陈述时表示，新规“将使政府得以基于公共利益对向上述关键行业的中小型企业提起的并购进行干预”，旨在向“试图趁机收购疫情中经营困难企业”的投资者传递一个信号，“英国政府准备好了，在需要的时候保卫国家安全”。[②]

二 中企在英并购新动向：2019 ~2020年度[③]

2019 ~2020 年度，全球范围内的资本流动基本延续了 2018 年度的低迷水平。联合国贸易和发展会议数据显示，2019 年全球对外直接投资 1.39 万亿美元，略低于2018 年的1.41 万亿美元。其中跨境并购同比下降40%，仅为4900 亿美元，是2014 年来的最低点。[④] 2020 年上半年新冠肺炎疫情在全球传播后更进一步影响了交易活动。同期中国企业境外投资也出现大幅下降，对外投资更趋理性，企业活动保持活跃。

专业服务机构[⑤]统计显示，在英投资呈现类似的趋势和特征。全球顶尖律所贝克·麦坚时（Baker McKenzie）和美国研究机构容鼎咨询（RHG）对2019 年交易总额的统计显示，中企在欧投资继 2018 年同比下降超过 40%后，2019 年进一步下降至 134 亿美元，仅为 2017 年最高点时的 20%，为

① Alok Sharma，“Business Update：Written Statement-HCWS305”，*Parliament. UK*，22 June 2020，https：//www. parliament. uk/business/publications/written – questions – answers – statements/written – statement/Commons/2020 – 06 – 22/HCWS305/.

② Alok Sharma，“Business Update：Written Statement-HCWS305”，*Parliament. UK*，22 June 2020，https：//www. parliament. uk/business/publications/written – questions – answers – statements/written – statement/Commons/2020 – 06 – 22/HCWS305/.

③ 跨国并购交易比较复杂，从提出到交割通常时间跨度较长；再则，近年来中企在英投资包括能源、基础设施等牵涉甚广、耗时甚长的领域，本报告所涵盖案例均为交易阶段发生于2019 ~2020年的并购案。

④ United Nations Conference on Trade and Development，“Global Investment Flows Flat in 2019，Moderate Increase Expected in 2020”，20 January 2020，https：//unctad. org/en/pages/newsdetails. aspx？OriginalVersionID =2274.

⑤ 由于中国官方的《中国对外直接投资统计公报》在本文写作时尚未发布，2019 年底发布的《中国对外投资发展报告》仅统计至2018 年底，2019 年全年数据及其与前述自然年的比较尚不可得。

2013 年以来最低值。[①] 但与全球其他地区相比，中企在欧洲的直接投资仍是“北美的两倍以上，投资的领域也更为多元”。[②] 具体到英国，其 2019 年以 38 亿美元同芬兰（53 亿美元）一道成为中企在欧投资的主要目的地，遥遥领先于后面的瑞典（13 亿美元）、德国（7 亿美元）和意大利（7 亿美元）。[③] 而芬兰的投资额主要来源于单宗交易[④]，具有偶发性。可以说，英国仍是中国企业在欧洲最为重要的投资目的地。国内咨询机构的数据基本一致，晨哨并购研究部的数据监测也显示，2019 年中国投资者在英国发起的并购交易中处于“交割状态”的有 22 宗，依披露交易金额的计 18 宗，共达 37.9 亿美元。这同贝克·麦坚时与容鼎咨询的统计一致，在英投资显现出“中小额交易占比高”的特征。[⑤] 贝克·麦坚时 2020 年 6 月的报告显示，中国企业 2020 年 1 ~5 月在欧投资额同比下降 93%，为 14 亿美元。同期赴北美交易额下降 89%，仅为 7 亿美元。[⑥]

2019 ~2020 年度，中国企业在英并购投资集中于房地产、科技、教育和制造业。尽管缺乏大宗交易，企业的并购投资活动仍较为活跃，且更趋理性。

（一）房地产

房地产[⑦]一直是近十年来中企投资英国的重要产业。在英镑走低、英房

---

① Carolynn Look, “Europe May See Chinese Investment Rivival, Baker McKenzie Says”, *Bloomberg*, 9 January 2020, https://www.bloomberg.com/news/articles/2020-01-09/europe-may-see-chinese-investment-revival-baker-mckenzie-says.

② Baker McKenzie, “Chinese Investment in Europe and North America Hits 9-Year Low; Signs of Recovery for 2020”, *Lexology*, 8 January 2020, https://www.lexology.com/library/detail.aspx?g=f53a07d1-808e-4074-9f07-ff9efec27152.

③ Baker McKenzie, “Chinese Investment in Europe and North America Hits 9-Year Low; Signs of Recovery for 2020”, *Lexology*, 8 January 2020, https://www.lexology.com/library/detail.aspx?g=f53a07d1-808e-4074-9f07-ff9efec27152.

④ 主要来自安踏收购芬兰高端体育用品公司亚玛芬（Amer Sports）。

⑤ 晨哨并购研究所：《中资海外并购 2019 回顾与 2020 展望》。

⑥ Chad Bray, “Foreign Companies on China M&A Deal Spree as Beijing Further Opens up Financial, Auto Sectors”, *South China Morning Post*, 26 June 2020, https://www.scmp.com/business/banking-finance/article/3090568/foreign-companies-china-deal-spree-beijing-further-opens.

⑦ 本年度报告兼论企业和个人的房地产投资。

地产市场价格低估、海外买家税开征①的预期下，中国资本在该领域的投资热情得以延续，尤其是2019年底出现了一波热潮。在此背景下，2020年2月英国国家统计局公布，2019年12月英国平均房价上涨2.2%，为2018年2月以来首次英国所有地区均达到正增长，伦敦房价同比涨幅达2.3%，11月同比增长仅为0.4%。② 除了来自中国内地的企业与个人投资者，2019~2020年度涌入英国购买房地产的香港公司的数量也相当可观。

本年度中企在英房地产投资既包括传统的写字楼，也有近些年的热点——住宅项目，还有对养老地产等新兴热点的交易。2019年8月，复星旗下的地产投资平台瑞瑟路盛地产（Resolution Property）以2800万英镑完成对伦敦写字楼伦敦复景（Vantage London）的收购。该写字楼共12层，位于西伦敦布伦特福德东（Brentford East），因球场及相关居民区的建设重新成为热点区域。③ 2019年12月，中渝置地向西伦敦的大型商场怀特利（Whiteleys）的改建项目注资1.82亿英镑。该商场建于1911年，是伦敦第一家百货商场，拟2023年完工的改建项目包括豪华住宅、酒店、零售等。④ 2019年下半年，中国信泰资本同美国房地产投资信托基金欧米加保健投资者公司（Omega Healthcare）建立合资企业，投资2.32亿美元完成对以养老地产为主的美上市房地产投资信托基金海尔斯皮克地产（Healthpeak Properties）剩余49%股份的收购，加上信泰此前收购的51%，全资收购了67处位于英国各地的养老地产。⑤

---

① 海外买家税的开征于2020年3月11日宣布，7月公布细则。

② ONS, "UK House Price Index: December 2019", 19 February 2020, https://www.gov.uk/government/news/uk-house-price-index-for-december-2019.

③ Capital West London, "06 Aug Resolution buys Vantage", 6 August 2020, https://cwlgrowthsummit.co.uk/resolution-buys-vantage/.

④ Samantha McClary, "CC Land Partners Meyer Bergman on Whiteleys", *Radius Data Exchange*, 23 December 2019, https://www.egi.co.uk/news/cc-land-partners-meyer-bergman-for-whiteleys-redevelopment/.

⑤ "Cindat Capital Management and Omega Healthcare Announced JV", *Reality NXT*, 6 January 2020, https://realtynxt.com/2020/01/06/cindat-capital-management-and-omega-healthcare-announced-jv/amp/.

（二）制造业

本年度最引人注目的交易之一是2020年3月中国民营企业河北敬业集团5000万英镑收购英国钢铁公司。[①] 敬业集团承诺未来10年投入12亿英镑，运用可持续的现代技术开辟新的产品线，产品面向英国和全球市场。[②] 该收购将保住3200多个就业岗位。[③] 尽管有媒体炒作，在同政府、接管人、管理层、工会、供货商和雇员进行沟通后，该交易顺利获得各方支持并交割完成。首相约翰逊表示，“欢迎敬业承诺投资12亿英镑……这不仅将保住几千个工作岗位，而且将确保英国钢铁公司持续发展”。[④] 出席交割仪式的商务大臣夏尔马表示，该交易“表现出敬业对英国钢铁产业的信任……对于那些以工业钢铁生产为生的地区来说，这也标志着一个新时代的开始”。[⑤]

（三）科技

科技投资无疑是该年度的亮点，腾讯、网易等近年在英国屡屡收购的企业继续完成了多宗收购。腾讯持续对游戏公司进行投资。2019年7月24日，腾讯领投了英国游戏公司安特斯提姆经典游戏（Antstream Arcade）的A轮融资。该公司是可支持一账户跨手机、单机、平板等多设备的老游戏平

---

① 敬业集团3月完成在英国和荷兰资产的交割，将继续推进在法国资产的交割。

② Department for Business, Energy & Industrial Strategy and The Rt Hon Alok Sharma MP, “British Steel Sale to Jingye Group Completes”, 9 March 2020, https://www.gov.uk/government/news/british－steel－sale－to－jingye－group－completes.

③ Department for Business, Energy & Industrial Strategy and The Rt Hon Alok Sharma MP, “British Steel Sale to Jingye Group Completes”, 9 March 2020, https://www.gov.uk/government/news/british－steel－sale－to－jingye－group－completes.

④ Department for Business, Energy & Industrial Strategy and The Rt Hon Alok Sharma MP, “British Steel Sale to Jingye Group Completes”, 9 March 2020, https://www.gov.uk/government/news/british－steel－sale－to－jingye－group－completes.

⑤ Department for Business, Energy & Industrial Strategy and The Rt Hon Alok Sharma MP, “British Steel Sale to Jingye Group Completes”, 9 March 2020, https://www.gov.uk/government/news/british－steel－sale－to－jingye－group－completes.

台，付费后即可在该平台玩1000款已获授权的经典游戏。[①] 2019年11月15日，腾讯收购英国上市游戏公司苏摩集团（Sumo Group）9.96%的股份。该公司成立于2003年，是英国顶尖的视频游戏独立开发商。[②] 除游戏行业外，腾讯还通过并购获得创新技术，与其拟开发的业务实现紧密融合。2019年9月24日，由腾讯牵头的财团完成对英国区块链公司艾弗莱杰（Everledger）的A轮投资，总投资额达2000万美元。该公司成立于2015年，主要产品为区块链平台，用于追溯钻石的所有权人、大小、切工和净度等信息，同时还涉及艺术品和高端酒。腾讯拟同该公司合作推出世界上第一个支持区块链钻石的微信小程序，让微信用户通过小程序"更透明、安全地购买珠宝"。[③] 2019年10月，由腾讯牵头的财团完成对英国地理空间技术公司SenSat的A轮投资，总额达1000万美元。该公司成立于2015年，主要服务于建筑、采矿和能源等行业的公司，在开展相关项目时对这些公司创建项目所在地点进行"数字重建"，用于训练人工智能系统。[④]

本年度另一焦点交易是2019年8月28日江苏沙钢集团18亿英镑收购英国数据运营商数据中心公司（Global Switch）剩余24%的股份，此前沙钢分别于2016年、2018年收购该公司24.99%和49%的股份。该公司成立于1998年，现运营的12家数据中心分布于欧洲和亚洲，现计划在

---

① James Batchelor, "Tencent Leads 'Substantial' Funding Round for Retro Games Streaming Platform Antstream", *Gamesindustry*, 23 July 2019, https: //www. gamesindustry. biz/articles/2019 – 07 – 23 – tencent – leads – substantial – funding – round – for – retro – games – streaming – platform – antstream.

② James Batchelor, "Tencent buying 10% of Sumo Group", *Gamesindustry*, 15 November 2019, https: //www. gamesindustry. biz/articles/2019 – 11 – 15 – tencent – buying – 10 – percent – of – sumo – digital.

③ Robert Stevens, "Everledger Closes ＄20 Million Series a Funding Round Led by Tencent", *Yahoo Finance*, 24 September 2019, https: //sg. finance. yahoo. com/news/everledger – closes – 20m – series – led – 103000287. html.

④ Paul Sawers, "Tencent Leads ＄10 Million Investment in SenSat to Create Real-Time 'Simulated Realities'", Venture Beat, 1 October 2019, https: //venturebeat. com/2019/10/01/tencent – leads – 10 – million – investment – in – sensat – to – create – real – time – simulated – realities/.

香港上市。[①]

除腾讯和沙钢以外，2019 年 11 月 26 日，网易以约 3000 万美元收购英国游戏开发公司博萨工作室（Bossa Studios）股权。该公司成立于 2010 年，也希望借此次交易进入中国市场。[②] 2019 年 7 月，字节跳动收购全球顶尖的音乐人工智能公司点唱台（Jukedeck）。使用者可通过人工智能技术创造出属于自己的音乐用于网络视频，这使抖音用户在配音乐时能省去大量时间，而且这些内容不涉及版权费用。[③]

（四）教育

教育是英国近年来力推的产业之一，双向投资的热情很高，尤其是中企对英教育投资近两年成为热点，预期将进一步走强，下一年度应会成为亮点。本年度中企在英教育领域的收购多为寄宿学校（小学、中学）或英语培训类的机构。2019 年 7 月，碧桂园旗下的博实乐教育集团以 1.5 亿英镑全资收购英国教育集团剑桥文理学院。被收购方成立于 1952 年，专门提供大学学前课程及英语语言教学，在英国、北美和中国拥有多个校区。[④] 博实乐在此之前已连买三所：2018 年 10 月买下寄宿学校伯恩茅斯学校（Bournemouth Collegiate School），2019 年 6 月以 3800 万英镑全资收购两家学校——位于威尔士的圣麦克学校（St. Michael's School）和位于英格兰北安普顿的高中博斯沃思学校

① Reuters, "Chinese Steel Maker Picks Additional 24% Stake in Global Switch Ahead of IPO", *Ruben Brothers*, 28 August 2019, https://www.reubenbrothers.com/chinese-steel-maker-picks-additional-24-stake-in-global-switch-ahead-of-ipo/.

② Matthew Handrahan, "NetEase Buys Minority Stake in Bossa Studios", *Gamesindustry*, 26 November 2019, https://www.gamesindustry.biz/articles/2019-11-26-netease-buys-minority-stake-in-bossa-studios.

③ Reuters, "China's ByteDance Ventures into AI-Generated Music with Jukedeck Deal", 24 July 2019, https://www.reuters.com/article/us-china-bytedance-idUSKCN1UJ0NN.

④ Cambridge Education Group, "Bright Scholar to Acquire CATS Colleges from Bridgepoint and Cambridge Education Group", https://www.cambridgeeducationgroup.com/news/view, bright-scholar-to-acquire-cats-colleges-from-bridgepoint-and-cambridge-education-group_14.htm.

(Bosworth Independent College)。[①] 2020年4月，陕西君子教育投资集团收购成立于1874年的私立寄宿混校阿伯茨·布罗姆利学校（Abbots Bromley School）。该校2019年因生源问题陷入财务危机，招生规模约600人。[②]

三　中企在英并购的前景

2020年1月31日，英国正式脱欧。2020~2021年度中国企业在脱欧后的英国投资并购的前景，除了投资方自身各种因素外，还取决于以下几个因素：两国经济结构和企业优势上的互补性、英国国内的经济形势与政策、国际关系演变背景下英国对华政策与中英关系的变化以及《法案》通过后英在实施中的具体把握。未来一年，两国在经济结构和企业优势的互补性这一基本面上应不会有大的改变，因此本报告将从其他三个因素来分析、探究其走势及可能对中企在英投资产生的影响。

（一）英国国内的经济形势与政策

脱欧形势的明朗无疑给英国的经济带来了确定性，目前各方保持乐观，约翰逊的支持率也在攀升。与此同时，同其他国家一样，疫情下多家英国公司出现经营困难、大幅裁员，如英国石油、英国天然气公司、英国航空公司、英国维珍航空、易捷航空、汇丰银行、哈罗德百货、汉堡王（英国）、埃森哲、罗尔斯·罗伊斯以及阿斯顿·马丁和宾利等车企。另据报道，有13所大学[③]或面临"财务灾难"。[④] 国家统计局6月发布的数据也证实，失

① 《刚刚买下两所英国私校后，博实乐教育再出1.92亿美元收购剑桥文理学院》，新浪财经，2019年7月10日，http://finance.sina.com.cn/roll/2019-07-10/doc-ihytcitm0996119.shtml。

② Rosemary Bennett, "Chinese Investors Pull Another Private School back from Brink", *The Times*, 28 April 2020, https://www.thetimes.co.uk/article/chinese-investors-pull-another-private-school-back-from-brink-5hsk2t6mx.

③ 多为排名靠后、名气较小的大学，见后注《卫报》（*The Guardian*）对财政研究所（Institute for Fiscal Studies）研究的报道。

④ Richard Adams, "UK Universities Facing Possible Financial Disaster, Research Says", *The Guardian*, 6 July 2020, https://www.msn.com/en-gb/news/uknews/uk-universities-facing-possible-financial-disaster-research-says/ar-BB16mSrz.

业和申请社会保障福利的人口在4~5月增长了160万，到达280万的高点，这也是1993年以来的最高点，较之上一次经济衰退时高出了120万。[①] 未来在合适的前提下，应可期许包括中国企业在内的国际资本在英并购更为活跃。

短期来看，约翰逊政府将继续在“全球英国”的口号下大力推动与其他各国及贸易组织的经济交往，如英加澳新四国互通、加入《全面与进步跨太平洋伙伴关系协定》（CPTPP）以及签订双边自贸协定等。在这一过程中，中国无疑是英国的主要市场之一。贝克·麦坚时和容鼎咨询的年度分析也指出，“脱欧后的英国在2020年应会积极寻求来自中国的资本，消减脱欧的消极经济影响”。[②] 本年度英国推出的一系列政策和规划也应会推动两国包括资本流动在内的经济交往，如实施更为灵活和积极的签证政策、发布《英国研发路线图》等大举推动研发和教育产业、2020预算案中计划未来五年投资1000亿英镑全面升级基础设施等。

目前来看，全球资本对英国的经济前景和投资潜力也十分有信心，无论是特斯拉拟在英国建立欧洲首个超级工厂[③]，专注于房地产投资的美国投资基金黑石2月、3月分别以46.6亿英镑和1.2亿英镑收购英国最大学生公寓集团IQ学生公寓（IQ Student Accommodation）[④] 和英国房地产基金管理公司克利贝尔（Clearbell）旗下的物流资产包。这个物流资产包涵盖遍布英国的22处中小型工业和物流资产，总面积达18.6万平方米，主要是仓库和物流中心。[⑤]

---

① Tony Wilson, “Record Unemployment Looms in the UK. Here's What the Government Must Do”, *The Guardian*, 16 June 2020, https://www.theguardian.com/commentisfree/2020/jun/16/record-unemployment-uk-government-ons-figures-labour-market.

② Baker McKenzie, “Chinese Investment in Europe and North America Hits 9-Year Low; Signs of Recovery for 2020”, 8 January 2020, https://www.bakermckenzie.com/en/newsroom/2020/01/chinese-investment-in-europe-na.

③ Simon Alvarez, “A Tesla Gigafactory Located in the UK Could Actually be a Stroke of Genius”, *Teslarati*, 4 June 2020, https://www.teslarati.com/tesla-gigafactory-uk-makes-sense/.

④ Julia Kollewe, “Blackstone Pays Record £4.7bn for Student Housing Firm IQ”, *The Guardian*, 27 February 2020, https://www.theguardian.com/business/2020/feb/26/blackstone-pays-iq-student-housing-firm-goldman-sachs-wellcome.

⑤ Lucy Alderson, “Blackstone Buys Clearbell Portfolio for £120m”, *Radius Data Exchange*, 23 March 2020, https://www.egi.co.uk/news/blackstone-buys-clearbell-portfolio-for-120m/.

（二）国际关系演变背景下英国对华政策与中英关系的变化

相较而言，国际关系演变背景下英国对华政策与中英关系的走向不确定性更大。英国政府2020年1月批准华为参与5G建设，后于7月推翻决定，加之英国在香港问题上的表态，引发了中英关系走低。11月美国大选的选情及其对英国对华政策以及与中国的关系可能带来的影响，不确定性很大。

2020年6月三部新规出台的背景之一便是英国国内声音的变化，保守党内越来越多地呼吁应对中英关系进行重大调整，舆观的民调也显示52%的受访者认为“即使可能危及与中国的贸易关系，也应将华为从第五代通信网络中排除”。[①] 《经济学人》智库的首席经济学家西蒙·巴普提斯特（Simon Baptist）认为，英国尤其是保守党现在的反对声音越来越大，中英关系中的对抗性加剧，预测未来中企在英投资或下降，反向亦然。[②] 英国国内各方势力的变化与博弈，仍有待进一步观察，目前形势并不明朗。国防参谋长尼克·卡特（Nick Carter）7月7日在国防委员会对议员做如下表示，对中国的快速发展，“需要战略性的应对”，“目前要将它描述为威胁为时过早，它是一个挑战，我认为我们在采取战略应对时应承认这一点”。[③] 从目前约翰逊政府的态度和路径来看，或会在主要议题上同“五眼联盟”口径一致，但同时保持自己的灵活性。

（三）《法案》通过后英在实施中的具体把握

具体到在英并购投资以及投资审查领域，2020年6月三部法令出台后

---

① Harry Yorke, “Chinese Investment in Britain's Nuclear Energy Sector Could be Reviewed, Business Secretary Suggets”, *The Telegraph*, 7 July 2020, https://www.telegraph.co.uk/politics/2020/07/07/chinese-investment-britains-nuclear-energy-sector-could-reviewed/.

② “The More Confrontational UK-China Relationship Will Affect Investment: EIU”, *CNBC*, 9 July 2020, https://www.cnbc.com/video/2020/07/09/the-confrontational-uk-china-relationship-will-affect-investment-eiu.html.

③ Harry Yorke, “Chinese Investment in Britain's Nuclear Energy Sector Could be Reviewed, Business Secretary Suggets”, *The Telegraph*, 7 July 2020, https://www.telegraph.co.uk/politics/2020/07/07/chinese-investment-britains-nuclear-energy-sector-could-reviewed/.

的实施情况以及晚些时候《法案》的具体实施，是计划在英投资的企业更为关注的问题。

2020 年 6 月的三部法令出台后商务大臣夏尔马就表示，中国在英核能领域的投资或需审查①，指向了中广核的欣克利角 C 项目。除此以外，包括托比亚斯·埃伍德在内的保守议员一直在推动对华为和其他中国企业在英投资进行审查。商务大臣也曾表示，关于降低中国企业在关键的国家级基础设施和行业中作用的影响，政府“将仔细、全局地进行考虑”。② 除了中广核，可能成为潜在目标的还包括投资电网和水务的中国企业。③

尽管英国的经济形势和脱欧的局势都促使其将经济放在非常重要的位置，政府在针对 6 月颁布的三部法令和《法案》进行阐述时也认为新规的直接影响应较小。然而需要注意的是，英国政府除了已表示出可能对几起中企投资进行审查的意愿，从 2017 年英国开始就建立投资审查制度进行讨论时，中国企业就一直在风口浪尖上。2017～2018 年度唯一两起“国家安全”审查均针对中企收购：陕西炼石有色收购北方航空④和海能达收购赛普乐对讲机公司⑤均受到审查。目前所知的 2019 年四宗审查中也有两宗涉及中国企业⑥：加德纳拟收购精密制造企业因普克罗斯（Impcross）的交易于 2019

① Harry Yorke, “Chinese Investment in Britain's Nuclear Energy Sector Could be Reviewed, Business Secretary Suggets”, *The Telegraph*, 7 July 2020, https://www.telegraph.co.uk/politics/2020/07/07/chinese-investment-britains-nuclear-energy-sector-could-reviewed/.

② Harry Yorke, “Chinese Investment in Britain's Nuclear Energy Sector Could be Reviewed, Business Secretary Suggets”, *The Telegraph*, 7 July 2020, https://www.telegraph.co.uk/politics/2020/07/07/chinese-investment-britains-nuclear-energy-sector-could-reviewed/.

③ Harry Yorke, “Chinese Investment in Britain's Nuclear Energy Sector Could be Reviewed, Business Secretary Suggets”, *The Telegraph*, 7 July 2020, https://www.telegraph.co.uk/politics/2020/07/07/chinese-investment-britains-nuclear-energy-sector-could-reviewed/.

④ 2018 年，陕西炼石有色（通过全资孙公司加德纳航天）收购北方航空时，英政府根据修改后的《2002 年企业法》提起审查，最终无条件通过审查。

⑤ 2017 年中企海能达收购赛普乐对讲机公司，由于后者同时为伦敦警察生产对讲机而引发国家安全方面的担忧，最终在双方做出承诺后通过。

⑥ 另两宗为连接财团（Connect Bidco）拟收购国际移动卫星公司（Inmarsat）、阿尔康沃财团（Al Convoy Bidco）拟收购防务公司克伯翰（Cobham）。

年12月5日由商务大臣宣布提交审查，2020年4月放弃交易[①]；12月20日，商务大臣将中国基金航星（Aerostar）拟收购航太设备制造企业麦提斯航天（Mettis Aerospace）的交易提交审查，2020年2月放弃交易。[②]

与此同时，一些处于谈判阶段的交易也纷纷受阻或主动进行调整。2020年2月，中铁总公司曾提出参与建设英国高铁2号线（HS2），但目前无进一步消息。2020年5月，字节跳动拟将抖音海外版（TikTok）的欧洲总部设立在英国伦敦，并于4月向英国皇家护理学院基金会捐款500万英镑，帮助面临困难的一线护士和医生，“是迄今为止在疫情期间，英国收到的来自社交媒体公司的最大一笔赠款”。[③] 但在英国政府修改关于华为的决定后，选址拟挪至都柏林。[④] 当然，从另一个角度来说，《法案》若通过，“另一只靴子落下来”后，对企业的交易来说，透明度、确定性更大，或带来投资的增长，尤其在非敏感领域。

2020～2021年度，中国企业在英国的投资面临投资审查、双边关系、国际局势较大的不确定性，除了可预见房地产市场进一步走强，教育、非敏感科技领域的合作应会加强，其他行业恐怕还有待观望。需要提醒的是，《法案》的内容也适用于学术合作和研究项目，以“遏制中国在英国大学内的影响”。[⑤]

---

① Department for Business, Energy & Industrial Strategy, “Proposed Acquisition of Impcross by Gardner Aerospace: Draft Undertakings”, 17 June 2020, https://www.gov.uk/government/consultations/proposed - acquisition - of - impcross - by - gardner - aerospace - draft - undertakings.

② Department for Business, Energy & Industrial Strategy, “Proposed Acquisition of Impcross by Gardner Aerospace: Draft Undertakings”, 17 June 2020, https://www.gov.uk/government/consultations/proposed - acquisition - of - impcross - by - gardner - aerospace - draft - undertakings.

③ Sophia Smith Galer, “Coronavirus: TikTok Donates 5m to Royal College of Nursing Foundation”, *BBC*, 17 April 2020, https://www.bbc.com/news/technology - 52318984.

④ Colm Gorey, “TikTok Potentially Eyes Dublin for New Headquarters After UK Talks Stall”, *Silicon Republic*, 20 July 2020, https://www.siliconrepublic.com/companies/tiktok - london - hq - dublin - huawei - ban.

⑤ Harry Yorke, “Chinese Investment in Britain's Nuclear Energy Sector Could be Reviewed, Business Secretary Suggets”, *The Telegraph*, 7 July 2020, https://www.telegraph.co.uk/politics/2020/07/07/chinese - investment - britains - nuclear - energy - sector - could - reviewed/.

B.19
约翰逊政府两次华为决策的背景与逻辑

刘 晋*

摘 要： 基于梅政府时期的电信供应链评估，约翰逊政府2020年1月做出了有限度地允许华为参与英国5G建设的决策。然而，该决策公布后即引发不少保守党议员的反对以及特朗普政府的强烈不满。在新冠肺炎疫情强化英国国内“疑华、反华”情绪以及美国政府升级对华为出口控制的背景下，约翰逊政府的华为立场短短半年内就出现了转变，并在7月的第二次决策中决定禁购并移除华为设备。仔细研究约翰逊政府两次华为决策的内容和逻辑可以发现，在可能的情况下，英国历来希望以技术安排实现自身利益的最大化，避免所谓的“选边站队”。只不过在华为问题高度政治化以及美国最新制裁将造成巨大技术和安全难题的情况下，执行这种路径的难度极其巨大。

关键词： 华为 5G 电信供应链 中英关系 中美关系

2020年1月28日，在经过长时间的评估和多次延迟后，约翰逊政府最

* 刘晋，法学博士，中国国际问题研究院欧洲研究所助理研究员，研究方向为英国外交与战略、海洋战略与安全。

终公布了外界期待已久的华为决策，正式允许华为在若干限制下有限度地参与英国的5G建设。① 然而，万事并未大吉。这份决策不仅在英国国内引发不小反对，威胁保守党在大选中得来不易的团结和多数地位，亦招致特朗普政府的巨大压力和“威胁”。英国国内争论的重点从华为的“安全风险”转移到了允许它参与5G建设后将产生的负面国际后果。到了7月，在新冠肺炎疫情强化英国国内“疑华、反华”情绪以及美国政府升级华为出口控制的背景下，约翰逊政府的华为立场出现重大变化，其决定从2021年开始禁购华为5G设备，并在2027年底之前剥离英国5G网络中的所有华为设备。约翰逊政府的华为立场为什么会在短短半年时间内发生这样重大的变化？这两次决策的具体内容和逻辑分别是什么？疫情如何影响英国国内涉华舆论？对其政府对华立场有何影响？美国是如何对约翰逊政府施压的？美国的出口限制措施在约翰逊政府的决策变化中扮演了何种角色？本文意在回顾过去一年相关事态发展的基础上回答上述问题。

一　供应链评估与有限参与

约翰逊政府的华为决策并非单纯的国内事务，有着特殊的国际背景。2018年以来，特朗普政府强化了对华为的打压力度，并不断要求盟友在网络建设尤其是5G建设中禁用华为设备。然而，华为已在英国运行近20年，不仅深度参与了英国的3G和4G建设，更是英国三大5G设备供应商之一。在脱欧带来不确定性，各国争先恐后开展5G建设以期夺取发展先机的背景下，禁止华为的经济和政治代价实在不菲。作为美国的“特殊盟友”，英国政府左右为难，试图在“非允许即禁止”之间找到一

① UK Department for Digital, Culture, Media & Sport (DCMS), “New Plans to Safeguard Country's Telecoms Network and Pave Way for Fast, Reliable and Secure Connect”, 28 January 2020, https://www.gov.uk/government/news/new - plans - to - safeguard - countrys - telecoms - network - and - pave - way - for - fast - reliable - and - secure - connectivity.

条折中路径。[①] 为了在“复杂的全球威胁环境以及复杂的全球市场”背景下研究这种路径的技术可行性，梅政府2018年10月启动了对英国电信供应链的全面评估。[②]

2019年7月22日，英国政府公布了评估报告全文。[③] 该评估由英国数字、文化、媒体和体育部（DCMS）牵头，主要依据的是英国电信业的反馈、英国网络安全权威机构国家网络安全中心（National Cyber Security Centre，NCSC）的技术建议、会计师事务所毕马威对其电信供应链进行的经济分析以及国际同行保障电信安全的做法，是一份综合反映英国政府技术部门、业界态度及其电信供应链现状的权威评估。值得注意的是，尽管评估启动于梅政府时期，并在约翰逊接任保守党党首前一天公布结果[④]，该评估不仅未被约翰逊政府推翻，更成为其2020年1月出台的华为决策的主要依据，体现了当时英国政府内部在华为问题上的主流态度和普遍倾向。

这份评估报告认为，英国电信供应链面临两大现状[⑤]：一是固定及移动接入市场被华为、爱立信和诺基亚三家全球大公司主导。其中华为的领先地位尤其明显，在其固定接入市场一枝独秀，占据高达44%的市场份额，在4G移动接入市场也占据了最高的35%的份额。二是对单一供应商，尤其是

---

① 参见刘晋《英国对华为参与5G建设的立场及其走势》，载王展鹏主编《英国发展报告（2018～2019）》，社会科学文献出版社，2019。

② DCMS, *UK Telecoms Supply Chain Review Report*, 22 July 2019, p. 11, https://www.gov.uk/government/publications/telecoms-supply-chain-review-terms-of-reference.

③ DCMS, *UK Telecoms Supply Chain Review Report*, 22 July 2019；该评估原计划在2019年春完成，以便为梅政府的华为决策提供依据，但受到脱欧事务、英国内政变化及观望态度影响，最终历经九个月才完成。关于评估原定完成计划，见UK Department for DCMS, *Telecoms Supply Chain Review: Terms of Reference*, 8 November 2018, p. 2, https://www.gov.uk/government/publications/telecoms-supply-chain-review-terms-of-reference。

④ 事实上，7月22日正是保守党党首选举结束的日子。23日，选举结果揭晓，约翰逊胜选接任党首，24日，女王接受了梅的辞呈并任命约翰逊为下一任英国首相。

⑤ 见DCMS, *UK Telecoms Supply Chain Review Report*, 22 July 2019, pp. 29-30；本节对该评估的归纳和分析不再一一列出页码。

对“高风险”供应商（即华为）的依赖日益加深。[①] 评估报告预计，如果不加控制，华为设备在英国 5G 接入网的占比将很可能显著高于它在英国 3G/4G 网络中的份额。这种依赖将带来重大经济与安全风险。从经济层面来说，对少数几家公司的依赖将阻碍竞争，从长远来看不仅可能促使垄断者抬升价格，还会削弱它们创新及提升产品质量的动力。安全方面的风险更为严峻。对单一供应商（特别是高风险供应商）的依赖不仅将增加英国电信业发生“系统故障”或“被敌对力量利用”的风险，进而增加国家安全风险，还可能“给予某个企业或国家不恰当的战略经济优势”。[②]

评估报告相信，英国电信供应链特定市场上的这种高度集中的状态主要是“市场失灵”所致，即高水平的研发投入、规模经济、激烈竞争、高额转

① 尽管未直接画上等号，英国政府认定的“高风险”供应商目前专指华为。英国国家网络安全中心在英国政府 1 月公布华为决策的同时，正式给出了可以说是为华为量身定做的“高风险”供应商界定标准，包括该供应商在英国电信网络中的战略分量、工程实践与网络安全控制措施的质量和透明程度、既往行为史、技术及供应层面的可靠程度、所有权性质及受作业地所在国控制程度等。根据这些标准，英国政府认定的“高风险”供应商只有两家，即华为与中兴，但由于国家网络安全中心曾在美国制裁中兴的背景下认定“使用中兴产品对英国国家安全造成的风险无法缓和”，因而早在 2018 年就要求英国电信业不要使用中兴产品，华为实际上是目前唯一被英国认定为“高风险”的供应商，也是唯一与国家网络安全中心达成过一个定制版的“（风险）缓和战略”的供应商，这也是华为在英国市场上运行的前提条件。见 NCSC，*NCSC Advice on the Use of Equipment from High Risk Vendors in UK Telecoms Networks*，28 January 2020，p. 4，https：//www. ncsc. gov. uk/guidance/ncsc - advice - on - the - use - of - equipment - from - high - risk - vendors - in - uk - telecoms - networks；NCSC，*Security Analysis for the UK Telecoms Sector*，28 January 2020，pp. 22 - 23，https：//www. ncsc. gov. uk/report/summary - of - ncsc - security - analysis - for - the - uk - telecoms - sector；“China's ZTE Deemed a ‘National Security Risk’ to UK”，*The Guardian*，17 April 2018，https：//www. theguardian. com/technology/2018/apr/17/chinas - zte - a - national - security - risk - to - uk - warns - watchdog。

② 该评估认定，国家行为体对英国的电信部门构成了最严重的网络威胁，并明确点出俄罗斯、中国、朝鲜及伊朗四国。由于英国电信部门中并不存在其他三国电信企业的设备，这里的“某个国家”主要是指中国。指出这一点主要是为了提醒中国读者，这份评估主要是针对华为展开的。但这并不是说，英国将永远视华为为高风险供应商，永远视中国为主要网络威胁来源，也不排除英国未来将这套为华为量身定做的标准应用于其他供应商。实际上，国家网络安全中心在为英国电信业提供的“指导”中特别指出了这一点。见 NCSC，*NCSC Advice on the Use of Equipment from High Risk Vendors in UK Telecoms Networks*，28 January 2020，p. 9。

换成本、声誉及全球联系、特定国家的政策扶持等“结构性”因素制造了很高的“进入壁垒”，推动了供应商之间的高度集中。此外，在重商业利益的经营模式下，供应商主动强化网络安全管理的意愿往往不足。评估由此认定，英国电信业仅凭其自身已经无法有效应对其电信供应链面临的安全与经济风险，应加强政府及电信监管机构的政策干预。具体而言，评估认为应在两个方面强化政策干预：一是为英国5G网络创立更有力的网络安全框架。这主要包括出台《新电信安全要求》（New Telecoms Security Requirements），提高电信业安全门槛，要求运营商强化网络管控；出台法案，强化政府支撑力及电信监管机构Ofcom的监管权力；要求供应商遵守《新电信安全要求》、加强产品安全测试，并根据安全风险程度对高风险供应商施加额外控制。二是增强英国电信供应市场的竞争性、可持续性及多元性。这主要包括吸引具有竞争力的其他国际供应商进入英国市场，在英国产业战略指导下，通过研发支持、提升互通性等手段支持小、新供应商发展等。

该评估对英国电信供应链现状、面临风险及根源的认知，以及提出的应对措施表明，尽管面临美国施加的强大压力，英国政府彼时仍认为华为的“风险”可控，倾向于以政策手段对其施加某种限制，而不是直接将其拒之门外。[①] 这种在梅政府时代就已经存在的折中倾向明白无误地体现在约翰逊政府2020年1月公布的“华为决策”之中。该决策可归纳为以下几点：第一，高风险供应商将被排除在英国5G网络敏感部分之外，包括关键基础设施中一切与安全相关的网络、网络核心功能区、包括核设施及军事基地在内的敏感地点。第二，在非敏感的边缘部位（即接入网）不得占有超过35%的份额。华为占比超过35%的运营商应在3年内尽快将其降至这个比例。第三，政府将尽快推进相关立法，并促进英国电信市场的多元化。[②] 鉴于华

① 关于禁止华为可能对英国带来的经济和政治代价，见刘晋《英国对华为参与5G建设的立场及其走势》。

② DCMS, “New Plans to Safeguard Country's Telecoms Network and Pave Way for Fast, Reliable and Secure Connect”, 28 January 2020; NCSC, *NCSC Advice on the Use of Equipment from High Risk Vendors in UK Telecoms Networks*, 28 January 2020.

为在英国固定核心网及移动核心网市场份额中占比本就不算特别高（分别为14%和17%），上述措施尽管将华为排除在英国5G核心网之外，但根据其在固定接入（44%）和移动接入（35%）市场的原有份额，为其保留了相当比例的对华为来说可能更加重要的接入网市场，因而一经公布就受到了华为的欢迎。[①]

二　约翰逊政府华为立场变化的背景

然而，“好景”不长。这项决策宣布后不仅立即招来了美国政府，尤其是特朗普本人的“怒火”，亦遭到若干保守党议员的公开反对，引发保守党的“局部分裂”，甚至威胁该党前不久刚刚在脱欧大选中历史性赢得的多数地位。此外，2月以来蔓延到欧陆及英国并造成重大生命和财产损失的新冠肺炎疫情，强化并扩大了英国国内本已存在的“疑华、反华”情绪，进而牵连到华为。更重要的是，美国政府5月强化了对华为的出口控制，让华为本身的供应链变得极不稳定。在这种背景下，约翰逊政府的华为立场出现重大变化，最终于7月14日宣布改变1月决策，决定从2021年开始禁购华为5G设备，并将于2027年底之前剥离英国5G网络中的所有华为设备。

（一）1月决策与国内反冲

2019年12月，约翰逊领导的保守党在英国下院选举中赢得该党1987年以来的最大胜利。在下院总计650个席位中，保守党赢得365席，由此在下院拥有了80个席位的多数地位，一举摆脱了过去3年中受制于反对党，甚至联合执政小党的“跛脚”状态。[②] 这种显著的优势一周后就带来了变

① 事实上，华为明确认可英国政府的这次决策，承认该决策“以事实为依据”，并“感到放心”，见“Huawei Welcomes UK Decision on 5G Network”，Huawei Official Website，28 January 2020，https：//www. huawei. com/za/news/za/2020/victor – zhang – statement；关于华为在英国电信市场的份额，见 DCMS，*UK Telecoms Supply Chain Review Report*，22 July 2019，p. 30。

② Laura Kuenssberg，“Election Results 2019：Boris Johnson Hails ‘New Dawn’ After Historic Victory”，*BBC*，13 December 2019，https：//www. bbc. com/news/election – 2019 – 50776671.

化，此前屡被下院否决的《脱欧协议》以124票的多数顺利通过。[①] 1月31日，英国正式脱离欧盟。

然而，仅仅过了3个月，保守党赢得的历史性优势就因华为问题而面临严重挑战。2020年1月8日，为了便利电信公司获取进入多层住宅搭建电信设施的权限，进而推进2025年前在全国建立千兆级宽带的计划，约翰逊政府向议会提交了《电信基础设施（房产租赁）法案》。[②] 3月10日，在该法案进入审议与三读阶段时，曾在布莱尔工党政府时期担任保守党党魁的伊恩·史密斯（Iain Duncan Smith）向该法案提出了修正案，要求政府在5G网络中彻底排除华为，并为此设立明确的时间表。在随后的表决中，政府最终以306票对282票的优势取得胜利并拒绝了该修正案。然而，在这次表决中多达38名保守党议员"反叛"，导致保守党政府80席的多数优势锐减为24席。这意味着只要再有少量保守党议员"反叛"，约翰逊政府就很可能丧失不久前在大选中赢得的多数优势，进而无法通过允许华为参与英国5G建设的法案。[③] 此外，保守党好不容易在脱欧问题上形成的团结态势，也可能因为华为问题及其背后的对华政策问题而丧失。

不幸的是，这种可能性在随后的两个月中因为新冠肺炎疫情在欧陆和英国扩散并造成巨大生命和财产损失，以及美国政府对华为出口控制的升级而越来越大。2016年以来，由于在南海仲裁案、香港问题、网络安全以及所谓的中国"对外干涉"等议题上的分歧，英国政、学等群体中一部分人的

---

① John Pienaar, "Brexit: MPs Back Boris Johnson's Plan to Leave EU on 31 January", *BBC*, 20 December 2019, https://www.bbc.com/news/uk-politics-50870939.

② 关于该法案及其背景，见 *Telecommunications Infrastructure (Leasehold Property) Bill 2019-20*, House of Commons Library Briefing Paper 8707, 5 March 2020, https://commonslibrary.parliament.uk/research-briefings/cbp-8707/。

③ "Sir Iain Duncan Smith Tables Amendment to Prevent Use of 'High-Risk' Vendors in Our 5G Network", Iain Duncan Smith's Website, 10 March 2020, https://www.iainduncansmith.org.uk/content/sir-iain-duncan-smith-tables-amendment-prevent-use-%E2%80%98high-risk%E2%80%99-vendors-our-5g-network; Dan Sabbagh, "Government Majority Cut as Almost 40 Tories Rebel over Huawei", *The Guardian*, 10 March 2020, https://www.theguardian.com/politics/2020/mar/10/government-wins-huawei-vote-despite-tory-rebellion.

对华认知日趋负面，“疑华、反华”情绪日重。新冠肺炎疫情暴发并大规模扩散后，这种情绪不仅因为各方在疫情应对、防护物资质量、舆论处理等一系列问题上的分歧而迅速深化、扩散，还进一步引发了减少英国在特定产业链、供应链上依赖中国，甚至全面重估对华关系的讨论。① 在这个过程中，华为在英国5G网络中的地位再次成为关注焦点。据《卫报》估计，到5月，保守党中愿意在华为问题上投票反对政府立场的议员数可能已经多达50位，“理论上已足以击败政府”。②

（二）美国的压力上升

拉拢盟友联合排挤华为是特朗普政府加大对华为打压力度的一贯做法。由于和美国的特殊情报合作关系，及其可能产生的不小的示范效应，英国一直是美国游说的重点目标，“情报合作可能受损”则是“威逼”英国的主要砝码。例如，2019年4月，梅政府计划有限度地允许华为参与其5G建设的内部决策外泄后，美国国务卿蓬佩奥就以此为由对英国政府发出了严厉警告。③ 后来因为下台在即，梅便将棘手的华为决策留给了约翰逊政府。面对看起来更为亲美但似乎倾向于继承前任决策逻辑的约翰逊政府，美国并未放

① Tim Summers, “UK: Sharpening the China Debate amid Covid – 19”, in John Seaman eds., *Covid – 19 and Europe – China Relations: A Country – level Analysis*, European Think – tank Network on China, 29 April 2020, https://www.ifri.org/en/publications/publications – ifri/ouvrages – ifri/covid – 19 – europe – china – relations – country – level – analysis; Laurens Cerulus, “Britain Undergoing ‘Mindset Change’ toward Beijing, Says Leading Lawmaker”, *Politico*, 5 May 2020, https://www.politico.eu/article/uk – undergoing – mindset – change – toward – beijing – says – tobias – ellwood/；事实上，这种情绪已经在外长拉布、内阁大臣戈夫等约翰逊政府的若干高级官员身上有所反映，见 Kate Proctor, “Michael Gove Appears to Blame China over Lack of UK Coronavirus Testing”, *The Guardian*, 29 March 2020, https://www.theguardian.com/politics/2020/mar/29/michael – gove – appears – to – blame – china – over – lack – of – uk – coronavirus – testing; “Raab Fires Warning Shot at China over Coronavirus”, *Financial Times*, 17 April 2020, https://www.ft.com/content/8c46252e – 766f – 4fe6 – 964f – fe7f67a03c0e。

② Dan Sabbagh, “Boris Johnson Forced to Reduce Huawei’s Role in UK’s 5G Networks”, *The Guardian*, 22 May 2020, https://www.theguardian.com/technology/2020/may/22/boris – johnson – forced – to – reduce – huaweis – role – in – uks – 5g – networks.

③ “Mike Pompeo Warns UK over Huawei ‘Security Risk’”, *BBC*, 8 May 2019, https://www.bbc.co.uk/news/uk – politics – 48198932.

松施压力度。事实上，约翰逊政府 2020 年 1 月公布决策前夕，美国政府还专门向伦敦派出一个代表团，力陈华为“安全风险”，试图最后一搏。[①] 尽管如此，基于梅政府时期进行的评估以及英国情报部门的共识，约翰逊政府当时还是做出了类似的决策。

然而，美国政府并不打算就此罢手，进一步加大了施压的力度，试图迫使英国政府修改决策。首先，特朗普立即向约翰逊表明了他个人对英国决策的愤怒。据多家机构报道，特朗普在与约翰逊的通话中“勃然大怒”，“严厉斥责”约翰逊并“怒挂”后者电话。[②] 特朗普是否真会以这种方式向一个大国盟友的领导人表达不满，外界难以得知，但这种愤怒本身恐怕是真实存在的。[③] 其次，重新评估英美情报领域的若干合作。如果说在英国民用非敏感地点和功能领域使用华为设备不至于“实质性”损害英美长期存在的紧密情报合作，特朗普政府看起来至少有意重新评估两国情报合作的若干领域，并考虑采取一部分“惩罚”措施的可能。[④] 对英国政府来说，这并不是一个能被轻视的信号。[⑤] 最后，利用英美贸易谈判胁迫英国政府妥

① “UK Rebuffs US Presentation on Huawei Security Risks”, *The Guardian*, 14 January 2020, https://www.theguardian.com/technology/2020/jan/14/uk-rebuffs-us-presentation-on-huawei-security-risks.

② “Donald Trump ‘Apoplectic’ in Call with Boris Johnson over Huawei ”, *Financial Times*, 7 February 2020, https://www.ft.com/content/a70f9506-48f1-11ea-aee2-9ddbdc86190d; Kevin Liptak, “Trump ‘Tore Into’ Boris Johnson over Huawei in Phone Call, Source Says”, *CNN*, 7 February 2020, https://edition.cnn.com/2020/02/07/politics/donald-trump-boris-johnson-huawei/index.html; Adam Bienkov, “Trump Slammed the Phone Down on Boris Johnson After an ‘Apoplectic’ Call with the Prime Minister”, *Business Insider*, 7 February 2020, https://www.businessinsider.com/donald-trump-apoplectic-at-boris-johnson-phone-call-huawei-deal-2020-2.

③ 鉴于特朗普对待他国领袖的行为史，这种不留颜面的做法真实存在的可能性很大。

④ Justin Vallejo, “White House Could Pull US Military and Intelligence Operations Out of UK as Part of Huawei Review, Reports Say”, *Independent*, 5 May 2020, https://www.independent.co.uk/news/world/americas/huawei-review-white-house-uk-trump-boris-johnson-5g-network-a9498821.html.

⑤ 英国政府敢于“顶住”美国压力的一大技术理由在于，英国与“五眼同盟”的情报网络完全独立于民用网络和华为设备，因而能够不受华为决策影响。然而，如果美国的评估认定华为设备及网络会通过影响其在英情报人员的个人设备影响其情报系统，并确实采取“惩罚”措施，英国就将面临不小的挑战。

协。英国正式脱欧后，美国国内公开讨论这种可能性的声音多了起来。[①]

如果说上述压力还只是将要长期存在的“背景性”因素，不至于立即促使约翰逊政府改变决策，那么特朗普政府5月15日对华为出口控制的升级就是英国政府必须立即认真研究，甚至不得不因此改变此前决策的重大因素。2019年5月16日，美国商务部就已将华为及其附属机构列入“实体名单”，要求“向该实体名单上的企业或个人出售或转让美国技术需要得到工业与安全局发放的许可”，但其随后于5月20日发放“临时通用许可”，允许与华为进行一定程度的交易，后一再延长该临时许可。[②] 英国政府2019年7月公布电信供应链评估的同时将华为决策留待约翰逊上台后进行，主要原因自然是政府更迭，另一个容易被忽视的关键原因则在于，英国政府认为美国政府上述控制措施“可能影响华为产品未来的可获得性及可靠性，并对整个市场产生影响”，其后果有待进一步的评估。[③] 这一点也成为英国国家网络安全中心2020年1月正式将华为列为“高风险”供应商的重要考量。[④] 2020年5月15日，美国政府升级了对华为的出口控制，将限制扩展到“使用美国技术设计和生产的产品”（给予120天缓冲），几乎堵住了华为获取半导体（芯片）的所有主要渠道（主要是中国台湾和韩国）。[⑤] 华为自身的供应链及其产品的“可获得性及可靠性”因此很可

① Kate Holton, “U. S. Senator Cotton Cautions Britain over Huawei Cooperation”, *Reuters*, 3 June 2020, https: //www. reuters. com/article/us – britain – usa – huawei – idUSKBN23A116.

② U. S. Department of Commerce, “Department of Commerce Announces the Addition of Huawei Technologies Co. Ltd. to the Entity List”, 15 May 2019, https: //www. commerce. gov/news/press – releases/2019/05/department – commerce – announces – addition – huawei – technologies – co – ltd; U. S. Department of Commerce, “Department of Commerce Issues Limited Exemptions on Huawei Products”, 20 May 2019, https: //www. commerce. gov/news/press – releases/2019/05/department – commerce – issues – limited – exemptions – huawei – products.

③ DCMS, *UK Telecoms Supply Chain Review Report*, 22 July 2019, p. 40.

④ NCSC, *NCSC Advice on the Use of Equipment from High Risk Vendors in UK Telecoms Networks*, 28 January 2020, p. 8.

⑤ U. S. Department of Commerce, “Commerce Addresses Huawei's Efforts to Undermine Entity List, Restricts Products Designed and Produced with U. S. Technologies”, 15 May 2020, https: //www. commerce. gov/news/press – releases/2020/05/commerce – addresses – huaweis – efforts – undermine – entity – list – restricts.

能面临严重危机。这迫使英国国家网络安全中心重新评估使用华为设备的风险。①

三 美国制裁下的技术无奈

在上述背景下，约翰逊政府迅速评估了继续使用华为设备的风险，并于7月14日做出调整，决定全面禁购华为5G设备并将其逐步剥离出英国的5G网络。具体而言，约翰逊政府7月的决策主要包括以下内容：第一，2020年12月31日之后禁止英国运营商购买新的华为5G设备；第二，2027年底之前从5G网络中移除所有华为设备；第三，禁止在5G敏感核心网络使用华为设备的决定依旧有效；第四，建议固网宽带运营商在两年内逐步停止购买新的华为设备。②

与1月限制但不禁止华为的决策相比，约翰逊政府短短5个多月后就改变态度，要全面禁购并彻底剥离华为5G设备，这种立场的转变不可谓不剧烈。国内许多观察者也注意到本文第二节中所述背景因素的变化，但普遍倾向于认为，约翰逊政府华为立场的变化主要是英国在疫情背景下对华疑虑、敌意上升以及近期两国关系因为香港国安立法影响所致，而不是美国升级出口控制措施所致。有一种产生了广泛影响的观点进而认为英国在中美博弈中“选边站队”“与华为敌”，中国应采取激烈反制措施惩罚英国并遏制潜在跟风者。

这种解读只看到了部分真相，忽视了英国在华为问题上顶住美国压力的诸多“努力”，低估了美国制裁措施对英国的潜在巨大影响，进而未能充分看到英国政府立场变化中的巨大“技术无奈”和“被迫性”。在中美之间找平衡，最大限度地保障自身利益是英国乃至欧洲近20年来的惯常行为方式。这种“骑墙”的方针有时候会因为美方压力以及政府内部特定对华强硬人

① Alexander Martin, “UK Reassesses Decision on Huawei Role in 5G Networks Following US Sanctions”, *Sky News*, 1 June 2020, https://news.sky.com/story/uk-reassesses-decision-on-huawei-role-in-5g-networks-following-us-sanctions-11998646.

② DCMS, “Huawei to Be Removed from UK 5G Networks by 2027”, 14 July 2020.

物的主导而偏离，出现“选边站队”的现象。这种情况多集中在既能向美国和国内特定群体表明态度，又不至于过分“得罪”中国进而实质性损害双边关系的特定领域。英国政府2018年在南海的行动就是这方面的典型案例。[①] 在经贸领域，英国历来不愿“选边站队”。在脱欧导致其对与欧洲地区之外经济交往需求上升的背景下，英国更没有这样做的动力。

在华为问题上，英国政府并没有“选边站队、倒向美国”的足够动力。在5G网络中全面禁止华为设备将使英国付出不菲的经济代价并面临不小的政治风险。首先，禁止华为设备将迟滞英国5G进程，打乱英国成为该领域世界领军者的战略部署并造成不菲的经济损失。英国数字、文化、媒体和体育大臣道登7月14日向议会宣布政府决策时就坦承，禁止华为将延迟英国5G发展两至三年时间，并增加近20亿英镑的成本。[②] 这其中还没算上丧失5G发展先机可能造成的巨量经济损失。实际上，即便是遵守1月那个颇为温和的限制性决策，也已经会给英国电信运营商造成不小损失。[③] 其次，在5G设备供应市场上，暂时找不到华为的替代者是英国面临的现实。正如上述供应链评估报告所说的“市场失灵”，英国电信接入市场高度集中于华为、爱立信和诺基亚三家大公司。华为本身就是英国电信市场上的有力竞争者之一，在一时找不到替代者或新竞争者的情况下，禁止华为将强化英国对另外两家公司的依赖程度，而这显然也不符合英国政府设立的“多元性”目标。[④] 除此之外，鉴于中国政府对华为问题的高度重视和多次

① 见刘晋《英国南海政策的演变、原因与潜在影响》，《中国－东盟研究》2018年第四辑，第37～48页。

② DCMS，“Secretary's Statement on Telecoms”，14 July 2020，https：//www. gov. uk/government/speeches/digital－culture－media－and－sport－secretarys－statement－on－telecoms.

③ 例如，会给英国电信（BT）造成5亿英镑的损失，见“The U. K. May Not Let Trump-target Huawei Build Part of Its 5G Network After All”，*Fortune*，17 April 2020，https：//fortune. com/2020/04/17/uk－boris－johnson－trump－huawei－5g－network。

④ 正因为此，英国政府正在日韩积极寻找新供应商，见“UK in 5G Talks with Suppliers from Japan，South Korea：Source”，*Reuters*，4 June 2020，https：//www. reuters. com/article/us－britain－huawei－tech－idUSKBN23A3CY。也正是出于这两个方面的考虑，英国政府才在7月的决策中为停止购买华为5G设备留下半年缓冲期，为剥离华为留下长达7年半的时间，且只是“建议”固网宽带运营商“在两年内逐步停止”购买新华为设备，未 （转下页注）

表态，英国必定清楚禁止华为后很可能招致中国的不满，甚至广泛影响双边经贸关系。主要是出于这些“经济性”和“技术性”顾虑，而不是“选择站在中国一边”的政治考虑，英国政府在2020年5月之前的一年半时间里多次顶住特朗普政府和国内反对力量的巨大压力，没有采取全面禁止的立场。

然而，美国对华为出口控制的升级将会造成的负面技术和安全后果已经大大超出英国政府对经济损失和供应商多元性的顾虑。换句话说，在特朗普政府升级版的出口控制措施面前，英国政府认定继续使用华为5G设备的风险已经远远高于不用的代价，因而无法坚持不全面禁止的原有立场。华为能在英国电信市场立足并占据举足轻重的地位，除得益于过去十多年中英两国关系的良好状态，也是因为华为自身所付出的诸多努力，包括吸收英国政府、业界前高级官员或管理人员，有效推行本土化，与英国电信业、科研机构广泛合作等。这一切之所以得以实现，主要依赖于两大技术前提：一是华为持续提供具有相对成本优势和一定技术品质产品的能力；二是根据英国政府与华为达成的“（安全）缓和战略”，华为产品进入英国市场前需要通过华为网络安全评估中心（HCSEC）的技术安全审查，进而减轻了英国国内长期存在的安全顾虑。不幸的是，英国国家网络安全中心评估美国5月15日强化过的出口控制措施后认定，上述两大前提已经不复存在。首先，华为持续供货的能力很可能受到严重影响。鉴于美国技术在全球电信领域中的广泛存在与影响，美国的制裁将波及华为的所有供应商，而华为在可预见的时间里几乎不可能提供独立于美国技术且可靠的产品，华为向运营商供货的能力在未来3～12个月内就会受到实际影响。这将影响英国网络的稳定性。其次，美国的制裁将阻止华为网络安全评估中心有效运行。制裁将限制华为向

（接上页注④）像5G网络那样设立剥离的时间表。剥离华为设备后，英国5G移动接入网市场“至少”还剩下两家主要供应商，而固定接入网市场将只剩下诺基亚一家主要供应商，将“严重损害英国网络的安全与韧性”，因而是不可接受的。见NCSC，“Summary of the NCSC Analysis of May 2020 US Sanction”，14 July 2020，https：//www.ncsc.gov.uk/report/summary－of－ncsc－analysis－of－us－may－2020－sanction。

其他华为实体转移设备，而华为网络安全评估中心恰恰隶属于华为英国（Huawei UK）这个处在制裁范围内的实体，这将意味着英国与华为达成的“（安全）缓和战略”不再可行。最后，英国国家网络安全中心认定，这次制裁的加码已经明确表明美国“锁定”华为的意图，即便华为设法暂时减轻制裁冲击，美国也会随即加大制裁力度。①

结 语

受政治体制与传统影响，英国对外政策的连贯性、渐进性很强，因而往往在相当程度上是可预见的，很少出现突然大幅调整的情况。在华为问题上，如果对政府此前的供应链评估报告、近来英国政府官员和议员的评论、议会的辩论以及媒体的报道和分析多加留意，其实不难发现，英国政府 1 月的决策尽管没有禁止华为，其实也已经在为可以被称作“逐渐剥离”的策略铺垫，即利用政策干预纠正“市场失灵”的状况，在逐渐降低英国电信业对华为依赖的同时积极促进其电信市场上“有针对性的多元性”（a targeted diversification strategy）。这种策略能为约翰逊政府提供最大限度的灵活性，一旦遭遇本文第二节提到的那些情况，就可以视情况调整力度，既可以技术性微调，也保留了最终在一定时间段里彻底将华为剥离出英国电信市场的可能。

因此，在美国加大制裁力度且短期内看不到放松可能的情况下，约翰逊政府决定在 7 年这样一个相对而言较长因而可能发生很多事的时间段里剥离华为 5G 设备并不特别令人惊讶。比较让人出乎意料的是英国政府这一次对美国制裁影响评估的速度以及仅预留半年时间就全面禁购华为 5G 设备的决定。这自然和保守党及英国国内“疑华、反华”力量上升，中英两国关系近期因香港问题陷入麻烦脱不开关系，所以笔者说国内部分舆论看到了极为

① NCSC, “Summary of the NCSC Analysis of May 2020 US Sanction”, 14 July 2020, https://www.ncsc.gov.uk/report/summary-of-ncsc-analysis-of-us-may-2020-sanction

重要的部分真相。华为问题已经高度政治化。然而，如果就此忽视美国制裁对英国造成的巨大技术和安全难题，进而忽视对英国政府此次立场的改变所产生的近乎决定性的影响，就容易忽视英国在这个过程中的矛盾心态和被迫性，进而容易将其彻底推到对立面。这种情况无论是对中英两国关系本身来说，还是对在中美博弈全面加剧的背景下改善（至少不继续恶化）中国自身处境来说都是毫无益处的。毕竟，华为和5G问题不是中英关系的全部。

道登在向议会解释英国政府对华思维方式时说："我们想要的是基于相互尊重基础上的现代且成熟的对华关系——意见分歧时能坦率直言，利益重合时也能与华共事。"① 这句经常挂在英国政治家和外交官口边的话并不是外交辞令，也并不仅仅针对中国，而是英国处理国际关系的基本准则。不注意到这一点，不仅不利于理性看待中英关系，也很难理解英美之间在华为问题上的龃龉，进而忽视特朗普政府对待英国的方式可能对两国关系造成的损害，尽管这种损害不一定会立即引发英国的反弹。

① DCMS, "Secretary's Statement on Telecoms", 14 July 2020, https://www.gov.uk/government/speeches/digital-culture-media-and-sport-secretarys-statement-on-telecoms.

资 料 篇

Data and Statistics

B.20
统计资料

沈 毅*

表1 英国内阁成员名单

首相兼第一财政大臣兼公务员事务部部长	鲍里斯·约翰逊 Boris Johnson	财政大臣	里希·苏纳克 Rishi Sunak
首席大臣兼外交、英联邦和发展事务大臣	多米尼克·拉布 Dominic Raab	内政大臣	普丽蒂·帕特尔 Priti Patel
内阁府大臣兼兰卡斯特公爵大臣	迈克尔·戈夫 Michael Gove	大法官兼法务大臣	罗伯特·伯克兰 Robert Buckland
国防大臣	本·华莱士 Ben Wallace	卫生和社会保障大臣	马特·汉考克 Matt Hancock
商业、能源和产业战略大臣	阿洛克·沙玛 Alok Sharma	国际贸易大臣、贸易委员会主席兼妇女事务及平等大臣	伊丽莎白·特拉斯 Elizabeth Truss

* 沈毅，硕士，北京外国语大学英语学院英国研究中心副教授，主要研究方向为英国经济。

续表

就业和养老金大臣	泰芮丝·科菲 Thérèse Coffey	教育大臣	加文·威廉姆森 Gavin Williamson
环境、食品和农村事务部大臣	乔治·尤斯蒂斯 George Eustice	住房、社区和地方政府大臣	罗伯特·詹里克 Robert Jenrick
交通大臣	格兰特·沙普斯 Grant Shapps	北爱尔兰事务大臣	布兰登·刘易斯 Brandon Lewis
苏格兰事务大臣	阿利斯特·杰克 Alister Jack	威尔士事务大臣	西蒙·哈特 Simon Hart
上议院领袖兼掌玺大臣	伊万斯女男爵 Baroness Evans of Bowes Park	数字、文化、媒体和体育大臣	奥利弗·道登 Oliver Dowden
国际发展大臣	安妮－马里·特雷维莱·特里维廉 Anne-Marie Trevelyan	不管部部长（无薪）	阿曼达·米林 Amanda Milling

资料来源：根据英国政府网（https://www.gov.uk/government/ministers）发布的名单编译，13 August 2020。

表 2　英国国内生产总值（GDP）增长率（2018 年至 2020 年第二季度）

单位：%

时间段	2018 年全年	2019 年全年	2019 年第一季度	2019 年第二季度	2019 年第三季度	2019 年第四季度	2020 年第一季度	2020 年第二季度
对比期	比上一年	比上一年	比上一季度	比上一季度	比上一季度	比上一季度	比上一季度	比上一季度
增长率	1.3	1.5	0.7	-0.1	0.5	0.0	-2.2	-20.4

资料来源：Office for National Statistics, *Gross Domestic Product: Year on Year Growth: CVM SA %*, 30 June 2020, https://www.ons.gov.uk/economy/grossdomesticproductgdp/timeseries/ihyp/qna; Office for National Statistics, *GDP First Quarterly Estimate, UK: April to June 2020*, 12 August 2020, https://www.ons.gov.uk/economy/grossdomesticproductgdp/bulletins/gdpfirstquarterlyestimateuk/apriltojune2020。

表 3　2020～2021 财政年度英国政府公共支出预算

单位：10 亿英镑，%

序号	项目	金额	占总支出百分比
1	社会保障	285	30.7
2	个人社会服务	36	3.9
3	债务利息	56	6.0
4	住房和环境	32	3.4

续表

序号	项目	金额	占总支出百分比
5	工业、农业和就业	30	3.2
6	医疗	178	19.2
7	公共秩序和安全	38	4.1
8	交通	44	4.7
9	教育	116	12.5
10	国防	55	5.9
11	其他	58	6.3
预计总支出		928	100.0%
预计总收入		873	

注：总支出百分比小数点第二位按四舍五入原则，总和略低于100%。

资料来源：HM Treasury，"Chart 1：Public Sector Spending 2020－21"，in *Budget 2020*，12 March 2020，https：//www.gov.uk/government/publications/budget－2020－documents/budget－2020。

表4　2020～2021财政年度英国政府公共收入预算

单位：10亿英镑，%

序号	项目	金额	占总收入百分比
1	所得税	208	23.8
2	增值税	161	18.4
3	国民保险	150	17.2
4	消费税	48	5.5
5	公司税	58	6.6
6	营业税	32	3.7
7	市政税	38	4.4
8	其他税种	91	10.4
9	其他非税收入	87	10.0
预计总收入		873	100.0

注：总支出百分比小数点第二位按四舍五入原则，总和正好等于100%。

资料来源：HM Treasury，"Chart 2：Public Sector Current Receipts 2020－21"，in *Budget 2020*，12 March 2020，https：//www.gov.uk/government/publications/budget－2020－documents/budget－2020。

表 5　英国进出口和国际收支平衡总表（2017 年第一季度至 2020 年第一季度）

单位：百万英镑

时间段	总出口	总进口	国际收支平衡
2017 年第一季度	153417	160845	-7428
2017 年第二季度	157655	163473	-5818
2017 年第三季度	159024	164956	-5932
2017 年第四季度	158989	164938	-5949
2018 年第一季度	159293	165153	-5860
2018 年第二季度	162417	169332	-6915
2018 年第三季度	166610	172861	-6251
2018 年第四季度	168158	178919	-10761
2019 年第一季度	169308	191242	-21934
2019 年第二季度	167335	175296	-7961
2019 年第三季度	177936	180379	-2443
2019 年第四季度	185881	177530	8351
2020 年第一季度	159547	160748	-1201

资料来源：Office for National Statistics，出口：https://www.ons.gov.uk/economy/nationalaccounts/balanceofpayments/timeseries/ikbh/pnbp；进口：https://www.ons.gov.uk/economy/nationalaccounts/balanceofpayments/timeseries/ikbi/pnbp；国际收支平衡：https://www.ons.gov.uk/economy/nationalaccounts/balanceofpayments/timeseries/ikbj/pnbp。

表 6　CPIH，CPI 和 RPI 指数及年变化率（2019 年 6 月至 2020 年 7 月）

时间	CPIH（2015 年 = 100）	CPIH 年率 %	CPI 指数（2015 年 = 100）	CPI 年率 %	RPI 指数（1987 年 = 100）	RPI 年率 %
2019 年 6 月	107.9	1.9	107.9	2.0	289.6	2.9
2019 年 7 月	108.0	2.0	107.9	2.1	289.5	2.8
2019 年 8 月	108.3	1.7	108.4	1.7	291.7	2.6
2019 年 9 月	108.4	1.7	108.5	1.7	291.0	2.4
2019 年 10 月	108.3	1.5	108.3	1.5	290.4	2.1
2019 年 11 月	108.5	1.5	108.5	1.5	291.0	2.2
2019 年 12 月	108.5	1.4	108.5	1.3	291.9	2.2
2020 年 1 月	108.3	1.8	108.2	1.8	290.6	2.7
2020 年 2 月	108.6	1.7	108.6	1.7	292.0	2.5
2020 年 3 月	108.6	1.5	108.6	1.5	292.6	2.6
2020 年 4 月	108.6	0.9	108.5	0.8	292.6	1.5
2020 年 5 月	108.6	0.7	108.5	0.5	292.2	1.0
2020 年 6 月	108.8	0.8	108.6	0.6	292.7	1.1
2020 年 7 月	109.2	1.1	109.1	1.0	294.2	1.6

注：CPIH（Consumer Prices Index including owner occupiers' housing costs）：含业主住房费用之消费者价格指数/家庭消费价格指数；CPI（Consumer Prices Index）：消费者价格指数；RPI（Retail Price Index）：零售价格指数。

资料来源：Office for National Statistics，*Consumer Price Inflation Tables*，19 August 2020，https://www.ons.gov.uk/economy/inflationandpriceindices/datasets/consumerpriceinflation。

表7 家庭消费价格指数（CPIH）年变化贡献率（2018年6月至2020年7月）

	食物和非酒精饮料	烟酒	服装和鞋类	住房和家政服务	家具和家用产品	交通	娱乐和文化	餐饮和住宿	其他商品和服务
2018年6月	0.16	0.14	0.03	0.53	0.10	0.67	0.29	0.25	0.10
2018年7月	0.19	0.12	-0.01	0.55	0.06	0.71	0.38	0.24	0.05
2018年8月	0.19	0.13	0.02	0.54	0.03	0.75	0.43	0.25	0.05
2018年9月	0.12	0.13	-0.03	0.58	0.02	0.68	0.37	0.24	0.10
2018年10月	0.07	0.13	-0.06	0.62	0.03	0.66	0.39	0.24	0.14
2018年11月	0.04	0.19	-0.05	0.61	0.03	0.59	0.31	0.26	0.17
2018年12月	0.06	0.14	-0.05	0.62	0.01	0.41	0.34	0.30	0.17
2019年1月	0.07	0.14	-0.07	0.43	0.03	0.39	0.34	0.25	0.19
2019年2月	0.10	0.17	-0.11	0.43	0.02	0.37	0.37	0.26	0.20
2019年3月	0.07	0.17	-0.10	0.43	0.03	0.40	0.33	0.27	0.23
2019年4月	0.06	0.13	-0.11	0.68	0.00	0.56	0.18	0.23	0.27
2019年5月	0.09	0.11	-0.09	0.68	0.03	0.33	0.23	0.28	0.29
2019年6月	0.14	0.12	-0.03	0.62	0.05	0.28	0.23	0.24	0.28
2019年7月	0.12	0.12	0.02	0.58	0.05	0.17	0.30	0.30	0.32
2019年8月	0.15	0.11	-0.05	0.56	0.04	0.16	0.15	0.27	0.31
2019年9月	0.14	0.10	-0.06	0.52	0.10	0.07	0.18	0.31	0.32
2019年10月	0.11	0.11	0.03	0.34	0.05	0.09	0.14	0.31	0.31
2019年11月	0.17	0.06	-0.01	0.36	0.06	0.11	0.19	0.24	0.32
2019年12月	0.14	0.05	-0.05	0.36	0.09	0.08	0.18	0.16	0.35
2020年1月	0.12	0.05	0.02	0.55	0.03	0.22	0.18	0.21	0.37
2020年2月	0.10	0.02	0.02	0.52	0.02	0.23	0.18	0.25	0.38
2020年3月	0.11	0.05	-0.06	0.51	0.01	0.16	0.16	0.21	0.40
2020年4月	0.12	0.08	-0.14	0.16	0.00	-0.11	0.31	0.23	0.27
2020年5月	0.15	0.08	-0.15	0.16	-0.02	-0.20	0.23	0.20	0.23
2020年6月	0.10	0.07	-0.10	0.17	-0.02	-0.18	0.32	0.17	0.27
2020年7月	0.07	0.08	0.02	0.19	0.06	-0.08	0.33	0.17	0.31

资料来源：Office for National Statistics, "Figure 2: Recreation and Culture Continues to Make the Largest Contribution to Inflation, Contributions to the CPIH 12 - Month Inflation Rate, UK, Consumer Price Inflation", in "3. Contributions to the CPIH 12 - Month Inflation Rate, July 2018 to July 2020", *Consumer Price Inflation*, *UK*, https://www.ons.gov.uk/economy/inflationandpriceindices/bulletins/consumerpriceinflation/july2020。

表 8　个人所得税和企业盈利税

单位：%

税阶	应纳税收入	税率
个税起征线	至 12500 英镑	0
基本税率	12501 ~ 50000 英镑	20
较高税率	50001 ~ 150000 英镑	40
附加税率	150000 英镑以上	45

注：英国企业盈利税一律为 19%。

资料来源：英国政府官网，https://www.gov.uk/income-tax-rates；https://www.gov.uk/corporation-tax-rates。

表 9　英国失业、就业和无经济活动率（2018 年 1 ~ 3 月至 2020 年 3 ~ 5 月）

单位：%

时间段	失业(16 周岁以上)	就业(16 周岁以上)	无经济活动（16 ~ 64 周岁）
2018 年 1 ~ 3 月	4.198035	75.56107	21.0551
2018 年 2 ~ 4 月	4.188944	75.59353	21.02431
2018 年 3 ~ 5 月	4.16536	75.63198	21.00677
2018 年 4 ~ 6 月	4.036543	75.5488	21.18851
2018 年 5 ~ 7 月	4.021197	75.5187	21.22971
2018 年 6 ~ 8 月	4.03467	75.55698	21.18293
2018 年 7 ~ 9 月	4.073368	75.55268	21.14693
2018 年 8 ~ 10 月	4.055318	75.71187	20.99696
2018 年 9 ~ 11 月	4.039088	75.76081	20.95641
2018 年 10 ~ 12 月	4.013542	75.83308	20.90952
2018 年 11 月 ~ 2019 年 1 月	3.930562	76.10609	20.70354
2018 年 12 月 ~ 2019 年 2 月	3.941531	76.12745	20.67003
2019 年 1 ~ 3 月	3.817801	76.05695	20.8441
2019 年 2 ~ 4 月	3.830274	76.11327	20.77144
2019 年 3 ~ 5 月	3.795611	76.04942	20.86169
2019 年 4 ~ 6 月	3.892838	76.10237	20.72058
2019 年 5 ~ 7 月	3.797049	76.12645	20.77626
2019 年 6 ~ 8 月	3.862741	75.87427	20.98787
2019 年 7 ~ 9 月	3.833198	76.04665	20.8381
2019 年 8 ~ 10 月	3.757134	76.15308	20.80943
2019 年 9 ~ 11 月	3.818563	76.34252	20.56326

续表

时间段	失业(16 周岁以上)	就业(16 周岁以上)	无经济活动 (16~64 周岁)
2019 年 10~12 月	3.768513	76.4713	20.49145
2019 年 11 月~2020 年 1 月	3.912849	76.45669	20.37414
2019 年 12 月~2020 年 2 月	3.961213	76.56173	20.22282
2020 年 1~3 月	3.906761	76.63548	20.17873
2020 年 2~4 月	3.890655	76.3694	20.45712
2020 年 3~5 月	3.928275	76.37743	20.42851

资料来源：Office for National Statistics，"4. Employment, Unemployment and Economic Inactivity", in *Labour Market Overview, UK August 2020*, https://www.ons.gov.uk/employmentandlabourmarket/peopleinwork/employmentandemployeetypes/bulletins/uklabourmarket/august2020。

表 10　英国劳动力变化数据（2018 年 1 月至 2020 年 7 月）

单位：人

月份	离开就业	进入就业	就业人数变化
2018 年 1 月	-648009	660900	12891
2018 年 2 月	-651452	664591	13140
2018 年 3 月	-640228	639914	-315
2018 年 4 月	-614230	674457	60227
2018 年 5 月	-647424	658489	11065
2018 年 6 月	-640156	669150	28994
2018 年 7 月	-630232	673240	43009
2018 年 8 月	-641361	673892	32531
2018 年 9 月	-670103	673832	3729
2018 年 10 月	-637680	668799	31118
2018 年 11 月	-635790	687488	51698
2018 年 12 月	-658500	659583	1084
2019 年 1 月	-642074	668971	26898
2019 年 2 月	-634005	670354	36349
2019 年 3 月	-625573	690889	65316
2019 年 4 月	-674502	675018	515
2019 年 5 月	-655092	659468	4376
2019 年 6 月	-649652	667759	18107
2019 年 7 月	-652252	649461	-2791
2019 年 8 月	-632777	658983	26206

续表

月份	离开就业	进入就业	就业人数变化
2019 年 9 月	-639509	662491	22982
2019 年 10 月	-648092	653659	5568
2019 年 11 月	-654280	657637	3357
2019 年 12 月	-649914	668126	18212
2020 年 1 月	-655583	695109	39526
2020 年 2 月	-682570	681047	-1523
2020 年 3 月	-686178	675635	-10543
2020 年 4 月	-884481	424145	-460336
2020 年 5 月	-559088	423778	-135311
2020 年 6 月	-428497	408267	-20231
2020 年 7 月	-573618	459207	-114411

资料来源：HM Revenue and Customs, "Figure 11: Both Inflows to and Outflows from Payroll Employment have been Below their Pre-Coronavirus Levels in Recent Months", in *Month-on-Month Change in Paid Employment and Contributions to this Change from Inflows (Positive) and Outflows (Negative), Seasonally Adjusted, UK, January 2017 to July 2020*, https://www.ons.gov.uk/employmentandlabourmarket/peopleinwork/employmentandemployeetypes/bulletins/uklabourmarket/august2020。

表 11　英国平均周薪年增长率（2017 年 3～5 月至 2020 年 4～6 月）

单位：%

时间段	总收入(名义)	基本工资(名义)	总收入(实际)	基本工资(实际)
2017 年 3～5 月	2.002295844	1.982465397	-0.507093647	-0.507983402
2017 年 4～6 月	2.282820221	2.082452431	-0.321618364	-0.452659601
2017 年 5～7 月	2.194385402	2.155853470	-0.414992372	-0.379527047
2017 年 6～8 月	2.312878797	2.130575679	-0.334216179	-0.427173500
2017 年 7～9 月	2.246871606	2.204052389	-0.449384179	-0.431934888
2017 年 8～10 月	2.507151095	2.316000630	-0.255254232	-0.380256885
2017 年 9～11 月	2.476570040	2.319560609	-0.299788951	-0.419881402
2017 年 10～12 月	2.613889892	2.455844307	-0.201015333	-0.288761872
2017 年 11 月～2018 年 1 月	2.705234944	2.557683659	-0.098740045	-0.176033419
2017 年 12 月～2018 年 2 月	2.841868911	2.757405273	0.129711451	0.137632419
2018 年 1～3 月	2.865912338	2.882431505	0.323977326	0.366020667
2018 年 2～4 月	2.715924699	2.854540457	0.398775108	0.484101610
2018 年 3～5 月	2.635988262	2.790675310	0.423991296	0.455319306

续表

时间段	总收入(名义)	基本工资(名义)	总收入(实际)	基本工资(实际)
2018 年 4～6 月	2.223443047	2.708469535	0.035773525	0.359680560
2018 年 5～7 月	2.559795630	2.898069555	0.291595417	0.503789338
2018 年 6～8 月	2.789762384	3.080390860	0.503369541	0.686681380
2018 年 7～9 月	3.004568553	3.187595240	0.729693751	0.851409675
2018 年 8～10 月	3.346719177	3.284463487	1.069874614	1.002921350
2018 年 9～11 月	3.374427469	3.349695389	1.151994812	1.133956907
2018 年 10～12 月	3.590350975	3.422402943	1.405535736	1.260773841
2018 年 11 月～2019 年 1 月	3.459222175	3.482914172	1.426300590	1.473392443
2018 年 12 月～2019 年 2 月	3.558769709	3.409461402	1.572437551	1.516947564
2019 年 1～3 月	3.251051648	3.316167767	1.363563867	1.508146351
2019 年 2～4 月	3.331964804	3.433981027	1.412094746	1.538960906
2019 年 3～5 月	3.467406237	3.633142671	1.583490437	1.704591827
2019 年 4～6 月	3.953278322	3.948018576	2.019775160	1.979126013
2019 年 5～7 月	3.886275358	3.864830170	1.968196913	1.908214774
2019 年 6～8 月	3.675730284	3.774177199	1.805795608	1.862355212
2019 年 7～9 月	3.641368056	3.638419954	1.860938431	1.791515594
2019 年 8～10 月	3.152338036	3.460956945	1.521757267	1.745532742
2019 年 9～11 月	3.166317490	3.347549650	1.579089250	1.745496358
2019 年 10～12 月	2.857090718	3.212210789	1.357421155	1.742060706
2019 年 11 月～2020 年 1 月	3.105210893	3.055966900	1.494802106	1.522653376
2019 年 12 月～2020 年 2 月	2.870662186	2.932055191	1.190711872	1.333685356
2020 年 1～3 月	2.340015748	2.653753041	0.664401478	1.016316209
2020 年 2～4 月	0.945522067	1.693010500	-0.395175057	0.374863616
2020 年 3～5 月	-0.345000076	0.682896313	-1.313422267	-0.305749607
2020 年 4～6 月	-1.237220098	-0.189169170	-1.976709721	-0.956859428

资料来源：Office for National Statistics, "Figure 14: Annual Growth in Employee Total Pay (Including Bonuses) Is Estimated to be Negative 1.2%; This Translates to a Fall of 2.0% in Real Terms", in "11. Earnings Growth", *Monthly Wages and Salaries Survey*, https://www.ons.gov.uk/employmentandlabourmarket/peopleinwork/employmentandemployeetypes/bulletins/uklabourmarket/august 2020。

表 12 英国按家庭构成互联网使用率（2012～2020 年）

单位：%

	2012	2013	2014	2015	2016	2017	2018	2019	2020
所有家庭	80	83	84	86	89	90	90	93	96
1 位成人(16～64 岁)	76	74	81	80	87	88	91	94	95
1 位成人(65 岁以上)	36	40	40	49	53	61	59	73	80
2 位成人(16～64 岁)	93	96	97	96	99	97	99	100	100
2 位成人(65 岁以上)	69	74	79	84	85	88	87	89	94
3 位以上成人(所有年龄段)	95	97	97	98	99	100	98	99	97
有孩子家庭	95	97	96	97	99	98	100	100	100

资料来源：Office for National Statistics，“TABLE 2：in Internet Connection by Household Composition，2012 to 2020”，in *Internet Access-Households and Individuals*，https：//www. ons. gov. uk/peoplepopulationandcommunity/householdcharacteristics/homeinternetandsocialmediausage/datasets/internetaccesshouseholdsandindividualsreferencetables。

表 13 英国最近三个月互联网使用情况

单位：%

互联网活动	年龄段						性别		平等法界定残疾人	非平等法界定残疾人	所有人
	16～24岁	25～34岁	35～44岁	45～54岁	55～64岁	65岁以上	男性	女性			
接收和发送电邮	94	89	93	91	79	72	86	85	78	87	85
寻找货物和服务信息	84	89	92	87	79	64	83	80	79	82	81
网上银行	90	90	89	82	69	49	76	76	65	79	76
使用即时通信服务(如 Skype 或 WhatsApp)	92	87	92	77	59	38	69	74	61	75	71
网上社交(如 Facebook 或 Twitter)	97	91	90	72	58	34	69	72	61	73	70
在线观看新闻、读报纸或杂志	78	83	86	77	63	47	74	67	61	73	70
看视频(如 YouTube)	95	84	86	68	48	34	72	61	55	69	66
听音乐或下载音乐	93	89	81	62	43	24	67	58	51	65	62
寻找有关健康信息(如受伤、疾病、营养、改善身体等)	61	70	71	70	55	40	53	67	55	61	60
看直播电视或回放电视	78	73	76	63	48	33	63	56	47	63	59

续表

互联网活动	年龄段						性别		平等法界定残疾人	非平等法界定残疾人	所有人
	16~24岁	25~34岁	35~44岁	45~54岁	55~64岁	65岁以上	男性	女性			
通过商业网站点播视频	88	85	80	54	33	17	60	52	44	59	56
视频或语音电话（如Skype或Facetime）	70	67	66	48	34	21	46	51	37	52	49
下载游戏或玩游戏	63	57	47	43	30	17	43	39	39	41	41
销售商品或服务	22	24	30	31	17	6	23	18	15	22	21
预约医生	20	20	25	26	15	19	17	24	23	20	21
网上看病或获取处方	15	11	15	15	19	17	14	17	23	13	15
获取个人健康记录	12	8	10	7	6	8	8	9	13	7	8

资料来源：Office for National Statistics, "TABLE 6: Internet Activities, by Age Group, Sex and Disability Status, 2020", in *Internet Access-Households and Individuals*, https://www.ons.gov.uk/peoplepopulationandcommunity/householdcharacteristics/homeinternetandsocialmediausage/datasets/internetaccesshouseholdsandindividualsreferencetables。

表 14　英国最近三年房价（2017 年 3 月至 2020 年 3 月）

单位：英镑

时间	英格兰	威尔士	苏格兰	北爱尔兰
2017 年 3 月	231760	147794	136891	124786
2017 年 4 月	235021	149900	141091	127178
2017 年 5 月	236727	147428	142070	127178
2017 年 6 月	238595	150394	143634	127178
2017 年 7 月	241406	151028	147566	128878
2017 年 8 月	242628	152859	147234	128878
2017 年 9 月	242041	153227	144530	128878
2017 年 10 月	242003	155033	145058	129601
2017 年 11 月	241086	153109	146350	129601
2017 年 12 月	242378	153791	145235	129601
2018 年 1 月	241061	153128	146889	130292
2018 年 2 月	241989	153210	145982	130292
2018 年 3 月	240428	154022	144655	130292
2018 年 4 月	242396	153574	148427	132095
2018 年 5 月	243445	154756	148621	132095

续表

时间	英格兰	威尔士	苏格兰	北爱尔兰
2018 年 6 月	244962	156864	149960	132095
2018 年 7 月	247981	158626	151777	134619
2018 年 8 月	248620	161024	152138	134619
2018 年 9 月	248248	160265	151446	134619
2018 年 10 月	247757	160955	151528	136764
2018 年 11 月	246940	160158	149556	136764
2018 年 12 月	246380	162234	148269	136764
2019 年 1 月	244641	158548	149769	135434
2019 年 2 月	244427	159018	146892	135434
2019 年 3 月	242982	159904	149625	135434
2019 年 4 月	244728	161390	150821	136960
2019 年 5 月	245142	161730	151436	136960
2019 年 6 月	246014	163134	152677	136960
2019 年 7 月	248652	164736	154715	139838
2019 年 8 月	249294	168142	154645	139838
2019 年 9 月	249771	164778	155480	139838
2019 年 10 月	249152	165948	154379	140253
2019 年 11 月	247951	169057	152672	140253
2019 年 12 月	248250	166292	150872	140253
2020 年 1 月	249160	163276	154254	140580
2020 年 2 月	248587	166258	151297	140580
2020 年 3 月	248271	161684	151856	140580

资料来源：Office for National Statistics, “Figure 3: England House Prices Remain the Highest in the UK”, in “3. House Prices by Country”, *UK House Price Index: March 2020*, https: //www. ons. gov. uk/economy/inflationandpriceindices/bulletins/housepriceindex/march2020。

表 15　英国人口变化（2019 年中）

	全国	英格兰	威尔士	苏格兰	北爱尔兰
2019 年中人口(人)	66796807	56286961	3152879	5463300	1893667
2018 年中至 2019 年中之变化(人)	361257	309783	14248	25200	12026
2018 年中至 2019 年中变化百分比(%)	0.54	0.55	0.45	0.46	0.64

续表

	全国	英格兰	威尔士	苏格兰	北爱尔兰
自2015年以来平均年变化百分比(%)	0.67	0.72	0.39	0.43	0.57
自然变化(2019年中,千人)	1.93	2.30	-0.78	-1.02	3.88
国际移民(2019年中,千人)	3.47	3.55	2.49	3.71	1.97
国际移民和其他(2019年中,千人)	0.04	-0.32	2.83	1.94	0.54

资料来源: Office for National Statistics, "Table 2: Drivers of Population Change for UK Countries: Mid - 2019", in *National Records of Scotland*, *Northern Ireland Statistics and Research Agency-Population Estimates*, https://www.ons.gov.uk/peoplepopulationandcommunity/populationandmigration/populationestimates/bulletins/annualmidyearpopulationestimates/mid2019estimates#population - growth - in - england - wales - scotland - and - northern - ireland。

表16 英国人口变化分类

单位:人

	2019年中	2018年中	5年平均
出生	721685	743933	756862
死亡	593410	622944	602116
自然变化(出生减去死亡)	128275	120989	154746
国际移民(移入)	609318	625927	618517
国际移民(移出)	378804	350934	337230
净国际移民	230514	274993	281291
其他变化	2467	-683	3973
总变化	361257	395321	440011
变化之百分比(%)	0.54	0.60	0.67

资料来源: Office for National Statistics, "Table 1: Components of UK Population Change", in *National Records of Scotland*, *Northern Ireland Statistics and Research Agency-Population Estimates*, https://www.ons.gov.uk/peoplepopulationandcommunity/populationandmigration/populationestimates/bulletins/annualmidyearpopulationestimates/mid2019estimates#toc。

表 17　英国老年人占总人口比例变化（2000～2050 年）

单位：%

年份	65 岁及以上	75 岁及以上	85 岁及以上
2000	15.88	7.46	1.92
2001	15.93	7.53	1.93
2002	15.96	7.56	1.91
2003	15.98	7.57	1.86
2004	16.00	7.59	1.86
2005	15.98	7.61	1.94
2006	15.94	7.65	2.03
2007	15.95	7.69	2.10
2008	16.06	7.70	2.13
2009	16.24	7.72	2.17
2010	16.41	7.77	2.20
2011	16.58	7.83	2.24
2012	17.08	7.92	2.27
2013	17.43	7.99	2.29
2014	17.72	8.10	2.34
2015	17.89	8.13	2.36
2016	18.05	8.14	2.40
2017	18.21	8.21	2.42
2018	18.37	8.33	2.43
2019	18.57	8.53	2.47
2020	18.73	8.69	2.50
2021	18.93	8.86	2.54
2022	19.15	9.26	2.58
2023	19.40	9.55	2.63
2024	19.67	9.77	2.67
2025	19.95	9.96	2.71
2026	20.27	10.11	2.72
2027	20.61	10.24	2.77
2028	20.97	10.37	2.86
2029	21.34	10.51	2.96
2030	21.70	10.63	3.06
2031	22.04	10.77	3.16
2032	22.37	10.92	3.39

续表

年份	65 岁及以上	75 岁及以上	85 岁及以上
2033	22.67	11.10	3.55
2034	22.95	11.28	3.66
2035	23.19	11.46	3.73
2036	23.45	11.68	3.79
2037	23.65	11.92	3.83
2038	23.80	12.16	3.87
2039	23.88	12.42	3.92
2040	23.94	12.67	3.96
2041	23.98	12.90	4.01
2042	23.98	13.13	4.08
2043	24.00	13.33	4.16
2044	24.09	13.52	4.26
2045	24.22	13.67	4.36
2046	24.34	13.85	4.48
2047	24.45	13.99	4.62
2048	24.55	14.07	4.77
2049	24.65	14.11	4.93
2050	24.77	14.13	5.08

资料来源：Office for National Statistics，“Figure 1：The Percentage of Older People in Great Britain Has Been Increasing Since the Middle of the 20th Century People，Population And Community”，in “2. What is Population Ageing?”，*Living Longer：Is Age 70 the New Age 65?* https://www.ons.gov.uk/peoplepopulationandcommunity/birthsdeathsandmarriages/ageing/articles/livinglongerisage70thenewage65/2019－11－19。

表 18　英国各类残疾人比例（2019 年）

单位：%

疾病种类/伤害程度	轻微受限	严重受限	没有受限
严重或特殊学习障碍	5.4	1.6	38
癫痫	9.5	7.0	38
心血压或血液循环疾病	12.8	4.4	38
精神疾病或其他神经不正常	9.9	7.5	38
手足残疾或疾病	13.3	4.5	38
胸口或呼吸疾病、哮喘、支气管炎	17.1	2.7	38
与颈椎和背部有关的疾病或残疾	15.4	5.1	38

续表

疾病种类/伤害程度	轻微受限	严重受限	没有受限
糖尿病	17.6	3.4	38
腿脚疾病或残疾	15.4	5.8	38
听力障碍	21.2	1.3	38
不分类慢性病	11.3	11.3	38
抑郁、神经问题或焦虑	18.2	5.9	38
视力障碍	15.3	10.0	38
胃、肝、肾或消化疾病	21.2	4.8	38
其他疾病或残疾	20.0	8.0	38
严重畸形、皮肤病、过敏	29.4	3.7	38

资料来源：Office for National Statistics, "Figure 4: Disabled People with Skin Conditions or Allergies Had the Highest Percentage of Degree Qualifications (33.1%), Proportion of Disabled People with a Degree by Impairment and Severity, UK, 2019", in *People, Population and Community, Impairment Type and Severity*, https://www.ons.gov.uk/peoplepopulationandcommunity/healthandsocialcare/disability/bulletins/disabilityandeducationuk/2019。

表 19　2020 年 6 月英格兰新冠肺炎死亡率

单位：人/每 10 万人

年龄段	人数	男性	女性
65 岁以下	5.0	6.5	3.4
65～69 岁	45.0	60.5	30.5
70～74 岁	86.6	115.1	60.5
75～79 岁	173.8	203.1	148.4
80～84 岁	387.3	497.5	300.0
85～89 岁	720.4	864.1	623.2
90 岁以上	1456.3	1719.8	1328.5

资料来源：Office for National Statistics, "Figure 5: Across All Age Groups in England", in *Males Had a Higher Rate of COVID-19 Deaths than Females, Age-Specific Mortality Rates due to COVID-19, per 100,000 Persons, England, Deaths Occurring in June 2020*, https://www.ons.gov.uk/peoplepopulationandcommunity/birthsdeathsandmarriages/deaths/bulletins/deathsinvolvingcovid19englandandwales/deathsoccurringinjune2020。

表 20　英国（预算责任办公室）主要经济数据预测

单位：%（与上一年相比）

经济数据分类	2018 年	2019 年	2020 年	2021 年	2022 年	2023 年	2024 年
GDP 增长率	1.3	1.4	1.1	1.8	1.5	1.3	1.4
人均 GDP 增长	0.7	0.8	0.5	1.3	1.1	0.9	1.1
GDP 主要构成							
家庭消费	1.6	1.3	1.1	1.2	1.2	1.4	1.4
一般政府消费	0.4	3.6	3.7	2.8	2.1	1.9	2.2
企业投资	-1.5	0.3	0.0	1.8	3.0	2.4	2.3
一般政府投资	1.3	2.1	1.9	10.9	4.6	1.8	1.2
净贸易	-0.2	0.0	-0.1	-0.3	-0.2	-0.4	-0.3
通货膨胀率 CPI	2.5	1.8	1.4	1.8	2.1	2.1	2.0
就业人数（百万）	32.4	32.8	33.0	32.1	33.2	33.3	33.4
平均收入	3.3	2.8	3.3	3.6	3.4	3.1	3.1
失业率（劳动力调查法）	4.1	3.8	3.8	3.8	3.9	4.0	4.1

资料来源：Office for Budget Responsibility，"Table 1.1：Overview of the Economy Forecast"，in *Economic and Fiscal Outlook*，March 2020，https：//cdn.obr.uk/EFO_ March－2020_ Accessible.pdf。

表 21　英国全球竞争力排名（2019 年）

	得分（0～100）	排名/141 个国家（地区）	第一名国家（地区）
总得分	81	9	新加坡
有利环境			
机构框架	74	11	芬兰
基础设施	89	11	新加坡
信息通讯技术应用	73	31	韩国
宏观经济稳定	100	1	33 个并列第一
人力资本			
健康	92	33	4 个并列第一
技能	82	11	瑞士
市场			
产品市场	65	21	中国香港
劳动力市场	75	9	新加坡
金融体系	88	7	中国香港
市场规模	82	8	中国内地
创新生态系统			
企业活力	77	9	美国
创新能力	78	8	德国

资料来源：World Economic Forum，*The Global Competitiveness Report 2019*，p.578，http：//www3.weforum.org/docs/WEF_ TheGlobalCompetitivenessReport2019.pdf。

B.21
英国大事记（2019年7月1日~2020年6月30日）

于艾岑*

2019年

7月

3日 英国外交大臣杰里米·亨特针对香港问题发表推特表示，如果不遵守"主权"移交时签署的协议，中国将面临"严重后果"。

5日 英国极右翼团体"英格兰防卫联盟"前领导人汤米·罗宾逊因在Facebook上发表不当言论被判藐视法庭罪。

英国司法大臣大卫·高克确认，英格兰和威尔士将通过"海伦法案"。该法案规定，如果凶手拒绝透露受害者尸体位置，假释裁决委员会可以驳回其假释申请。

6日 英国驻美大使金·达罗克爵士的一些邮件遭到泄露，引发争议。在邮件中，他评价特朗普政府是"不正常""失调""笨拙无能"的。

9日 议会下院以294票对293票通过了一项要求部长们每两周提供一次北爱尔兰局势最新情况的提案，该提案旨在使下一任首相难以通过暂停议会的方式推进无协议脱欧。

10日 邮件遭泄露的金·达罗克爵士辞去英国驻美大使一职。

18日 议会下院再次投票，通过了旨在阻止下任首相通过秋季暂停议

* 于艾岑，硕士，新华社国际部编辑，主要研究方向为英国政治与外交。

会以促成无协议脱欧的修正案。

19 日 伊朗海军在波斯湾截获英国油轮“史丹纳帝国号”，并短暂扣押另一艘由英国运营、悬挂利比里亚旗帜的油轮“迈斯达尔号”。英国外交大臣杰里米·亨特警告说，如果伊朗不释放该油轮，将有“严重后果”。

22 日 保守党领袖选举投票正式结束。投票结束前几个小时，外交国务大臣艾伦·邓肯爵士宣布辞去政府职务，以此抗议鲍里斯·约翰逊可能当选保守党领袖、继任英国首相。

乔·斯文森当选自由民主党新任领袖。

外交大臣杰里米·亨特在下议院表示，英国政府尚无法确定华为在英国未来5G网络建设中的参与程度。

23 日 在保守党内的党员投票中，鲍里斯·约翰逊以92153票对46656票击败杰里米·亨特，当选新一届保守党领袖。

24 日 特雷莎·梅正式向女王递交辞呈并获得批准，卸任英国首相。随后，鲍里斯·约翰逊接受女王授权组建新一届内阁，正式就任英国首相。

新任首相开始组阁。赛义德·贾维德被任命为财政大臣，普里蒂·帕特尔为内政大臣，多米尼克·拉布为外交大臣。

25 日 鲍里斯·约翰逊首次以首相身份在议会发表演讲，强调将确保英国在2019年10月31日实现脱欧，并称这将让英国成为世界上最伟大的国家。

30 日 首相鲍里斯·约翰逊访问威尔士纽波特市一农场，以争取对其脱欧后农业计划的支持。

8月

1 日 英国政府宣布额外准备21亿英镑资金以应对无协议脱欧，使为2019年预留的资金增加了一倍。

9 日 英国国家统计局数据显示，2019年第二季度英国经济萎缩0.2%，为2012年以来首次萎缩。

10 日 理查德·布雷恩接替杰拉德·巴顿成为英国独立党领袖。

15 日 保守党和“改变英国”独立小组前议员萨拉·沃拉斯顿加入自由民主党，称这是她争取留欧的最佳途径。

18 日 超过 100 名议员致信首相鲍里斯·约翰逊，呼吁召集议会，就英国因脱欧而面临的“国家紧急状态”进行辩论。

19 日 首相鲍里斯·约翰逊致信欧洲理事会主席图斯克，正式提出新的脱欧协议谈判条件，争取取消有关北爱尔兰边界问题的“担保”条款。信件发出 12 小时后，图斯克在社交平台上发文回绝了约翰逊的提议。

21 日 首相鲍里斯·约翰逊访问德国，在柏林与德国总理默克尔举行会晤，呼吁重新协商脱欧协议。

22 日 首相鲍里斯·约翰逊访问法国，在巴黎与法国总统埃马纽埃尔·马克龙会晤并发表联合声明。

23 日 首相鲍里斯·约翰逊和工党领袖杰里米·科尔宾在七国集团峰会前对亚马孙雨林的重大火灾表示关注。

27 日 部分反对派议员聚集在威斯敏斯特的英国圣公会总部大楼前，声称如果首相鲍里斯·约翰逊试图通过暂停议会强行推进无协议脱欧，他们将组建“替代议会”。

28 日 首相鲍里斯·约翰逊请求女王从 9 月初到 10 月 14 日暂停议会。这一行动受到了留欧支持者的广泛谴责，并在伦敦和全国各地引发了抗议活动。

29 日 露丝·戴维森辞去苏格兰保守党领袖职务。

31 日 包括伦敦、曼彻斯特、爱丁堡、格拉斯哥在内的 30 多个英国城市同时爆发大规模示威活动，抗议首相鲍里斯·约翰逊暂停议会的决定。

9月

2 日 首相鲍里斯·约翰逊在唐宁街 10 号发表演讲，表示反对举行大选，并敦促议员们不要投票支持“另一次无意义的拖延”。

3 日 英镑跌破 1.20 美元，达 2016 年 10 月以来的最低水平，之后收复当日跌幅。

保守党议员菲利普·李加入自由民主党后，政府失去了在下议院的多数席位。下议院以328票赞成、301票反对的表决结果，通过从首相鲍里斯·约翰逊手中夺取议会议程控制权的动议。

首相鲍里斯·约翰逊宣布开除21位支持夺取议会议程控制权的保守党议员的党籍，其中包括尼古拉斯·索姆斯爵士、前财政大臣菲利普·哈蒙德、前司法大臣戴维·高克。

4日 下议院以327票对299票通过了一项旨在阻止英国无协议脱欧的法案。

下院议员以298票对56票的表决结果否决了首相鲍里斯·约翰逊提出的10月举行临时大选的动议。

5日 首相鲍里斯·约翰逊的弟弟乔·约翰逊辞去议员与商业、能源和产业战略大臣职务，称自己“在家庭和国家利益之间徘徊”。

6日 上议院通过了旨在防止无协议脱欧的法案。

7日 就业和养老金大臣安伯·拉德致信首相宣布辞职，并退出保守党。

9日 首相鲍里斯·约翰逊访问爱尔兰，与爱尔兰总理利奥·瓦拉德卡会面。

下院议员以311票对302票通过一项动议，要求公布所有与无协议脱欧和暂停议会有关的政府通信。

首相鲍里斯·约翰逊第二次要求提前举行大选的政府动议未能达到规定的多数，仅293名议员投赞成票。

24日 英国最高法院裁定首相鲍里斯·约翰逊请求女王伊丽莎白二世批准议会休会的行为违法。11位法官一致认定暂停议会的决定“无效”。

25日 议会在短暂休会后重新开启。反对派议员指责首相鲍里斯·约翰逊使用煽动性语言。约翰逊将阻止无协议脱欧的法律描述为“投降法案”，并为自己辩护。

27日 被伊朗扣押超两个月的英国油轮“史丹纳帝国号”起航离开伊朗港口。

30 日　在杰里米·科尔宾主持的反对党领导人会议结束后，科尔宾表示他将支持对首相鲍里斯·约翰逊的不信任动议。

10月

1 日　中国驻英大使刘晓明接受英国天空新闻台直播专访，就中华人民共和国成立 70 周年以及香港、新疆、华为等问题阐述中方立场。

2 日　英国政府正式向欧盟递交了新的脱欧方案，其中包括取代爱尔兰"担保"条款的提议。该计划提出将建立一个"全岛监管区"，这意味着北爱尔兰的农产品和工业品基本上留在欧洲单一市场。

政府宣布 10 月 8 ~ 14 日议会休会以结束本届议会会议。

10 日　首相鲍里斯·约翰逊与爱尔兰总理利奥·瓦拉德卡在英格兰西北部的桑顿庄园举行会谈，就北爱尔兰在脱欧之后的地位问题达成协议。

11 日　在曼彻斯特阿戴尔购物中心发生多起刺杀事件，4 人受伤。一名 40 多岁的男子因涉嫌策划恐怖主义行为被捕。

英镑对美元汇率出现了自脱欧投票以来的最大涨幅。

14 日　女王在议会启动仪式发表讲话，列举了涵盖犯罪、卫生、环境等在内的 26 项法案，其中包括脱欧计划。

17 日　欧盟委员会主席容克宣布，英国与欧盟达成新的脱欧协议，英镑飙升。但民主统一党拒绝支持该协议通过。

19 日　议会举行特别会议，对修订后的脱欧协议进行辩论，并最终以 322 票对 306 票通过了一项修正案，规定在确定实施脱欧协议的立法机构之前不予批准协议，并迫使政府将脱欧时间推迟至 2020 年 1 月 31 日。

唐宁街 10 号确认，鲍里斯·约翰逊将致信欧盟，请求延长《里斯本条约》第 50 条规定的期限。

数十万人在伦敦参加"人民的投票"游行。

21 日　众议院议长约翰·博考拒绝允许对新的脱欧协议进行"有意义

的投票”，称“这样做重复而无序。”

22 日　关于堕胎除罪化和同性婚姻的修正案在北爱尔兰生效。自此，在英国全境，堕胎不属于犯罪，且同性婚姻实现合法化。

下院议员以 329 票对 299 票批准政府的新脱欧协议法案进入议会程序的下一阶段。但鲍里斯·约翰逊提出的三天之内由议会批准该协议的时间表未获通过。

23 日　在埃塞克斯郡的一个卡车集装箱中发现了 38 具成年人和 1 名少年的尸体。一名来自北爱尔兰的 25 岁男子因涉嫌谋杀被捕。

28 日　欧盟领导人同意将脱欧截止日期从 2019 年 10 月 31 日延长至 2020 年 1 月 31 日。

议会否决了 12 月 12 日举行大选的动议，只有 299 票赞成，未达到所需的三分之二多数。虽然总计只有 70 名议员投票反对该动议，但绝大多数工党议员弃权。

29 日　工党领袖杰里米·科尔宾宣布工党支持 12 月大选。

议会下院以 438 票对 20 票通过了首相鲍里斯·约翰逊提出的在 2019 年 12 月 12 日提前举行大选的议案。

31 日　担任下议院议长长达十年的约翰·博考正式卸任。

11月

1 日　英国埃塞克斯郡警方发表声明称，上月发生的货车惨案 39 名遇难者均为越南人。

2 日　首相约翰逊宣布在英格兰西北部暂停使用水力压裂法开采石油。英国石油和天然气管理局此前表示，无法排除这一方法带来的“无法接受的”后果，包括污染和与地震相关的损失。

4 日　英国恐怖主义威胁等级自 2014 年以来首次从“严重”（severe）降至“重大”（substantial）。

乔利市议员林赛·霍伊尔爵士接替约翰·博考当选众议院议长。

6 日　第 57 届议会于凌晨解散，为 2019 年 12 月 12 日的大选做准备。

首相鲍里斯·约翰逊与女王见面后，返回唐宁街10号发表讲话，宣布将于12月12日举行大选。

威尔士事务大臣阿伦·凯恩斯辞职。

工党成员汤姆·沃森宣布将在2019年大选中辞去议员职务，并因个人原因辞去工党副领导人一职。

8日 英格兰中部和北部地区发布了100多个洪水警报，一些地区在24小时内的降雨量达到了平时一个月的降雨量。

19日 鲍里斯·约翰逊和杰里米·科尔宾在ITV电视台参加大选辩论。

29日 伦敦桥上发生大规模刺杀事件，造成2名受害者死亡、至少5人受伤。嫌疑人戴被警方击毙。此次袭击被认为与恐怖活动有关。

12月

12日 2019年大选举行。鲍里斯·约翰逊领导的保守党获胜。保守党在下议院赢得365个席位（43.6%），而科尔宾领导的工党遭受重大损失，仅获202席（32.1%），是该党自1935年以来获得过最低的议席比例。其他主要政党获得席位数如下：苏格兰民主党48席，自由民主党11席，民主统一党8席，新芬党7席。

13日 乔·斯文森辞去自由民主党领袖一职。

杰里米·科尔宾辞去工党领袖职位。

女王伊丽莎白二世会见新任首相鲍里斯·约翰逊。

17日 首相鲍里斯·约翰逊宣布，计划通过立法防止英国脱欧后延长过渡期。

20日 议会以358票对234票通过脱欧协议，为英国2020年1月31日退出欧盟铺平道路。

31日 根据2019年12月2日生效的对《民事伴侣关系、婚姻和死亡（登记等）法》的一项修正案，英格兰和威尔士的第一对异性伴侣瑞贝卡·斯坦菲尔德和查尔斯·凯丹获得“民事伴侣”关系（civil partnership）。

2020年

1月

2 日　路透社援引不具名消息人士的说法，称中方因政治因素叫停 2019 年 6 月开启的“沪伦通”。次日，中国证监会新闻发言人常德鹏表示该说法不实。

4 日　针对 3 日美国在巴格达进行的空袭，英国外交部警告英国民众，除必要的旅行，不要前往伊朗和伊拉克。

5 日　首相约翰逊在讲话中说，鉴于卡西姆·苏莱曼尼“在导致数千名无辜平民和西方军人死亡的行动中发挥主导作用，我们不会哀悼他的死亡”，并呼吁各方“缓和局势”。

6 日　唐宁街 10 号表示，英国不会支持美国总统唐纳德·特朗普威胁轰炸伊朗文化遗产的做法。

7 日　工党领袖选举正式开始，新党魁定于 4 月 4 日宣布。

9 日　下议院第三次也是最后一次对脱欧协议法案进行辩论，并以 330 票对 231 票通过该法案，该法案将提交到上议院进行审查。

英国政府和爱尔兰政府公布一项旨在恢复北爱尔兰行政机构的协议，民主统一党支持该协议。

11 日　北爱尔兰议会在中断三年后重新召开；民主党领袖阿琳·福斯特被任命为北爱尔兰首席部长，新芬党的米歇尔·奥尼尔被任命为副首席部长。

英国驻伊朗大使罗伯特·马凯尔在参加乌克兰国际航空公司 752 航班遇难者守夜活动后，在伊朗被短暂拘留。

14 日　首相约翰逊正式拒绝苏格兰民族党领袖斯特金的第二次独立公投请求。

18 日　白金汉宫确认，从 2020 年春天开始，苏塞克斯公爵和公爵夫人将不再使用他们的王室头衔，也不再接受公款履行王室职责。

22日 下议院否决了上议院对《脱欧协议法案》的全部修正，并通过了该法案。

23日 议会已经完成批准脱欧协议的程序，《脱欧协议法案》获得女王批准。

24日 欧盟和英国分别签署脱欧协议。欧洲理事会主席查尔斯·米歇尔和欧盟委员会主席乌苏拉·冯德莱恩代表欧盟在布鲁塞尔签署，由首相鲍里斯·约翰逊代表英国在伦敦签署。

警方宣布将在伦敦全境推广实时面部识别技术。

28日 首相鲍里斯·约翰逊批准华为在英国5G移动网络中承担有限的“非核心”作用，并规定其在英国电信行业的市场份额不得超过35%。

英国外交部建议民众，除非必要，不要前往中国大陆旅行。

29日 英国航空公司（British Airways）暂停所有往返中国大陆的航班。

欧洲议会批准了脱欧协议，确保英国有协议脱欧。

31日 英国确诊两例新冠肺炎病例。

英国正式脱离欧盟。英国开始为期11个月的过渡期，其间仍留在单一市场和关税同盟。

2月

3日 卫生和社会保障大臣马特·汉考克宣布，政府将投资2000万英镑用于加快推进新型冠状病毒疫苗的研发生产。

4日 首相鲍里斯·约翰逊、自然学家大卫·阿滕伯勒爵士和意大利总理朱塞佩·孔特宣布，第26届气候变化缔约方大会（COP26）将于2020年11月在格拉斯哥举行（后来推迟至2021年）。约翰逊重申了英国到2050年实现碳零排放的承诺。

英国外交部发表声明，建议在中国的英国公民“如果可能的话”离开中国。

6日 英国确认第三例新冠肺炎病例。

10 日　首相鲍里斯·约翰逊确认已经启动苏格兰—北爱尔兰大桥的可行性研究，估计项目成本为150 亿~200 亿英镑。

11 日　旨在终止提前释放犯有恐怖主义罪行囚犯的《恐怖主义罪犯法案》被提交给议会。

12 日　《恐怖主义罪犯法案》在下议院无异议通过。

政府宣布计划将媒体监管机构英国通信管理局（Ofcom）的职权范围扩大到互联网和社交媒体领域。

13 日　首相鲍里斯·约翰逊改组内阁。奥利佛·道登担任数字、文化、媒体和体育大臣；布兰登·刘易斯担任北爱尔兰事务大臣；安妮－马里·特雷维莱担任国际发展大臣。

萨义德·贾维德请辞财政大臣职务，由财政部原首席秘书里希·苏纳克接任。

18 日　中国国家主席习近平应约同英国首相鲍里斯·约翰逊通电话。

28 日　一名隔离在“钻石公主号”游轮上的男性成为首个死于新冠肺炎的英国公民。

3月

2 日　政府举行内阁紧急安全会议（COBRA），讨论应对新冠肺炎疫情的工作准备。

3 日　政府公布了应对新冠肺炎疫情的行动计划，并警告说，全国五分之一的劳动力可能会在感染高峰期缺勤。

5 日　航空公司弗莱比（Flybe）倒闭，部分原因是受新冠肺炎疫情的影响。

英国境内出现首例新冠肺炎死亡病例，当日英国新冠肺炎确诊病例数超过 100 例。

6 日　首相鲍里斯·约翰逊宣布提供 4600 万英镑用于研究新冠病毒疫苗和快速诊断测试。

9 日　富时 100 指数受新冠肺炎疫情影响暴跌 8% 以上，是 2008 年以来最大的盘中跌幅。

中国国务委员兼外长王毅应约同英国首席大臣兼外交大臣多米尼克·拉布通电话。

10日 卫生部部长纳丁·多里斯的核酸检测结果呈阳性。

议会下院以306票对282票否决了一些保守党议员提出的一项修正案，该修正案试图在2022年之前逐步将华为从英国5G网络建设中剔除。

11日 英国央行将基准利率从0.75%下调至0.25%的历史最低水平。

财政大臣里希·苏纳克发布了约翰逊政府的第一份预算，其中包括300亿英镑作为新冠肺炎疫情下的经济保护措施。

12日 富时100指数再次暴跌，此次跌幅超过10%，创下1987年以来的最大跌幅。

政府宣布英国将采取“群体免疫”策略应对新冠肺炎疫情，此举遭到了世界卫生组织、英国200多位专家的反对。美国迅速将英国纳入停航地区。

13日 英超联赛2019~2020赛季因新冠肺炎疫情暂停。

受新冠肺炎疫情影响，原定于2020年5月举行的地方选举、伦敦市长选举、警察和犯罪专员选举等被推迟一年。

14日 又有10人死于新冠病毒。这使英国的新冠死亡病例数几乎翻了一番，从11人增至21人。

美国副总统迈克·彭斯宣布，美国将从3月16日起把针对新冠病毒的旅行禁令扩大到英国。

15日 英国外交部建议不要到美国进行“非必要的旅行”。

卫生大臣马修·汉考克证实，英国政府在考虑一项针对70岁以上人群的“隔离保护”计划，希望这一人群可以在未来几周内居家自我隔离，减少感染新冠病毒的风险。

政府宣布计划从次日起每天举行电视新闻发布会，向公众介绍防治新冠病毒的最新情况。

16日 首相鲍里斯·约翰逊建议民众避免“非必要的”旅行和人际接触，避免去酒吧、俱乐部和剧院，并尽可能在家工作。

17日 英格兰国家医疗服务体系宣布英格兰从4月15日起推迟所有非

紧急手术，以腾出3万张床位应对疫情。

财政大臣里希·苏纳克宣布将为受疫情影响的企业提供3300亿英镑的贷款担保。

18日 英国新冠肺炎死亡病例数超过100。

英镑汇率跌破1.18美元，为1985年以来最低水平。

首相鲍里斯·约翰逊宣布英国全境学校将从3月20日下午开始关闭，但照顾必要工作者和弱势儿童的学校除外，本学年英格兰和威尔士将不举行考试。

19日 英国央行再次降息，从0.25%降至0.1%。这是英格兰银行325年以来的最低纪录。

20日 里希·苏纳克宣布政府将为因疫情无法工作的员工支付80%的工资，至多每月2500英镑。

首相鲍里斯·约翰逊下令所有咖啡馆、酒吧和餐馆从3月20日晚上开始关闭，外卖除外。英国所有夜总会、影剧院、健身房和休闲中心被要求"在合理的情况下尽快关闭"。

中国国务委员兼外长王毅再次应约同英国首席大臣兼外交、英联邦和发展事务大臣多米尼克·拉布通电话。

22日 首相鲍里斯·约翰逊在唐宁街每日新闻发布会上警告说，如果人们不遵循政府关于保持社交距离的建议，可能会采取"更严厉的措施"。

一名有潜在健康问题的18岁少年成为英国最年轻的新冠肺炎死亡病例。

23日 政府宣布采取紧急措施保护国家铁路网。铁路特许经营协议至少实施国有化6个月，以防止铁路公司倒闭。

首相鲍里斯·约翰逊发表电视讲话，宣布在英国全境实施封锁，以遏制新冠病毒传播。人们只能因"非常有限的目的"出门：采购生活必需品、每天进行一种形式的运动、获得医疗帮助以及在"绝对必要"的情况下工作。

24日 英国当日死亡87人，创下了新冠肺炎死亡人数单日最高纪录。

卫生和社会保障大臣马特·汉考克宣布，政府将开设NHS南丁格尔医院以增加重症患者护理能力，应对新冠肺炎疫情。

25日 查尔斯王子的核酸检测结果呈阳性。

议会关闭一个月至4月21日，以应对疫情。

26日 政府宣布，自由职业者将获得80%的补贴，最多每月2500英镑，以应对疫情引发的经济危机。

全国数百万人参加“为我们的护理人员鼓掌”活动。在疫情期间，每周四都会举办这一活动。

27日 首相鲍里斯·约翰逊的核酸检测结果呈阳性，将在唐宁街10号自我隔离。

卫生和社会保障大臣马特·汉考克的核酸检测结果呈阳性。

4月

1日 原定于2020年11月在格拉斯哥举行的联合国气候大会第26届缔约方大会（COP26）因新冠肺炎疫情被推迟至2021年。

3日 英国第一家治疗新冠肺炎患者的临时重症护理医院伦敦NHS南丁格尔医院，在伦敦东部的国际会展中心（ExCel）正式开始接收患者。

4日 2020年工党领袖选举和副领袖选举结果公布，基尔·斯塔默当选工党领袖，安吉拉·雷纳当选副领袖。

5日 女王伊丽莎白二世对英国和整个英联邦发表讲话，她感谢民众遵循政府的社交距离规定，并表示英国在抗击新冠肺炎疫情的斗争中“将取得成功”。此前，她除圣诞节外仅发表过四次类似讲话。

首相鲍里斯·约翰逊入院进行检测。

6日 英国新冠肺炎死亡病例数超5000。

首相鲍里斯·约翰逊进入重症监护室，外交大臣多米尼克·拉布代理他的职务。

11日 女王伊丽莎白二世首次向全国发表复活节致辞。她说：“新冠病毒不会战胜我们”，“我们和以往一样需要复活节”。

12日 首相鲍里斯·约翰逊在接受新冠肺炎治疗后出院。

英国新冠肺炎死亡病例数超10000。

16日 多米尼克·拉布宣布将全国封锁措施延长三周。

20日 苏格兰于格拉斯哥新建的临时医院NHS路易莎·乔丹医院对新冠肺炎患者开放。

22日 下议院通过ZOOM（视频会议软件）举行了首次线上首相质询。

23日 欧洲首次新冠病毒疫苗人体试验在牛津展开。

25日 英国新冠肺炎死亡病例数超20000。

27日 首相鲍里斯·约翰逊恢复工作。他在唐宁街10号门外发表康复后的首次演讲，敦促公众不要对封锁失去耐心，并警告说英国正处于“风险最高”的时刻。

28日 联合王国各地举行一分钟默哀活动，以纪念死于新冠肺炎的相关工作者。

30日 首相鲍里斯·约翰逊病愈后首次主持政府每天的疫情发布会。他表示英国已经度过了新冠病毒暴发的“高峰期”，并宣布将在下周制订一项重启经济的全面计划。

5月

4日 议员康纳·伯恩斯辞去贸易大臣职务。调查发现他曾利用议员身份恐吓一名公民。

6日 一项将威尔士议会名称“National Assembly for Wales”（威尔士国民议会）改为新双语名“Senedd Cymru”和“Welsh Parliament”（威尔士议会）的法案生效。

7日 英格兰银行警告说，由于新冠肺炎疫情的影响，2020年经济将萎缩14%，英国有可能陷入有史以来最严重的衰退。

10日 首相鲍里斯·约翰逊发表电视讲话，宣布英国启动解除封锁，逐步放开经济，并推出新的病毒警报系统作为放松管制的依据。

12日 英国新冠肺炎死亡病例数超40000。

26日 保守党议员、苏格兰事务副大臣道格拉斯·罗斯为抗议英国首相高级顾问多米尼克·卡明斯在“封城”期间违反居家令擅自外出而辞职。

28日 苏格兰第一部长尼古拉·斯特金宣布次日起放松苏格兰的封锁限制，民众将可以与朋友和家人在户外见面，人数不超过8人，但需保持两米的距离。

29日 威尔士第一部长马克·德雷克福特宣布从6月1日起放宽威尔士的封锁限制，允许来自两个不同家庭的人在户外见面，但应保持社交距离。

30日 首相鲍里斯·约翰逊宣布，英国放宽对220万临床易感人群的限制，允许他们从6月1日起在户外活动。

31日 数千人聚集在伦敦、曼彻斯特和卡迪夫等地抗议乔治·弗洛伊德的死亡。

6月

1日 英国7名前外交大臣联名致信首相鲍里斯·约翰逊，要求七国集团共同建立“国际联络小组”，以应对香港局势的变化。

3日 首相鲍里斯·约翰逊在《泰晤士报》发表文章称，“如果中国将《国安法》强加给香港，英国将修改移民规定，给予BNO护照持有者12个月的居英权”。

内政大臣普丽蒂·帕特尔宣布，计划从6月8日起所有抵达英国的人需自我隔离14天，违者可能会被罚款1000英镑或被起诉。

4日 交通大臣格兰特·沙普斯宣布，英格兰从6月15日起将强制要求乘坐公共交通的乘客佩戴口罩。

5日 BBC宣布从2020年9月1日起蒂姆·戴维担任新的总干事。

6日 英国各地数千人前往伦敦、曼彻斯特、卡迪夫、莱斯特和谢菲尔德参加反种族主义抗议活动。

7日 布里斯托的反种族主义抗议者将17世纪奴隶贩子爱德华·科尔斯顿的雕像推倒后扔进河中。

8日 中国国务委员兼外长王毅应约同英国首席大臣兼外交、英联邦和发展事务大臣多米尼克·拉布通电话。

英国石油公司宣布计划削减10000个工作岗位。

9日 教育大臣加文·威廉姆森放弃了英格兰所有小学生在夏季学期结束前返校的计划，并表示学生们将于9月返校。

奴隶主罗伯特·米利根的雕像被从伦敦码头区博物馆外移除。

11日 英国外交和联邦事务部发布关于《中英联合声明》的第46次半年报告，攻击国安法“破坏‘一国两制’，违背《基本法》和《中英联合声明》”。

在伦敦市市长萨迪克·汗的指示下，丘吉尔雕像、和平纪念碑以及特拉法尔加广场上的乔治·华盛顿雕像和詹姆斯二世国王雕像周围搭起了脚手架，以避免它们成为抗议者的目标。

12日 英国国家统计局公布的数据显示，4月英国经济萎缩了20.4%，是有记录以来最大的月度萎缩。

13日 在伦敦市中心，100多人因反种族主义者拆毁雕像的行为与警察发生激烈冲突被拘捕。

15日 首相鲍里斯·约翰逊宣布计划成立一个跨政府委员会，以审查种族不平等和少数族裔群体在教育、卫生和刑事司法系统中遭遇的歧视。

英国政府官网发布公告，任命吴若兰为英国驻华大使，接替时任大使吴百纳。

16日 首相鲍里斯·约翰逊宣布将国际发展部与外交和联邦办公室合并，成立外交、联邦和发展办公室。

17日 英国外交部发布了以七国集团名义发表的“涉港声明”。

19日 英国新冠病毒警戒级别从4级降至3级。

20日 雷丁市福伯里花园发生一起集体刺杀事件，3人死亡，另有3人重伤。一名25岁的男子因涉嫌谋杀被捕，警方认为这次袭击与恐怖主义有关。

23日 首相鲍里斯·约翰逊宣布放宽英格兰的保持两米社交距离规则，改为“一米以上”。

英国议会跨党派中国小组举行在线座谈会，中国驻英大使刘晓明发表主旨演讲《在变局中坚守，在合作中共赢》。

25 日 影子内阁教育大臣丽贝卡·隆贝利在推特上分享了冒犯犹太族裔的阴谋论信息后被解雇。

利物浦俱乐部成为英超联赛 2019 ~ 2020 赛季冠军。

27 日 工党领袖基尔·斯塔默任命凯特·格林为新任影子教育大臣。

28 日 英国内阁秘书兼国家安全顾问马克·塞威在致首相鲍里斯·约翰逊的信中宣布辞职。唐宁街称，英国脱欧谈判代表大卫·弗罗斯特将接任塞威成为国家安全顾问。

B.22 后 记

王展鹏*

本期发展报告的写作过程见证了脱欧这一战后英国历史上最重大的事件的大结局。在经历了过去三年半充满戏剧性的脱欧进程之后，随着约翰逊赢得了2019年12月大选，脱欧在英国政治和社会上引发的喧嚣与愤怒终于暂时归于平静。

然而，英国与欧洲关系的历史并未终结。英国加入欧共体47年导致了的巨大经济社会变迁。在一些观察者看来，20世纪的英国历史，从世纪之初的全球化，到30~40年代的大萧条和二战英国走向国家化，50~60年代的新工党改革和共识政治延续了这一传统，加入欧共体促成了撒切尔革命和布莱尔“第三条道路”改革，尽管撒切尔夫人本人怀有强烈的疑欧主义，但在她和布莱尔任内英国在欧洲化的进程中变得更加开放。21世纪的脱欧无疑是英国历史上的一次重大转型，但英国“夺回控制权”后能否如民粹主义者所愿实现再国家化，还是在贸易上实现“全球英国”梦，则是一个艰难的选择。显然，英国今天融入欧洲、融入世界的程度使再国家化举步维艰，当务之急是通过谈判稳定好“后脱欧时代”英欧经贸、社会、政治、安全等层面的安排。

与此同时，不期而至的新冠肺炎疫情除给英国带来数百年不遇的经济衰退外，也给所谓英国高效率的国家治理体系、科技和医学大国的地位带来超乎想象的冲击，但其中反映的自由与安全、经济效率与社会公平、个体生命

* 王展鹏，博士，北京外国语大学英语学院英国研究中心教授，研究方向为英国政治与外交、爱尔兰研究、欧洲一体化。

的权利与社会整体福祉的艰难平衡仍是未来英国政府无法回避的目标。

最近和一些同行、朋友展开关于英国的对话时，有朋友讲道，英国现在越来越让人难以琢磨，越来越“不像英国”（Un-British），不像我们印象中的那个理性、谨慎、老谋深算的英吉利绅士：无论是不计代价的执意脱欧，还是新冠肺炎疫情的名列前茅的死亡率、对华为政策的朝令夕改，莫不如此。有人问我，英国未来是否会是一个像加拿大一样偏居一隅、高谈价值观的存在，或者如英国人所说成为只专注自由贸易的“泰晤士河上的新加坡”。我虽然很难想出关于英国未来的确切答案，但我想借用欧盟拒绝英国提议的加拿大模式自贸区的理由来避免这种似是而非答案的尴尬：“英国不是加拿大”，所以欧盟不能接受对英国照搬加拿大模式。英国的体量、传统、影响力、复杂性可能远非加拿大、新加坡可比，她的智慧和错误造就了她的独特性。这也是《英国发展报告》的作者们7年来默默坚守，并相约继续这一工作的初衷和价值所在。

本书的编写一如既往地得到了国内外学术界同行的支持和帮助。除北京外国语大学英国研究中心的师生外，来自中国社会科学院欧洲研究所、中国现代国际关系研究院、中国国际问题研究院、中国人民大学、中国政法大学、中国传媒大学、上海外国语大学、济南大学、西交利物浦大学等机构的专家、学者也承担了大量撰稿工作，使我们的研究更加全面、专业。“英国蓝皮书”编委会的专家在本书的选题和编写过程中给予了很多富有启发的指导和建议，马振岗大使、黄平研究员慨然出任编委会顾问。中国社会科学院欧洲研究所刘绯、李靖堃研究员，外交学院《外交评论》执行主编陈志瑞研究员与我的同事北外英国研究中心徐瑞珂副教授、张放博士和我一起对稿件做了审读和编辑工作。

教育部国际司、国别和区域研究秘书处、北京外国语大学的领导、科研处、区域与全球治理高等研究院、英语学院等单位的同行和同事对《英国发展报告》的立项与编写给予了许多热情的关心和无私的帮助。特别是《英国发展报告》加入了北京外国语大学区域与全球治理高等研究院“区域和国别研究蓝皮书系列”，得到了该研究院的资助和多方面的支持。

英国研究中心博士生吕大永、张茜、周婧怡、刘赢和、刘婷、孙稼宝，硕士生程源、查娜、邓飘、吴晓慕等承担了大量的编务和统稿阶段体例、文字处理工作。在此一并致谢。

感谢社会科学文献出版社当代世界出版分社社长祝得彬和责任编辑仇扬在本书出版过程中给予的支持和帮助。

2020 年 9 月 1 日

Abstract

July 2019 to July 2020 is the first year of the Johnson ministry. The ambitious Prime Minister declared that he would start a new chapter in British history and a "remarkable decade" for the Unite Kingdom. However, it was exactly in this year that the UK experienced unprecedented transformations as well as both internal and external difficulties. The UK general election in December 2019 and Brexit in January 2020 were among the rare highlights the Johnson ministry experienced. The main challenge confronting the Johnson ministry in the second half of 2019 was how to cope with the protracted Brexit while the main challenges in the first half of 2020 were how to tackle the COVID – 19 pandemic and how to arrange the economic and trade relations with the EU after Brexit. The dual impact of Brexit and the COVID – 19 pandemic posed a full-circle challenge to the UK and also compromised Johnson's political achievements.

In terms of domestic politics, Brexit and the COVID – 19 pandemic profoundly affected the trend of British politics. The conflict between the Johnson ministry and Parliament in the second half of 2019 was exacerbated, which brought Brexit into deadlock again. Afterwards, the landslide victory of the Conservative Party in the UK general election in December 2019 paved the way for breaking the Brexit deadlock. However, the outbreak of the COVID – 19 pandemic broke the brief optimistic atmosphere emerged after the Conservative Party won the general election and delivered the de jure Brexit, and brought new grave challenges to the Johnson ministry. The pandemic disrupted the negotiation process between the Johnson ministry and the EU on their future relations, and even worse, the failed coronavirus strategy of the Johnson ministry significantly discouraged the British public support and trust for the Conservative Party. By August 2020, the Johnson ministry still had not secured substantial progress in negotiation with the EU, thus a no-deal Brexit in the economic and trade sectors remains likely after 2021. The above dual challenge rendered the competition among British parties and within the Conservative Party even fiercer. Another political trend that plagued the Johnson ministry was that Brexit and the COVID - 19 pandemic stimulated the emergence of the local nationalism in Scotland and in Northern Ireland, which further aggravated the challenge of the national unity of the United Kingdom.

In terms of diplomacy and security, the multiplication of the dual challenge of Brexit and COVID - 19 and the great power geopolitical competition revealed the short-sightedness, self-contradiction and opportunism of Johnson ministry's foreign policy, making it hard for the UK to find its proper role as a global power, thereby an unfeasible "Global Britain". It will be increasingly difficult for the UK to exercise effective "Global Britain" diplomacy and to achieve its great power ambitions in the post-Brexit and post-corona era. Especially with the China-US strategic competition provoked by the US getting fiercer, the UK was pressured by the US to take sides between China and the US instead of sticking to the "middle way" post-Brexit British foreign policy. In this light, the special Anglo-American relationship became a roadblock on UK's diplomatic transition, while British policy towards China became to be more rigid, as certain forces win the UK regarded China as both a strategic and security rival. The "Golden Era" of the China-UK relations is confronted with hardships due to the Johnson ministry's practice on issues including the COVID - 19 pandemic, Huawei and the Hongkong National Security Law. The Johnson ministry tipped the US-EU balance of power on strategic security towards the US side, which forced the EU and its major member states, such as France and Germany, to pay more attention to European sovereignty and independence and actively build a common European security defense system under its own control.

In terms of economy, the dual challenge of the pending Brexit and the COVID - 19 pandemic exerted great strain on British economy. In particular, British economy suffered an unprecedented blow brought by the outbreak of the COVID - 19 pandemic, which may trigger the worst economic recession over the past three centuries. Whether the "post-epidemic era" economic recovery plan can be successfully implemented, whether the financial market can stabilize, whether a trade agreement with the EU can be reached, are the three important factors that determine the mid-and-long-term development of the UK economy. Impacted by the COVID - 19 pandemic, the Johnson ministry lowered the threshold for investment in the UK by foreign companies and strengthened protection for companies which may influence national public health safety, which imposed new hurdles for Chinese companies' future mergers, acquisitions and investment in the UK. Besides, the COVID - 19 pandemic pushed the Johnson ministry to adopt more active selective industrial policies and is committed to improve the resilience of British industrial chains.

In terms of society, culture and education, the impact of Brexit and the COVID - 19 pandemic was ubiquitous. The uncertainty brought by Brexit weakened the competitiveness of the UK for global talents, and the pandemic makes it harder to implement the Johnson ministry's talent policy. The COVID - 19 pandemic's impact on all sectors in the British society is also obvious: on one hand, it urges British higher education institutions to adopt new teaching methods, as integrated online-offline teaching becomes the new normal; on the other hand, the pandemic exerted negative effects on the scientific research and on the fiscal revenue of British higher education institutions. During this period, the information transmitted by media plays a more prominent role than usual, which posed stricter requirements on the supervision of the media industry and regulatory agencies. The pandemic is a huge blow to the British film industry, with box office revenue, cinema admissions and production costs decreased sharply compared with previous years.

(Translated by Sun Jiabao)

Contents

I General Report

Abstract: Since July 2019, the political breaking of the Brexit deadlock has been intertwined with the uncertainty of the UK-European economic and trade relations and the mid-and-long term impact of Brexit. It is an important clue for understanding the current and future UK political, economic and social trends. The outbreak of the COVID -19 pandemic broke the brief optimistic atmosphere emerged after the Conservative Party won the general election and delivered the de jure Brexit, and brought new challenges. In addition, the United States has adjusted its policy towards China, which added up to the complexity of the international environment Britain faces in the post-Brexit era. In this context, solving the stalemate in the UK's economic and trade negotiations with Europe still needs to resolve the conflict between keeping national sovereignty and maintaining close cooperation with Europe; while dealing with the serious economic and social consequences of the epidemic requires policy adjustment and innovation at multiple levels in national governance, macroeconomic and social policies, industrial policies and international cooperation. The result will to a large extent shape the trend of British party politics, central and regional government relations, and economic and social patterns, and will further trigger debates on the transformation of British national governance model. In addition, how to avoid short-sightedness and opportunism in British diplomacy under internal and external changes has also become a practical problem in the UK's efforts to find its role as a global power.

Keywords: Brexit; COVID -19; Political Situation; Economic and Social Situation; Foreign Policy

Ⅱ Reports on UK Trends

B. 2 Trends in British Party Politics

Abstract: Many significant shifts in British party politics happened during 2019 ~2020. Boris Johnson successfully launched a general election in which the Conservative Party won a majority. The result paved the way for breaking the deadlock in the Brexit negotiations and pushing Brexit into the next stage. The COVID -19 outbreak has posed new challenges to the Conservative government, which has been widely criticized for its inadequate response to the crisis. The Labour party has lost again in the general election. With Jeremy Corbyn stepping down, the new leader, Keir Starmer, will need to analyse the lessons of his party's defeat, as well as explore the party's future policy, identity, ideology and electoral strategy. Under the dual impact of Brexit and COVID - 19, separatism and populism have been on the rise in various parts of the UK. Risks and uncertainties in social economy, domestic affairs and foreign affairs have been intensified. All political parties in the UK are faced with complex and enduring tests and challenges.

Keywords: Conservative Government; Labour Party; SNP; Liberal Democrats; Party Politics

Abstract: Affected by the COVID – 19, the UK economy has entered a recession cycle for the first time in a decade, with both supply and demand hindered. The investment is further transferred to the EU, the trade is heavily dependent on foreign enterprises, and the trade structure is too dependent on China, the US and Europe market. The labor market is weak and temporary unemployment has soared. The epidemic has not only impacted the service industry, resulting in a downturn in the financial market, but also dealt a considerable blow to the manufacturing industry. The UK government has provided liquidity to the market and helped out enterprises and employees through fiscal policies (i. e., direct subsidies, government-guaranteed loans) and monetary policies (i. e., interest rate cuts and expansion of asset purchases), so as to stabilize employment and prevent economic recession. However, the implementation has been relatively limited, and has caused fiscal deficit and the continuing surge of public debt, thereby making systemic risk increase significantly. Whether the "post-epidemic era" economic recovery plan can be successfully implemented, whether the financial market can stabilize and recover to stabilize investor confidence, whether a trade agreement with the EU can be reached, these are important variables that determine the long-term development of the UK economy.

Keywords: The UK Economic Situation; COVID – 19; Economic Recovery; Brexit

Abstract: Since Boris Johnson took office, practicing the concept of "Global

Britain" has been the top priority of British foreign policy. However, the Johnson government's ambition to achieve the "Global Britain" blueprint has met with cold reality. The delay of the Brexit process and the deterioration of the international environment have prevented the Johnson government from achieving much in foreign policy, and the Johnson government has failed to gain effective international support for the realization of its "Global Britain" blueprint: future UK-EU relations remain uncertain; Anglo-American relations remain under heavy pressure; British and Commonwealth relations are difficult to improve substantially; and the Sino-British relations are in a low tide. Johnson's government has a long way to go to achieve the "Global Britain" blueprint. The international community has so far not enthusiastically embraced the idea of "Global Britain" . The Johnson government's "Global Britain" blueprint is likely to prove to be wishful thinking eventually.

Keywords: "Global Britain"; Brexit; Anglo-American Relations; Sino-British Relations; Free Trade Agreement

Ⅲ Economy and Society

B. 5 The UK's Covid -19 Pandemic Strategy and its Social Impacts

Song Yunfeng / 121

Abstract: Since the outbreak of the COVID -19 pandemic, the British government has tried its best to contain the spread of the disease. However, due to Johnson government's ideological stance (believing in individual freedom and minimum government intervention of the economy and social life) and preference for some specialists' biased advice, Britain was among the latest governments in Western countries that have issued the order of lockdown. During the lockdown, the key government organization in charge of public health emergency event-Public Health England-has failed to provide needed virus test and clear guidance to NHS hospitals regarding self-protection, and displayed inability in coordinating the British government and local governments to deal with the outbreak with concerted

its investment in public services. Finally, the urban development in city group led to industrial upgrading. The gathering effect of enterprises in the city group is emerging. "Gathering enterprises, upgrading industry" model marks the development of the northern cities governance into a new stage. Prime Minister Boris Johnson continues to push Northern Powerhouse in the post-pandemic era which has made the northern city group a focal point for the country's economic growth after Brexit. Because of the outbreak of coronavirus, it was found that the city's governance capacity faced significant challenges through the observation of the anti-epidemic strategies and the UK Government's COVID －19 recovery strategy in the northern cities of England. In the future, under the guidance of the national recovery policy, the UK will continue to look for the balance between economic recovery and coronavirus prevention. On the basis of its own urban characteristics and conditions, city group in northern England should promote industrial transformation and guarantee economic development while ensuring the supply of public medical resources. Further devolution is a new direction to improve the urban governance capacity for the northern cities of England.

Keywords: City Group in the Northern England; Northern Powerhouse; Industrial Upgrading; Coronavirus Prevention

B. 8 British Higher Education Sector in Uncertain Times

Hu Wan / 169

Abstract: The higher education sector in the UK has been well established in the world due to its reputation in teaching and research, as well as its performance in the university rankings. British universities then become primary choices for many international students. However, due to the impacts of both Brexit and the COVID －19, universities in the UK have been confronted with many challenges in terms of income, teaching, research and student recruitment. As such, many organisations, including the government, quality assurance agencies and universities, proposed concrete measures to deal with challenges facing British universities.

Keywords: Brexit; COVID -19; Higher Education Sector

Abstract: Driven by 5G commercialization, British media sector has formed a new picture by previous ten years' development and evolution since 2019. According to the foreseen trend, media service has become more mobile, intelligent, high-definition, diversified and convenient as always. However, in 2020, with Brexit becoming a foregone conclusion and unprecedented coronavirus pandemic spreading in the UK, external factors have had great impact on the development of British media, media coverage and media supervision. This essay includes general observations and analysis of the growth of British media from 2019 to 2020, more specifically, the media usage of the British public, media awareness, specific regulatory measures and typical examples during the coronavirus pandemic.

Keywords: British Media; COVID -19; Code of Practice; Protection of Privacy; News Accuracy

Abstract: In 2019, the UK box office and cinema admission remained at a high point, albeit lower than the peak records of 2018. Box office share of the UK films (47. 6%) was the highest in the 21st century. The UK films' global box office share also reached the peak of the century. The Top 20 Films continued to be dominated by Hollywood movies as well as UK-US co-productions. Box office share of independent films slightly decreased to 12. 9% (rose to 15% in the first half of 2020). The total UK production expenditure is the second highest in the 21st century. British film talents won 14% of key international awards. The outbreak of the Covid-19 in March 2020 buried the good start of January and February, which saw a significant growth in box office, cinema admission as well as production expenditure compared with the same period in 2019, and led to the expansion of the streaming media. *Avengers: Endgame*, *The Lion King* and *Downton Abbey* became box office hits; *The Favourite* and *1917* were honoured with artistic awards.

Keywords: British Film Industry; Box Office; UK Image

Ⅳ Politics and Foreign Policy

B.11 Developments in British Security and Defence Policy

Zhang Biao / 223

Abstract: Between July 2019 and May 2020, there were five major developments in the British security and defence policy. First, the UK appointed a new defence minister and a new national security adviser, and sought to appoint several heads of the intelligence agencies in the coming months. Second, the Johnson Government launched the integrated review of foreign, security and defence policy in January 2020. The review was expected to result in the biggest change in British security policy. Third, the UK actively participated in NATO and EU's security initiatives. Fourth, the UK increased its presence in Syria, and worsened its relations with Iran. Fifth, the UK strengthened its security and defence cooperation with Asian countries such as Japan and the ASEAN countries, while increasingly considering China as its security rival. In the future, the UK will remain active in the security and defence realm, using them as instruments of raising its profile, increasing its global influence and pursuing the aim of "Global Britain".

Keywords: Security and Defence; NATO; Indo-Pacific; "Global Britain"

B. 12 The New Trends of the Anglo-American Special Relationship under the Boris Johnson Government

Abstract: The Anglo-American special relationship has suffered great strain from the Trump administration since Boris Johnson took power in July 2019. Although the bilateral security cooperation remains stable, there have appeared frequent political frictions and apparent divisions on global governance between the UK and US. Furthermore, the bilateral free trade agreement negotiations are full of challenges. After Brexit, the UK's strategic value to the US declined, but its dependence on the United States increased, which made the special relationship between the two countries more asymmetrical. The American presidential election in November 2020 will bring a great uncertainty to the special relationship. As it stands now, Joe Biden is a strong competitor for Trump. The victory of Biden will be more likely to benefit the special relationship. Otherwise, if Trump is re-elected, the strained special relationship will continue. Since World War II, the UK and the US's common interests in maintaining the liberal international order have been an important foundation for the persistence of the special relationship. However, the Trump doctrine, with the "American first" as the core, seeks to pursue narrow American interests, renege the liberal international order and multilateral institutions and disregard allies' interests, thereby resulting in the disappearance of the Anglo-American consensus over the maintenance of the liberal international order.

Keywords: Special Relationship; Political Frictions; Free Trade Agreement; Security Cooperation; Global Governance

B. 13 The Unique Role of the United Kingdom Between the United States and the European Union Within Their Strategic Competitions

Abstract: As the 2nd largest economy and the strongest military power in the Europe, the United Kingdom has been playing a unique role between the United States and the European Union in their intensified bilateral strategic competitions ever since UK's formal exit from the EU on 31 January 2020, influencing the structural characteristics of the European regional affairs, the world economy, and the international strategic landscape. In the U. S. -EU economic competitions, the Johnson government is imitating and cooperating with the U. S. in its policy-makings for industrial policy, trade protection, investment screening, and financial regulation, while learning from and collaborating with the EU in the fields of low-carbon economy, green deal, data privacy protection, and digital tax. In this way, it turns the U. S. -EU economic competitions into a pattern of fluid and unpredictable jigsaw puzzle. On the other hand, in the U. S. -EU competitions for strategic security issues, the Johnson government is increasing its collaborations with the U. S. while alienating itself from the EU. In the past year, the U. S. -UK security cooperation has been upgraded greatly. Therefore, the U. S. -EU balance of power on strategic security has been gradually tipped toward the U. S. side. Pushed by this increasingly imbalanced distribution of power, the EU and its leading member states, such as France and Germany, desire to establish a separate and self-managed system of common European security and defense all the more earnestly than ever, so as to achieve the "European strategic autonomy". In brief, the UK is currently playing the role of "offshore balancer" between the U. S. and the EU, bringing a profound impact on the world politics.

Keywords: Brexit; U. S. -EU Strategic Competition; Economic Competition; Strategic Security Competitions; Offshore Balancer

Abstract: In July 2019, Boris Johnson was elected the new British Prime Minister. The new conservative government continued the Teresa May government's goal of Net Zero emissions by 2050, and adopted a series of positive measures to promote the realization of this goal. The UK has won the right to host the 26th conference of the parties to the United Nations Framework Convention on Climate Change (COP26) in 2020, trying to lead the formulation of global climate governance implementation rules in the post-Paris era and play the leadership of global climate governance. However, there are big differences between the UK and the EU on the overall structure of their future relations, which affects their cooperation on climate change. Meanwhile, the COVID −19 pandemic has also seriously affected the UK's economic and social development and affected some policies and actions to tackle climate change, so that the COP26 has been postponed until next November. But, the UK insists that it will continue to cooperate with all relevant parties and push ahead the ambitious climate agenda by a green recovery to tackle the severe impact of the COVID −19 and take the climate change policy as the core of the economic and social rebuilding from the COVID −19. The UK government has also planned to implement the world's first emission trading system (ETS) linked to the goal of Net Zero emission. In the near future, there are still many uncertainties in the relationship between UK and EU on the issue of climate change. How UK establishes its own ETS and links it with the EU-ETS will have a complex and far-reaching impact on the UK's carbon pricing and climate change policy.

Keywords: Brexit; COVID −19; Climate Change Policy; Boris Johnson; 2050 Net Zero Emissions

Abstract: In January 2020, the Johnson Government replaced the Backstop with *The Ireland/Northern Ireland Protocol*, removing obstacles for Brexit. However, the Brexit deal does not mean a complete settlement of the Northern Ireland issue. The special tariff arrangement for Northern Ireland under the Protocol differentiates this region with other parts of the United Kingdom. It not only brings many uncertain factors to the economy and trade of Northern Ireland, but also deepens the ethnic antagonism there. The issue of the future status of Northern Ireland has risen on the political agenda of the region. With a loud call for the unification with Ireland from the Northern Irish nationalists, a combination of multiple factors such as Brexit and the Irish general election has boosted the likelihood of a unification referendum. Changes in the political situation in Northern Ireland after Brexit have prompted the Democratic Unionist Party and Sinn Fein to soften their stances and to restore the Northern Ireland Assembly. The restored power-sharing institution in Northern Ireland is now faced with the dual challenges of Brexit and the COVID – 19 pandemic. The future status of Northern Ireland depends on the outcome of negotiations between the UK and the EU, cooperation between the UK and Ireland, and the game between unionists and nationalists.

Keywords: Brexit; *The Ireland/Northern Ireland Protocol*; Restored NI Assembly; Irish General Election; COVID – 19

B. 16 British Global Talent Policy in the Era of Post-Brexit

Abstract: During 2019 –2020, the UK in the Brexit transition period issued its reform plan on visas and immigration system. In coping with British new industrial strategy, research and development roadmap and international education strategy under the government's vision for "Global Britain", the new visa policy and immigration system set out the framework of British global talent policy in the post-Brexit era which included four aspects. Firstly, the UK continued to expand its opening to global leaders and top talents of various areas. It introduced the new Global Talent visa and other service support policies. Secondly, by means of the EU Settlement Scheme and free trade agreement negotiations, the UK intended to attract and retain talents of different types from some key regions such as Europe and Commonwealth countries. Thirdly, the UK announced the new point-based immigration system to attract the high-skilled and middle-skilled workers from all over the world. The UK-EU free movement of persons would come to an end. The government's policy on introducing international talents has changed from controlling the number of immigrants to managing the quality of immigrants. Lastly, the UK regarded international students as a talent pool. The post-study work visa was re-introduced and promoted. In general, the UK in the post-Brexit period which had "taken back control" of its border continued to make its global talent policy in the traditional pragmatic view. The reform of the UK's visas and immigration system would push the global talent policy to develop in a fine-grained direction, but how to adapt to the shifts in the macro-environment would become a severe challenge for the development of British global talent policy.

Keywords: Global Talent Policy; Point-Based Immigration System; Global Talent Visa; High-Skilled Workers; Post-Study Work Visa

Ⅴ Sino-British Relations

Abstract: From 2019 to 2020, China-UK relations continued to operate at a median level. Major events and third-party factors also posed new challenges to the maintenance of bilateral relations: the "Brexit" event in early 2020 brought greater uncertainty to China-UK relations and the bilateral cooperation in economy, trade, finance, and investment; the COVID - 19 pandemic did more harm than good to China-UK relations; the Sino-US competition severely impacted China-UK relations in various areas such as Huawei, 5G market access, Hong Kong, South China Sea, Taiwan Strait, Xinjiang, "human rights", and cultural exchanges. Based on this empirical research, it is unlikely that China-UK relations in the second half of 2020 will be significantly improved. Instead of engaging in conflicts or confrontation, both sides should face the reality and promote pragmatic cooperation in areas such as vaccine research and development, coordinated epidemic prevention, and economic and trade investment, as well as security cooperation in the South China Sea and political dialogue over the Hong Kong issue. Moreover, the negative factors from third parties in China-UK bilateral relations should be properly handled.

Keywords: Sino-UK Relations; Brexit; COVID -19; Sino-US Competition; Hong Kong

Abstract: The UK continued to be the major destination in Europe for Chinese investment during 2019 - 2020. High-profile cases were lacking but enthusiasm was strong in real estate, technology, education and manufacturing. Britain's paramount piece of legislation for national security review, *National Security and Investment Bill*, was introduced and completed first reading. It is widely estimated that it will pass later this year, marking for the first time in the country the establishment of a separate screening process on national security grounds. Against the backdrop of financial difficulties in British businesses after the pandemic hit, the government promulgated three secondary legislations in June 2020 to expand the "sensitive" sectors, lower the threshold and grant special protection to companies whose acquisition may have implications for the country's public health. Great uncertainty is expected for the coming year in the adoption and implementation of the Bill, Britain's China policy and relations and geopolitical shifts. Therefore, it is recommended that companies that plan to invest in the UK closely follow the procedures and practice and make decisions based on proper due diligence and choice of timing.

Keywords: Sino-UK Relations; M&A; Foreign Investment Review; National Security

Abstract: Based on the *Telecom Supply Chain Review* conducted during the May era, the Johnson government made its Huawei decision on 28 January 2020, which allowed Huawei to play a limited role in the UK's 5G network. This decision, however, triggered a rebellion of dozens of Tory MPs and strong dissatisfaction of Trump administration. In the following months, the COVID −19 pandemic strengthened the mistrust sentiments against China among some groups in the UK. What's more, the Trump administration upgraded its export control against Huawei on May 15. In the context of these developments, the Johnson government's position toward Huawei changed in as short as half a year. In its second decision in July, the Johnson government decided to put a total ban on the purchase of new Huawei 5G kits and remove Huawei from UK 5G networks. Studying the two decisions' contents and logic carefully, one could find that the UK is accustomed to maximizing its benefits by technical arrangements, avoiding the so-called taking sides. However, given the high politicization of the Huawei issue and the significant technical and security consequences caused by USA's sanctions on Huawei, the Johnson government now finds it extremely hard to stick to this technical approach.

Keywords: Huawei; 5G; Telecom Supply Chain; Sino-UK Relations; Sino-US Relations

皮 书

智库报告的主要形式
同一主题智库报告的聚合

皮书定义

皮书是对中国与世界发展状况和热点问题进行年度监测，以专业的角度、专家的视野和实证研究方法，针对某一领域或区域现状与发展态势展开分析和预测，具备前沿性、原创性、实证性、连续性、时效性等特点的公开出版物，由一系列权威研究报告组成。

皮书作者

皮书系列报告作者以国内外一流研究机构、知名高校等重点智库的研究人员为主，多为相关领域一流专家学者，他们的观点代表了当下学界对中国与世界的现实和未来最高水平的解读与分析。截至 2020 年，皮书研创机构有近千家，报告作者累计超过 7 万人。

皮书荣誉

皮书系列已成为社会科学文献出版社的著名图书品牌和中国社会科学院的知名学术品牌。2016 年皮书系列正式列入“十三五”国家重点出版规划项目；2013~2020 年，重点皮书列入中国社会科学院承担的国家哲学社会科学创新工程项目。

中国皮书网

（网址：www.pishu.cn）

发布皮书研创资讯，传播皮书精彩内容
引领皮书出版潮流，打造皮书服务平台

栏目设置

◆ **关于皮书**

何谓皮书、皮书分类、皮书大事记、
皮书荣誉、皮书出版第一人、皮书编辑部

◆ **最新资讯**

通知公告、新闻动态、媒体聚焦、
网站专题、视频直播、下载专区

◆ **皮书研创**

皮书规范、皮书选题、皮书出版、
皮书研究、研创团队

◆ **皮书评奖评价**

指标体系、皮书评价、皮书评奖

◆ **互动专区**

皮书说、社科数托邦、皮书微博、留言板

所获荣誉

◆ 2008 年、2011 年、2014 年，中国皮书网均在全国新闻出版业网站荣誉评选中获得“最具商业价值网站”称号；

◆ 2012 年，获得“出版业网站百强”称号。

网库合一

2014年，中国皮书网与皮书数据库端口合一，实现资源共享。

S 基本子库
UB DATABASE

中国社会发展数据库（下设 12 个子库）

整合国内外中国社会发展研究成果，汇聚独家统计数据、深度分析报告，涉及社会、人口、政治、教育、法律等 12 个领域，为了解中国社会发展动态、跟踪社会核心热点、分析社会发展趋势提供一站式资源搜索和数据服务。

中国经济发展数据库（下设 12 个子库）

围绕国内外中国经济发展主题研究报告、学术资讯、基础数据等资料构建，内容涵盖宏观经济、农业经济、工业经济、产业经济等 12 个重点经济领域，为实时掌控经济运行态势、把握经济发展规律、洞察经济形势、进行经济决策提供参考和依据。

中国行业发展数据库（下设 17 个子库）

以中国国民经济行业分类为依据，覆盖金融业、旅游、医疗卫生、交通运输、能源矿产等 100 多个行业，跟踪分析国民经济相关行业市场运行状况和政策导向，汇集行业发展前沿资讯，为投资、从业及各种经济决策提供理论基础和实践指导。

中国区域发展数据库（下设 6 个子库）

对中国特定区域内的经济、社会、文化等领域现状与发展情况进行深度分析和预测，研究层级至县及县以下行政区，涉及地区、区域经济体、城市、农村等不同维度，为地方经济社会宏观态势研究、发展经验研究、案例分析提供数据服务。

中国文化传媒数据库（下设 18 个子库）

汇聚文化传媒领域专家观点、热点资讯，梳理国内外中国文化发展相关学术研究成果、一手统计数据，涵盖文化产业、新闻传播、电影娱乐、文学艺术、群众文化等 18 个重点研究领域。为文化传媒研究提供相关数据、研究报告和综合分析服务。

世界经济与国际关系数据库（下设 6 个子库）

立足“皮书系列”世界经济、国际关系相关学术资源，整合世界经济、国际政治、世界文化与科技、全球性问题、国际组织与国际法、区域研究 6 大领域研究成果，为世界经济与国际关系研究提供全方位数据分析，为决策和形势研判提供参考。

法律声明